物流仓储系统
优化理论与模型实践

周　丽/著

科学出版社

北京

内 容 简 介

现代仓储拣选系统的发展和优化主要体现在系统策略上，包括存储策略、拣选策略以及拣选路径策略。本书应用马尔可夫过程、泊松过程等随机过程理论，以及排队论中的随机服务系统理论，对仓储拣选系统的管理优化进行研究。具体为在货位分类存储方面，研究分类存储、关联规则存储以及改进型分类存储的仿真模拟。在仓储布局方面，分别对传统布局、鱼骨布局和 V 型布局进行研究，并探讨不同布局下 S 型拣选路径策略与返回型拣选路径策略的特点。本书还运用遗传算法、蚁群算法、布谷鸟算法等智能算法，对拣选路径进行优化。

本书适合物流仓储部门的技术人员、仓储拣选领域的研究人员以及高校物流仓储领域的师生参考阅读。

图书在版编目（CIP）数据

物流仓储系统优化理论与模型实践 / 周丽著. —北京：科学出版社，2022.5

ISBN 978-7-03-070747-5

Ⅰ. ①物… Ⅱ. ①周… Ⅲ. ①物流－仓库管理－研究 Ⅳ. ①F253

中国版本图书馆 CIP 数据核字（2021）第 246464 号

责任编辑：马 跃 / 责任校对：贾娜娜
责任印制：苏铁锁 / 封面设计：无极书装

科 学 出 版 社 出版
北京东黄城根北街 16 号
邮政编码：100717
http://www.sciencep.com

北京凌奇印刷有限责任公司 印刷
科学出版社发行 各地新华书店经销

*

2022 年 5 月第 一 版 开本：720 × 1000 1/16
2022 年 5 月第一次印刷 印张：21 1/4
字数：400 000
POD定价：198.00元
（如有印装质量问题，我社负责调换）

前　言

本书在介绍国内仓储拣选系统发展现状的基础上，对仓储拣选作业过程进行概述，并通过理论研究对仓储拣选系统的管理优化进行讨论，具体体现在货位分类存储方面以及仓储布局方面，最后应用智能算法解决拣选路径优化问题。关于订单分批策略的研究，也分别对传统布局和改进布局等不同情况进行探讨，同时对仓储拣选过程中两人或多人的拥堵问题进行研究。最后又从仓储布局的重要性、拣选路径优化问题的算法优化、订单分批策略以及拣选拥堵等方面进行展望。本书的主要内容分为 12 章。

第 1 章，绪论，介绍仓储拣选系统的研究背景，仓储管理涉及的内容，仓储拣选系统的含义、分类，仓储拣选系统的优化目标，人工拣选系统与自动拣选系统的研究现状。

第 2 章，仓储拣选作业过程概述，对仓储拣选作业过程进行分析，详细介绍仓储拣选作业过程中涉及影响仓储拣选系统服务效率的因素：存储策略、拣选策略和拣选路径策略。对每种策略包含的细分策略进行比较分析，得出各种策略的适用情况。

第 3 章，仓储拣选系统优化的理论与方法，介绍优化仓储拣选作业用到的理论与方法，重点介绍运作管理、随机过程、随机服务系统理论，为下面的研究奠定理论基础。

第 4 章，货位分类存储及其改进策略，介绍仓储拣选的主要存储策略：分类存储、随机存储、定位存储三种策略。首先介绍如何采用大数据技术，利用聚类与关联算法，对传统 ABC 分类存储策略进行改进，优化货位的摆放。

第 5 章，仓储布局与优化设计，介绍仓库传统布局、鱼骨布局与 V 型布局，从直线通道与曲线通道两个维度，建立存储面积利用率模型，进而分析鱼骨布局、V 型布局情况的仓储利用率情况。

第 6 章，传统布局下仓储拣选的路径策略，在介绍传统布局下路径策略的基础上，分别构建随机存储下返回型拣选路径的距离模型、随机存储下 S 型拣选路径的距离模型、分类存储下返回型拣选路径的距离模型、分类存储下 S 型拣选路径的距离模型，并进行模型的仿真验证。

第 7 章，改进布局下仓储拣选的路径策略，在鱼骨布局下，针对随机存储和分类存储策略，分别对返回型和 S 型拣选路径进行研究；在 V 型布局下，采用分类存储策略，对返回型和 S 型拣选路径进行研究；并打破传统仓库直线通道的布局，对鱼骨和 V 型布局设计曲线通道，在此基础上研究返回型拣选路径策略；最后对该章内容进行总结。

第 8 章，人工智能算法在拣选路径中的应用，对鱼骨布局仓储拣选路径进行优化研究，展开深入分析，对遗传算法、蚁群算法、布谷鸟算法的性能进行对比，这对拣选策略的研究具有一定的理论意义，对物流企业的高效运营具有一定的实践意义。

第 9 章，传统布局的订单分批策略，以随机性为核心研究订单分批随机服务系统的模型和优化，丰富优化理论与方法，同时在某些方面为人工拣选作业系统研究的深化和完善奠定基础。

第 10 章，改进布局的订单分批策略，基于数据挖掘角度，采用关联规则、自组织神经网络和 K-均值聚类探索订单之间的相关性，从而优化订单分批策略。研究成果为寻找到更有效的仓储拣选策略提供了理论基础，能够为仓储系统的效率管理和优化控制提供决策依据，对物流企业或电商企业提高仓储中心的拣选效率具有实践意义。

第 11 章，仓储拣选系统拥堵率的估计，介绍仓储拣选系统的拥堵问题，先分析拥堵问题是如何产生的，再从四种情况，即宽通道两人、窄通道两人、分类存储窄通道两人、随机存储窄通道多人构建拥堵率模型，研究不同情况下的拥堵情况。

第 12 章，结论与展望，对本书的整体内容进行总结，包括仓储布局、拣选路径优化算法、仓储作业方式、多种智能算法、订单分批策略以及拣选拥堵情况等。

综上所述，本书的研究内容涉及仓储拣选系统的诸多方面，包括仓储布局、存储策略、拣选路径、智能算法等。本书涵盖仓储拣选领域的丰富内容，聚焦仓储拣选领域的研究前沿，具有较强的专业性，为仓储拣选领域的科学研究提供了重要的参考资料，也为仓储物流领域的企业实践应用提供了有价值的指导。

目　　录

第1章 绪 论

1.1 仓储拣选系统概述

1.1.1 仓储拣选的含义

在物流配送中，仓储拣选是最为复杂和重要的功能之一，其成本也是整个配送中心运营成本的主要组成部分，拣选效率决定了客户订单在配送中心的主要停留时间，极大地影响物流服务水平和客户满意度。在《物流术语》中对拣选的定义如下：按订单或出库单的要求，从存储场所拣出物品的作业。因此将仓储拣选定义为，依据顾客订单信息，准确迅速地将货物从存储位中拣出的过程。在人工操作环境下，当顾客订单信息到达后，仓储拣选系统生成拣选任务单并对其分配拣选人员。拣选人员依据任务单将货品从货架上拣出后进行集中处理，最后装车配送。拣选作业的流程主要包括以下几项。

（1）拣选任务生成。依据订单池中到达的订单信息，生成拣选任务单集合。如果单个订单所包含的商品较多，可采用按单分拣的方式，一个订单生成一个拣选任务。但如果每个订单包含的商品较少，且在仓库中的位置较分散，则可考虑采用订单合并的策略，将几个订单合成为一个拣选任务。

（2）查找和行走。拣选人员拿到拣选任务单后开始拣货，按照拣选任务单上的信息找到商品在存储货架上的具体位置。在当前的仓储管理系统中，通常采用电子标签或灯光拣选标识等，提醒拣选人员商品的具体位置。在拣选的过程中，拣选人员采用步行的方式到达商品存储的位置。

（3）拣取确认。拣选人员拿到商品后，需进行确认处理，确认所拣取的商品和数量与拣选任务单上的信息是否一致。

（4）分类复合打包。若采用的是按订单拣选的方式，则只需将拣选出的商品交由打包人员进行复合打包。若采用的是分批拣选的方式，则需将拣选出的商品先按订单进行分类，可采用人力分货、机械辅助分货或自动分货机分货的方式进行分类，然后进行复合打包等流程。

1.1.2 仓储拣选系统的含义

仓储拣选系统主要是指配送中负责订单拣选的模块，一般由仓储设备、分拣设备或人员、搬运设备、分拨设备、包装设备等模块组成。

仓储拣选系统中经常出现的概念包括以下几类。

1. 库存保有单位

库存保有单位（stock keeping unit，SKU）是指库存进出的计量单位，可以是以件、盒、托盘等为单位，便于电商品牌识别商品，例如，一件衣服有红色、白色、蓝色，则存在三个 SKU 编码，现主要表示为产品统一编号的简称，每种产品均对应有唯一的 SKU 号。SKU 为电商物流配送中心进行物流管理的基础单位。也就是说一款商品可以根据 SKU 来确定具体的货物存量。

SKU 是对大型连锁超市配送中心（distribution centre，DC）物流管理的一种必要方法。可以称一个单品为一个 SKU，定义为保存库存控制的最小可用单位。无论是国内还是国外的定义解释中，SKU 基本上是三个概念：品项、编码、单位。

（1）品项：属性有很多种，大家容易理解的是品牌、型号、等级、花色、生产日期、保质期、用途、价格、产地等，因为它们可以很直观地区分开来。

（2）编码：不同的品项中有不同的编码。只有这样，我们才可以依照不同的 SKU 数据来分析库存、销售状况。

（3）单位：单位是基于管理来定义的，这个名字是数字化的管理方式的产物。区别于我们平时常说的"单位"的概念，这里是指，包装单位不同，SKU 就不同。

2. 订单行与订单行深度

一个 SKU 对应一个订单行。订单行是指所需订购货物的集体编号，其深度主要是指货箱中 SKU 的深度，即一个订单行中每件 SKU 的数量。

3. 电商平台中 B2B、B2C 仓库的特点

B2B（business-to-business）企业的仓库中 SKU 少，货物数量多，订单中 SKU 数量多，订单行深度深，代表企业有俏货天下、阿里巴巴；B2C（business-to-consumer）企业的仓库中 SKU 多，订单行深度浅，订单中 SKU 数量少，订单行深度深，如唯品会。

4. 波次、批次、订单

波次就是按时间周期对批次进行分拣；批次就是对 SKU 聚合度较高的订单进行合并，如 40 个订单合为一个批次；订单就是顾客一次下达的所有产品的集合，分为 single 订单和 multiple 订单。

5. put to light 与 pick to light

put to light 即快速大批量小型订单，即播种式；pick to light 则是分拣批次到达订单，即摘果式。

6. 订单分批

配送中心的订单分批是对多个订单同时进行拣选操作，其目的是缩短重复性的行走距离和节省拣货时间，从而提高拣货效率。

7. 订货周期与订货提前期

订货周期是指两次订单的间隔时间。订货提前期是指订单发布到供应商交货的时间。

当供应商给予零售商的商业信用期较短时，市场需求仍处于增长期，随着市场需求稳定时间点的增大，零售商的最优订货周期逐渐减小，最优订货量和年费用也逐渐减小；当供应商给予零售商的商业信用期较长时，市场需求已趋于稳定期，随着市场需求稳定时间点的增大，零售商的最优订货周期逐渐增大，最优订货量和年费用也逐渐增大；当供应商生产与市场需求依赖性逐渐增大时，零售商的最优订货周期逐渐增大，最优订货量及年费用也逐渐增大。

8. 订货量

订货量是指该交易品种已签订电子合同，尚未转让或交收的合同标的数量，即持仓量。交易员可以通过订货量的变化发现即将发生的行情。

1.1.3 仓储拣选系统的分类

拣选作业是物流配送中心作业的中心环节，是电子商务企业发展的关键要素。因此，国内外专家在多年研究中试图从多个方面对拣选系统进行分类、描述，即希望可以深入、全面、多角度地把握拣选系统的特点，从而帮助企业科学合理地选择适合自身发展的拣选方式及拣选策略，以进行高效率的拣选作业。拣选的分类方式具体有以下几种。

（1）根据订单组合的方式不同，可将拣选分为按订单拣选、分批拣选及复合拣选三种方式。

按订单拣选，即按照订单要求逐一进行拣选，完成一个订单后，再拣选下一个订单。拣选人员按照订单指示巡回在仓库拣选区域内，将订单所要求的所有货品拣选出来后即完成一个订单。

分批拣选，指的是将多个订单信息合并，由拣选人员或者拣选工具将这些订单指示的所有货品拣选出来，拣选人员再根据每个订单要求将货品分类的拣选方式。

复合拣选，即将按订单拣选及分批拣选两种方式进行组合，适合按订单拣选的即采用按订单拣选方式，适合分批拣选的就采用分批拣选方式。

按订单拣选效率较低，适合小批量、多品种的订单；分批拣选相比之下效率更高，适合大批量、少品种的订单；而复合拣选则是两者的组合，更加灵活。

（2）根据拣选单元的不同，可将拣选分为按箱拣选、按托盘拣选及按散件（单品）拣选三种方式。

在一个设施较为完善的常规物流配送中心中，通常情况下，三种拣选单元（箱、托盘、散件）是同时存在的，以此来满足不同的拣选要求。因此，物流配送中心也可划分为整箱拣选区域、整托盘拣选区域及散件拣选区域。

（3）按照人员组合的不同方式，可将拣选分为单独拣选和分区拣选两种方式。

单独拣选指的是由一个拣选人员独立地完成一个订单；分区拣选则是指将拣选区域划分为不同的区域（对应不同的货品种类），而每一个区域由不同的拣选人员负责，这样，一个订单的完成就需要由不同的拣选人员配合实现。分区拣选的优势在于对于一个订单的所有货品的拣选作业可由不同区域的拣选人员同时进行，然后将拣选的货品集中，与单独拣选相比，往往可提高拣选效率。

（4）按照运动方式的不同，可将拣选分为"人到货"拣选与"货到人"拣选两种方式。

"人到货"拣选，即人（或者人乘运输工具）到指定储位上寻找、取出所需货品的方式，目前大多数电子商务企业采取此种方式；"货到人"拣选，是指利用机械设备将货品移动至拣货站台，由人或者拣选机械选出所需货品的方式。

此外，仓储拣选还可分为人工拣选和自动拣选两部分。人工拣选即订单到达配送中心后，依照时间批次或者数量批次生成拣选清单，拣选人员按照清单到指定位置寻找货品并将其取出，完成一个批次的订单后进入包装复核去等待下一个订单拣选。自动拣选是指按照指定的订单合成规则，将货品从自动化的密集仓储系统中拣选出来，送至分拨区或包装区的过程，其主要依靠自动化信息系统和设备进行作业。

1.2　仓储拣选系统的优化目标

拣选系统的一个共同目标是在某些资源，包括劳动力、设备及资金等的约束下最大化服务水平。服务水平通常由许多因素体现，如对客户订单的反应时间、订单交付的平均时间、订单的完整性及准确性等。拣选作业时间越短，拣选系统的效率越高，对客户订单的完成时间就越短，也就能更早地将订单交付到客户手中，在保证准确率的情况下，服务水平即可在一定程度上提高。因此，最小化拣选作业时间是各类拣选系统的一个共同目标。

在传统的人工拣选系统作业过程中，约有 50%的时间耗费在了行走中，而行走时间通常为一种浪费，它耗费了时间，却不能创造任何价值。对于人工拣选系统而言，拣选行走时间可认为是行走距离的增函数。因此，在优化拣选系统时，缩短行走时间通常被当作首选目标。在相关文献中，拣选作业的平均行走距离以及总行走距离是常被选择的两种行走距离。在给定任务（一系列订单）的情况下，最小化平均行走距离与最小化总行走距离具有同样的效果。

最小化总行走距离（或平均行走距离）只是众多可优化目标当中的一种。而最小化成本（包括投资及运作成本）也是一项重要的优化目标。除此之外，在拣选系统优化中，其他可优化的项目如下。

（1）最小化单个订单处理时间。

（2）最小化全部订单处理时间。

（3）最大化空间利用率。

（4）最大化设备使用率。

（5）最大化对劳动力的使用。

（6）最大化所有货品的可获得性。

由于拣选系统的复杂性，很难同时将所有因素包含在同一个模型当中进行研究，因此，在实际研究中，通常会将问题限定为一个或者少数几个。而在实际应用中，企业要根据自身所处的时期及具体情况来选择不同的优化控制目标及策略。

1.3 人工拣选系统与自动拣选系统

目前国内外对拣选系统的研究有很多，分别对人工拣选领域和自动拣选领域有不同的研究分析。在自动拣选系统领域的研究中，多数学者对系统选型、改造较为关注，不同的拣选系统领域的文献分析对本书的研究均有很大帮助。

人工拣选作业的目的是将客户订单上的货物准确而迅速地拣选出来，拣选人员需要按照订单要求，将所需货物从储位上拣选出来。国内外学者对订单响应精确性、高效性和人体的生理承受能力等问题进行了相关的研究。

自动拣选系统一般由 A 字分拣机、卧式分拣机、输送系统、包装系统组成，适用于拣选外形尺寸基本一致的货物。随着自动分拣技术的发展，出现了具有预分拣功能的并行自动分拣机，该设备利用单个分拣机不分拣的时间，提前把下个订单的货物分拣完毕，当分拣到该订单时，快速把货物分拣到输送系统上。由于并行自动分拣机的高效性，由其组成的并行拣选系统被广泛应用在烟草、医药行业。

1.3.1 人工拣选系统的研究现状

国内外学者通常研究人工拣选系统中的两种方式，即分区拣选和分批拣选。Parikh（2006）提出一种价值模型来衡量分区拣选和分批拣选在配送中心拣选系统中所消耗的人力、物力等资源价值。通过实例分析配送中心的货物吞吐量、订单结构等因素对价值模型的影响，最终确定选取的拣选模式。Yu 等（2015）基于排队论提出一种近似模型，用于分析分区拣选和分批拣选对配送中心拣选系统作业效率的影响，实验结果表明，该模型与实际系统非常接近，为拣选系统拣选模式的选取提供了理论指导。

订单分批策略主要应用在人工拣选系统中，目的是通过将多个订单合并为一次拣选过程，缩短人在拣选过程中的行走距离。目前订单分批策略方面的研究文献较多。李诗珍等（2002）针对订单分批的四种方式，包括总和计量、时间窗分批、固定订单量分批和智能型分批，分别提出不同的分批策略，以缩短拣货行走距离为目标，建立订单分批问题聚类模型，并采用启发式算法进行求解。马士华和文坚（2004）将延迟制造思想运用至配送中心拣选系统中，提出基于时间延迟的动态时间窗分批策略，以消除系统等待时间及块状需求现象，在一定程度上提高了拣选系统的运行效率。

Gademann 和 van de Velde（2005）指出在每批次订单数量大于 2 的情况下，订单分批问题为非确定性多项式（non-deterministic polynomial，NP）问题，并提出价值分支算法和近似算法以对订单分批问题进行求解。实验证明，两种算法均可减少人工拣选过程中的行走距离。Ho 和 Tseng（2006）提出通过两步来进行订单分批，先选择一个种子订单，再逐一选择伴随订单。对于第二步中伴随订单的选择提出了九种不同的选择方法，并对所有选择方法的适用范围进行了说明。Tsai 等（2008）认为在快速响应拣选系统中，订单拣选速度是反映配送中心服务质量的重要指标。每个订单都应有固定的完成时间，太早或太晚完成的订单均会对系统产生不良影响。因此，在分批拣选模型中，加入过早和过晚惩罚系数，并提出一种混合遗传算法对模型进行求解。算法核心分为两步：一是运用遗传分批算法（genetic algorithm-batch，GA-batch）查找初始解；二是运用遗传旅行商问题算法（genetic algorithm-traveling salesman problem，GA-TSP）进行解的优化。

1.3.2　自动拣选系统的研究现状

对于自动拣选系统的研究，主要集中在两个方面：一是系统设备选型及改造；二是拣选策略优化。

自动拣选系统一般由多台分拣机构成。分拣机存在多种类型，常见的有 A 字分拣机、卧式分拣机等，不同分拣机有不同特点，适用于不同类型货物的拣选工作。复合式自动拣选系统（complex automated picking system，CAPS）结合了不同类型分拣机的优点，是多种类型分拣机并存的拣选系统。在 CAPS 中，系统性能的发挥依赖于分拣机的组合，分拣机的选型问题成为制约拣选系统运行效率的关键因素，因此分拣机选型方面的文献也较多。计三有和静余（2007）介绍了进项数量（entry item quantity，EIQ）分析法的应用步骤和方法，对每单数量进行单个订单出货数量分析，对每个品项进行单品项数量（item quantity，IQ）分析，对每单货物种类进行单个订单出货种类分析，对每个品种出货次数进行单一品种出货次数分析。

刘德宝等（2006）将 EIQ 分析法应用于 CAPS 的设备选型中，优化目标均为在满足一定拣选效率的前提下最小化系统成本。李娜娜等（2008）指出，对于需求量较大的货物，应采用拣选能力较强的分拣机，对于需求量较小的货物，则应采用拣选能力相对较弱的分拣机，对于需求量极小的货物，应采用人工拣选。李静（2009）采用成本临界点法对设备单元进行拣选系统配置，为系统配置提供了一种明确的量化标准。张小勇（2006）提出采用 ABC 分类法进行 CAPS 的设备选型。他指出，对于 A 类货物，即拣选量较大的货物，应采用拣选效率较高的全自动拣选系统；对于 B 类货物，即拣选量较小的货物，应采用自动拣选、人工补货的半自动拣选系统。孙磊等（2007）指出在配送中心的拣选系统中，采用动态 EIQ-ABC 分析方法代替传统的 EIQ 分析法进行设备选型，通过仿真对比可知，动态 EIQ-ABC 分析方法相比传统的 EIQ 分析法可以更进一步地降低成本。

Liu（1999）认为补货成本是影响 CAPS 设备选型的重要因素。他总结了人工补货、自动拣选系统的总补货成本构成，并以此为优化目标建立系统非线性模型，运用基于流量序列的启发式算法对高吞吐拣选量和低吞吐拣选量的拣选系统分别进行模型求解。实验证明，该算法可有效降低计算复杂度，并降低补货成本。吴颖颖等（2011）分析了自动拣选系统的作业流程，运用 Petri 网建立了系统作业模型，解决了其他方法在自动拣选系统建模问题上的状态爆炸问题。在此基础上，他们建立了自动拣选系统仿真平台，通过对系统进行仿真的方式改进了系统的拣选模式，并进行了各种分拣机的优化配置。冯华威和李云军（2007）提出运用层次分析法对配送中心拣选系统的作业流程进行定量分析,将拣选过程的每个步骤、操作都进行量化处理,为设备选型提供量化的理论支持。王艳艳等（2010）对非合流式双拣选区的并行分区自动分拣系统进行研究,针对不同拣选区任务量不均衡的问题建立了作业任务分配模型,设计了最大最小蚁群算法对模型进行求解。仿真结果证明该算法可在一定程度上缓解不同拣选区任务量不均衡问题。Dallari等（2009）将配送中心拣选系统分为五大类:"人到货"、按订单拣选、分批拣选、"货到人"、全自动,并提出根据经验数据分析方法,按订单结构进行拣选系统设备选型。肖际伟等（2010）以单位分拣作业成本最小化为优化目标,建立了复合式自动拣选系统组合优化模型,分别从固定成本、可变成本、拣选作业用时的角度进行了系统优化,为系统设备选型提供了更客观的指导方法。此外,由于分拣机的单机效率对整个自动拣选系统具有重要影响,因此改进分拣机成为提高系统效率的最直接途径,分拣机的改造也受到学者的广泛关注。

1.4　本 章 小 结

本章介绍了仓储拣选系统相关研究的基本内容,包括仓储拣选的含义、仓储拣选系统的含义、仓储拣选系统的分类、仓储拣选系统的优化目标、人工拣选系统与自动拣选系统的研究现状。

第 2 章　仓储拣选作业过程概述

2.1　仓储作业概述

　　仓库是基于物流合理化和发展市场两个需要而发展的，是以组织配送式销售和供应、执行实物配送为主要功能的流通型物流节点。由于特性和规模的不同，其运营中的主要作业内容和流程也不尽相同，但是基本的作业流程是相同的，大致包含进货、搬运、存储、盘点、订单处理、拣选、补货、发货及配送等作业，其流程如图 2-1 所示。

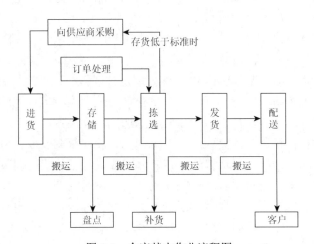

图 2-1　仓库基本作业流程图

　　仓储系统以拣选作业为作业核心。拣选作业是包含多个作业环节的过程，也可称为系统。一般来说，拣选作业系统是指从接受订单开始，经过在货物存储区的物品拣选，最后按订单集货的过程。拣选作业按过程顺序分为客户订单的到达与接受、订单的分批和分割处理、货物的拣选、集货或分类处理。

　　客户订单的到达与接受是拣选作业过程的第 1 步。从拣选作业系统的角度来说，订单到达是随机的，订单处理可视为一个随机服务系统。该系统的输入过程可以是最简单流，而对于一些配送中心来说，在多点接受订单时，又是成批到达的输入；一般情况下，订单的排队规则是先到先服务，但所有的配送中心也都有加急订单或优先处理订单，即优先权服务。为了提高拣选作业系统的运行效率和提高服务质量，需研究订单在进入货物拣选环节前的等待时间和最终完成拣选作业的服务时间。

订单的分批和分割处理是拣选优化的准备阶段。连锁商店、医药商店、音像制品企业、网上购物企业等的配送中心存储的货物有品种多和物品单位包装小的特点，而订单量多、订单批量小（单个订单订购的货物种类少，数量小）又是多数客户订单的特点。此种情况下，可按订单"属性"接近的原则，以优化拣选为目标，将多个订单分批（order batching）处理合并成一次拣选；也可将一个时间段内（称为时间窗，time window）的订单合并成一次拣选。当单个订单所含货物种类较多时，会较大地增加一次拣选时间，降低拣选效率。此种情况下，可将订单（一个或多个）分割（order splitting）处理成多次拣选。另外，当采用分区存储策略时，订单应按不同区域存储的物品进行分割和分批，产生区域性的拣选单。本书中在某些时候，将订单分批、分割处理简称为订单分批。

货物的拣选是拣选作业的主要环节，其指依据某种方式，把拣选单上所列物品从其存储位置取出到存储区域出口。"人到货"（picker to parts）拣选是以人工为主的拣选方式中最常用的一种，由于其人工劳动的密集性，有时就直接称为人工拣选。

集货或分类（accumulation/sorting）处理是拣选作业过程的最后环节，与订单分批、分割处理相对应。若有订单被分批处理，最后应将拣选完的物品按客户订单分类；若有订单被分割处理，最后应将拣选完的物品按客户订单集中。集货与分类通常借助机械传送带来完成。分批拣选完成后，货物被放在传送带上送到集货与分类点。然后，根据各订单的内容，分拆或组合相关拣选批次的货物。

货位指派策略是指根据分拣便利原则和实际情况，把入库的物料安排到合适货位的方法。货位指派策略通常考虑物料分拣的行程、物料的出入库频率、物料间的理化影响、仓库货架的布局、仓库作业环节间的衔接、分拣拥堵等因素。

拣选作业系统需要控制和优化单一订单完成时间、成批订单完成时间、存储空间使用率、劳动率（指单位劳动投入的产出水平）和物品的满足率。与此相应，影响人工拣选作业系统控制与优化目标的主要因素有仓储存储策略、仓储拣选策略和仓储拣选路径策略等。

2.2　仓储存储策略

存储策略是指为了将入库的货物放在合适的存储位置上所采取的相关方法和策略。在传统的仓储管理中，货物在仓库中的存放没有按照科学的方法和策略，存放位置比较混乱，使得在进行拣选作业时增加了行走的距离，从而增加了拣选时间。良好合理的存储策略可以提高空间利用率，节省拣选的行走距离、缩短拣选时间，提高订单拣选的效率。目前，比较常用的存储策略主要有定位存储、随机存储、分类存储和关联分组存储等策略。

2.2.1　定位存储

定位存储的基本原理是：每一项物品都有固定储位，物品不能互用储位。因此，需规划每一项物品的储位容量不得小于其可能的最大在库量。

适合选用定位存储的情况如下。

（1）储区安排需要考虑物品尺寸及重量的场合。

（2）存储条件对物品存储非常重要时，例如，某些物品存储时必须控制温度。

（3）易燃物必须储放于一定高度上，以满足保险标准以及防火规范。

（4）由管理或其他政策要求的某些物品必须分开储放的场合，如食品和化学原料。

（5）重要物品的储放。

（6）储区能被记忆、容易提取的场合。

定位存储的优点主要包括如下几点。

（1）每项物品都有固定的储放位置，拣货人员容易熟悉物品储位。

（2）物品的储位可按周转率大小安排，以缩短出入库搬运距离。

（3）可针对各项物品的特性进行储位的安排调整，将不同物品特性间的相互影响减至最小。

定位存储的缺点是储位必须按各项物品的最大在库量设计，因此储存空间平时的使用效率较低。

总体而言，定位存储容易管理，所需的搬运时间较少，但却需要较多的存储空间。此策略适用于厂房空间大的情况以及多种少量物品的储放。

2.2.2　随机存储

随机存储的原理是：每一个物品被指派存储的位置都是经由随机过程产生的，而且可经常改变；也就是说，任何物品都可以存放在任何可利用的位置。随机规则一般是由存储人员按习惯来储放的，通常可与靠近进出口原则联用，按物品入库的时间顺序将物品储放于靠近出口的储位。

随机存储中有两种最基本的储位分配策略：一种是绝对随机存储策略，通常情况下所说的随机存储就是指该储位分配策略。应用绝对随机存储策略的储位分配系统，按照等同概率从所有可用空储位中随机选取储位，作为入库货物的存放储位。在很多研究中，通常将绝对随机存储策略作为评价其他储位分配策略性能的标准。绝对随机存储策略只能应用在使用计算机系统进行储位分配的工作环境中。

另一种是就近存储策略，该策略将距离出入口最近的空储位作为入库货物的存放位置，应用该策略进行储位分配会导致仓库中距离出入口较近的储位较满，而距离出入口较远的储位较空的现象。就近存储策略是实际应用中最常使用的随机存储策略之一。Hausman 等（1976）的研究证明，在货物仅以整托盘为存取搬运单位时，绝对随机存储策略和就近存储策略具有相似的性能。

随机存储的优点为：由于储位可共享，因此只按所有库存物品的最大在库量设计即可，储存空间的使用率较高。

随机存储的缺点如下。

（1）物品的出入库管理及盘点工作的进行难度较高。

（2）周转率高的物品可能被储放在离出入口较远的位置，增加了出入库的搬运距离。

（3）具有相互影响特性的物品可能相邻储放，造成对物品的伤害或发生危险。

在一个良好的储位系统中，随机存储策略能使货架空间得到最有效的利用，进而使得储位数目减少。模拟研究显示，随机存储与定位存储相比较，可节省 35%的移动存储时间并增加 30%的存储空间，但不利于物品的拣选作业。因此，随机存储较适用于厂房空间有限且品种少或体积较大的物品。

2.2.3　分类存储

分类存储是指以物品分类和存储位置分类为前提，将物品按类存放。物品按周转率（如单位时间拣选次数、单位时间拣选量）降序分成 n 类；存储位置按到输入/输出点的距离升序分成 n 类；物品类对应位置类存放，在每类物品中，每种物品是随机存放的。问题是分类存储并没有分类的标准，不过，通常将物品分为A、B 和 C（周转率大、中、小）三类可满足实际需要。按照平稳和非平稳两种情况，A、B、C 类占的比例分别为 50%、30%、20%和 80%、15%、5%；占用存储空间的比例分别为 30%、30%、40%和 20%、30%、50%。

de Koster 等（2006）指出订单拣选被认为是配送中心的劳动密集型和成本耗费型作业，订单拣选的成本占整个仓储作业成本的 55%，Bartholdi 和 Hackman（2008）指出拣选时间消耗在拣选货物之间的路途行走上，行走时间是直接的拣选成本，但不增加价值。因此，拣选优化往往以最小行走时间为优化目标，在人工拣选系统中，行走时间是行走距离的增函数，进而把行走距离作为优化对象。

分类存储的优点如下。

（1）便于畅销品的存取，具有定位存储的各项优点。

（2）各分类的存储区域可根据物品特性进行设计，有助于物品的存储管理。

分类存储的缺点是储位必须按各项物品的最大在库量设计，因此存储空间的平均使用效率低。分类存储较定位存储具有弹性，但也有与定位存储同样的缺点，因而较适用于以下情况。

（1）产品相关性大者，经常被同时订购。

（2）周转率差别大者。

（3）产品尺寸相差大者。

在应用分类存储策略时，需要将货物按照一定的标准（如存取频率）划分成若干类，并为每类货物分配固定的存储空间。分类存储可以看作随机存储和定位存储的结合，若把每类货物看作一种货物，分类存储则等同于定位存储。而同属一类的不同货物在其共享存储空间内通常采用随机存储策略分配储位。随机存储和定位存储也可以看作分类存储的两种极端情况，随机存储可以认为是把所有货物都当作一类的分类存储，定位存储可以认为是把每种货物都当作一类的分类存储。

2.2.4 关联分组存储

关联分组是指在所有对象当中把相关的对象放在一起，它描述的是数据间的密切关系。关联分组存储的基本原理是：把最有可能出现在同一个订单中的物品或同一次拣选的物品存放在相邻的位置，同时使用靠近出口原则。关联分组的优点是可以减少拣选人员的拣选次数，缩短拣选行走距离。

2.3 仓储拣选策略

拣选作业是指在商业活动中接受订单后，将客户的订购品从仓库内的储位中选出并进行出库作业的一项活动。拣选策略是指采取什么样的拣选方式拣取货物，拣选策略的不同影响着订单处理速度的快慢，直接影响企业产品配送的服务质量、作业效率和物流成本。

决定拣选策略的四个主要因素为分区、订单分割、订单分批及分类。

2.3.1 分区

分区简单地说就是将拣选作业场地做区域划分，按分区的原则不同，可有三种分区方式。

1. 拣货单位分区

将拣货作业区按照拣货单位划分，有箱拣货区、单品拣货区、冷冻品拣货区等，基本上该分区与存储单位分区是相对应的。其目的在于将存储与拣货单位分类统一，以方便拣选与搬运的单元化，将拣选作业单元化。一般而言，拣货单位分区所形成的区域范围是最大的。

2. 拣货方式分区

在某个拣货单位拣选区域内，又可按拣货方法及设备的不同进行分区。该分区的原则通常根据商品销售的频率进行划分，即将各品项的出货量及拣选次数各进行 A、B、C 群组划分。再按各群组确定合适的拣选设备及方式。其目的在于将作业分割单纯一致化，且减少不必要的重复行走所耗费的时间。同一单品拣货区，按拣货方式的不同，又可区分成台车拣货区及输送机拣货区。

3. 工作分区

在相同拣货方式下，将拣货作业区域再按工作范围进行细分，由一个或一组固定的拣货人员负责一个工作区。该策略的主要优点在于减少拣货人员所需记忆的存货位置及移动距离，以缩短拣货的时间。也可配合订单分割策略，由多组拣货人员共同完成订单的拣选，但必须注意工作平衡的问题。

接力式拣取也属工作分区下的产物，只是其订单不分割至各工作分区，拣货人员以接力的方式完成所有的拣取动作。这种拣货方式比一位拣货人员负责完成一个订单的拣取要有效，但相对投入的人力较多。

以上的拣货分区可以同时存在于一个配送中心中，也可以单独存在。除接力式拣取外，在分区拣选后，还需将拣出的物品按照订单加以合并。

2.3.2　订单分割

订单分割是指将订单按拣选区域进行分解的过程。当订单所订购的商品项目较多，或设计一个要求及时快速处理的拣货系统时，为了使其能在较短的时间内完成拣选处理，可利用订单分割策略将订单切分成若干子订单，交由不同的拣货人员同时进行拣货作业，以加速拣货的完成。订单分割策略必须与分区策略联合运用，才能有效发挥其长处。

而各订单拣货完成时，必须考虑到子订单汇总的动作。

对于采取分区策略的配送中心，订单处理的第一步就是要按分区进行订单分割，各拣选区根据分割后的子订单进行分拣作业，各拣选区子订单分拣作业完成后，只有再按原订单信息进行各子订单的分货汇总，才能最终完成订单货物的分拣，因此，订单分割要与拣选分区相对应。

2.3.3　订单分批

订单分批是为了提高拣货作业效率而把多个订单集合成一批，进行批次拣选作业，其目的在于缩短拣货人员的平均行走路径和时间。若再将每批次订单中的同一商品品项加总并拣取，然后把货品分类至每一顾客订单，则形成批量拣取，如此不仅缩短了拣取时的平均行走距离，也减少了储位重复寻找的时间，进而提升了拣货效率。但相对的是，当每批次的订单数目增多时，必须耗费较多的分类时间；甚至需配置强大的自动化分类系统。

订单分批可以有以下几种方式。

1. 总合计量分批

总合计量分批（total batching）是指合计拣货作业前，累积订单中每一商品项目的总量，再根据这一总量进行拣取，以将拣取路径减至最短，同时存储区域的存储单位也可以单纯化，但需要有功能强大的分类系统来支持。这种方式适用于固定点之间的周期性配送，可以将所有的订单在中午前收集起来，下午做总合计量分批、拣取单据的打印等资讯处理工作，第二天一早进行拣取分类等工作。

这种分批方式较为简单，只需将所有客户需求的商品数量做统计汇总，再进行分类作业即可。

2. 时间窗分批

当从订单到达到拣货完成出货所需的时间非常紧迫时，可利用时间窗分批（batching with time window）策略开启短暂而固定的时间窗，如 5min 或 10min，再将此时间窗中所到达的订单做成一批，进行批量拣取。这一方式常与分区及订单分割联合运用，特别适合于到达时间短而平均的订单形态，同时订购量和品项数不宜太大。

$$作业总时间/时间窗（TW）= 分批次数$$

时间窗分批方式的重点在于时间窗大小的确定，确定的主要因素是客户的预期等候时间及单批订单的预期处理时间。这种拣货方式是为了适应客户的紧急需求，因此时间窗不应过长，且在拣货系统的设计中，每批订单处理的时间也应尽可能地缩短。

3. 固定订单量分批

固定订单量分批（fixed number batching）是指订单分批按先到先处理的基本原则，当累积订单量到达设定的固定订单量（fixed number，FN）时，再开始进行拣货作业。这种订单分批的方式适合的订单形态类似于时间窗分批，但偏重维持较稳定的作业效率，而在处理的速度上较时间窗分批慢。

订单总数/固定订单量（FN）= 分批次数

分批中包含的订单数量，也就是固定订单量的确定，必须与分类系统一起考虑。固定订单量与分类系统的处理量应相符合。例如，分类输送机有 40 道出口，则固定订单量 FN = 40，若一天订单总数为 200 个，则可分 5 批处理；若使用计算机拣货台车拣取，台车一次可处理 8 个订单，则 FN = 8。

通常固定订单量分批方式采取先到先服务（first come first service，FCFS）的原则，按订单到达的先后顺序进行批次安排。较先进的方法是利用智能型分批的原则，将订货项目接近的订单进行同批处理，以缩短拣货行走距离。

4. 智能型分批

智能型分批（intelligent batching）方式是技巧性较高的一种分批方式，适合仓储面积较大、存储商品项目多的拣货区域。订单在汇集后经过计算机计算，将拣取路径相近的订单分成一批同时处理，可大量缩短拣货行走距离。采用这种分批方式的配送中心通常将前一天的订单汇集后，经计算机处理，在当天下班前产生次日的拣货单据，因此对紧急插单作业处理较为困难。

要做到智能型分批，最重要的就是商品储放位置和储位编码的相互配合，使得输入商品编号后，就可凭借商品的储位编码了解商品储放位置的情况，再根据拣货作业路径的特性，找出订单分批的法则。

以上四种订单分批方式的特点各有不同，适用条件也有差异，因此规划订单分批策略的第一步就是根据实际情况找出比较合适的订单分批方式。配送中心可参照表 2-1 选择出比较适合自己的订单分批方式，订单分批方式选定之后，再对分批的细节进行进一步的规划决策。

表 2-1　订单分批方式与适用情况

分批方式	配送客户数	订货类型	需求频率
总合计量分批	数量较多且稳定	差异小而数量大	周期性
固定订单量分批	数量较多且稳定	差异小且数量不大	周期性或非周期性
时间窗分批	数量多且稳定	差异小且数量小	周期性
智能型分批	数量较多且稳定	差异较大	非即时性

5. 相近订单分批

相近订单分批（close order batch）是依据物品存储位置的接近程度进行分批处理的方式。关键是如何计算分批订单的相近性。它涉及确定一条包含多个货位的拣选路径的问题，是一个 NP 问题，许多学者致力于应用启发式算法来解决它，主要有节约算法和种子算法两种思路。

节约算法是由 Clarke 和 Wright（1964）提出的，基本思想是计算剩余订单增加到当前批订单后，形成的新订单与原当前批订单的拣选路径之间的差值，然后判断在路径上是否获得节约。计算节约路径的方法有多种，如 Hwang 等（1988）提出的经济凸壳方法、解决旅行商问题的传统算法、单个订单路径优化问题的算法等。Elsayed 和 Unal（1989）运用了四种分批启发式算法之一的萨莱（Sarin Lefoka，SL）算法，该算法先在订单分批之前把所有订单分成"大"订单和"小"订单，然后再利用克拉克-赖特（Clarke-Wright，CW）算法原理进行分批。

种子算法是指首先要确定所有订单的分批拣选次数 n，选出 n 个特殊的订单作为种子订单，并将它们分配到不同的批次中，然后加入剩余的订单，从而实现高速有效分批的方法。因此种子算法的关键在于种子订单的确定和剩余订单的加入组合两个问题。种子订单的确定可以考虑以下几个方面。

（1）随机产生的订单。

（2）涉及最多存储货位的订单。

（3）具有最长拣选路线的订单。

（4）包含特殊位置货物的订单（如距离出口最远的货物）。

（5）含有最大体积货物的订单。

（6）货物位置含有最大通道跨度的订单。

剩余订单的加入组合就是解决把未分批订单如何加入种子订单或当前批中形成新批订单的问题。一般情况下，剩余订单是"距离"当前批订单最近的订单。在矩形分拣系统中计算"距离"的方法有如下几种。

（1）测算剩余订单加入后，拣选设备增加访问的巷道数量。

（2）计算批订单的所有物品位置"重心"与剩余订单的所有物品位置"重心"的差异度。

（3）计算剩余订单所有物品与批订单物品最近的距离的和。

（4）计算剩余订单物品位置所覆盖的区域数量。

在多货架传统矩形分拣系统配置的研究中，de Koster 等（1999）对种子算法和节约算法进行了绩效评价，通过对上述算法下总的拣选时间、分批数量和实际应用等进行模拟测试，得出两条结论：①即使是最简单的分批方法也比先到先服务常规分批策略的效率高；②种子算法与 S 型路径算法和较大容量拣选设备的结合效率最好，而节约算法则与最大间隙算法和小容量拣选设备的结合效率最好。

2.3.4　分类

若采用分批拣选策略，则随后必须有相配合的分类策略。不同分类方式会造成拣货作业方式的差异，分类方式可以概括为两类。

1. 拣取时分类

拣取时分类（sort-while-picking）是指在拣取的同时将货品分类到各订单中，此种分类方式常与固定订单量分批或智能型分批方式联用，因此须使用计算机拣货台车作为拣货设备，才能加快拣取速度，同时避免错误发生。该分类方式较适用于少样、多量的场合，且由于拣货台车不可能太大，故每批次的客户订单量不宜过大。

2. 拣取后集中分类

拣取后集中分类（centralized accumulation/sortation/sort-after-picking）是指依总合计量分批拣取后，再进行集中分类。一般实际的做法有两种：一种是以人工操作为主，将货品搬运至空地上进行分发，而每批次订单量及货品数量不宜过大，以免超过人员负荷；另一种是利用分类输送系统进行集中分类，是较自动化的作业方式。当订单分割越细、分批批量品项越多时，常使用后一种方式来完成订单的几种分类工作。

以上四大类拣选策略可单独使用，也可联合使用，或者不采取任何策略，直接按订单拣选。拣选策略的优缺点如表 2-2 所示。

表 2-2　拣选策略优缺点的比较

拣选策略		优点	缺点
分区	拣货单位分区	可依各区不同的商品特性，设计存储、搬运方式，自动化的可行性增加	与入库存储单位不同时，补货作业需求增高，设备费用可能增加，空间需求加大
	拣货方式分区	可依商品需求的频率，设计分区拣货作业方式，使商品拣货处理趋于合理化	拣货信息处理较为复杂，系统设计困难度增加
	工作分区	缩短拣货人员的移动距离和寻找时间，提高拣货的速率	必须时常检讨分区工作的平衡性，必须加快拣货信息处理速度
订单分割		与分区策略配合，各区同时进行拣货，缩短完成时间。分区工作平衡性对系统效率的影响较接力式拣取小	集货作业需求增高

续表

拣选策略		优点	缺点
订单分批	总合计量分批	以总合计量一次拣出商品总量，可使平均拣货距离最短，提高拣货效率	必须经过功能较强的分类系统完成分类作业，订单数不可过多
	时间窗分批	将密集频繁的订单利用时间窗分批处理，在拣货效率与前置时间中求得平衡点	时间窗内的订单数量变化不宜太大，订单出货种类最好在个位数
	固定订单量分批	维持稳定的拣货效率，使自动化的拣货、分类设备得以发挥最大功效	每批订单的商品种类变化不宜太大，且单项品项数量（IQ）过大时，形成分类作业的不经济性
	智能型分批	分批时考虑到订单的类似性及拣货路径的顺序，使拣货效率进一步提高	智能型分批的软件技术层次较高，不易达到，且信息处理的前置时间较长
分类	拣取时分类	节省拣货后再分类的识别及取放时间	每批订单出货数量及单项品项数量（IQ）小时较为适合，同时必须利用计算机辅助来减少错误的发生
	拣取后集中分类 人工分类	作业弹性较大，较不受订单商品总量变化的影响	若没有进行适当的作业设计或核对工作，错误率可能较高，且费时、费人、费力
	拣取后集中分类 分类输送系统分类	替代人工操作，正确性及稳定性较高	设备费用昂贵，较不具有弹性，当订单、出货数量差异大时，效率降低
按订单类别拣选		作业方法单纯，前置时间短，导入容易，弹性较大，作业责任明确，派工容易、公平，不用进行分类作业	商品品项数多时，拣货行走路径加长，拣货效率降低。拣货区域大时，搬运系统设计困难

2.4　仓储拣选路径策略

在生成拣选单后（分批或不分批），通过拣选作业完成在存储区内对该拣选单所含物品的拣选，其优化研究的目标是最小化拣选行走距离的拣选路径问题。一般来说，该问题相当于有特殊条件的旅行商问题（traveling salesman problem，TSP），特殊是指该路径优化被限定在矩形区域和可忽略宽度的货架通道（aisle）内。动态规划方法对解决单存储区的拣选路径优化问题是比较有效的，相应算法的时间复杂度是通道数和拣选位置数的线性函数。传统（精确）算法在解决拣选路径优化问题时有些缺点。首先，它可能产生不合理的解或不合适的特殊路径；其次，传统算法只适用于标准的存储区，它依赖于存储区的形状、存储区的输入/输出（input/output，I/O）点位置和存储区的分块数；再次，传统算法无法考虑多个拣选同时进行时所造成的通道拥堵；最后，传统算法不能计算拣选路径在变换通道或方向时的时间损耗。鉴于以上原因，建立在简单路径规则上的启发式算法在实践中更有效，一些文献就提出了若干种启发式算法，如图 2-2 所示。

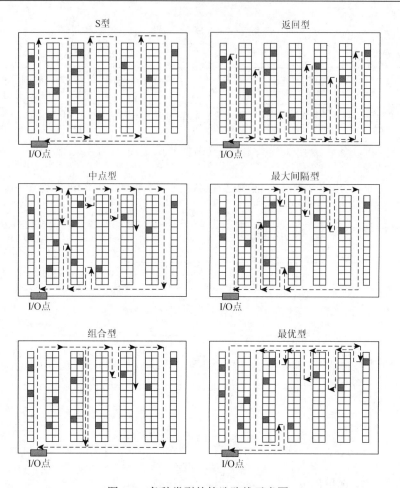

图 2-2　各种类型的拣选路线示意图

1. S 型法

S 型启发式（S-type heuristic）算法（简称 S 型法）是确定拣选路径最简单的方法，该方法意味着拣选路径包括每个含有待拣选物品的通道全长，行走路线是从通道一端进，从另一端出，没有拣选点的通道不包含在内；从最后一条通道返回存储区的 I/O 点。

2. 返回型法

返回型启发式（return heuristic）算法（简称返回型法）是确定拣选路径比较简单的方法之一，其具体做法为：拣选人员从最靠近仓库 I/O 点的通道开始拣选，若通道内含有一个或多个待拣选物品，则进入通道进行拣选，直至拣选到该通道内最远的拣选货位，将通道内所有的待拣选物品取出后，返回至该通道的进入端，从同一侧进入下一条通道，即从每条通道的同一端进出，通道内没有待拣选物品的不进入。在每条通道中的行走距离是通道进入端到最远待拣选物品所在货位之间的距离的 2 倍。

3. 中点型法

中点型启发式（midpoint heuristic）算法（简称中点型法）把矩形存储区沿货架中线分成前后两部分，拣选路径是先通过前过道访问前部分通道；然后通过后过道访问后部分通道；在转向后部时，只能通过最外侧通道进行。可以看出，中点型法在访问每部分时等同于返回型法。Hall（1993）指出，当拣选路径上的通道均含较少的拣选点时，中点型法优于 S 型法。

4. 最大间隔法

最大间隔启发式（largest gap heuristic）算法（简称最大间隔法）类似于中点型法，不同的是，用通道内的最大间隔代替了中点。间隔表示拣选路径上每条拣选通道内的以下情况之一。
（1）相邻拣选点的位置差。
（2）最前边拣选点与前过道的位置差。
（3）最后边拣选点与后过道的位置差。

选取拣选路径的规则如下：若最大间隔是情况（1），则在此通道采取两端进入的返回式拣选；否则，采取从通道某端进入的返回式拣选。根据前人的研究成果，最大间隔法优于中点型法，但是从使用的角度来看，中点型法更简单。

5. 组合法

组合启发式（combined heuristic）算法（简称组合法）下的拣选路径上的每条拣选通道的访问方式是返回型法或 S 型法之一，采用动态规划算法做出决定。

以上各种拣选路径方法在不同条件下，如货位指派方式、存储区和拣选密度（每条通道的拣选点数），有不同的优化效果。例如，当拣选密度小于等于 3.8 时，最大间隔法效果较好；而当拣选密度大于 3.8 时，S 型法优于最大间隔法。Petersen（1997）用实验的方式比较了 6 种方法：S 型法、返回型法、中点型法、最大间隔法、组合法和传统法，结论是启发式算法平均路径优化超过传统法 5%；最好的两次实验是组合法和最大间隔法，分别超过传统法 9%和 10%。

2.5　本　章　小　结

本章详细介绍了仓储拣选作业过程中涉及影响仓储拣选系统服务效率的因素：存储策略、拣选策略和拣选路径策略。阐述并比较了配送中心的定位存储、随机存储、分类存储和关联分组存储的特点和适用情况；综述了影响配送中心拣选策略的四个因素：分区、订单分割、订单分批和分类；详细论述了拣选货物的路径策略：S 型法、返回型法、中点型法、最大间隔法和组合法。

第3章　仓储拣选系统优化的理论与方法

3.1　运　作　管　理

运作泛指将投入转化为产出的过程。运作管理就是将输入转化为输出的一系列创造价值的活动，并以产品和服务的形式来体现。所有企业都从事制造产品和提供服务的活动，无论最终形式是产品还是服务，这些企业中的生产活动通常就是指运作或运作管理。

运作管理的战略决策包括产品设计、质量管理、流程设计、选址、设备布置、人力资源和岗位设计、供应链管理、库存、作业计划设计、设备维护、进度管理及项目管理。

运作管理理论涉及的内容较多，劳动分工、科学管理、精益生产、全面质量管理、业务流程重组、供应链管理、敏捷制造等理论在企业进行运作优化时都有用到。运筹学中的众多知识也应用在运作管理中，例如，利用存储理论解决库存管理问题；利用线性规划方法、整数规划方法、模拟方法等求解适应需求的生产、存储、劳动力安排、配料、作业编制、日程安排等问题；利用线性规划方法、运输模型进行设施选址；采用统计、运筹学方法进行质量控制，如正交实验方法、抽样检验方法、多元诊断方法、控制制图方法等。设备的维护决策、机器的可靠性分析都需要用到运筹学的知识；随着信息技术的发展，越来越多的计算机技术被用来辅助运作管理，出现了物料需求计划、制造资源计划、企业资源计划等工具，使得企业管理的智能化系统不断出现。

仓储运作作为物流业务的关键环节，一直是物流界研究的重点。仓储运作主要包括货物的接收、入库、存储、包装、出库。仓储运作保证了完整地从供应商手中接收货物，并完整、准时地送出仓库，在物流活动中扮演了十分重要的角色，企业需要优化仓储物流运作管理作业流程、淘汰低水平的仓储运作方式，提高仓储运作效率。

仓储拣选系统运作管理是指在仓库空间内对仓库设施、物资进行管理。仓储拣选系统运作管理一般涉及组织管理、设施设备管理、日常作业管理等，运作流程优化理论、拣货效率优化理论和库存分配理论都会有所应用。

仓储运作和生产、销售一样，同样是创造价值的过程。仓储创造的价值经常是无形的，例如，准确、迅速地满足客户要求，提高客户满意度就是在创造价值。仓储在商品流通过程中起到了缓冲和调节的作用，也是在创造价值。

3.2 随机过程

3.2.1 随机过程基础概念

随机过程就是一组无穷多个随机变量 $\{X(t), t \in T\}$，T 称为参数集：若 $T = \{0, 1, 2, \cdots\}$ 或 $T = \{\cdots, -2, -1, 0, 1, 2, \cdots\}$ 则称其为随机序列；T 也可以是有限的或无限的实数集合。$\{X(t), t \in T\}$ 所可能取值的全体，称为状态空间，其中的每个元素称为状态。

随机过程是一族随机变量的有机组合，定义：随机过程为与参数 t 有关的一族随机变量，其中参数 t 属于 T，T 为无限实数集，记作 $\{X(t), t \in T\}$。在随机过程中，对于每个 t 属于 T，$X(t)$ 均可看作服从某一分布的随机变量。随机过程所有可能状态的集合构成该过程的状态空间。随机过程可以用随机过程分布函数族的概念进行描述，对任意 n 个不同的时刻，可引入 n 维随机变量 $[X(t_1), X(t_2), \cdots, X(t_n)]$，它的分布函数可记作：

$$F_x(X_1, X_2, \cdots, X_n; t_1, t_2, \cdots, t_n) = P\{X(t_1) \leqslant X_1, X(t_2) \leqslant X_2, \cdots, X(t_n) \leqslant X_n\}$$

对于固定的 n，称上式为该随机过程的 n 维分布函数，该描述可以给出随机过程在不同时刻的随机变量的统计联系。当 $n = 1$ 时，称上式为该随机过程在某时刻 t 的一维分布函数。为了方便分析，我们给出关于随机过程的两个定理。

定理 3.1 对于随机过程 $\{X(t), t \in T\}$，若该族的每一个随机变量都服从正态分布，则它的任一有限维分布均是正态分布，即对任意的 $n \geqslant 1$ 及任意 $t_1, t_2, \cdots, t_n \in T$，$[X(t_1), X(t_2), \cdots, X(t_n)]$ 服从 n 维正态分布。

定理 3.2 柯尔莫哥洛夫定理指出，n 维分布函数族，即 $F_x(X_1, X_2, \cdots, X_n;$ $t_1, t_2, \cdots, t_n)(n = 1, 2, \cdots, t_i \in T)$，当 n 充分大时可以完全表征随机过程的统计特性。

3.2.2 马尔可夫过程

若随机过程 $\{X(t), t \in T\}$ 的状态空间是可列集（整数集 I），对任意的 $t_1 \leqslant t_2 \leqslant \cdots \leqslant t_n$，$X(t_n)$ 关于 $X(t_1), X(t_2), \cdots, X(t_n)$ 的条件分布恰好等于 $X(t_n)$ 关于 $X(t_{n-1})$ 的条件分布，即

$$P\{X(t_n) = y \mid X(t_{n-1}) = x_{n-1}, \cdots, X(t_1) = x_1\} = P\{X(t_n) = y \mid X(t_{n-1}) = x_{n-1}\} \quad (3\text{-}1)$$

则称 $\{X(t), t \in T\}$ 具有马尔可夫（Markov）性或称为马尔可夫链。马尔可夫性表明，当 $X(t)$ 的"现在"状态已知时，"过去"和"将来"的统计特性是无关的。

对于马尔可夫链来说，描述它最重要的性质是在时刻 m 的一步转移概率 $p_{ij}(m)$：

$$p_{ij}(m) = P\{X(m+1) = j \mid X(m) = i\}, \quad i, j \in I \qquad (3\text{-}2)$$

式（3-2）表示在时刻 m，$X(m)$ 取值 i 的条件下，下一时刻转移到 j 的概率。显然有

$$\sum_{j \in I} p_{ij}(m) = \sum_{j \in I} P\{X(m+1) = j \mid X(m) = i\} = 1, \quad i \in I$$

依此，可定义 k 步转移概率：

$$p_{ij}^{(k)}(m) = P\{X(m+k) = j \mid X(m) = i\}, \quad i, j \in I; k \geqslant 1 \qquad (3\text{-}3)$$

同样有

$$\sum_{j \in I} p_{ij}^{(k)}(m) = \sum_{j \in I} P\{X(m+k) = j \mid X(m) = i\} = 1, \quad i \in I; k \geqslant 1$$

通常规定：

$$p_{ij}^{(0)}(m) = \delta_{ij} = \begin{cases} 1, & i = j \\ 0, & i \neq j \end{cases}$$

关于转移概率，有如下的查普曼-柯尔莫哥洛夫方程：

$$p_{ij}^{(k+l)}(m) = \sum_{s \in I} p_{is}^{(k)}(m) p_{sj}^{(l)}(m+k), \quad i, j \in I \qquad (3\text{-}4)$$

特别的，在式（3-2）中，若转移概率与参数 m 无关，则 $\{X(t), t \in T\}$ 称为齐次马尔可夫链。相应的 k 步转移概率可记为 $p_{ij}^{(k)}$，查普曼-柯尔莫哥洛夫方程为

$$p_{ij}^{(k+l)} = \sum_{s \in I} p_{is}^{(k)} p_{sj}^{(l)}, \quad i, j \in I \qquad (3\text{-}5)$$

令 T_{ij} 为由状态 i 开始，第一次走到状态 j 的步数，定义：

（1）若 $\sum\limits_{k=1}^{\infty} P\{T_{ij} = k\} = 1$，则称 j 为常返态；

（2）当 j 为常返态时，若 $E(T_{jj}) < \infty$，则称 j 为正常返态；

（3）当 j 为常返态时，若 $E(T_{jj}) = \infty$，则称 j 为零常返态；

（4）若 $\sum\limits_{k=1}^{\infty} P\{T_{ij} = k\} < 1$，则称 j 为非常返态。

若 $\{X(t), t \in T\}$ 是连续参数的齐次马尔可夫链，则转移概率记为 $p_{ij}(t) \geqslant 0$，查普曼-柯尔莫哥洛夫方程为

$$p_{ij}(s+t) = \sum_{k \in I} p_{ik}(s) p_{kj}(t), \quad i, j \in I \qquad (3\text{-}6)$$

还假定

$$\lim_{t \to 0} p_{ij}(t) = \delta_{ij} = \begin{cases} 1, & i = j \\ 0, & i \neq j \end{cases} \qquad (3\text{-}7)$$

生灭过程是一种特别的齐次马尔可夫链。设 $\{X(t), t \in T\}$ 是连续参数的齐次马尔可夫链，具有有限个状态 $0, 1, \cdots, K$ 或可数个状态 $0, 1, \cdots$。对任意时刻 t，记

$p_i(t) = P\{X(t) = i\}$，即当 $X(t) = i$ 时，系统在 Δt 内由状态 i 转移到状态 $i+1$（有限状态时 $0 \leqslant i < K$；可数状态时 $0 \leqslant i < \infty$）的概率为 $\lambda_i \Delta t + o(\Delta t)$，$\lambda_i > 0$ 为常数；而由状态 i 转移到状态 $i-1$（有限状态时 $1 \leqslant i \leqslant K$；可数状态时 $1 \leqslant i < \infty$）的概率为 $\mu_i \Delta t + o(\Delta t)$，$\mu_i > 0$ 为常数；且发生距离不小于 2 的转移概率为 $o(\Delta t)$，则这样的随机过程 $\{X(t), t \in T\}$ 称为生灭过程。

根据以上定义，系统在时刻 $t + \Delta t$ 时处于状态 i（有限状态时 $0 < i < K$；可数状态时 $0 < i < \infty$）的事件由下列 4 个独立事件组成：

（1）系统在时刻 t 处于状态 i，概率为 $p_i(t)(1 - \lambda_i \Delta t - \mu_i \Delta t) + o(\Delta t)$；

（2）系统在时刻 t 处于状态 $i-1$，概率为 $p_{i-1}(t)\lambda_{i-1}\Delta t + o(\Delta t)$；

（3）系统在时刻 t 处于状态 $i+1$，概率为 $p_{i+1}(t)\mu_{i+1}\Delta t + o(\Delta t)$；

（4）系统在 Δt 内发生距离不小于 2 的转移概率为 $o(\Delta t)$。

由全概率公式有

$$p_i(t + \Delta t) = p_i(t)(1 - \lambda_i \Delta t - \mu_i \Delta t) + p_{i-1}(t)\lambda_{i-1}\Delta t + p_{i+1}(t)\mu_{i+1}\Delta t + o(\Delta t)$$

简单处理后有

$$\frac{p_i(t + \Delta t) - p_i(t)}{\Delta t} = \lambda_{i-1}p_{i-1}(t) - (\lambda_i + \mu_i)p_i(t) + \mu_{i+1}p_{i+1}(t) + o(1)$$

令 $\Delta t \to 0$，得

$$p_i'(t) = \lambda_{i-1}p_{i-1}(t) - (\lambda_i + \mu_i)p_i(t) + \mu_{i+1}p_{i+1}(t), \quad 0 < i \tag{3-8}$$

当 $i = 0$ 时，有

$$p_0'(t) = -\lambda_0 p_0(t) + \mu_1 p_1(t)$$

在有限状态时，有

$$p_K'(t) = \lambda_{K-1}p_{K-1}(t) - \mu_K p_K(t)$$

以上是生灭过程的微分方程组，它可作为导出随机服务系统微分方程组的基础。

实际应用中，当极限 $\lim\limits_{t \to \infty} p_i(t) = p_i$ 存在时，就把 p_i 当作任一时刻，系统处于状态 i 的概率。此时，不难证明 $\lim\limits_{t \to \infty} p_i'(t) = 0$，而由微分方程获得 $t \to \infty$ 时的极限解。在此不加证明，仅写出有限状态的解；可数状态时，只需将式（3-9）中的 K 去掉，或换成 ∞。

$$p_0 = \frac{1}{1 + \sum\limits_{j=1}^{K} \dfrac{\lambda_{j-1}\lambda_{j-2}\cdots\lambda_0}{\mu_j\mu_{j-1}\cdots\mu_1}}$$

$$p_i = \frac{\lambda_{i-1}\lambda_{i-2}\cdots\lambda_0}{\mu_i\mu_{i-1}\cdots\mu_1}p_0, \quad 1 \leqslant i \leqslant K \tag{3-9}$$

$$p_i = 0, \qquad\qquad\qquad i > K$$

3.2.3　泊松过程

泊松过程是随机过程的一种，是以事件的发生时间来定义的。我们说如果一个随机过程 $N(t)$ 满足以下条件，则称它是一个时间齐次的一维泊松过程。

在两个互斥（不重叠）的区间内所发生的事件数目是互相独立的随机变量。在区间 $[t, t+\tau]$ 内发生的事件数目的概率分布为

$$p(N(t+\tau)-N(t)=k)=\frac{\mathrm{e}^{-\lambda\tau}(\lambda\tau)^{k}}{k!}, \quad k=0,1,\cdots$$

其中，λ 是一个正数，是固定的参数，通常称为到达率（arrival rate）或强度（intensity）。所以，如果给定在时间区间之中发生事件的数目，则随机变数 $N(t+\tau)-N(t)$ 呈现泊松分布，其参数为 $\lambda\tau$。

更一般地来说，一个泊松过程是在每个有界的时间区间或某个空间（如一个欧几里得平面或三维的欧几里得空间）中的每一个有界的区域中赋予一个随机的事件数，使得在一个时间区间或空间区域内的事件数和另一个互斥（不重叠）的时间区间或空间区域内的事件数是相互独立的。在每一个时间区间或空间区域内的事件数是一个随机变数，遵循泊松分布。（从技术上而言，更精确地来说，每一个具有有限测度的集合，都被赋予了一个泊松分布的随机变数。）

3.3　随机服务系统

与随机过程理论相关的一类研究称为随机服务系统理论。在服务系统中，顾客和服务机构是两个基本要素，顾客可以是任何要求服务的对象，服务机构是任何能完成服务的提供者。由于顾客到来的时刻与进行服务的时间随不同的时机与条件而变化，进而服务系统的状态也随机变化，因此将其称为随机服务系统。随机服务系统有 3 个组成部分：①输入过程，指各种类型的顾客到来的规律；②排队规则，指顾客以什么样的次序接受服务；③服务机构，指同一时刻提供服务的服务台数量和为每一顾客服务的时间。

3.3.1　输入过程

输入过程可以是多种多样的。

1. 泊松输入

记时间区间 $[0,t)$ 内到达服务机构的顾客数为 $N(t)$，则 $\{N(t), t \geq 0\}$ 是一个随机过程。泊松输入满足下列 3 个性质。

（1）平稳性。在区间 $[t_0, t_0+t]$ 中有 k 个顾客到来的概率只与时间间隔 t 和顾客数 k 有关，而与起始时间 t_0 无关，记为 $v_k(t)$，显然

$$\sum_{k=0}^{\infty} v_k(t) = 1, \quad t > 0$$

（2）独立增量性（无后效性）。不相交区间内到达的顾客数是相互独立的。

（3）普通性。在充分小的时间间隔内，到来两个及以上顾客是不可能的。记在区间 $[t_0, t_0+t]$ 中有两个及以上顾客到来的概率为 $\psi(t)$，显然

$$\psi(t) = \sum_{k=2}^{\infty} v_k(t) = 1 - v_0(t) - v_1(t)$$

应有 $\psi(t) = o(t)(t \to 0)$，即

$$\lim_{t \to 0} \frac{\psi(t)}{t} = 0$$

可以证明，泊松输入的概率 $v_k(t)$ 服从泊松分布：

$$v_k(t) = P(N(t) = k) = \frac{(\lambda t)^k}{k!} e^{-\lambda t}, \quad k = 0, 1, \cdots \tag{3-10}$$

其中，常数 $\lambda > 0$，称为泊松输入的强度。由于时间间隔 t 内的顾客平均到达数为

$$E(N(t)) = \sum_{k=0}^{\infty} k v_k(t) = \lambda t \sum_{k=1}^{\infty} \frac{(\lambda t)^{k-1}}{(k-1)!} e^{\lambda t} = \lambda t \tag{3-11}$$

因而，λ 是到达率（单位时间内顾客到达的平均数）。

记 $t_i (i = 1, 2, \cdots)$ 为第 i 个顾客与第 $i-1$ 个顾客到达的间隔时间（顾客相继到达间隔），则 $t_i (i = 1, 2, \cdots)$ 相互独立同分布，分布函数是负指数分布：

$$A(t) = P\{t_i < t\} = \begin{cases} 1 - e^{-\lambda t}, & t \geqslant 0 \\ 0, & t < 0 \end{cases} \tag{3-12}$$

该负指数分布的期望是

$$E(t_i) = \int_0^{\infty} t \, \mathrm{d}u(t) = \frac{1}{\lambda} \tag{3-13}$$

即顾客相继到达间隔的平均长度是 $\frac{1}{\lambda}$。

关于最简单流输入的重要结论为：泊松输入等价于顾客相继到达间隔相互独立，且同分布于负指数分布。

2. 爱尔朗（Erlang）输入

在概率论中，负指数分布与爱尔朗分布有特殊的关系。若 $t_1, t_2, \cdots, t_k$ 是相互独立，且有相同参数的负指数分布，参数为 μ，则 $t_1 + t_2 + \cdots + t_k$ 服从 k 阶爱尔朗分布 E_k，分布密度是

$$a(t) = \frac{\mu(\mu t)^{k-1}}{(k-1)!} \mathrm{e}^{-\mu t}, \quad t \geqslant 0 \qquad (3\text{-}14)$$

关于爱尔朗分布有以下几个结论。

（1）若输入流为顾客相继到达间隔相互独立，且具有相同的 k 阶爱尔朗分布 E_k，则将输入流称为爱尔朗输入。

（2）若泊松输入强度为 λ，任意的第 j 个与第 $j+k$ 个顾客之间的到达间隔服从参数为 λ 的 k 阶爱尔朗分布 E_k。

（3）若顾客服务时间为相互独立的负指数分布，则 k 个顾客所需的服务时间服从 k 阶爱尔朗分布 E_k。

3. 定长输入

顾客有规则地到达，每隔时间 α 到达 1 个顾客，此时顾客相继到达间隔时间 $A(t)$ 的分布为

$$A(t) = P\{T \leqslant t\} = \begin{cases} 1, & t \geqslant \alpha \\ 0, & t < \alpha \end{cases} \qquad (3\text{-}15)$$

3.3.2　排队规则

排队规则指顾客按怎样的规定次序接受服务，主要有三类。

（1）损失制。若顾客到达时，服务台均被占用，则顾客自动离去，不再排队等候。

（2）等待制。若顾客到达时，服务台均被占用，则顾客加入等待服务的队列。这种服务规则还可分为先到先服务、优先权服务和随机服务等。

（3）混合制。兼有损失制与等待制的特点，如由等待服务的队长 N 决定顾客的等待或离去；由顾客在队列中的等待时间 T 决定顾客是等待，还是离去。

在后续研究中所涉及的排队规则若不特别声明，均指等待制的先到先服务规则。

3.3.3　服务机构

服务机构主要指服务台数量和服务时间。各顾客服务时间是相互独立的负指数分布在服务机构中比较常见，记服务时间为随机变量 V，则分布为

$$B(t) = P\{V < t\} = \begin{cases} 1 - \mathrm{e}^{-\mu t}, & t \geqslant 0 \\ 0, & t < 0 \end{cases} \qquad (3\text{-}16)$$

其中，常数 $\mu > 0$。平均服务时间为

$$E(V) = \int_0^\infty t\,\mathrm{d}B(t) = \int_0^\infty t\mu \mathrm{e}^{-\mu t}\mathrm{d}t = \frac{1}{\mu} \tag{3-17}$$

若服务机构有 k 个服务台，各服务台的服务时间是独立的负指数分布（参数为 μ），则按式（3-14）的结论，k 个服务台同时服务的时间服从参数为 $\mu > 0$ 的爱尔朗分布 E_k，分布密度为

$$b(t) = \frac{\mu(\mu t)^{k-1}}{(k-1)!}\mathrm{e}^{-\mu t}, \quad t \geqslant 0 \tag{3-18}$$

平均服务时间是

$$E(V) = \int_0^\infty tb(t)\mathrm{d}t = \frac{k}{\mu} \tag{3-19}$$

由泊松分布、负指数分布和爱尔朗分布之间的关系，可得出这样的结论：若顾客的服务时间服从参数为 μ 的负指数分布，有 k 个服务台，则随机服务系统的输出流是强度为 $k\mu$ 的最简单流。

为区别不同类型的随机服务系统，常采用一种分类记号标识系统：用两个"/"把记号分成 3 部分；第 1 部分代表输入分布，第 2 部分代表服务分布，第 3 部分代表服务台数；用 D 代表定长分布，用 M 代表泊松分布或负指数分布，用 E_k 代表爱尔朗分布，用 GI 代表一般独立输入，用 G 代表一般服务分布等。例如，M/M/n 表示泊松输入、负指数分布服务、n 个服务台的随机服务系统；M/G/1 表示泊松输入、一般服务分布、单个服务台的随机服务系统等。

在随机服务系统中，以下几个数量指标是衡量系统服务性能的重要属性。

（1）等待时间：指从顾客到达系统起至接受服务止这段时间。从顾客的立场出发，当然等待时间越短越好。但等待时间越短，势必要求服务速度越快，或服务设施越多，进而增加服务成本，这是随机服务系统的优化目标之一。

（2）队长：指等待服务的顾客数。队长与等待空间的大小、服务效率的高低有很大关系。

（3）忙期：指服务台连续工作的时间，涉及服务人员的工作强度。

（4）统计平衡：随机服务系统的状态与系统运行时间有关，但在运行足够长的时间后（$t \to \infty$），系统趋于统计平衡，称为统计平衡状态；而在有限时刻 t，研究系统瞬时状态的理论，称为非平衡理论。根据统计平衡理论，在统计平衡状态下，等待时间、队长、忙期等与随机服务系统所处的时刻无关，与系统的初始状态也无关。研究的时候主要讨论统计平衡状态下的随机服务系统。因此，与以上指标相关的指标有平均等待时间、平均队长、平均忙期等。

3.4　本 章 小 结

任何系统的优化都需要理论与方法的支撑。由于仓储拣选作业过程涉及诸多环节，对仓储拣选系统进行优化，必然需要各种理论与方法的指导。应将运作管理作为指导思想，从整体的角度去审视仓储管理的全部活动，进而找到可优化之处。现实仓库中的订单可能是随机到达的，货物的存储也可能是随机摆放的，仓储中的诸多活动都可能为随机过程。将随机到达的订单作为服务系统的顾客，将仓库的拣选工作者作为服务机构，则整个仓库订单拣选过程也可看作一个随机服务系统。

第4章 货位分类存储及其改进策略

4.1 关于货位存储策略的文献综述

4.1.1 分类存储策略的研究

ABC 分类（activity based classification）法源于二八定律，由意大利经济学家维尔弗雷多·帕累托（Vilfredo Pareto）首创，故又称为帕累托分类法。管理学家戴克（H. F. Dickie）将 ABC 分类法应用于库存管理，并正式命名。一个事物有众多因素，但起决定性作用的关键因素不多，ABC 分类法的精髓就在于，筛选出这些少数的关键因素和多数的但对事物影响较少的次要因素，分清主次，从而得出分类标准。

运用 ABC 分类法划分产品的类别时，由于所采用的指标是单一的，往往存在片面性。例如，单纯以库存价值为依据，某些材料或产品会被划分为 C 类物资，但如果这类材料是关键用料，缺货会造成十分严重的损失。因此，在实际的操作中，仅仅依靠产品的单一标准进行分类，是不科学的，也是不完善的。基于此，许多专家学者进行了大量、深入的研究，提供了许多新的思路。

阳志琼（2009）在《ABC 分类法在"拆零商品"库存管理中的应用》一文中介绍了 ABC 分类法的概念以及 ABC 分类法的理论依据。对于 ABC 分类法在企业库存管理中的意义、作用及实施步骤，阳志琼也做了分析，并结合"拆零商品"库存管理的实例，探讨了 ABC 分类法在企业库存管理中应用的效果。

陈荣和李超群（2010）发现，当前钢铁企业在备件库存管理中，往往以备件资金占用额为依据，这种管理方法存在明显的局限性。陈荣和李超群建议，根据 ABC 分类法，将出入库次数最多的备件放置在距离出入口最近的区域，从而有效地提高盘库和分拣效率，从而提高库存管理水平。

王锡莉（2009）研究发现，将 ABC 分类法应用于企业库存管理中时，采用的分类维度单一，多数情况下都是按照货品所占的资金额度进行分类的，没有考虑到采购难易度、采购周期、供方垄断、生产依赖性等因素，具有一定的片面性，需要采取一些改进措施。

Kattan 和 Adi（2008）则建议采用两段式来降低库存总成本：第一阶段需要综合运用 ABC 分类法和 123 分析法对产品进行分类；第二阶段则在此基础上运用确定型库存模型进行管理。

江玮璠（2009）提出了基于模糊聚类分析的多准则 ABC 库存管理方法。由于物资分类具有一定的模糊性，通过模糊聚类分析，可梳理出物资的多项准则，再结合库存管理所涉及的多种因素，通过计算机操作，很好地解决了物资分类的问题。

胡从旭（2010）分析了 ABC 分类法在库存管理实施中的基本特点及其存在的缺陷，并提出了改进策略，综合考虑了每一种物料对企业利润的贡献度、该物料在市场上是否可得等因素，将物料分为四个等级：一般、重要、战略和瓶颈。

Hwang 等（2004）对基于单次取货存储空间指标（cube-per-order index，COI）的 ABC 分类法进行了评估，对比了三种不同拣选策略的模型，他们认为，根据每批次订单拣选数量来选择相应的拣选策略，能提高效率。

战斗（2005）指出，要做好企业物流管理，有必要了解 ABC 库存分析法的特征，以及每个产品的种类项目。这对完成库存管理的目标、进行销量预估、确定备货量等方面有着重要的意义。

姜法笋和姚平喜（2009）根据货物存取频率，把货物分成 A、B、C 三类，同时，按其与出入库的距离也分成 A、B、C 三区，依据实例进行的仿真实验与实际的运行效果相比，运行效率提高了 15%左右。

ABC 分类法是以库存价值为依据进行分类的，企业也会权衡货物的重要程度。总体来说，运用 ABC 分类法来划分产品类别时，仅依靠物品的价值量进行分类是缺乏科学性的。所以，对该类问题的进一步研究存在上升空间，后续论文中研究的问题就是改进 ABC 分类法，增加了分类的维度，从而可以更加精准地对货物进行划分。

4.1.2 基于货物相关性的货位分配研究

现实生活中，消费者的购物习惯使得仓储中心拣选的货物间常带有某种关联性。摸索出这种规律，并基于此对货位进行相应的分配，能在很大程度上节省货物的拣选时间，从而提升仓储平台的运作效率。货物之间的这种关联性，即货物相关性，主要体现在三个方面。

（1）关联需求，即产品间存在配套或互补，两者或多者搭配使用才能发挥更大价值或符合现实需求，从而导致对 A 货物的需求必然引发对 B 货物的需求。

（2）物料清单（bill of materials，BOM），即库房管理人员根据生产计划和 BOM 表来拣选物料。根据 BOM 的结构，找出一种较为稳定的货物关联性。

（3）群体需求，即通过分析大量订单数据，找出群体的需求特征。

金燕霞（2014）根据检修用料的需求特点，综合分销策略和货位优化的思想，提出了检修物料的统计相关性和确定相关性概念；他将用料频率和物料相关性作为基础,建立了货位分配优化数学模型,用蚁群算法求解该 NPC(non-deterministic polynomial complete,非确定性多项式完全)问题。

王亚平(2016)研究了基于产品 BOM 表的货位分配,采用数学方法对物料进行聚类分组之后,将其分配到货位上。

蔡佳(2011)研究了穿越策略下,分批分区拣选时货物品项间的相关性,并以批次拣选总时间最短为优化目标,建立了货位指派数学模型,通过逐次变换货位,将相关性强的货物种类尽可能地分派到尽可能少的货位上,以提高拣选效率。

物流业的迅速发展和信息技术的广泛应用,使得仓储物流已经成为物流系统的核心环节之一,成为企业物流供应链中举足轻重的环节。对仓储空间进行合理划分和优化,可以缩短货物出入库时的移动距离,减少作业时间,还能充分利用存储空间,提高效益。

4.2　基于聚类方法的货物分类

4.2.1　聚类分析的数据准备

电商网站上同类商品有众多品牌,同类商品,不同品牌之间在价格、销售量、好评率、是否支持货到付款以及是否包邮等方面不尽相同。本次数据采集时,采集对象是电商网站中的 109 种生活日用品,每类商品包含 30 种品牌。为了避免聚类结果显示某种商品会出现在各个聚集类中,导致同类商品被摆放在仓库的各个不同类别的区域内(这点也不符合实际同类商品集中摆放的状况),需要对每类商品的数据进行同质化。

同质化就是将 30 种品牌的同类商品在价格、好评率、是否支持货到付款和是否包邮方面的四类数值进行均值处理或是转化为发生的概率。例如,下面这条数据是经过同质化处理的,{"meangoodRate":96%,"totalsales":167,"productName":"运动水壶","meanprice":59.8,"payprobability":50%,"expressprobability":14%},30 种品牌的运动水壶,在一个月内共销售出去 167 件,30 种运动水壶的平均价格为 59.8 元,好评率为 96%,支持货到付款的占到 50%,商家提供包邮服务的有 14%。

在传统的仓储分类存储策略中,尤其是生产型仓储中心对货物进行分类时,往往考虑货物价值的高低、体积的大小、周转率的大小以及缺货成本的高低等因素。而电商仓储中心中的商品直接面对消费者,消费者在电商网站上下达订单,生成出库单,然后商品依托物流运输抵达消费者手中。在电商模式下,人们能够通过电商网页,对商品本身情况有最直接的了解,同时也能获知商家为吸引消费者购买商品而提供的让利手段。所以,在考虑划分商品依据时,除考虑传统的商品属性以外，根据实际的电商网站提供的信息，增加了商品好评率、是否支持货到付款以及是否包邮三个属性。

本章涉及的商品是生活日用品，商品体积不大，无须考虑商品出库难易程度。电商网站上同类商品的品牌和替代品众多，基本能够满足消费者需求，不会出现因某种商品缺货，而导致电商网站流失大量客户的现象，所以缺货成本这一属性可以忽略不计。

4.2.2　电商数据聚类分析结果

Yu 等（2015）发现了仓储系统存取货物所需时间和分类数量之间在一般情景下满足碗形曲线关系，首次从理论上揭示了无论货物数量多少，货物分类数控制在 3～5 类总能实现仓储效率的最优化。因此，本书在 K-均值（K-means）聚类中将 K 取值为 3，将商品分为 3 类。

根据后续研究需要，将对采集到的 109 种商品进行两次聚类比较：第一种是传统分类依据的聚类分析，是按照传统的仓储分类存储策略，根据商品的价格和销售量两个属性将商品聚集成三类；第二种是新增分类依据的聚类分析，根据电商商品的特有属性，在传统分类属性的基础上添加商品好评率、是否支持货到付款以及是否包邮三个属性。

聚类分析的目标是明确出 109 种商品中具有相似属性的分类，从而可知哪类商品销售量高以及更加吸引消费者购买，进一步确定容易被购买的商品应该摆放在拣选路程最短的货位上。因此，在一定程度上，需要采用定性和定量相结合的方法对聚类结果进行分析。通过观察 K-means 的聚类中心，能够更好地理解每类商品的特点。对商品各属性的数值进行 Z-score 标准化处理，通过观察聚类中心的每个变量的取值来分析各个类的具体含义。通过观察会发现，聚类中心变量的取值有正有负，如果聚类中心的某个变量取值小于 0，代表该聚类的群体在该变量上的取值小于群体的平均值。

表 4-1 是根据传统分类依据：销售量和价格，对商品进行聚类的结果。聚类结果将商品聚集为三类，1 类共有 15 种商品，2 类共有 12 种商品，3 类共有 82 种商品。1、2、3 三类商品聚类中销售量变量取值分别为–0.100 210、2.483 434、–0.332 918，且 2 类＞0＞1 类＞3 类，其中 1 类和 3 类的变量取值都小于 0，说明 1 类和 3 类两类商品的销售量是低于总体的平均水平的，而且 3 类的销售量取值的绝对值大于 1 类，这说明 3 类商品销售量是最少的；1、2、3 三类商品聚类中价格变量的取值分别为 2.075 549、–0.496 433、–0.296 189，且 1 类＞0＞3 类＞2 类，其中 2 类和 3 类的变量取值都小于 0，说明 2 类和 3 类两类商品的价格水平是低于总体的平均水平的，而且 2 类的价格取值的绝对值大于 3 类，这说明 2 类商品

是这三类商品中最廉价的。综上分析，1 类有 15 种商品，占到总数的 14%，这类商品是价格最高的，同时销售量居中；2 类有 12 种商品，占到总数的 11%，这类商品是价格最便宜的，而且销售量是最多的；3 类有 82 种商品，占到总数的 75%，超过 1/2，这类商品价格较便宜，但是销售量也是最低的。

表 4-1 传统分类依据的聚类结果

聚类结果		1 类	2 类	3 类
商品分类		B	A	C
数量		15	12	82
聚类中心	销售量	−0.100 210	2.483 434	−0.332 918
	价格	2.075 549	−0.496 433	−0.296 189

通过上述分析，A 类商品是在电商网站中最受消费者青睐的商品，价格较为合理。其次是 B 类商品，最差的是 C 类商品。因此，根据对聚类中心的分析，1 类商品是 B 类商品，2 类商品是 A 类商品，3 类商品是 C 类商品。具体的商品分类结果见表 4-2。

表 4-2 商品分类结果 1

商品	类型	商品	类型	商品	类型
料理机	B	枕芯	C	茶叶罐	C
榨汁机	B	床单	C	纸品湿巾	A
电饭煲	B	毯子	C	衣物清洁	A
电压力锅	B	床垫	C	清洁工具	C
豆浆机	B	蚊帐	C	驱虫用品	C
咖啡机	B	抱枕靠垫	C	家庭清洁	A
微波炉	B	毛巾浴巾	C	皮具护理	C
电烤箱	B	电热毯	C	手足护肤	C
电磁炉	B	窗帘/窗纱	C	纤体塑形	C
面包机	B	布艺软饰	C	身体保养	C
煮蛋器	C	凉席	C	护理套装	C
酸奶机	C	保暖防护	C	按摩油	C
电炖锅	C	收纳用品	C	美发工具	C
热水瓶	C	雨伞雨具	C	染发剂	C
电饼铛	C	浴室用品	C	香薰精油	C
多用途锅	C	针织用品	C	浴盐	C
电烧烤炉	C	洗晒/熨烫	C	手工/香皂	C

续表

商品	类型	商品	类型	商品	类型
果蔬解毒机	C	净化除味	C	洗发水	A
养生壶	C	菜刀	C	护发素	A
电热饭盒	C	剪刀	C	染发	C
剃须刀	C	刀具套装	C	磨砂膏	A
剃/脱毛器	C	砧板	C	香皂	A
口腔护理	A	瓜果刀/刨	C	牙膏/牙粉	C
电吹风	C	多功能刀	C	牙刷/牙线	C
美容器	B	塑料杯	C	漱口水	A
理发器	C	运动水壶	C	女性护理	A
卷/直发器	C	玻璃杯	C	毛巾掸子	C
按摩器	B	陶瓷杯	C	脚垫	C
足浴盆	C	保温杯	C	坐垫	B
血压计	B	保温壶	C	座套	B
电子秤	C	酒杯/酒具	C	头枕腰靠	A
血糖仪	A	碗/碟/盘	C	取碗夹	C
体温计	C	筷勺/刀叉	C	口罩	C
桌布/罩件	C	果盘/果篮	C		
地毯地垫	C	茶杯	C		
沙发垫套	C	茶壶	C		
床品套件	C	茶盘茶托	C		
被子	C	耳罩	C		

表 4-3 是新增分类依据的聚类结果，结果显示了根据商品销售量、价格、好评率、包邮发生概率和支持货到付款发生概率五个属性的聚类结果。

表 4-3　新增分类依据的聚类结果

聚类结果		1 类	2 类	3 类
商品分类		A	B	C
数量		13	37	59
聚类中心	销售量	2.228 878	−0.233 553	−0.341 001
	价格	−0.514 112	1.035 768	−0.484 728
	好评率	1.077 490	0.214 221	−0.352 542
	包邮	−0.717 296	1.234 126	−0.555 239
	支持货到付款	1.262 652	0.227 063	−0.399 372

聚类算法将商品聚集为1、2、3三类，1类共有13种商品，2类共有37种商品，3类共有59种商品。1类的五个变量取值中只有价格和包邮的取值小于0，换一句话说，该类商品的价格和包邮都是低于总体平均水平的；2类的五个变量取值中，只有销售量的取值小于0，则说明该类商品在销售量方面小于总体的平均水平；根据聚类结果观察到，3类商品在五个属性下的取值都是负数，所以该商品在各个方面都低于总体的平均水平。综上分析，1类有13种商品，占到总数的12%，这类商品在销售量、好评率和支持货到付款方面是三类商品中最高的，由于电商网站规定低于99元是不提供包邮服务的，该类商品聚类中心的价格取值是最小的，导致包邮的概率也是最低的；2类有37种商品，占到总数的34%，观察聚类中心每个变量的数值，五项属性中只有销售量的数值是小于0的，绝对值的大小是最小的，说明该类商品总体销售量少于1类商品但是多于3类商品，剩下四个变量数值都是大于0的，同时，价格和包邮两个变量的绝对值是最大的，说明该类商品的价格总体上要高于其他两种，因为价格较高，所以提供包邮服务的发生概率也是最高的；3类有59种商品，占到总数的54%，该类商品聚类中心的五个变量数值都是小于0的，说明该类商品虽然总体价格水平较低，但是在消费者口碑中是最差的商品，所以该类商品的销售量、好评率和支持货到付款方面的变量数值最低。

通过上述分析，A类商品是在电商网站中最受消费者青睐的商品，价格较为便宜，商品质量好，支持货到付款服务的概率最大。其次是B类商品，最差的是C类商品。因此，根据对聚类中心的分析，1类商品是A类商品，2类商品是B类商品，3类商品是C类商品。具体的商品分类结果见表4-4。

表4-4　商品分类结果2

商品	类型	商品	类型	商品	类型
料理机	B	枕芯	B	茶叶罐	C
榨汁机	B	床单	B	纸品湿巾	A
电饭煲	B	毯子	C	衣物清洁	A
电压力锅	B	床垫	B	清洁工具	C
豆浆机	B	蚊帐	C	驱虫用品	C
咖啡机	B	抱枕靠垫	C	家庭清洁	A
微波炉	B	毛巾浴巾	C	皮具护理	C
电烤箱	C	电热毯	C	手足护肤	C
电磁炉	B	窗帘/窗纱	C	纤体塑形	C
面包机	B	布艺软饰	C	身体保养	C
煮蛋器	C	凉席	C	护理套装	C
酸奶机	B	保暖防护	C	按摩油	C

续表

商品	类型	商品	类型	商品	类型
电炖锅	B	收纳用品	C	美发工具	A
热水瓶	B	雨伞雨具	C	染发剂	C
电饼铛	B	浴室用品	C	香薰精油	C
多用途锅	B	针织用品	C	浴盐	C
电烧烤炉	B	洗晒/熨烫	C	手工/香皂	C
果蔬解毒机	B	净化除味	C	洗发水	A
养生壶	B	菜刀	C	护发素	A
电热饭盒	B	剪刀	C	染发	C
剃须刀	C	刀具套装	B	磨砂膏	A
剃/脱毛器	B	砧板	C	香皂	A
口腔护理	A	瓜果刀/刨	C	牙膏/牙粉	C
电吹风	A	多功能刀	C	牙刷/牙线	C
美容器	B	塑料杯	C	漱口水	A
理发器	B	运动水壶	C	女性护理	A
卷/直发器	B	玻璃杯	C	毛巾掸子	C
按摩器	B	陶瓷杯	C	脚垫	B
足浴盆	B	保温杯	C	坐垫	B
血压计	B	保温壶	B	座套	B
电子秤	C	酒杯/酒具	B	头枕腰靠	C
血糖仪	A	碗/碟/盘	B	取碗夹	C
体温计	C	筷勺/刀叉	C	口罩	C
桌布/罩件	C	果盘/果篮	C		
地毯地垫	C	茶杯	C		
沙发垫套	C	茶壶	C		
床品套件	B	茶盘茶托	C		
被子	B	耳罩	C		

4.3　基于关联规则的数据准备

关联规则研究的是事务集内部各个事务之间的关系，即研究电商的订单数据，找出消费者在购买商品时，商品之间是否存在一些关联关系。由于电商网站对于消费者信息保护的意识很强，无法通过网络爬虫手段获取消费者在该电商网站上完整的历史商品购买数据。若假设采集到的订单商品都是出自同一个仓储中心，则可以用仓储的拣选单替代消费者订单数据。

由于获取的数据是单独时间点的商品订购信息，所以可以将这些数据按日期进行规整，将每天的订购数据按照日自然时间顺序进行排序。这样就能确定各件商品在一天之内被购买的先后顺序，继而能够通过关联算法，探知其中的关联规律。图 4-1 是数据转换的具体流程。

图 4-1 关联分析数据转换流程

为了后续研究的简便性，将用数字编码代替商品名称，使用字母 G 加数字的方式进行编制，具体结果见表 4-5。

表 4-5 商品编码表

商品	编码	商品	编码	商品	编码
料理机	G1	果蔬解毒机	G18	地毯地垫	G35
榨汁机	G2	养生壶	G19	沙发垫套	G36
电饭煲	G3	电热饭盒	G20	床品套件	G37
电压力锅	G4	剃须刀	G21	被子	G38
豆浆机	G5	剃/脱毛器	G22	枕芯	G39
咖啡机	G6	口腔护理	G23	床单	G40
微波炉	G7	电吹风	G24	毯子	G41
电烤箱	G8	美容器	G25	床垫	G42
电磁炉	G9	理发器	G26	蚊帐	G43
面包机	G10	卷/直发器	G27	抱枕靠垫	G44
煮蛋器	G11	按摩器	G28	毛巾浴巾	G45
酸奶机	G12	足浴盆	G29	电热毯	G46
电炖锅	G13	血压计	G30	窗帘/窗纱	G47
热水瓶	G14	电子秤	G31	布艺软饰	G48
电饼铛	G15	血糖仪	G32	凉席	G49
多用途锅	G16	体温计	G33	保暖防护	G50
电烧烤炉	G17	桌布/罩件	G34	收纳用品	G51

续表

商品	编码	商品	编码	商品	编码
雨伞雨具	G52	果盘/果篮	G72	浴盐	G92
浴室用品	G53	茶杯	G73	手工/香皂	G93
针织用品	G54	茶壶	G74	洗发水	G94
洗晒/熨烫	G55	茶盘茶托	G75	护发素	G95
净化除味	G56	耳罩	G76	染发	G96
菜刀	G57	茶叶罐	G77	磨砂膏	G97
剪刀	G58	纸品湿巾	G78	香皂	G98
刀具套装	G59	衣物清洁	G79	牙膏/牙粉	G99
砧板	G60	清洁工具	G80	牙刷/牙线	G100
瓜果刀/刨	G61	驱虫用品	G81	漱口水	G101
多功能刀	G62	家庭清洁	G82	女性护理	G102
塑料杯	G63	皮具护理	G83	毛巾掸子	G103
运动水壶	G64	手足护肤	G84	脚垫	G104
玻璃杯	G65	纤体塑形	G85	坐垫	G105
陶瓷杯	G66	身体保养	G86	座套	G106
保温杯	G67	护理套装	G87	头枕腰靠	G107
保温壶	G68	按摩油	G88	取碗夹	G108
酒杯/酒具	G69	美发工具	G89	口罩	G109
碗/碟/盘	G70	染发剂	G90		
筷勺/刀叉	G71	香薰精油	G91		

　　每一个拣选单都可以看作一个"购物篮"，如表 4-6 所示，假定仓储中心的拣选车平均一次能够容纳 20 件商品，所以将每天所有单件商品的订单数据按照 20 件商品为一个拣选单进行划分。

表 4-6　拣选单示例

商品名	商品编码
热水瓶	G14
电吹风	G24
床垫	G42
抱枕靠垫	G44
毛巾浴巾	G45

商品名	商品编码
布艺软饰	G48
净化除味	G56
玻璃杯	G65
筷勺/刀叉	G71
茶叶罐	G77
清洁工具	G80
电炖锅	G13
针织用品	G54
电烧烤炉	G17
床品套件	G37
茶杯	G73
手工/香皂	G93
保温杯	G67
枕芯	G39
漱口水	G101

4.4　电商数据关联规则挖掘结果

本章采用关联分析算法（Apriori 算法），对电商仓储中心生活日用类存储区域的拣选单包含的商品进行关联规则分析，意图找出各类商品之间存在的隐含的内在联系。为了使探索出的规律更加真实可靠，拟采用大量的数据进行挖掘验证，超出常规数据挖掘软件的处理能力，所以采取大数据计算框架 Spark 来处理。依据 Apriori 算法，数据量大，迭代次数多，运行时间长，效率较低。所以经过多次测试，将对算法中的参数设置加以限定，以便更加高效地运算。频繁 1-项集支持度的设置要大于 50，频繁 2-项集之后的所有频繁项集的支持度设定为大于等于 2。

表 4-7 展示的是频繁 2-项集及以后的频繁项集满足设定参数条件下的部分运算结果。频繁 2-项集表示具有关联关系的商品并且商品数量为 2 件的关联商品集合；频繁 3-项集表示具有关联关系的商品并且商品数量为 3 件的关联商品集合，以此类推频繁 4-项集和频繁 5-项集。支持度表示包含该种关联规则的商品的订单数量。

表 4-7　关联规则分析运算结果

频繁 2-项集	支持度	频繁 3-项集	支持度	频繁 4-项集	支持度	频繁 5-项集	支持度
G65-G43	342	G65-G43-G15	231	G65-G43 -G15-G1	89	G65-G43 -G15-G1-G100	25
G78-G81	316	G78-G81-G80	209	G78-G81 -G80-G79	74	G78-G81 -G80-G79-G74	19
G51-G56	298	G51-G56-G53	187	G51-G56 -G53-G15	63	G51-G56 -G53-G15-G96	19
G98-G45	273	G98-G45-G61	176	G98-G45 -G61-G34	54	G98-G45 -G61-G34-G10	12
G23-G21	254	G23-G21-G57	164	G23-G21 -G57-G22	46	G23-G21 -G57-G22-G83	11
G82-G103	231	G82-G103-G53	151	G82-G103 -G53-G43	41	G82-G103 -G53-G43-G16	11
G24-G95	224	G24-G95-G35	143	G24-G95 -G35-G51	32	G24-G95 -G35-G51-G69	8
G101-G65	167	G101-G65-G80	112	G101-G65 -G80-G15	16	G101-G65 -G80-G15-G24	5
…	…	…	…	…	…	…	…

　　根据上述 Apriori 算法的运算结果，可知符合支持度条件的频繁项集最多为 5 项，但是各条规则的支持度很低。对于研究电商仓储中心分类存储策略、优化货物摆放这个问题，支持度较高的频繁 2-项集就能够满足研究目的，找出强相关的商品摆放在邻近货位上，势必能够缩短拣选货物时行走的距离，提高拣选效率，降低物流成本。

　　从表 4-7 中还能得知，频繁 3-项集以及以后的频繁项集涉及的商品很多，但是支持度不高，对仓储中商品具体摆放问题而言，研究的意义不是很重大。因此，本章主要针对频繁 2-项集中的关联商品进行研究，设置强相关商品的支持度阈值和置信度阈值。

　　表 4-8 是频繁 2-项集置信度的部分结果示例，只要支持度和置信度均大于事先设置的支持度阈值和置信度阈值，则可以认为该两件商品是强相关的。

表 4-8　频繁 2-项集置信度示例

频繁 2-项集	支持度	X 出现频次	置信度 $P(X|Y)$	Y 出现频次	置信度 $P(Y|X)$	取较大置信度
G65-G43	342	628	54.46%	723	47.30%	54.46%
G78-G81	316	908	34.80%	810	39.01%	39.01%
G51-G56	298	1123	26.54%	794	37.53%	37.53%

频繁 2-项集	支持度	X 出现频次	置信度 P(X|Y)	Y 出现频次	置信度 P(Y|X)	取较大置信度
G98-G45	273	987	27.66%	881	30.99%	30.99%
G23-G21	254	782	32.48%	890	28.54%	32.48%
G82-G103	231	617	37.44%	574	40.24%	40.24%
G24-G95	224	792	28.28%	681	32.89%	32.89%
G101-G65	167	623	29.21%	1092	16.67%	29.21%
G14-G50	167	962	17.36%	642	26.01%	26.01%
G57-G60	163	491	33.20%	673	24.22%	33.20%
G68-G33	152	552	27.54%	527	28.84%	28.84%
G49-G43	140	709	19.75%	792	17.68%	19.75%
…	…	…	…	…	…	…

如表 4-8 所示，表中第一列数据是频繁 2-项集的结果，X 是频繁 2-项集中第一种商品，Y 为第二种商品；第二列数据是频繁 2-项集的支持度，支持度越高则该两种商品一起出现在拣选单中的概率越高；第三列为频繁 2-项集中第一种商品 X 在原数据中出现的次数；第四列数据为条件概率值，在商品 X 出现的条件下商品 Y 也出现的概率，也就是置信度；第五列为第二种商品 Y 在原数据中出现的次数；第六列也为条件概率值，在商品 Y 出现的条件下商品 X 也出现的概率，也就是反向置信度；第七列是取第四列和第六列中置信度数值较大者。

从表 4-8 中可以看出，频繁项集的支持度表示的是各种商品之间关联性的强弱，而置信度则给出了商品种类之间发生关联性的置信程度。通过关联规则分析得到的结果，可以将支持度和置信度作为进一步优化商品品种在货架上摆放位置的依据。

按照上面对强相关的定义，假定频繁项集的支持度为 100 以上，置信度为 20% 以上就认定为项集中的商品存在强相关性。基于以上的假设可得出用于分类存储策略的强相关商品集，具体结果见表 4-9。

表 4-9　强相关分类表

相关商品编码-1	相关商品编码-2	支持度	置信度
G65	G43	342	54.46%
G78	G81	316	39.01%
G51	G56	298	37.53%
G98	G45	273	30.99%
G23	G21	254	32.48%

续表

相关商品编码-1	相关商品编码-2	支持度	置信度
G82	G103	231	40.24%
G24	G95	224	32.89%
G101	G65	167	29.21%
G14	G50	167	26.01%
G57	G60	163	33.20%
G68	G33	152	28.84%

4.5　传统 ABC 分类存储策略及货位编码规则

4.5.1　传统 ABC 分类存储策略

存储策略中的分类存储多数采取 ABC 分类法。该种分类方法主要根据货物周转率的高低，将其划分为 A 类货物、B 类货物、C 类货物。A 类货物的周转率是最高的，其次是 B 类和 C 类，周转率高的货物尽量摆放在靠近仓库的 I/O 点。同时，还应考虑货物的搬运难易程度和货物价值，搬运难度大或是货物价值高的货物一般被划分为 A 类货物，其次是 B 类和 C 类。

ABC 分类法又称为帕累托分类法，由意大利经济学家帕累托于 1906 年首次使用。该种方法的基本思想是：将库存物料按品种和占用资金的多少分为重要的 A 类、一般重要的 B 类和不重要的 C 类三个等级，针对不同等级分别进行管理和控制。在电商仓储中心更多的是依据货物的流动性划分等级。

一般认为 A 类货物在数量上占总数的 5%～15%，创造的价值占到总价值的 60%～80%；B 类货物在数量上占总数的 15%～25%，创造的价值占到总价值的 15%～25%；C 类货物在数量上占总数的 60%～80%，创造的价值占到总价值的 5%～15%。

设 D 为 I/O 点到单个货位的距离，计算出 I/O 点到每个货位的拣选行走距离，将求得的所有 D 按照从小到大的顺序进行排序，设 a 为前 15% 的 D 的最大值，b 为前 25% 的 D 的最大值。如图 4-2 所示，以 I/O 点为圆心、以 a 为半径画半圆，半圆辐射到的货位就摆放 A 类货物，同理，以 b 为半径画半圆，辐射在半径 a 和半径 b 之间的环形区域是 B 类货物摆放的货位，剩余的货位为 C 类货物摆放的货位。

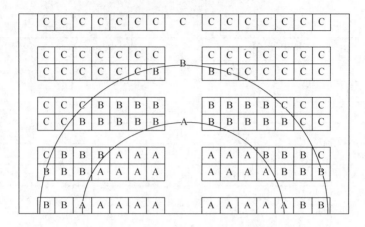

图 4-2　ABC 分类货位布局示例

4.5.2　货位编码规则

　　设 A、B、C 三类商品用 A_i^j, B_i^j, C_i^j 代表，其中 $j \in \{1, 2, \cdots, n\}$ 表示商品的种类，例如，商品种类为 112 种，则 $n = 112$。i 表示商品的坐标编码，图 4-3 是货位坐标编码示意图，货位坐标编码由三位数字组成，第一位数字表示货位所在的排，第二位数字表示货位所在的列（列的数值是由中心主过道向两侧逐渐递增的），第三位数字表示货位所在的区域，1 表示在中心主过道右侧的货架区域，2 表示在中心主过道左侧的货架区域。例如，商品坐标编码为 321，表示第 3 排第 2 列主过道右侧的货位。A_{221}^{13} 可表示 A 类商品编号为 13 的货位在主过道右侧区域货架的第二排第二列。

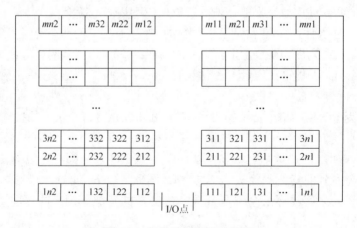

图 4-3　货位坐标编码示意图

4.6　改进 ABC 分类存储策略及货位摆放规则

通过大数据技术手段采集电商数据，挖掘数据内含的价值，改进分类存储策略，优化货位摆放，以达到缩短拣选行程、减少拣选时间的效果，从而提高电商仓储中心的运作效率，提升消费者的购物体验。

利用大数据技术进行数据采集、数据清洗、数据处理以及数据分析，以对传统 ABC 分类存储策略进行改进，可以分两次进行改进。

4.6.1　分类存储策略一次改进

改变或增加 ABC 分类的依据，传统分类的依据主要是货物的出入库频次、货物价值以及货物体积等，而对于电商网站销售的商品，可以结合网购流程的特点，适当加入新的划分依据，如商品的评论情况、支付方式以及商家是否提供包邮项目等，更加精准地划分出最受消费者欢迎、销售量最高的 A 类商品，其次是较为受欢迎、销售量居中的 B 类商品，最后是受消费者喜爱程度一般、销售量较少的 C 类商品。通过聚类分析可以实现这点改进。

4.6.2　分类存储策略二次改进

二次改进是在一次改进的基础上，对货物更加精准地划分等级，但是其中也存在缺陷，划分商品等级则割裂了各个等级商品之间的内在关系。电商消费者在电商网站上购买商品时，不会每次购物仅仅购买一件商品，人们为了减少提取商品快递的次数，常常会对"购物车"内的商品集中购买。同时，电商网站中的商家为了提高销售额，时常给出优惠活动，例如，将特价优惠的一种商品与另一种商品进行"捆绑销售"，或是累积商品价格超过一定数额时商家给出折扣或承诺免费邮寄商品。这都反映出，消费者打算购买的商品之间并不是毫无关联的，而是存在一定的内在联系。通过大量数据进行关联分析，势必会找出一些内在的规律，而利用这些规律进一步优化分类存储策略、合理安排货位，将会提高电商仓储中心的拣选效率，加快商品出库速度，减少客户等待时间，提升顾客满意度。

改进分类存储策略需要在实际数据的基础上进行，只有这样优化后的货位布局才会更加切合实际情况。如图 4-4 所示，属于 A 类商品的摆放空间之所以也摆放了 B 类或 C 类商品，是因为这些 B 类或 C 类商品与 A 类商品之间存在强相关性。同理可知，摆放 B 类商品的区域也会摆放存在关联的 C 类商品。具体涉及将每种商品对应到准确货位，在 4.6.3 节中构建改进分类存储模型时将具体介绍商品分类算法。

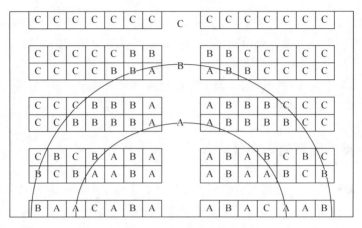

图 4-4　改进后货位布局示例

4.6.3　改进 ABC 分类存储策略的货位摆放规则

采用改进 ABC 分类存储策略解决商品具体的货位摆放位置问题时，具体规则如下。

第一步，通过聚类分析，将货物分为三类，明确 A 类、B 类和 C 类，依据各类商品数量所占的比例，按照传统 ABC 分类存储模型，可以计算出半径 a 和 b，从而划分出 A、B、C 三类商品摆放的区域，获得每类商品具体摆放的货位坐标编码。

第二步，对 A 类商品按照该类中每种商品的销量，从大到小进行排序。

第三步，将 A 类商品按照排序后的顺序依次编制对应货位，优先将商品摆放至主过道右侧的货位。例如，对 A 类商品按照第二步进行排序，有 10 件商品，编码分别为 21，13，16，18，54，32，22，35，67，89，对应的货位坐标编码为 111，121，131，141，151，112，122，132，142，152，即可表示为 $A_{111}^{21}, A_{121}^{13}, A_{131}^{16}, A_{141}^{18}, A_{151}^{54}, A_{112}^{32}, A_{122}^{22}$，$A_{132}^{35}, A_{142}^{67}, A_{152}^{89}$。

第四步，根据各种商品的关联性对货位依次进行调整。若两种商品存在强相关性，且是同一类商品，则将关联商品替换邻近商品。例如，$A_M^{\gamma} \to A_N^{\beta}$ 表示购买前者的同时购买后者的概率很高，A_S^{α} 是 A_M^{γ} 的邻近商品，货位调整时只要将关联商品替换邻近商品，即 $A_S^{\alpha} \Rightarrow A_N^{\alpha}, A_N^{\beta} \Rightarrow A_S^{\beta}$；若两件强相关商品不是同一类，如 $A_M^{\gamma} \to B_T^{\theta}$，同样用 B_T^{θ} 替换邻近商品 A_S^{α}，但同时 A_S^{α} 替换 A 类商品中离 I/O 点最远的商品 A_R^t，最后将 A_R^t 放置到 B_T^{θ} 原来的货位上，即 $B_T^{\theta} \Rightarrow B_S^{\theta}, A_S^{\alpha} \Rightarrow A_R^{\alpha}, A_R^t \Rightarrow A_T^t$；若不存强相关商品，则货位不调整。直至遍历完所有商品，结束货位调整。

4.6.4　依据数据挖掘结果的分类存储方案

依据 4.4 节得出的数据分析结果，结合本节提出的改进 ABC 分类存储策略，得出具体的分类存储结果，明确各件商品的货位。同时，这些货位信息又可以为模拟仿真验证提供货位参数。在模拟仿真中进行 ABC 分类存储策略改进前后的比较，本节将给出改进前的方案和改进后的方案。

1. 传统 ABC 分类存储方案

传统 ABC 分类存储策略中划分商品的依据是销售量和价格两种，结合本章中提出的传统 ABC 分类存储货物摆放原则以及货位编码原则，可以得出在传统 ABC 分类存储策略下各种商品在仓库中具体的摆放位置。具体结果见表 4-10。

表 4-10　传统 ABC 分类存储策略下的货位坐标

商品编码	坐标	商品编码	坐标	商品编码	坐标
G1	4, 2, 1	G22	4, 3, 1	G43	3, 4, 2
G2	5, 1, 1	G23	1, 1, 1	G44	4, 3, 2
G3	6, 1, 1	G24	4, 4, 1	G45	4, 4, 2
G4	7, 1, 1	G25	5, 2, 2	G46	5, 3, 2
G5	5, 2, 1	G26	1, 1, 2	G47	5, 4, 2
G6	6, 2, 1	G27	5, 3, 1	G48	6, 3, 2
G7	7, 2, 1	G28	6, 1, 1	G49	6, 4, 2
G8	4, 1, 2	G29	5, 4, 1	G50	7, 3, 2
G9	4, 2, 2	G30	6, 2, 2	G51	7, 4, 2
G10	5, 1, 2	G31	6, 3, 1	G52	8, 3, 2
G11	8, 1, 1	G32	1, 2, 1	G53	8, 4, 2
G12	8, 2, 1	G33	6, 4, 1	G54	1, 5, 1
G13	7, 2, 2	G34	7, 3, 1	G55	1, 6, 1
G14	8, 1, 2	G35	7, 4, 1	G56	2, 5, 1
G15	8, 2, 2	G36	8, 3, 1	G57	2, 6, 1
G16	1, 3, 1	G37	8, 4, 1	G58	3, 5, 1
G17	1, 4, 1	G38	1, 3, 2	G59	3, 6, 1
G18	2, 3, 1	G39	1, 4, 2	G60	4, 5, 1
G19	2, 4, 1	G40	2, 3, 2	G61	4, 6, 1
G20	3, 3, 1	G41	2, 4, 2	G62	5, 5, 1
G21	3, 4, 1	G42	3, 3, 2	G63	5, 6, 1

商品编码	坐标	商品编码	坐标	商品编码	坐标
G64	6, 5, 1	G80	5, 5, 2	G96	4, 8, 1
G65	6, 6, 1	G81	5, 6, 2	G97	3, 1, 2
G66	7, 5, 1	G82	2, 1, 2	G98	3, 2, 2
G67	7, 6, 1	G83	7, 5, 2	G99	5, 7, 1
G68	8, 5, 1	G84	7, 6, 2	G100	5, 8, 1
G69	8, 6, 1	G85	8, 5, 2	G101	3, 1, 1
G70	1, 5, 2	G86	8, 6, 2	G102	4, 1, 1
G71	1, 6, 2	G87	1, 7, 1	G103	1, 7, 2
G72	2, 5, 2	G88	1, 8, 1	G104	1, 8, 2
G73	2, 6, 2	G89	2, 7, 1	G105	7, 1, 2
G74	3, 5, 2	G90	2, 8, 1	G106	7, 2, 2
G75	3, 6, 2	G91	3, 7, 1	G107	3, 2, 1
G76	4, 5, 2	G92	3, 8, 1	G108	2, 7, 2
G77	4, 6, 2	G93	4, 7, 1	G109	2, 8, 2
G78	1, 2, 2	G94	2, 2, 1		
G79	2, 1, 1	G95	2, 2, 2		

2. 改进 ABC 分类存储方案

改进 ABC 分类存储策略中划分商品的依据是在传统 ABC 分类存储策略的基础上新增了商品好评率、是否包邮和是否支持货到付款三种新的属性。表 4-4 是改进 ABC 分类存储策略的商品分类结果，结合本章中提出的改进 ABC 分类存储货物摆放原则以及货位编码原则，可以得出在改进 ABC 分类存储策略下各种商品在仓库中具体的摆放位置。具体结果见表 4-11。

表 4-11　改进 ABC 分类存储策略下的货位坐标

商品编码	坐标	商品编码	坐标	商品编码	坐标
G1	4, 2, 1	G6	5, 1, 2	G11	1, 6, 2
G2	4, 1, 2	G7	5, 2, 2	G12	6, 2, 2
G3	4, 2, 2	G8	6, 1, 1	G13	7, 1, 1
G4	5, 1, 1	G9	6, 2, 1	G14	7, 2, 1
G5	5, 2, 1	G10	6, 1, 2	G15	7, 1, 2

续表

商品编码	坐标	商品编码	坐标	商品编码	坐标
G16	7, 2, 2	G48	4, 6, 2	G80	3, 8, 1
G17	8, 1, 1	G49	5, 5, 1	G81	3, 7, 2
G18	8, 2, 1	G50	5, 6, 1	G82	2, 1, 1
G19	8, 1, 2	G51	5, 5, 2	G83	3, 8, 2
G20	8, 2, 2	G52	5, 6, 2	G84	4, 7, 1
G21	1, 7, 1	G53	6, 5, 1	G85	4, 8, 1
G22	1, 3, 1	G54	6, 6, 1	G86	4, 7, 2
G23	1, 1, 1	G55	6, 5, 2	G87	4, 8, 2
G24	1, 2, 1	G56	6, 6, 2	G88	5, 7, 1
G25	1, 4, 1	G57	7, 5, 1	G89	2, 2, 1
G26	1, 3, 2	G58	7, 6, 1	G90	5, 8, 1
G27	1, 4, 2	G59	4, 3, 1	G91	5, 7, 2
G28	2, 3, 1	G60	7, 5, 2	G92	5, 8, 2
G29	2, 4, 1	G61	7, 6, 2	G93	6, 7, 1
G30	2, 3, 2	G62	8, 5, 1	G94	2, 1, 2
G31	1, 8, 1	G63	8, 5, 2	G95	2, 2, 2
G32	1, 1, 2	G64	8, 6, 2	G96	6, 8, 1
G33	2, 5, 1	G65	1, 7, 1	G97	3, 1, 1
G34	2, 6, 1	G66	1, 8, 1	G98	3, 2, 1
G35	2, 5, 2	G67	1, 7, 2	G99	6, 7, 2
G36	2, 6, 2	G68	4, 4, 1	G100	6, 8, 2
G37	2, 4, 2	G69	4, 3, 2	G101	3, 1, 2
G38	3, 3, 1	G70	4, 4, 2	G102	3, 2, 2
G39	3, 4, 1	G71	1, 8, 2	G103	7, 7, 1
G40	3, 3, 2	G72	2, 7, 1	G104	1, 5, 1
G41	3, 5, 1	G73	2, 8, 1	G105	1, 6, 1
G42	3, 4, 2	G74	2, 7, 2	G106	1, 5, 2
G43	3, 5, 2	G75	2, 8, 2	G107	7, 8, 1
G44	3, 6, 2	G76	3, 7, 1	G108	7, 7, 2
G45	4, 5, 1	G77	8, 7, 1	G109	7, 8, 2
G46	4, 6, 1	G78	4, 1, 1		
G47	4, 5, 2	G79	1, 2, 2		

本节对 ABC 分类存储策略如何改进进行了详细描述，给出了传统 ABC 分类存储策略下货物具体摆放位置的坐标和改进 ABC 分类法存储策略下货物具体摆放位置的坐标。同时，这些货物具体摆放位置的坐标又为下面的模拟仿真提供了具体的货物坐标参数。

4.7　改进 ABC 分类存储策略的效率检验

4.7.1　拣选作业环境设定

1. 仓库规模设定

鉴于在本章的生活日用品分类存储策略改进研究中，商品种类有限，拟定仿真验证的仓储规模较小，所以仅用于本书的仿真验证。如图 4-5 所示，仓库采用横向式货架布局，除靠墙采用单排货架，其余均采用背靠背双排货架，包含 1 个 I/O 点、1 条主通道、8 条拣选作业通道，单条拣选作业通道的一侧拣选面有 7 个货位，一共有 112 个货位。仓库具体参数如表 4-12 所示。

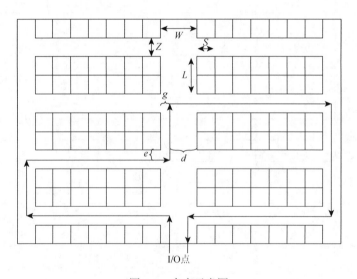

图 4-5　仓库示意图

表 4-12　仓库参数表　　　　　　　　　　（单位：米）

参数	参数解释
$W = 3$	主通道宽度
$Z = 1.5$	拣选作业通道宽度

参数	参数解释
$S = 1$	拣选面中单个货位宽度
$L = 3$	背靠背双排货架宽度
$d = 2$	从主通道进入拣选作业通道行走的距离
$e = 0.75$	越过拣选作业通道行走的距离
$g = 1$	从拣选作业通道进入主通道行走的距离

2. 拣货环境设定

对拣选环境的设定和假设如下。

（1）不考虑货架立体空间，即货架的层数设定为1。

（2）一个货位只放置一种商品。

（3）拣选员数量为 1，不考虑多位拣选员同时拣选的情况。拣选行走距离是单个拣选员的累积行走距离，不是多个拣选员行走距离的总和。

（4）每次拣选商品的数量最多为20件，即拣选单中的商品不超过20件。

（5）拣选路径为 S 型拣选路径，拣选员是从 I/O 点左边进入仓库，从 I/O 点右边出仓库。

此次仿真模型采用 Python 编程语言进行开发，S 型仿真验证的目的是比较改进后的 ABC 分类存储策略相比传统 ABC 分类存储策略的拣选效率是否更高。拣选员拣选行走距离减少则说明拣选效率得到提高，改进后的 ABC 分类存储策略要优于传统 ABC 分类存储策略。

4.7.2　仿真模型的研究目的

构建仿真模型的目的是通过数据输入并经过仿真程序计算得出结果，通过结果比对得出研究结论。

本书中仿真模型的研究目的是通过拣选单数据的输入，经过 S 型拣选路径仿真程序，得出拣选员完成一个拣选单所行走的距离，从而可以统计出每天完成每个拣选单的平均行走距离。由于拣选单的数据是不变的，存储策略是进行过改进的，所以相同的拣选单数据在不同的存储策略下，经过仿真计算将会得出不同的拣选行走距离结果。从而通过比较存储策略改进前后的计算结果，验证改进 ABC 分类存储策略下的平均拣选行走距离要小于传统 ABC 分类存储策略下的平均拣选行走距离，改进后的 ABC 分类存储策略能够提高拣选效率。

4.7.3　拣选行走距离的目标函数

D 表示完成单个拣选单所行走的距离，则 D_k 表示一个工作日中完成第 k 个拣选单所行走的距离。D 的计算方式分成两种情况：一种是拣选货物分布于所有拣选作业通道，如图 4-6 所示；另一种是拣选货物分布于部分拣选作业通道，如图 4-7 所示。

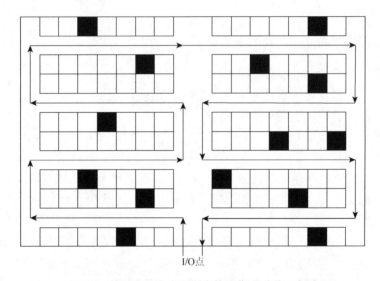

图 4-6　拣选货物分布于所有拣选作业通道示意图

图 4-6 表示的是待拣选的货物位于所有拣选作业通道的一侧或是两侧，在进行拣选作业时，拣选员按照 S 型拣选路径进行拣选，必须走过所有的拣选作业通道，遍历所有的货位，才能经过图中用黑色标出的拣选货物所在的货位，即拣选出拣选单上所有的货物。

图 4-7 表示的是待拣选的货物位于部分拣选作业通道的一侧或是两侧，在进行拣选作业时，拣选员按照 S 型拣选路径进行拣选，只需走过待拣选货物所在的拣选作业通道，就能经过图中用黑色标出的拣选货物所在的货位，即拣选出拣选单上所有的货物。

1. 拣选货物分布于所有拣选作业通道情况下拣选行走距离的计算

在该种情况下，拣选行走距离 D 为走遍所有货位所产生的距离。无论每个拣选单上的货物是否位于不同的货位，只要符合拣选货物位于所有拣选作业通道的一侧或是两侧，则拣选员按照 S 型拣选路径进行拣选时就必须遍历所有的货位，所以在此种情况中，拣选行走距离 D 为一个固定的值。

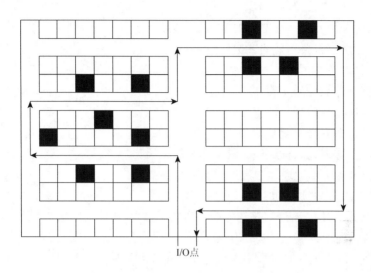

图 4-7　拣选货物分布于部分拣选作业通道示意图

2. 拣选货物分布于部分拣选作业通道情况下拣选行走距离的计算

在该种情况下，拣选行走距离 D 为拣选员必定通过有待拣选货物的拣选作业通道，而选择性地绕过没有货物的拣选作业通道所产生的行走距离，因此，D 具体的计算公式如下：

$$D = \mathrm{LD} + \mathrm{MidD} + \mathrm{RD} \qquad (4\text{-}1)$$

其中，一次拣选行走距离 D 是由三个部分构成的，分别如下。

LD：主通道左边区域的拣选行走距离。

MidD：主通道行走距离。

RD：主通道右边区域的拣选行走距离。

货位坐标系是以 I/O 点为原点，以从 I/O 点向内的纵向为 y 轴，以向两侧的横向为 x 轴的坐标系。每个货位坐标由三位数构成 (x, y, z)，x 表示货位的横坐标，y 表示货位的纵坐标，z 表示坐标的象限。

仓库采用横向式货架布局，除靠墙采用单排货架，其余采用背靠背双排货架，包含 1 个 I/O 商品进出口、1 条主通道、8 条拣选作业通道，单条拣选作业通道的一侧拣选面有 7 个货位。所以，x、y、z 的取值范围如下。

x 的取值范围是 $1 \leqslant x \leqslant 7$。

y 的取值范围是 $1 \leqslant y \leqslant 8$。

z 的取值为 1 或是 2，1 表示第一象限，即主通道的右边区域；2 表示第二象限，即主通道的左边区域。

下面将介绍 LD、MidD、RD 的具体算法。

计算方法中将会出现的参数如下。

W：主通道宽度。

Z：拣选作业通道宽度。

S：拣选面中单个货位宽度。

L：背靠背双排货架宽度。

d：从主通道进入拣选作业通道行走的距离。

e：越过拣选作业通道行走的距离。

g：从拣选作业通道进入主通道行走的距离。

m：拣选时横向通过的拣选作业通道的个数。

n：拣选时纵向穿过的拣选作业通道的个数。

r：拣选时纵向穿过的背靠背双排货架的个数。

G：拣选作业通道两侧没有货物的通道数量。

X：拣选作业横向行走的距离。

Y：拣选作业纵向行走的距离。

（1）LD 的计算公式。

LD 是主通道左边区域的拣选行走距离，等于横向上行走的距离加纵向上行走的距离。

情况一：若主通道左边区域没有待拣选货物，则拣选行走距离为 0，即 LD = 0。

情况二：若主通道左边区域有待拣选货物，则拣选行走距离不为 0，即 LD ≠ 0。

具体公式如下：

$$LD = X + Y \tag{4-2}$$

$$X = m \times (2g + 8S) \tag{4-3}$$

$$Y = n \times Z + r \times L \tag{4-4}$$

其中，参数 m、n、r 的具体取值与货物的具体摆放位置有关，即与坐标相关。

用 Y_1 来表示第一象限中所有 y 取值的集合，$y_{\max}$ 是集合中的最大值。据上面所述，G 表示拣选作业通道两侧没有货物的通道数量，即拣选员可以不通过的拣选作业通道的数量，所以 G 的取值范围为 $0 \leqslant G < 4, G \in \mathbb{N}$，属于自然数集。

由于选取的是 S 型拣选路径，每条拣选作业通道都是单向行驶的，不能中途折返，所以参数 m、n、r 的具体取值有以下几种情况。

当 $1 \leqslant y_{\max} \leqslant 4$ 时，$m = 2, n = 1.5, r = 1.5$。此种情况是：货物都集中在靠近 I/O

点的前两排拣选作业通道内，因此拣选时横向通过的拣选作业通道的个数 $m = 2$，拣选时纵向穿过的拣选作业通道的个数 $n = 1.5$，拣选时纵向穿过的背靠背双排货架的个数 $r = 1.5$。

当 $5 \leqslant y_{\max} \leqslant 6$ 时，若 $G = 0$，则 $m = 4, n = 3.5, r = 3.5$；若 $G \neq 0$，则 $m = 2$，$n = 2.5, r = 2.5$。此种情况是：待拣选的货物存在于靠近 I/O 点的前三排拣选作业通道，并且当这三条拣选作业通道一侧或是两侧都有待拣选的货物，即 $G = 0$ 时，拣选时横向通过的拣选作业通道的个数 $m = 4$，拣选时纵向穿过的拣选作业通道的个数 $n = 3.5$，拣选时纵向穿过的背靠背双排货架的个数 $r = 3.5$；当这三条拣选作业通道中存在一侧或是两侧没有待拣选的货物，即 $G \neq 0$ 时，拣选时横向通过的拣选作业通道的个数 $m = 2$，拣选时纵向穿过的拣选作业通道的个数 $n = 2.5$，拣选时纵向穿过的背靠背双排货架的个数 $r = 2.5$。

当 $7 \leqslant y_{\max} \leqslant 8$ 时，若 $0 \leqslant G \leqslant 1, G \in \mathbb{N}$，则 $m = 4, n = 3.5, r = 3.5$；若 $2 \leqslant G < 4$，$G \in \mathbb{N}$，则 $m = 2, n = 3.5, r = 3.5$。此种情况是：待拣选的货物存放在仓库左侧区域最里面的拣选作业通道的一侧或两侧，并且当拣选区域中至多有一条拣选作业通道两侧没有待拣选货物，即 $0 \leqslant G \leqslant 1, G \in \mathbb{N}$ 时，拣选时横向通过的拣选作业通道的个数 $m = 4$，拣选时纵向穿过的拣选作业通道的个数 $n = 3.5$，拣选时纵向穿过的背靠背双排货架的个数 $r = 3.5$；当拣选区域中有两条或三条拣选作业通道两侧没有待拣选货物，即 $2 \leqslant G < 4, G \in \mathbb{N}$ 时，拣选时横向通过的拣选作业通道的个数 $m = 2$，拣选时纵向穿过的拣选作业通道的个数 $n = 3.5$，拣选时纵向穿过的背靠背双排货架的个数 $r = 3.5$。

（2）RD 的计算公式。

RD 是主通道右边区域的拣选行走距离，等于横向上行走的距离加纵向上行走的距离。

情况一：若主通道右边区域没有待拣选货物，则拣选行走距离为 0，即 RD = 0。

情况二：若主通道右边区域有待拣选货物，则拣选行走距离不为 0，即 RD ≠ 0。其具体算法和 LD 相同。

$$RD = X + Y \tag{4-5}$$

$$X = m \times (2g + 8S) \tag{4-6}$$

$$Y = n \times Z + r \times L \tag{4-7}$$

其中，参数 m、n、r 的具体取值情况与 LD 计算公式中提及的取值情况相同。

（3）MidD 的计算公式。

MidD 是主通道行走距离，也包括横向上行走的距离和纵向上行走的距离。

其具体算法如下：

$$\mathrm{MidD} = X + Y \tag{4-8}$$

$$X = W - 2d \tag{4-9}$$

$$Y = |Y_{\mathrm{LD}} - Y_{\mathrm{RD}}| \tag{4-10}$$

其中，X 为在主通道中横向行走的距离，即从左边区域走到右边区域的距离；Y 是在主通道中纵向行走的距离，为在主通道左右两边纵向行走距离差值的绝对值。

4.7.4　仿真模型的目标函数

拣选仿真模型的目标函数为 D_{mean}，是指平均每天完成每个拣选单所行走的距离。

$$D_{\mathrm{mean}} = \frac{\sum\limits_{k=1}^{\mathrm{order\_num}} D_k}{\mathrm{order\_num}} \tag{4-11}$$

约束条件为

$$\sum_{j=1}^{\mathrm{per\text{-}order\_num}} X_{ij} \leqslant 20, \quad i \in \{1, 2, \cdots, \mathrm{order\_num}\}, j \in \{1, 2, \cdots, \mathrm{per\text{-}order\_num}\} \tag{4-12}$$

目标函数中，D_k 表示一个工作日中完成第 k 个拣选单所行走的距离；order_num 代表一个工作日中拣选单的数量。

约束条件中，X_{ij} 表示在第 i 个拣选单中第 j 个订单的一件商品；$\sum\limits_{j=1}^{\mathrm{per\text{-}order\_num}} X_{ij}$ 表示一个拣选单中商品的数量之和，per-order_num 代表一个拣选单中订单的数量。式（4-12）表示任意一个拣选单中的商品数量小于等于 20 件。

4.7.5　改进前后拣选效率验证

仿真模型搭建完成后，要对分类存储策略改进前后的拣选效率进行仿真计算。具体包括未改进的传统 ABC 分类存储策略的拣选效率仿真计算、一次改进后拣选效率的仿真计算和二次改进后拣选效率的仿真计算。

4.7.6　传统 ABC 分类拣选效率的仿真结果

图 4-8 是传统 ABC 分类存储模型拣选行走距离的仿真结果折线图，经过仿真

模型计算后可知,传统 ABC 分类存储模型下平均每天完成每个拣选单所行走的距离为 74.8 米。

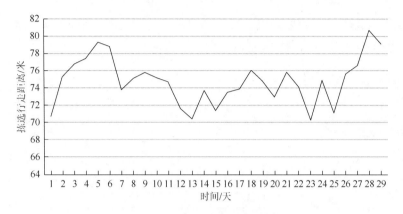

图 4-8　传统型仿真结果折线图

4.7.7　一次改进后拣选效率的仿真结果

一次改进是指新增 ABC 各类商品的划分依据,由之前的 2 个依据增加到 5 个依据,分别为销售量、商品价格、商品好评率、是否支持货到付款以及是否包邮。图 4-9 是一次改进后的仿真结果折线图。

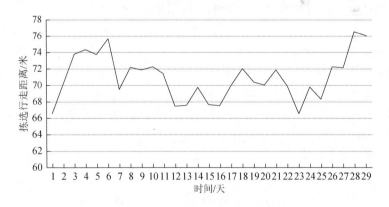

图 4-9　一次改进后的仿真结果折线图

经过仿真模型计算后可知,一次改进后平均每天完成每个拣选单所行走的距离为 70.9 米。

4.7.8　二次改进后拣选效率的仿真结果

二次改进是在一次改进的基础上加入商品之间的关联关系，增加了商品之间的联系。图 4-10 是二次改进后的仿真结果折线图。

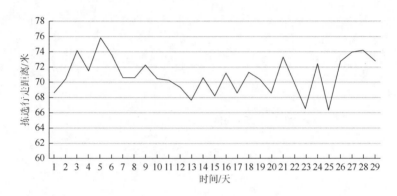

图 4-10　二次改进后的仿真结果折线图

经过仿真模型计算后可知，二次改进后平均每天完成每个拣选单所行走的距离为 62.9 米。

4.7.9　分类存储策略改进前后的仿真结果对比

此次仿真的数据是电商网站华北地区 9 月份的订单数据。将进行三次仿真计算：传统 ABC 分类存储策略下的拣选效率仿真、ABC 分类存储策略一次改进拣选效率仿真以及 ABC 分类存储策略二次改进拣选效率仿真。一次改进是指新增 ABC 各类商品的划分依据，由之前的 2 个依据增加到 5 个依据。二次改进是在一次改进的基础上加入商品之间的关联关系。具体的仿真结果见表 4-13。

表 4-13　拣选行走距离仿真结果　　　　（单位：米）

传统型仿真结果	一次改进仿真结果	二次改进仿真结果
70.83	66.72	60.63
75.30	70.25	62.42
76.83	73.83	66.15

续表

传统型仿真结果	一次改进仿真结果	二次改进仿真结果
77.45	74.42	63.43
79.39	73.75	67.95
78.83	75.75	65.66
73.76	69.48	62.54
75.14	72.21	62.59
75.85	71.90	64.32
75.22	72.29	62.36
74.72	71.43	62.24
71.62	67.47	61.31
70.35	67.60	59.65
73.85	69.86	62.62
71.37	67.66	60.09
73.49	67.54	63.27
73.92	70.07	60.54
76.08	72.12	63.37
74.76	70.42	62.28
72.94	70.10	60.47
75.91	71.96	65.36
74.17	69.86	61.78
70.22	66.57	58.49
74.91	69.89	64.49
71.08	68.31	58.21
75.64	72.31	64.75
76.64	72.19	65.98
80.81	76.60	66.18
79.15	76.06	64.82

　　图 4-11 是拣选行走距离仿真结果折线图。从图中可看出，两次改进拣选效率都得到了提高，平均每天完成每个拣选单所行走的距离减少了。经统计可知，一次改进后平均每单的拣选行走距离相比传统型降低了 5.2%，二次改进后平均每单的拣选行走距离相比传统型降低了 15.9%。

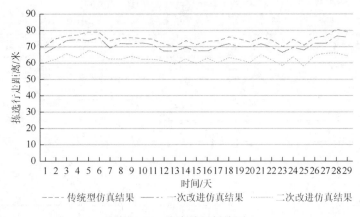

图 4-11　仿真结果折线图

4.8　仿真结果分析

结果表明，一次改进后拣选效率的提高不是很显著。经过分析后，提出两点原因：第一点，由于商品种类较少，两次聚类后周转率大的 A 类商品在数量上变化不大，所以货位变动不是很明显；第二点，由于仿真的拣选路径采用 S 型拣选路径，因此商品在同一个拣选作业通道中改变货位，改变前后拣选员在该拣选作业通道内行走的距离是不变的，但是二次改进在一次改进的基础上考虑了关联商品的摆放，拣选效率的提升还是很明显的。因为关联商品摆放充分考虑到具有强相关性的商品，将具有强相关性的商品尽量摆放在一起，因此拣选效率提升较为显著。

4.9　本 章 小 结

本章内容主要是对改进前后的存储策略进行模拟仿真。首先对模拟仿真机进行参数设置，提出仿真模型的目标函数是计算平均每天完成每个拣选单所行走的距离。根据仿真结果的比较发现，改进后的存储策略对于提高拣选效率是有效的。同时，也发现一次改进和二次改进对拣选效率提升的程度是不同的。

根据本章得出的结果可知，利用大数据技术改进仓储存储策略的做法是行之有效的，也具有实际意义。本章只是对这种优化做了实验性验证，在后续实际的生产活动中，可以借助大数据技术开发出电商仓储中心存储策略系统，通过该系统实时了解商品被购买的情况，根据不同时节商品需求的变化做出快速反应，及时调整货位，旨在加快订单拣选速度，提升整体仓储中心的效率。

第 5 章 仓储布局与优化设计

5.1 关于仓储布局的国内外研究进展

5.1.1 仓储布局的国外研究进展

在 2008 年之前，对仓储布局的研究学习还局限于传统布局当中。Malmborg（1996）基于不同的仓储分配原则，在立体空间需求和人工取货效率之间求得了最佳的平衡。根据仓储中心历史存储的状态分布概率函数，求得其动态存储结果。根据结果就可以比较仓储中心在存储空间利用情况和拣选效率方面的变化，进而比较在不同的存储策略原则下，仓储中心分配原则对于平均取货费用的动态影响。van den Berg 和 Zijm（1999）以分类存储策略的实体仓储中心为例，首次提出了基于分类存储策略的仓储中心时段动态规划模拟算法。Heragu 等（2005）根据先前学者的研究成果，采用启发式算法计算仓储中心各个存储区域的面积大小，然后根据货物周转率的大小，结合启发式算法，将不同种类的产品安排到各个功能存储区域。当然仓储中心也可以根据不同的货物需求量找到最优的分类存储策略。Önüt 等（2008）指出，先前学者大多依据不同仓储布局而设立数学模型，一般只倾向于在一维角度优化单一的目标函数，如降低仓储中心的空间面积利用效率、减少非工作状态的堆垛机使用数量、提高仓储中心机械设备的使用效率等，并且取得了一定的优化成果。如果建立完善的、多维角度的多目标函数，将其作为降低仓储中心运营成本的一个个子函数，必将求得最佳的仓储中心年度运营成本。从 2009 年开始，研究新型布局方式的学者逐渐增多，主要研究的新型布局有鱼骨布局、雪佛龙布局、V 型布局、蝴蝶布局等。Gue 等（2012）指出，仓储中心采用随机存储策略时，V 型布局和鱼骨布局可以有效缩短订单拣选状态下人工行走的路径距离。在 V 型布局下，仓储中心的布局形式为：拣选子通道呈纵向排列，在仓储中心的进口和出口有左右相互交叉的斜通道，称为主通道。

近些年来，较多学者开始运用遗传算法对仓储布局进行优化求解。Seval 和 Nursel（2012）认为仓储布局设计和优化应该划分为两个步骤：第一步，将历史存储货物进行分类，采用整数规划的方法，寻找约束条件，建立数学模型，求解仓库最大货物周转率；第二步，综合考虑仓储订单批次和拣选路径问题，使用遗传算法优化仓储中心存储货物的方式和降低整体运营成本。Cardona 等（2012）以鱼骨布局的仓储中心为研究对象，研究了斜通道角度变化如何影响拣选行走距离。通过数学建模与仿真验证，求出了最佳斜通道角度，使得人工拣选期望距离最短，验证了自己的假设。Çelk 和 Süral（2014）发现，随着订单数量的下降，传统仓库和新型仓库的平均期望拣选行走距离越来越大，新型仓库更加适用于当前具有多样化需求的消费者，也更加适用于目前典型的仓储企业，为仓储企业的降本增效提供了新的思路和方式。

5.1.2　仓储布局的国内研究进展

国内对新型布局的研究起步较晚。吴璟和苏强（2011）研究了固定式的多巷道仓库，经过对仓储中心历史订单的分析，求得了各种货物之间的内部关系，结合订单批次、拣选路径、货物周转率、期望拣选行走距离等概念，提出了仓储中心储位优化的方法。另外，他们使用线性规划的方法，寻找约束条件，建立动态的数学优化模型，使用启发式算法求得最优解，从而达到仓储中心储位优化的目标，极大地提高了仓库订单的人工拣选作业效率，使得仓储中心的运营成本控制在合理的范围内。

近些年，国内学者也开始使用贪婪算法或遗传算法对仓储布局进行优化。Wang 等（2005）利用遗传算法，以仓储中心规划成本和物料流动运作效率作为动态数学模型的函数结果，第一次提出了根据货物尺寸进行组合存储的优化仓储布局的方法，并在仿真验证中得到良好的结果，这种存储方式大大优于传统存储方式。刘志帅等（2013）从基因工程学的角度来考虑仓储布局的问题，依据周转率大小对货物进行简单的分类存储，并在一段时期内统计有效的历史订单，将订单人工拣选作业效率最高作为目标函数，建立了仓储中心储位优化的数学模型，并第一次使用贪婪算法对该模型进行了求解运算，经过实际验证得知，使用贪婪算法用时较短，并取得了良好的效果。此模型不仅可以对不同时间段内的差异性订单进行分析，同时优化了仓储中心的分类存储，还降低了一线拣选人员的劳动作业强度，适当地减少了时间拣选成本，提高了人工作业效率，从而进一步提升了仓储中心的工作运营效率，具有可观的经济效益和一定的现实意义。马汉武和孟国曦（2013）通过对迪卡侬（昆山）仓储有限公司的实地调研，依据调研和企业数据，建立了该配送中心的仓储优化数学模型，并使用遗传算法和帕累托原则相结合的混合算法对该模型进行了求解计算，计算结果显示，该方法有效地提高了仓储中心的货物周转率，使得货物出入库效率达到 52.02%，货架使用率也提高到了 64.31%。蒋美仙等（2013）通过将鱼骨布局的思想与贯通式货架系统的设计理念相结合，给出了一种改进型鱼骨布局的仓储方法，根据不同角度的斜通道，建立了相应的数学模型并进行了求解。结果发现，鱼骨布局仓库在保持仓库面积利用率大致相同的条件下，因为带来了较多拣选通道，有效地缩短了拣选行走距离。周丽等（2014）以鱼骨布局仓储为研究对象，通过设定随机存储、仓储拣选路径局部最优等假定条件，建立数学模型，进行了仿真验证，并且比较了鱼骨布局仓库和传统布局仓库分别在托盘拣选和订单拣选两种情况下的拣选行走距离的期望。发现在鱼骨布局仓库中，执行订单拣选所行走距离的期望要比传统布局的仓库小，但同时也需要增加更多的货位，以保证货物存储的需要。刘艳秋等（2014）基于鱼骨布局，根据货架物品存放上轻下重的货物存储原则，并综合考虑物品出入库效率的优先等级，建立了以订单所需物品最短出入库时间为优化目标的仓库储位分配优化设计的数学模型，打破了以往鱼骨布局平面研究的限制，拓宽了对仓储中心鱼骨布局立体研究的方向。宛剑业（2016）学习与研究了各种仓储布局，并分别对比分析了仓储中心的工作效能，最后通过引入微遗传算法，并以具体仓储企业为实例，进行仓储中心的布局划分以及储位分配，通过微遗传算法去解决仓储中心各个功能区布局不紧凑、工作效率低下、储位分配不合理的问题，实际地解决了仓储布局优化的难题，为解决这类问题提供了一种新的思路和方法，也为后面学者的研究拓宽了思路，还发现这种算法在实际操作过程当中具有运算快捷、可重复论证检验、上手简单的特点。

5.2　传统布局的设计

仓储布局是指在一定区域或库区内，对仓库的数量、规模、地理位置和设施、道路等各要素进行科学规划和总体设计。仓储布局的目标是：①提高仓库产出率。②便于管理人员进行仓库作业管理，提高仓库内存储物资的流动速度。③获得最低的仓库成本费用。④在运输、保管、装卸物资等方面提高对顾客的服务水平。⑤给仓库管理人员提供良好工作环境与条件。传统布局有两种类型，如图 5-1 和图 5-2 所示。图 5-1 是传统布局仓库图，一条通道、一个货架，依次排列，其中，白色区域是通道，柱状框图是货架，货架平行摆放。显然，这种布局的有效面积利用率是最大的，但是也可以发现，在这种布局下，会增加拣选作业成本，使得拣选作业效率不高。图 5-2 是加中间跨道的传统布局仓库图，白色区域为通道，柱状框图为货架，中间的主通道即中间跨道，这种布局可以通过增加中间跨道来提高拣选通道转换的灵活性，在一定程度上可以减少拣选行走距离，提高拣选作业效率，但是由于增加了过道面积，降低了存储面积。

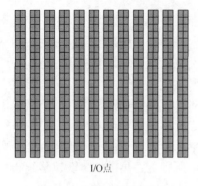

图 5-1　传统布局仓库图

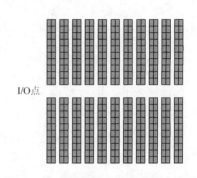

图 5-2　加中间跨道的传统布局仓库图

5.3　鱼骨布局的优化设计

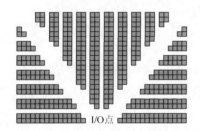

图 5-3　鱼骨布局仓库图

鱼骨布局打破了传统仓库的布局形式，有横拣选通道和水平拣选通道两种拣选通道，不仅增加了两条斜通道，同时改变了货架摆放的方式，斜通道连接横向货架和纵向货架，使整个仓储布局如同鱼骨一样排列，故称为鱼骨布局，如图 5-3 所示。

这种仓储布局因为增加了更多的拣选通道，拣选通道的转换更加灵活，拣选效率得到提高，可以有效缩减拣选时的行走距离。同时，相对于传统布局来说，这种布局设计将减小存储面积利用率。

5.3.1　直线型主通道的鱼骨布局

1. 存储面积利用率模型的假设

影响仓库货架布局的因素有很多，通道角度、仓库高度、仓库形状、仓库的地理位置都是影响仓库货架布局的因素。随机存储时不考虑物品的类别以及存储位置的类别，任何种类的物品均可以存放在可以存储的任何位置。为了与传统布局的拣选效率做全方位对比，不可忽略的是，要考虑鱼骨布局的存储面积利用率，因此，本节将对鱼骨布局的存储面积利用率进行建模。研究在直线型主通道条件下，主通道角度的变化对鱼骨布局存储面积利用率的影响。模型布局示意图如图 5-4 所示。

仓库只有一个中间的 I/O 点，即仓库左右两部分是关于中心对称的，所以本节主要研究右半部分，为了方便进行鱼骨布局下存储面积利用率的建模，需要做以下假设：

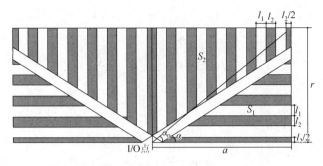

图 5-4　鱼骨布局示意图

（1）仓库的形状是矩形，忽略仓库高度对仓储布局的影响，且仓库只有一个 I/O 点。

（2）相邻货架之间的通道称为拣选通道，两条斜通道称为主通道，且拣选通道和主通道是等宽的。

（3）两个货架背靠背摆放，存储有效空间按货架的横截面积计量，货架的高度不考虑在内。

在以上假设前提下，对模型中所用符号进行如下定义。

S_1：表示下半区域也就是区域 1 的存储面积。

S_2：表示上半区域也就是区域 2 的存储面积。

l_1：表示通道宽度。

l_2：表示货架宽度。

a：表示仓库长度的 1/2。

$a_i(i=1,2,\cdots,2n_1,2n_1+1)$：表示区域 1 的货架长度。

$r_j(j=1,2,\cdots,2n_2,2n_2+1)$：表示区域 2 的货架长度。

r：表示仓库的宽度。

α：表示仓库主通道角度。

α_0：表示右半部分对角线角度。

R：表示存储面积利用率。

2. 存储面积利用率建模

鱼骨布局中的主通道角度 α 是可变的，以主通道角度 α 为控制变量进行存储面积利用率的模型构建。可分为两种情况讨论：一是 α 大于 0 及小于右半部分对角线角度 α_0；二是 α 大于等于右半部分对角线角度 α_0 及小于 $\pi/2$，其中，当 α 等于 0 或者 $\pi/2$ 时，鱼骨布局即传统布局。下面分别对这两种情况进行分析讨论。

（1）第一种情况是 α 大于 0 及小于 α_0，如图 5-5 所示。

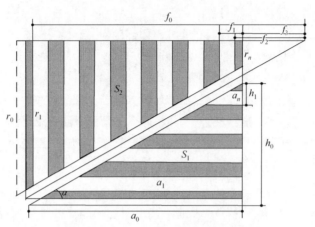

图 5-5　α 大于 0 及小于 α_0 的示意图

当 $0 < \alpha < \alpha_0$ 时，假定主通道以下区域为区域 1，主通道以上区域为区域 2，则区域 1 内的拣选通道数为

$$n_1 = \left[\frac{a_0 \tan\alpha - l_2}{l_1 + l_2} \right] \tag{5-1}$$

其中，[]符号表示取整；为了计算方便，a_0 表示的是补充梯形底边的长度，且 a_0 可表示为

$$a_0 = a - \frac{l_1}{2\sin\alpha} + \frac{l_2}{2\tan\alpha} \tag{5-2}$$

区域 1 中，用 h_1 表示最后一排货架和拣选通道的宽度，如图 5-5 所示，则有

$$h_1 = h_0 - (l_1 + l_2)n_1 = a_0 \tan\alpha - l_2 - n_1(l_1 + l_2) \tag{5-3}$$

区域 1 中每一个货架的边长（即梯形的上下底边），依次从前至后分别为 $a_0, a_1, a_2, \cdots, a_{2n_1}, a_{2n_1+1}$，具体每一个标号表示为

$$a_0 = a - \frac{l_1}{2\sin\alpha} + \frac{l_2}{2\tan\alpha}$$

$$a_1 = a_0 - \frac{l_2}{\tan\alpha}$$

$$a_2 = a_1 - \frac{l_1}{\tan\alpha} = a_0 - \frac{l_2}{\tan\alpha} - \frac{l_1}{\tan\alpha}$$

$$a_3 = a_2 - \frac{l_2}{\tan\alpha} = a_0 - \frac{2l_2}{\tan\alpha} - \frac{l_1}{\tan\alpha} \tag{5-4}$$

$$\vdots$$

$$a_{2n_1} = a_{2n_1-1} - \frac{l_1}{\tan\alpha} = a_0 - \frac{n_1 l_2}{\tan\alpha} - \frac{n l_1}{\tan\alpha}$$

$$a_{2n_1+1} = a_{2n_1} - \frac{l_2}{\tan\alpha} = a_0 - \frac{n_1 l_1}{\tan\alpha} - \frac{(n_1+1)l_2}{\tan\alpha}$$

基于式（5-4）给出的每一个梯形的两个底边的长度，通过归纳总结计算得出区域 1 的所有梯形面积之和为

$$\sum S_1 = \frac{1}{2} l_2 \cdot (a_0 + a_1 + a_2 + \cdots + a_{2n_1} + a_{2n_1+1})$$

$$= \frac{1}{2} l_2 \cdot \left(a_0 + \left(a_0 - \frac{l_2}{\tan\alpha} \right) + \left(a_0 - \frac{l_2}{\tan\alpha} - \frac{l_1}{\tan\alpha} \right) + \cdots + \left(a_0 - \frac{n_1 l_2}{\tan\alpha} - \frac{n l_1}{\tan\alpha} \right) + \left(a_0 - \frac{n_1 l_1}{\tan\alpha} - \frac{(n_1+1) l_2}{\tan\alpha} \right) \right)$$

$$= (n_1+1) a_0 l_2 - \frac{n_1(n_1+1) l_1 l_2}{2\tan\alpha} - \frac{(n_1+1)^2 l_2^2}{2\tan\alpha}$$

鉴于之前为了计算方便补充的梯形，在计算最后的货架面积时需要将其面积减去，由计算可得补充的梯形面积 S_0 为

$$S_0 = a_0 \cdot \frac{l_2}{2} - \frac{1}{2} \cdot \frac{l_2}{2} \cdot \frac{l_2}{2\tan\alpha} = \frac{1}{2} a_0 \cdot l_2 - \frac{1}{8} \cdot \frac{l_2^2}{\tan\alpha} \tag{5-5}$$

所以最后计算得出区域 1 的货架面积为

$$\sum S_1 = (n_1+1) a_0 l_2 - \frac{n_1(n_1+1) l_1 l_2}{2\tan\alpha} - \frac{(n_1+1)^2 l_2^2}{2\tan\alpha} - S_0 \tag{5-6}$$

而由于最后一排货架是单排货架且双排货架是由仓库主通道角度 α 决定的，所以 h_1 的取值需要分成两种情况：当 $0 \leqslant h_1 < l_1$ 时，最后一排应该是通道，无法摆放货架；当 $l_1 \leqslant h_1 \leqslant l_1 + l_2$ 时，最后一排摆放的是宽度为 $l_2/2$ 的单排货架。综上所述可得出以下结论。

①当 $0 \leqslant h_1 < l_1$ 时，有

$$S_1 = \sum S_1 \tag{5-7}$$

②当 $l_1 \leqslant h_1 \leqslant l_1 + l_2$ 时，有

$$S_1 = \sum S_1 + A_0 \tag{5-8}$$

其中，A_0 表示的是最后一排的货架面积，计算可得其表达式为

$$A_0 = \frac{(h_1 - l_1)^2}{2\tan\alpha} \tag{5-9}$$

式（5-6）～式（5-8）所求为仓库区域 1 的货架面积（即仓库的存储面积），下面要计算仓库区域 2 即仓库上区域的货架面积。区域 2 内的拣选通道数为 n_2，可表示为

$$n_2 = \left[\frac{a - l_2/2}{l_1 + l_2} \right] \tag{5-10}$$

同理，为了方便计算，做线段使得最左边货架成为和其他梯形等高的梯形，其中补充梯形的下底边长度 r_0 可表示为

$$r_0 = r - \frac{l_1}{2} \tan\alpha + \frac{l_2}{2} \tan\alpha \tag{5-11}$$

在区域 2 中，用 f_1 来表示最右边的货架和通道的宽度，如图 5-5 所示，f_1 可表示为

$$f_1 = a - \frac{l_2}{2} - n_2(l_1 + l_2) \tag{5-12}$$

在区域 2 中，每一个货架的长度（即梯形的上底边和下底边的长度），自左往右依次分别为 $r_0, r_1, r_2, \cdots, r_{2n_2}, r_{2n_2+1}$，从而每一个具体的标号可以表示为

$$
\begin{aligned}
r_0 &= r - \frac{l_1}{2}\tan\alpha + \frac{l_2}{2}\tan\alpha \\
r_1 &= r_0 - l_2 \tan\alpha \\
r_2 &= r_1 - l_1 \tan\alpha = r_0 - l_2 \tan\alpha - l_1 \tan\alpha \\
r_3 &= r_2 - l_2 \tan\alpha = r_0 - 2l_2 \tan\alpha - l_1 \tan\alpha \\
r_4 &= r_3 - l_1 \tan\alpha = r_0 - 2l_2 \tan\alpha - 2l_1 \tan\alpha \\
&\vdots \\
r_{2n_2} &= r_0 - n_2 l_2 \tan\alpha - n_2 l_1 \tan\alpha \\
r_{2n_2+1} &= r_0 - (n_2 + 1)l_2 \tan\alpha - n_2 l_1 \tan\alpha
\end{aligned}
\tag{5-13}
$$

基于式（5-13）给出的梯形两个底边的长度，通过归纳总结计算可以得出区域 2 的所有梯形面积之和为

$$
\begin{aligned}
\sum S_2 &= \frac{1}{2}l_2(r_0 + r_1 + r_2 + r_3 + r_4 + \cdots + r_{2n_2} + r_{2n_2+1}) \\
&= \frac{1}{2}l_2(2(n_2 + 1)r_0 - (l_1 \tan\alpha + l_1 \tan\alpha + 2l_1 \tan\alpha + \cdots + 2l_1 \tan\alpha + n_2 l_1 \tan\alpha + n_2 l_1 \tan\alpha) \\
&\quad - (l_2 \tan\alpha + l_2 \tan\alpha + 2l_2 \tan\alpha + 2l_2 \tan\alpha + \cdots + n_2 l_2 \tan\alpha + (n_2 + 1)l_2 \tan\alpha)) \\
&= \frac{1}{2}l_2\left(2(n_2 + 1)r_0 - 2l_1 \tan\alpha \frac{(n_2 + 1)n_2}{2} - l_2 \tan\alpha(n_2 + 1)^2\right) \\
&= (n_2 + 1)r_0 l_2 - \frac{1}{2}n_2(n_2 + 1)l_2 l_1 \tan\alpha - \frac{1}{2}(n_2 + 1)^2 l_2^2 \tan\alpha
\end{aligned}
$$

鉴于之前为了计算方便补充的梯形，在计算最后的货架面积时需要将其面积减去，由计算可得补充的梯形面积 S_0' 为

$$S_0' = \frac{l_2}{2}r_0 - \frac{1}{2}\cdot\frac{1}{2}l_2 \cdot \frac{1}{2}l_2 \tan\alpha = r_0\frac{l_2}{2} - \frac{1}{8}l_2^2 \tan\alpha \tag{5-14}$$

所以最后计算得出区域 2 的货架面积为

$$\sum S_2 = (n_2 + 1)r_0 l_2 - \frac{n_2(n_2 + 1)l_2 l_1 \tan\alpha}{2} - \frac{(n_2 + 1)^2 l_2^2 \tan\alpha}{2} - S_0' \tag{5-15}$$

同理，区域 2 最右上角货架和通道的宽度 f_1 的取值影响着整体货架面积的大小，它是由仓库的长度、拣选通道和货架的宽度决定的，所以可以得到两种情况：

当 $0 \leqslant f_1 < l_1$ 时，区域 2 最右边只能是一条通道；当 $l_1 \leqslant f_1 \leqslant l_1 + l_2$ 时，区域 2 最右边摆放的是一个宽度为 $l_2 / 2$ 的单排货架，综上所述可得出以下结论。

① 当 $0 \leqslant f_1 < l_1$ 时，有

$$S_2 = \sum S_2 \tag{5-16}$$

② 当 $l_1 \leqslant f_1 \leqslant l_1 + l_2$ 时，有

$$S_2 = \sum S_2 + \Delta_1 \tag{5-17}$$

其中，Δ_1 表示的是最右边单排货架的面积，其可表示为

$$\Delta_1 = \frac{1}{2} f_2^2 \cdot \tan \alpha - \frac{1}{2} f_3^2 \tan \alpha \tag{5-18}$$

为了简单描写，式（5-18）中，f_2 和 f_3 都是图 5-5 中为了计算方便的辅助线段，它们可以表示为

$$f_2 = \frac{r}{\tan \alpha} - \frac{l_1}{2 \sin \alpha} - \frac{l_2}{2} - n_2(l_1 + l_2) - l_1 \tag{5-19}$$

$$f_3 = \frac{r}{\tan \alpha} - \frac{l_1}{2 \sin \alpha} - \frac{l_2}{2} - n_2(l_1 + l_2) - f_1 \tag{5-20}$$

（2）上述完成了第一种情况下货架面积的计算，接下来进行第二种情况下货架面积的计算，图 5-6 为主通道角度 α 大于等于右半部分对角线角度 α_0 及小于 $\pi / 2$ 的情况。

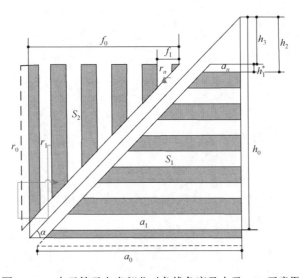

图 5-6　α 大于等于右半部分对角线角度及小于 $\pi / 2$ 示意图

当 $\alpha_0 \leqslant \alpha < \pi / 2$ 时，区域 1 内的拣选通道数 n_1 可以表示为

$$n_1 = \left[\frac{r - l_2 / 2}{l_1 + l_2} \right] \tag{5-21}$$

由图 5-6 可知，区域 1 内的拣选通道数是由仓库的宽度、货架和通道的宽度共同影响的，仓库最后一排通道和货架的宽度设为 h_1^*，其可以表示为

$$h_1^* = (r - l_2 / 2) - n_1 \cdot (l_1 + l_2) \tag{5-22}$$

为了计算方便，在图 5-6 中添加了辅助线段 h_0、h_2、h_3，它们的长度具体可表示为

$$h_0 = \left(a - \frac{l_1}{2 \sin \alpha} \right) \tan \alpha - \frac{l_2}{2} \tag{5-23}$$

$$h_2 = h_0 - n_1 (l_1 + l_2) - l_1 \tag{5-24}$$

$$h_3 = h_0 - n_1 (l_1 + l_2) - h_1^* \tag{5-25}$$

与第一种情况的计算原理相同，由式（5-6）可得区域 1 的货架面积为

$$\sum S_1 = (n_1 + 1) a_0 l_2 - \frac{n_1 (n_1 + 1) l_1 l_2}{2 \tan \alpha} - \frac{(n_1 + 1)^2 l_2^2}{2 \tan \alpha} - S_0 \tag{5-26}$$

当主通道角度 α 设计得不同时，区域 1 最后一排货架的布局和区域 2 最右上角货架的布局会有相应的改变，同理可知，求区域 1 的货架面积需要对最后一排货架和通道的宽度 h_1^* 进行分类，h_1^* 如图 5-6 所示，当 $0 \leqslant h_1^* < l_1$ 时，最后一排不摆放货架，是通道；当 $l_1 \leqslant h_1^* \leqslant l_1 + l_2$ 时，最后一排摆放的是一个宽度为 $l_2 / 2$ 的单排货架，综上可得出以下结论。

①当 $0 \leqslant h_1^* < l_1$ 时，有

$$S_1 = \sum S_1 \tag{5-27}$$

②当 $l_1 \leqslant h_1^* \leqslant l_1 + l_2$ 时，有

$$S_1 = \sum S_1 + \varDelta_0^* \tag{5-28}$$

其中，$\varDelta_0^*$ 表示的是区域 1 中最后一排摆放的单排货架的面积，根据式（5-24）、式（5-25）可得出其表达式为

$$\varDelta_0^* = \frac{1}{2} h_2 \cdot \frac{h_2}{\tan \alpha} - \frac{1}{2} h_3 \cdot \frac{h_3}{\tan \alpha} \tag{5-29}$$

由上述可知，区域 2 的拣选通道数为 n_2，它的表达式可以表示为

$$n_2 = \left[\dfrac{\dfrac{r}{\tan\alpha} - \dfrac{l_1}{2\sin\alpha} - \dfrac{l_2}{2}}{l_1 + l_2} \right] \tag{5-30}$$

由图 5-6 可以求得区域 2 中最右上角的货架和通道的宽度 f_1，其可以表示为

$$f_1 = \frac{r}{\tan\alpha} - \frac{l}{2\sin\alpha} - \frac{l_2}{2} - n_2(l_1 + l_2) \tag{5-31}$$

由式（5-15）可得，区域 2 的货架面积为

$$\sum S_2 = (n_2+1)r_0 l_2 - \frac{1}{2}n_2(n_2+1)l_2 l_1 \tan\alpha - \frac{1}{2}(n_2+1)^2 l_2^2 \tan\alpha - S_0' \tag{5-32}$$

求解区域 2 的货架面积时，需要考虑最右上角一排货架和通道的宽度（f_1），如图 5-6 所示，因此又分两种情况，当 $0 \leqslant f_1 < l_1$ 时，区域 2 中最右边为通道，不摆放货架；当 $l_1 \leqslant f_1 \leqslant l_1 + l_2$ 时，区域 2 中最右边摆放的是一个宽度为 $l_2/2$ 的单排货架。综上所述可得出以下结论。

①当 $0 \leqslant f_1 < l_1$ 时，有

$$S_2 = \sum S_2 \tag{5-33}$$

②当 $l_1 \leqslant f_1 \leqslant l_1 + l_2$ 时，有

$$S_2 = \sum S_2 + \Delta_2^* \tag{5-34}$$

其中，Δ_2^* 表示的是区域 2 中最右上角摆放的单排货架的面积，其可表示为

$$\Delta_2^* = \frac{1}{2}(f_1 - l_1)^2 \cdot \tan\alpha \tag{5-35}$$

最终要得出的是整个仓库的货架面积和通道面积的比例即仓库的存储面积利用率，由式（5-6）、式（5-15）可以得到最终的面积比例 R，可以表示为

$$R = \frac{2(S_1 + S_2)}{2ar} = \frac{S_1 + S_2}{ar} \tag{5-36}$$

其中，S_1 是区域 1 的货架面积；S_2 是区域 2 的货架面积；a 是仓库长度的 1/2；r 是仓库的宽度，最终得到的存储面积利用率就是货架所占面积与通道面积的一个比例。

3. 模型的验证与仿真

为了验证模型的效果，需要进行模型仿真。通过对存储面积利用率建立估计模型，绘制了不同角度下，存储面积利用率的趋势；为了验证存储面积利用率模

型的有效性，对比仓库宽度为 $r = 300$、仓库长度的 1/2 为 $a = 300$ 时，通道和货架宽度之比分别为 $l_1 : l_2 = 1$、$l_1 : l_2 = 0.8$、$l_1 : l_2 = 1.2$ 情况下由存储面积利用率模型得出的结果与相同条件下的仿真结果之间的误差。

　　通过对模型进行仿真得到结论，如图 5-7～图 5-9 所示，模型与仿真的变化趋势相吻合，所以说明该模型可以估计鱼骨布局的存储面积利用率随着通道角度的不同而变化的趋势。其中横坐标为主通道角度，纵坐标表示存储面积利用率。

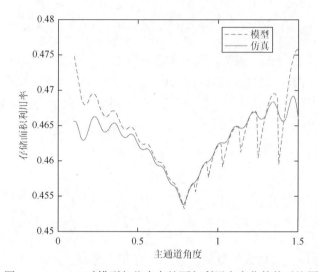

图 5-7　$l_1 : l_2 = 1$ 时模型与仿真存储面积利用率变化趋势对比图

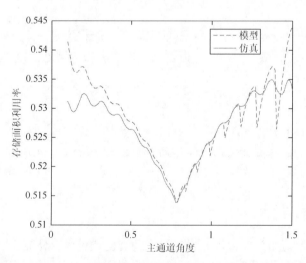

图 5-8　$l_1 : l_2 = 0.8$ 时模型与仿真存储面积利用率变化趋势对比图

通过对图 5-7～图 5-9 所示的存储面积利用率变化趋势进行对比,可知变化趋势相吻合。模型在 $l_1:l_2=1$、$l_1:l_2=0.8$、$l_1:l_2=1.2$ 时与仿真结果的误差分别是误差 1、误差 2、误差 3,三种误差均在 ±1% 内,如图 5-10 所示,证明该模型是有效的。由计算货架面积时的假设可知,随着角度的变化,区域 1 最后边和区域 2 最右上角是否摆放货架对存储面积利用率造成波浪式影响。由于本书运用了三角函数 $\tan\alpha$,而 $\tan\alpha$ 在 α 为 $\pi/2$ 时是趋近于无穷大的,所以在主通道角度趋近于 90 度时对存储面积利用率的影响大。

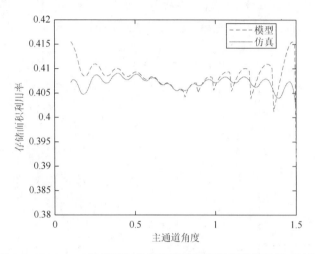

图 5-9　$l_1:l_2=1.2$ 时模型与仿真存储面积利用率变化趋势对比图

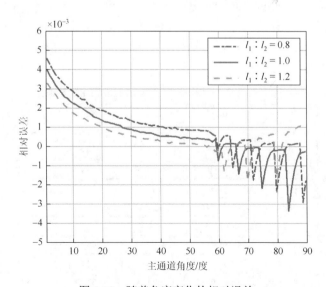

图 5-10　随着角度变化的相对误差

　　如图 5-11、表 5-1 所示，在仓库的宽度是长度的 1/2、通道宽度和货架宽度相等的条件下，当主通道角度 $\alpha = 45$ 度左右的时候，存储面积利用率达到最低，为 0.453 236，在 $\alpha = 0$ 或者 90 度左右时，存储面积利用率达到最高，为 0.475 左右，最高存储面积利用率和最低存储面积利用率相差 0.02 左右，由此可见，在仓储布局的改进设计中，因布局的改进而减少的存储面积对实际存储面积的影响并不大。图 5-12 是主通道角度、存储面积利用率、通道和货架宽度比例变化的三维图，其直观地表示了三者之间的变化关系，当主通道角度一定时，通道和货架宽度比例越大，存储面积利用率越小；当通道和货架宽度比例一定时，主通道角度越趋近于 0 或者 90 度，存储面积利用率越大。5.3.2 节将对鱼骨布局下的仓库进行路径随机模型的构建。

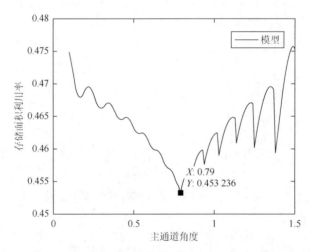

图 5-11　$l_1 : l_2 = 1$ 时主通道角度变化的存储面积利用率变化图

表 5-1　存储面积利用率随主通道角度改变的数据统计

主通道角度	0.1	0.11	0.12	0.13	0.14	0.15
存储面积利用率	0.474 888	0.473 864	0.472 579	0.471 093	0.469 632	0.468 671
主通道角度	0.16	0.17	0.18	0.19	0.2	0.21
存储面积利用率	0.468 142	0.467 97	0.468 097	0.468 476	0.469 06	0.469 491
主通道角度	0.22	0.23	0.24	0.25	0.26	0.27
存储面积利用率	0.469 632	0.469 519	0.469 182	0.468 644	0.467 927	0.467 19
主通道角度	0.28	0.29	0.3	0.31	0.32	0.33
存储面积利用率	0.466 687	0.466 401	0.466 313	0.466 404	0.466 66	0.466 989
主通道角度	0.34	0.35	0.36	0.37	0.38	0.39
存储面积利用率	0.467 135	0.467 093	0.466 874	0.466 492	0.465 955	0.465 358

续表

主通道角度	0.4	0.41	0.42	0.43	0.44	0.45
存储面积利用率	0.464 925	0.464 657	0.464 545	0.464 579	0.464 751	0.464 889
主通道角度	0.46	0.47	0.48	0.49	0.5	0.51
存储面积利用率	0.464 859	0.464 669	0.464 326	0.463 836	0.463 267	0.462 835
主通道角度	0.52	0.53	0.54	0.55	0.56	0.57
存储面积利用率	0.462 552	0.462 412	0.462 409	0.462 495	0.462 448	0.462 241
主通道角度	0.58	0.59	0.6	0.61	0.62	0.63
存储面积利用率	0.461 878	0.461 364	0.460 78	0.460 337	0.460 042	0.459 89
主通道角度	0.64	0.65	0.66	0.67	0.68	0.69
存储面积利用率	0.459 873	0.459 784	0.459 526	0.459 101	0.458 51	0.457 901
主通道角度	0.7	0.71	0.72	0.73	0.74	0.75
存储面积利用率	0.457 45	0.457 156	0.457 015	0.456 869	0.456 535	0.456 013
主通道角度	0.76	0.77	0.78	0.79	0.8	0.81
存储面积利用率	0.455 316	0.454 69	0.454 238	0.453 236	0.454 332	0.455 241
主通道角度	0.82	0.83	0.84	0.85	0.86	0.87
存储面积利用率	0.455 964	0.456 5	0.456 849	0.457 01	0.455 672	0.456 761
主通道角度	0.88	0.89	0.9	0.91	0.92	0.93
存储面积利用率	0.457 69	0.458 456	0.459 06	0.459 498	0.459 77	0.459 872
主通道角度	0.94	0.95	0.96	0.97	0.98	0.99
存储面积利用率	0.457 758	0.458 861	0.459 823	0.460 642	0.461 316	0.461 843
主通道角度	1	1.01	1.02	1.03	1.04	1.05
存储面积利用率	0.462 217	0.462 437	0.462 497	0.459 252	0.460 417	0.461 456
主通道角度	1.06	1.07	1.08	1.09	1.1	1.11
存储面积利用率	0.462 368	0.463 147	0.463 79	0.464 292	0.464 647	0.464 85
主通道角度	1.12	1.13	1.14	1.15	1.16	1.17
存储面积利用率	0.464 892	0.464 768	0.461 147	0.462 345	0.463 426	0.464 384
主通道角度	1.18	1.19	1.2	1.21	1.22	1.23
存储面积利用率	0.465 213	0.465 906	0.466 454	0.466 85	0.467 082	0.467 139
主通道角度	1.24	1.25	1.26	1.27	1.28	1.29
存储面积利用率	0.467 008	0.460 559	0.462 069	0.463 474	0.464 766	0.465 936
主通道角度	1.3	1.31	1.32	1.33	1.34	1.35
存储面积利用率	0.466 972	0.467 863	0.468 594	0.469 146	0.469 5	0.469 632
主通道角度	1.36	1.37	1.38	1.39	1.4	1.41
存储面积利用率	0.469 512	0.469 106	0.459 444	0.461 575	0.463 639	0.465 625
主通道角度	1.42	1.43	1.44	1.45	1.46	1.47
存储面积利用率	0.467 52	0.469 308	0.470 967	0.472 468	0.473 77	0.474 818
主通道角度	1.48	1.49	1.5			
存储面积利用率	0.475 531	0.475 786	0.475 394			

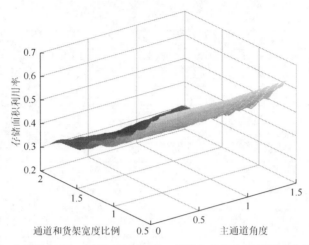

图 5-12　主通道角度、存储面积利用率、通道和货架宽度比例变化的三维图

5.3.2　曲线型主通道的鱼骨布局

1. 存储面积利用率模型的假设

影响仓库货架布局的因素有很多，通道曲率、仓库高度、仓库形状、仓库的地理位置都是影响仓库货架布局的因素。鱼骨布局示意图如图 5-13 所示。

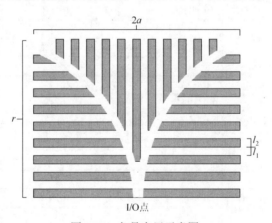

图 5-13　鱼骨布局示意图

仓库只有一个中间的 I/O 点，即仓库左右两部分是关于中心对称的，所以本节主要研究右半部分，为了方便进行鱼骨布局下存储面积利用率的建模，需要做以下假设。

（1）仓库的形状是矩形，且忽略仓库高度对仓储布局的影响。

（2）仓库只有一个 I/O 点。

（3）过道和通道是等宽的。

（4）不考虑仓库拥堵情况。

模型中所用符号的定义如下。

l_1：表示通道宽度。

l_2：表示货架宽度。

r：表示仓库的宽度。

a：表示仓库长度的 1/2。

λ：表示仓库曲线通道的曲率。

R：表示存储面积利用率。

2. 存储面积利用率建模

本节主要研究仓库的右半部分，鱼骨布局中曲线通道的曲率 λ 是变化的，但由于过对角两点，曲线通道的凹凸是对称的，这里只研究凸曲线通道下的情况。

对于凸曲线通道下的情况，将存储区域分成通道上部和通道下部两个情况分别求解。

（1）通道上部的存储区域。

通道数为

$$n_1 = \frac{-\sqrt{\lambda\lambda^2 - (r - aa - l_2/2)^2} + rr - (l_1 + l_2/2)}{l_1 + l_2} \tag{5-37}$$

货架到通道中心的长度为

$$\mathrm{ll}'_{1n} = \frac{l_1}{\cos(\arctan(rr - n \times (l_1 + l_2)) / \sqrt{\lambda\lambda^2 - (n \times (l_1 + l_2) - rr)^2/2}}} \tag{5-38}$$

货架总长度为

$$\mathrm{ll}_1 = \sum_{n=1}^{n_1} b - \sqrt{\lambda\lambda^2 - (n \times (l_1 + l_2) - rr)^2} - aa - \mathrm{ll}'_{1n} \tag{5-39}$$

货架所占面积为

$$s_1 = \mathrm{ll}_1 \times l_1 + r \times l_1/2 \tag{5-40}$$

（2）通道下部的存储区域。

通道数为

$$n_2 = \frac{r}{l_1 + l_2} \tag{5-41}$$

货架到通道中心的长度为

$$\mathrm{ll}'_{2n} = \frac{l_1}{\cos(\arctan(aa - n \times (l_1 + l_2)) / \sqrt{\lambda\lambda^2 - (n \times (l_1 + l_2) - aa)^2/2}}} \tag{5-42}$$

货架总长度为

$$ll_2 = \sum_{n=1}^{n_1} a - \sqrt{\lambda\lambda^2 - (n \times (l_1 + l_2) - aa)^2} - rr - ll'_{2n} \qquad (5\text{-}43)$$

货架所占面积为

$$s_2 = ll_2 \times l_1 + a \times l_1 / 2 \qquad (5\text{-}44)$$

存储面积利用率为

$$R = \frac{s_1 + s_2}{a \times r} \qquad (5\text{-}45)$$

3. 模型的验证与仿真

为了验证模型的效果，需要进行模型仿真，通过对存储面积利用率建立估计模型，绘制了不同曲率下，存储面积利用率的趋势，为了验证该模型的有效性，对比宽度为 $r = 1000$、长度的 1/2 为 $a = 1000$、$l_1 = 4$、$l_2 = 4$ 情况下由存储面积利用率模型得出的结果与相同条件下的仿真结果之间的差距。

通过对模型进行仿真得到结论，如图 5-14 所示，模型与仿真趋势相吻合，说明该模型可以估计鱼骨布局的存储面积利用率随着主通道曲率的不同而变化的趋势。其中横坐标为主通道曲率（即半径的倒数，曲率越大，曲线越弯），纵坐标表示存储面积利用率。

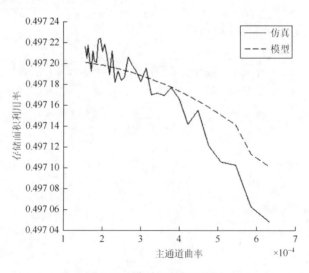

图 5-14　模型与仿真对比图

图 5-14 表明模型与仿真的变化趋势相吻合。模型与仿真结果的误差在 ±1‰ 内，如图 5-15 所示，证明该模型是有效的。

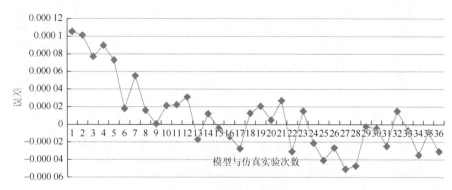

图 5-15　模型与仿真误差

如图 5-16 所示，在 $l_1 = l_2$ 的仓储布局下，当曲率为 1/1500 左右时，鱼骨布局存储面积利用率达到最低，为 0.497 10，在曲率为 1/5000 左右，逼近直线时，鱼骨布局存储面积利用率达到最高，为 0.497 20 左右，最高存储面积利用率和最低存储面积利用率相差 0.0001 左右，由此可见，主通道曲率的变化引起的仓库存储面积利用率的变化在鱼骨布局中可以忽略不计。

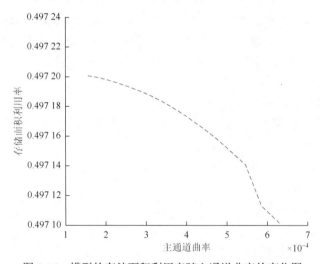

图 5-16　模型的存储面积利用率随主通道曲率的变化图

5.4　V 型布局的优化设计

5.4.1　直线通道 V 型布局的设计

1. 存储面积利用率模型的假设

在实际的生产活动中，影响仓库货架布局的因素有很多，除去经济因素，若单纯从学术角度来考虑，拣选主通道角度、仓库高度、仓库形状、拣选通道的宽度等因素都是影响仓库货架布局的重要因素。本节对仓储布局的各个因素加以设定和说明，图 5-17 是 V 型布局示意图。

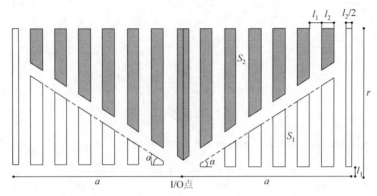

图 5-17　V 型布局示意图

仓库只有一个中间的 I/O 点，即仓库左右两部分是关于中心对称的，本节主要研究右半部分，为了方便进行 V 型布局下存储面积利用率的建模，需要做以下假设。

（1）仓库的形状是矩形，只研究平面布局，忽略仓库高度对仓储布局的影响。

（2）仓库只有一个 I/O 点，且位于仓库的下方中间区域。

（3）过道和通道是等宽的。

（4）不考虑仓库拥堵情况。

模型中所用符号的定义如下。

S_1：表示下半区域的存储面积。

S_2：表示上半区域的存储面积。

l_1：表示通道宽度。

l_2：表示货架宽度。

r：表示仓库的宽度。

α：表示仓库斜通道角度。

α_0：表示右半部分对角线角度。

a：表示仓库长度的 1/2。

R：表示存储面积利用率。

2. 存储面积利用率建模

本节主要研究仓库的右半部分，V 型布局中斜通道角度 α 是变化的，主要分两种情况：第一种是 α 大于 0 及小于右半部分对角线角度；第二种是 α 大于等于右半部分对角线角度及小于 90 度，当 α 等于 0 或者 90 度时，V 型布局就变成了传统布局。本节就分别对这两种情况进行存储面积与货架面积比例的分析研究。图 5-18 是 α 大于 0 及小于右半部分对角线角度的情况。

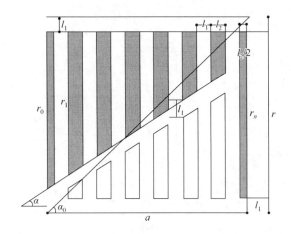

图 5-18　α 大于 0 及小于右半部分对角线角度的示意图

对右半部分存储面积 S 进行求解，得到以下结论。

当 $0 < \alpha < \alpha_0$ 时，对右半部分的通道数向下取整：

$$n = \left[\frac{a}{l_1 + l_2}\right] \tag{5-46}$$

第一个梯形下底边长 r_0 为

$$r_0 = r - 2l_1 - l_1 = r - 3l_1 \tag{5-47}$$

第一个梯形上底边长 r_1 为

$$r_1 = r_0 - \frac{l_2}{2\tan\left(\dfrac{\pi}{2} - \alpha\right)} \tag{5-48}$$

所以第一个梯形的面积为

$$S_{前} = \frac{1}{2}(r_0 + r_1) \cdot \frac{l_2}{2} = \frac{1}{4}(r_0 + r_1)l_2 = \frac{1}{4}\left(r - 3l_1 + r_0 - \frac{l_2}{2\tan\left(\dfrac{\pi}{2} - \alpha\right)}\right)l_2 \tag{5-49}$$

最后一个货架是单排货架，其矩形面积为

$$S_{后} = (r - 2l_1) \cdot \frac{l_2}{2} \tag{5-50}$$

$S_{前}$ 和 $S_{后}$ 可以看作第一排货架，其后的每排货架因为都只缺少过道这一部分面积，其他全部相同，所以剩余货架面积为

$$S_{剩} = (n-1) \cdot [(r-2l_1) \cdot l_2] - (n-1) \cdot \left(\frac{l_1}{\cos \alpha} \cdot l_2 \right) \tag{5-51}$$

所有货架面积为

$$
\begin{aligned}
S &= S_{前} + S_{后} + S_{剩} \\
&= \frac{1}{4}\left(r - 3l_1 + r_0 - \frac{l_2}{2\cot\alpha} \right) l_2 + (r-2l_1) \cdot \frac{l_2}{2} + (n-1) \cdot [(r-2l_1) \cdot l_2] - (n-1) \cdot \left(\frac{l_1}{\cos\alpha} \cdot l_2 \right) \\
&= \left[\frac{1}{4}\left(r - 3l_1 + r_0 - \frac{l_2}{2\cot\alpha} \right) + (r-2l_1) \cdot \frac{1}{2} + (n-1) \cdot (r-2l_1) \right] \cdot l_2 - (n-1) \cdot \left(\frac{l_1}{\cos\alpha} \cdot l_2 \right) \\
&= l_2 \cdot \frac{(8n-2) \cdot r + l_1 \cdot (2-16n) - l_2 \cdot (\cot\alpha)^{-1} + 2r_0}{8} - (n-1) \cdot \left(\frac{l_1}{\cos\alpha} \cdot l_2 \right) \\
&= l_2 \cdot \left[\frac{(8n-2) \cdot r + l_1 \cdot (2-16n) - l_2 \cdot (\cot\alpha)^{-1} + 2r_0}{8} - (n-1) \cdot \frac{l_1}{\cos\alpha} \right]
\end{aligned}
$$

$$\tag{5-52}$$

因为 V 型布局关于中间货架对称，所以右半部分的存储面积利用率与整个仓库的存储面积利用率是相同的。故有

$$R = \frac{S}{S_{仓库左半部分面积}} \tag{5-53}$$

当 $\alpha_0 \leqslant \alpha < \pi/2$ 时，如图 5-19 所示。

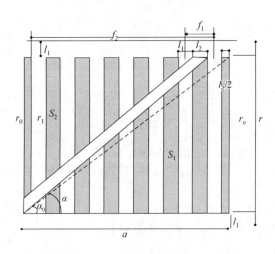

图 5-19　α 大于等于右半部分对角线角度及小于 90 度的示意图

对右半部分的通道数向下取整：

$$n = \left[\frac{a}{l_1 + l_2} \right] \tag{5-54}$$

在长度为 f_0 的距离中，对存在的通道数向下取整：

$$n^* = \left[\frac{f_0 - \dfrac{l_2}{2}}{l_1 + l_2} \right] = \left[\frac{2f_0 - l_2}{2(l_1 + l_2)} \right] \tag{5-55}$$

第一个梯形下底边长 r_0 为

$$r_0 = r - 2l_1 - l_1 = r - 3l_1 \tag{5-56}$$

第一个梯形上底边长 r_1 为

$$r_1 = r_0 - \frac{l_2}{2\tan\left(\dfrac{\pi}{2} - \alpha\right)} = r_0 - \frac{l_2}{2\cot\alpha} = r - 3l_1 - \frac{l_2}{2\cot\alpha} \tag{5-57}$$

所以第一个梯形的面积为

$$
\begin{aligned}
S_{前} &= \frac{1}{2}(r_0 + r_1) \cdot \frac{l_2}{2} = \frac{1}{4}(r_0 + r_1)l_2 \\
&= \frac{1}{4}\left[r - 3l_1 + r_0 - \frac{l_2}{2\tan\left(\dfrac{\pi}{2} - \alpha\right)} \right]l_2 \\
&= \frac{1}{4}\left(r - 3l_1 + r_0 - \frac{l_2}{2\cot\alpha} \right)l_2 \\
&= \frac{1}{4}\left(2r - 6l_1 - \frac{l_2}{2\cot\alpha} \right)l_2
\end{aligned}
\tag{5-58}
$$

因为斜通道穿过的货架有 n^* 条，所以被穿过部分的面积为

$$S_{穿} = n^* l_2 \frac{l_1}{\cos\alpha} \tag{5-59}$$

故剩余梯形部分的面积为

$$
\begin{aligned}
S_{剩} &= n^*(r - 2l_1)l_2 - n^* l_2 \frac{l_1}{\cos\alpha} \\
&= n^* l_2 \left(r - 2l_1 - \frac{l_1}{\cos\alpha} \right) \\
&= n^* l_2 \left[r - l_1\left(2 - \frac{1}{\cos\alpha} \right) \right]
\end{aligned}
\tag{5-60}
$$

最后一个矩形的面积为

$$S_{后} = (r - 2l_1)l_2 / 2 \qquad (5\text{-}61)$$

下半区域的面积为

$$
\begin{aligned}
S &= S_{前} + S_{剩} + S_{后} \\
&= \frac{1}{4}\left(2r - 6l_1 - \frac{l_2}{2\cot\alpha}\right)l_2 + n^* l_2\left[r - l_1\left(2 - \frac{1}{\cos\alpha}\right)\right] + (r - 2l_1)l_2 / 2 \\
&= l_2\left\{\frac{1}{4}\left(2r - 6l_1 - \frac{l_2}{2\cot\alpha}\right) + n^*\left[r - l_1\left(2 - \frac{1}{\cos\alpha}\right)\right] + (r - 2l_1)/2\right\} \quad (5\text{-}62) \\
&= l_2\left[r(n^* + 1) - l_1\left(2 - \frac{1}{\cos\alpha}\right)n^* - \frac{5}{2}l_1 - \frac{l_2}{8\cot\alpha}\right] \\
&= l_2\left[r(1 + n^*) - \left(\frac{5}{2} + 2n^* - \frac{1}{\cos\alpha}n^*\right)l_1 - \frac{l_2}{8\cot\alpha}\right]
\end{aligned}
$$

故存储面积利用率为

$$
\begin{aligned}
R &= \frac{S}{S_{仓库左半部分面积}} \\
&= \frac{l_2\left[r(1 + n^*) - \left(\frac{5}{2} + 2n^* - \frac{1}{\cos\alpha}n^*\right)l_1 - \frac{l_2}{8\cot\alpha}\right]}{ar}
\end{aligned}
\qquad (5\text{-}63)
$$

3. 模型的验证与仿真

为了验证模型的效果，画出 V 型布局下的存储面积利用率随拣选主通道角度变化的情况，具体的变化规律如图 5-20 所示，通过该图可以发现 V 型布局设计的特性，验证关于 V 型布局设计来源于传统布局改进的假设，同时发现这种布局设计并没有大幅度地改变存储面积利用率。

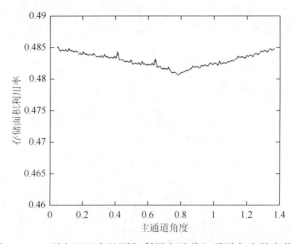

图 5-20　V 型布局下存储面积利用率随着主通道角度的变化图

如图 5-20 所示，在 V 型布局设计中，当货架摆放接近于传统布局设计时，仓库的存储面积利用率最高，达到 0.485 左右，当拣选主通道的角度为 $\frac{\pi}{4}$ 时，V 型布局的存储面积利用率最低，达到 0.483，最高存储面积利用率和最低存储面积利用率相差 0.002 左右。由此可见，V 型布局设计使得这种仓库的存储面积利用率与传统布局的存储面积利用率基本保持相同，误差较小，在仓储布局中可以忽略不计。

5.4.2　曲线通道 V 型布局的设计

1. 存储面积利用率模型的假设

当仓库主通道为曲线型时，的确影响了改进型仓库的拣选路径和存储率，进而影响拣选效率。本节继续讨论 V 型布局主通道的曲率变化对存储面积利用率的影响，如图 5-21 所示。

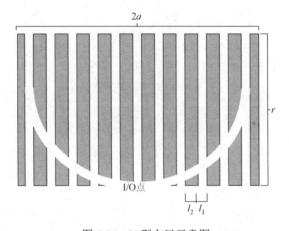

图 5-21　V 型布局示意图

仓库只有一个中间的 I/O 点，即仓库左右两部分是关于中心对称的，所以本节主要研究右半部分，为了方便进行 V 型布局下存储面积利用率的建模，需要做以下假设。

（1）仓库的形状是矩形，且忽略仓库高度对仓储布局的影响。

（2）仓库只有一个 I/O 点。

（3）过道和通道是等宽的。

（4）不考虑仓库拥堵情况。

模型中所用符号的定义如下。

l_1：表示通道宽度。

l_2：表示货架宽度。

r：表示仓库的宽度。

a：表示仓库长度的 1/2。

λ：表示仓库曲线通道的曲率。

2. 存储面积利用率建模

本节主要研究仓库的右半部分，V 型布局中曲线通道的曲率 λ 是变化的，但由于过对角两点，曲线通道的凹凸是对称，这里只研究凸曲线通道下的情况。

通道数为

$$n_3 = \frac{-\sqrt{\lambda\lambda^2 - (r - aa - l_2/2)^2} + rr - (l_1 + l_2/2)}{l_1 + l_2} \qquad (5\text{-}64)$$

货架到通道中心的长度为

$$ll'_n = \frac{l_1}{\cos(\arctan(rr - n \times (l_1 + l_2)))/\sqrt{\lambda\lambda^2 - (n \times (l_1 + l_2) - rr)^2/2}} \qquad (5\text{-}65)$$

货架总长度为

$$ll = \sum_{n=1}^{n_3} r - ll'_n \qquad (5\text{-}66)$$

货架所占面积为

$$s = ll \times l_1 + r \times l_1/2 \qquad (5\text{-}67)$$

存储面积利用率为

$$R = \frac{s}{a \times r} \qquad (5\text{-}68)$$

3. 模型的验证与仿真

为了验证模型的效果，需要进行模型仿真，通过对存储面积利用率建立估计模型，绘制了不同曲率情况下，存储面积利用率的趋势，为了验证该模型的有效性，对比宽度为 $r = 1000$、长度的 1/2 为 $a = 1000$、$l_1 = 4$、$l_2 = 4$ 情况下由存储面积利用率模型得出的结果与相同条件下的仿真结果之间的差距。

通过对模型进行仿真得到结论，如图 5-22 所示，模型与仿真趋势相吻合，说明该模型可以估计 V 型布局的存储面积利用率随着主通道曲率的不同而变化的趋势。其中横坐标为主通道曲率，纵坐标表示存储面积利用率。

图 5-22 表明模型与仿真的变化趋势相吻合。模型与仿真结果的误差在 ±2‰ 内，如图 5-23 所示，证明该模型是有效的。

如图 5-24 所示，在 $l_1 = l_2$ 的仓储布局下，当曲率为 1/1500 左右时，V 型布局存储面积利用率达到最低，为 0.496 57 左右，在曲率为 1/5000 左右，逼近直线时，V 型布局存储面积利用率达到最高，为 0.496 68 左右，最高存储面积利用率和最低存储面积利用率相差 0.0001 左右，由此可见，主通道曲率的变化引起的仓库存储面积利用率的变化在 V 型布局中可以忽略不计。

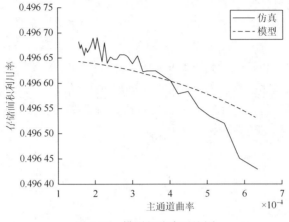

图 5-22　模型与仿真对比图

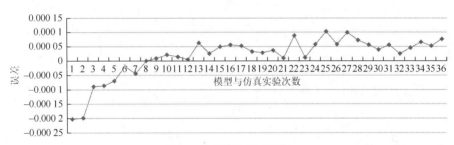

图 5-23　模型与仿真误差

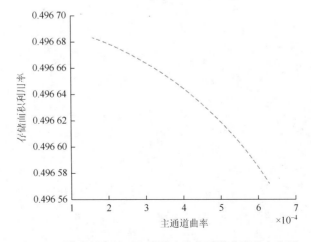

图 5-24　模型的存储面积利用率随主通道曲率的变化图

5.5　本章小结

　　仓库的布局设计影响着整个仓储系统的作业效率，对货架布局拣选灵活性的影响因素有很多，在主通道具有一定角度时，增加了拣选员转换通道的可能性，鱼骨布局和 V 型布局的设计可以减少拣选行走距离，本章对仓库的货架进行了鱼骨和 V 型设计，可以得出改进布局的存储面积利用率和传统布局的存储面积利用率相差较小，拣选路径可能的种类增多，而主通道角度的改变对仓库存储面积利用率的影响并不显著，这对在改进布局中决策拣选路径提供了新的思路，也从理论上证明了改进布局实践应用的可行性。

第6章 传统布局下仓储拣选的路径策略

6.1 关于拣选路径的研究综述

6.1.1 国外研究综述

Petersen（1997）通过将一种局部启发式搜索算法（LKH（Lin-Kernighan-Helsgaun）算法）与传统的 S 型拣选策略、遍历型拣选策略、最大间隔型拣选策略等拣选策略进行比较，得出智能算法要比传统拣选策略节约 47%的时间的结论。Roodbergen 和 de Koster（2001a；2001b）提出常见的拣选策略有 S 型拣选策略、返回型拣选策略、中点返回型拣选策略、最大间隔型拣选策略、混合型拣选策略等，这些拣选策略都是适用于单块仓库储区的，并提出了一种改进的方法，该方法能够应用于多块仓库的拣选，并提高了拣选效率。Roodbergen 和 Vis（2006）首先计算了订单拣选时所行走的区域面积，并使用优化算法，使得人工拣选条件下，拣选人员的行走距离最小。其次比较了混合拣选策略和传统路径拣选策略两种不同的拣选策略，并建立了这两种拣选策略的行走距离模型，使用非线性动态规划算法求得了最佳的结果。最后分别比较了这两种拣选策略对拣选效率的影响，通过分支定界法确定混合拣选策略比传统路径拣选策略更加适合仓储中心的作业需求。Theys 等（2010）设想：把路径问题看作一个典型的 TSP。依据约束条件，将最短路径作为目标函数，建立一个非线性动态规划模型，并使用启发式算法进行求解运算，得出了一个比较好的结果，结果显示，经启发式算法的优化，最短路径的数值得到明显下降，优于传统算法。Hong 等（2012a）使用混合整数规划法建立了指数分批模型（index batch model，IBM），并使用模拟退火算法对模型进行了求解运算。结果表明：模拟退火算法减少了仓储拥堵情况下的搜索时间，比传统算法缩短了 5%～15%的搜索时间，对于实际生产作业效率的提高具有明显的作用，但是该方法只适用于窄通道，他们对宽通道的情况并没有进行研究，还需进一步验证。Battini 等（2015）提出了综合考虑货位分配与拣选人员拣选行走距离的联合策略。就是在人工拣选系统中，专注物品的货位分配与拣选行走距离的估计，聚合两者之间的内部关联，实现优化货位与降低拣选行走距离的目标。Weidinger（2018）研究了矩形散乱仓库中拣选人员的路径问题以及订单线不同层次的异质性对拣选周期的影响，并给出了合适的求解程序。

6.1.2　国内研究综述

宁春林等（2003）采用 Max-Min 蚁群算法对固定型货架仓储中心的拣选路径进行了优化。田国会等（2004）使用了一种基于霍普菲尔德神经网络（Hopfield neural network，HNN）模型的改进型遗传算法，去优化自动化立体仓库中关于固定货架的拣选路径，并取得了良好的效果。杨明（2008）研究了智能化物品拣选系统中订单拣选路径优化的问题，讨论了仓储中心作业调度与订单拣选路径优化等方面的内容，着重强调了神经网络在仓储中心拣货作业路径优化中具有重要作用。杨全国等（2009）结合仓储中心的实际作业情况，使用改进的蚁群算法去解决仓储中心订单拣选路径的优化问题。刘臣奇等（2009）首先研究了固定货架型自动化立体仓库的作业方式，结合自动化立体仓库的特点，针对基本蚁群算法进行了三个方面的改进，并求解了自动化立体仓库订单拣选路径的数学模型，结果显示：改进型蚁群算法减少了自动化立体仓库订单拣选的作业时间，提升了订单作业效率，实现了优化路径的目标。刘万军等（2010）经过对固定货架型自动化立体仓库深入的研究，发现这类仓库具有高存储量、高周转率、高作业速度的特点。根据订单拣选行走距离，建立了相应的订单拣选路径优化模型，并使用单亲遗传算法进行了求解。杨玲和关志伟（2011）首次使用蚁群算法和遗传算法相结合的方式，来求解自动化立体仓库固定货架的订单拣选路径优化问题，分别仿真了订单随机产生的 10～30 个拣选货位点的拣选作业路径优化，仿真验证的结果显示：在订单拣选的货物种类多且分布比较广的条件下，这种改进型算法能够对订单拣选的路径进行全局性的优化。当使用这种优化算法去求解典型的 TSP 时，只有满足订单拣选货位点数适中（10～30 个）以及变异概率为 0.008～0.020 的约束条件时，才能求得最优解。李哲（2011）采用订单分批拣选的方式，将订单拣选路径总长度作为目标函数，以单次拣选最大物品数作为约束条件，建立了 0-1 整数动态规划模型，采用启发式算法进行了求解运算，并对比了典型 TSP 路径优化模型，最后使用改进型蚁群算法求得了近似最优解。倪虹和李发强（2011）以自动化立体堆垛机的订单拣选路径作为研究对象，计算了订单拣选货位的区域分布，使用遗传算法编制了基于订单拣选的货位顺序，实现了单一订单拣选路径优化的目标。王海珍和彭梅香（2011）将模拟退火算法和粒子算法相结合，以期望求得比遗传算法更优的结果，仿真验证显示，路径优化效果明显。王娴等（2012）采用人工鱼群算法来解决随机存储策略下传统布局 S 型拣选策略和返回型拣选策略的路径模型优化问题。方彦军和谢宜净（2013）基于使用堆垛机进行订单拣选的自动化立体仓库，构建了以拣选容量为约束条件的拣选路径模型，分别使用遗传算法、改进型遗传算法、基本蚁群算法、Max-Min 蚁群算法进行求解运算，发现 Max-Min

蚁群算法可以得到最优解。靳萌等（2013）针对穿越式布局的自动化立体仓库的
订单拣选路径优化问题，使用了一种动态规划和启发式算法相结合的路径搜索策
略，以迭代次数为约束条件生成初始种群，再使用粒子群算法和遗传算法寻求最
优解，为自动化立体仓库的自动拣选系统实时生成订单拣选路径提供了新的思路
和可能。卢子甲等（2013）采用遗传算法来求解使用中点型拣选策略的订单分批
拣选模型，并讨论了当拣选策略由中点型拣选策略变为返回型拣选策略时，订单
拣选效率的变化情况。王永波等（2013）针对大型仓储中心的订单拣选路径优化
问题，提出了蚁群-粒子群相结合的优化算法，弥补了单个粒子过早收敛以及容易
陷入局部最优解的缺陷。王占磊（2013）在多个拣选订单、多个拣选人员、多个
拣选区域并存的条件下，建立了批量订单拣选路径优化模型，并将两种优化算法
应用到同一个模型中，大大减少了订单拣选过程中拣选人员的行走距离。同时对
订单分批情况下的拣选路径优化问题建立了数学模型，在应用改进型遗传算法进
行求解的前提下，通过实例验证了改进型遗传算法对订单拣选路径优化的效果，
表明优化订单分批是影响订单拣选路径的关键因素。孙洪华和董慧慧（2014）以
订单分批为约束条件，将最短订单拣选路径作为目标函数，建立了路径优化的数
学模型。采用神经网络和遗传算法分别实现了订单分批和拣选路径的优化组合。
经过反复比较研究，推导出关于不同订单的拣选行走距离的通用公式，发现采用
订单分批策略与遗传算法（genetic algorithm，GA）拣选策略能够实现最短的订单
拣选行走距离。卢烨彬和刘少轩（2016）发现采用 S 型拣选路径时，基于引力模
型的储位布局优于传统的波次储位布局，拣选时间更短，拣选效率更高。Zhou 等
（2019a）在拣选速度与步行速度成 1∶1 的条件下，构造了离散时间马尔可夫状态
转移概率矩阵，并研究了矩阵的稳态，分析了阻塞时间比、拣选密度与拣选面数
之间的关系，确定了阻塞时间比的极值点。Zhou 等（2019b）为了缩短拣选行走
距离，采用遗传算法、蚁群算法和布谷鸟算法对鱼骨布局仓库的拣选路径进行了
优化，建立了鱼骨布局下的仓储拣选路径优化模型。

6.2　随机存储下返回型拣选路径的距离模型

6.2.1　模型假设

返回型拣选路径的行走路线是指在每个含有待拣选物品的通道的同一端进
出。随机存储是指物品被随机存放在可以存放的位置上，对于 R 条通道来说，任
意一件物品在任意一条通道被拣选的概率均是 $\dfrac{1}{R}$。图 6-1 是常规随机存储区域的
返回型拣选路径示意图。

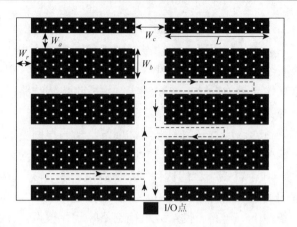

图 6-1　随机存储区域的返回型拣选路径示意图

对随机存储的拣选环境做以下符号规定：①两排货架之间的空间称为通道，通道宽 W_a，货架宽 W_b；两个存储区域之间的空间称为过道，过道宽 W_c；货架的后部空间称为后部过道，后部过道宽 W_r。②存储空间按货架长度 L 计量，不考虑货架的高度。③拣选操作只计行走到货位的距离，不计在货架上拿取物品等花费的时间。④拣选行走距离与在通道内的两货架之间的哪一侧无关，通道 j 的期望拣选行走距离记为 $d_j (j = 1, 2, \cdots, R)$。⑤拣选单中的物品品种是随机的，且是相互独立的，一次拣选的物品品种数记为 S。⑥每种物品存放的通道是随机的，且是等概率的，通道数为 R。⑦每种物品的存放货位是随机的（在货架长度上均匀分布）。⑧每个货位存储一种物品，且所存储的物品数量能够满足拣选数量需求。

6.2.2　返回型拣选路径的随机模型

在随机存储方式下，返回型拣选路径取决于哪些通道被访问，以及被访问通道内的最大期望拣选行走距离。若一次拣选 S 种物品，则通道 j 内有物品被拣选（通道 j 被访问）的概率为

$$p_j^{(S)} = 1 - (1 - p_j)^S = 1 - \left(1 - \frac{1}{R}\right)^S, \quad j = 1, 2, \cdots, R \tag{6-1}$$

对于通道 j 来说，在该通道内的拣选物品数（品种数）服从二项分布 $b(k; S, p_j)$。计 $\bar{S}_j$ 为通道 j 内的期望拣选物品数，$p_j^{(k)} = p\{S_{p_j^{(k)}}\} = p\{S$ 种物品中有 k 种物品位于通道 $j\}$，则

$$\bar{S}_j = E(b(k; S, p_j)) = S_{p_j} = \frac{S}{R}, \quad 1 \leqslant j \leqslant R \tag{6-2}$$

$$p_j^{(k)} = C_S^k (1-p_j)^{S-k} (p_j)^k = C_S^k \frac{(R-1)^{S-k}}{R^S}, \quad k = 0,1,\cdots,S; 1 \leqslant j \leqslant R \quad （6\text{-}3）$$

对于通道 j 来说，每种物品在 L 范围内的货位是随机的，所以其是 L 上的均匀分布；多种物品可视为在 L 上相互独立的均匀分布。记 $d_j^{(k)}$ 为在通道 j 中 k 种被拣选物品下的最大期望距离值，$\xi_t (t = 1, 2, \cdots, K)$ 是通道 j 上的货位均匀分布，则

$$d_j^{(k)} = E(\max(\xi_1, \xi_2, \cdots, \xi_K)) = \frac{K}{K+1} L \quad （6\text{-}4）$$

联合式（6-3）和式（6-4），一次拣选 S 种物品时，通道 j 的期望拣选行走距离是

$$d_j(S) = E(d_j^{(k)}) = \sum_{K=0}^{S} p_j^{(K)} d_j^{(K)}, \quad j = 1, 2, \cdots, R$$

整理后得

$$d_j(S) = \left(1 - \frac{R}{S+1} + \frac{(R-1)^{S+1}}{(S+1)R^S} \right) L \quad （6\text{-}5）$$

在到达期望最远访问通道后，拣选路径将直接回到 I/O 点，因而产生由期望最远访问通道产生的过道距离 R_{far}。

下面计算 R_{far}，记 $p_{j_{\text{far}}|S} = p\{$最远访问通道 $j_{\text{far}}\,|$ 一次拣选 S 种物品$\}$，则

$$\begin{cases} p_{j_{\text{far}}|S} = (p_{j_{\text{far}}})^S, & j_{\text{far}} = 1 \\ p_{j_{\text{far}}|S} = \left(\sum_{j=1}^{j_{\text{far}}} p_j \right)^S - \left(\sum_{j=1}^{j_{\text{far}}-1} p_j \right)^S, & 2 \leqslant j_{\text{far}} \leqslant R \end{cases} \quad （6\text{-}6）$$

最远访问通道的期望是

$$\begin{aligned} \bar{j}_{\text{far}} = E(j_{\text{far}}) &= \sum_{j_{\text{far}}=1}^{R} j_{\text{far}} \cdot p_{j_{\text{far}}|S} \\ &= (p_1)^S + \sum_{j_{\text{far}}=2}^{R} j_{\text{far}} \cdot \left(\left(\sum_{j=1}^{j_{\text{far}}} p_j \right)^S - \left(\sum_{j=1}^{j_{\text{far}}-1} p_j \right)^S \right) \quad （6\text{-}7） \\ &= R - \frac{1}{R^S} \sum_{k=1}^{R-1} k^S \end{aligned}$$

则

$$R_{\text{far}} = \frac{1}{2} \bar{j}_{\text{far}} (W_a + W_b) \quad （6\text{-}8）$$

在图 6-1 所示的随机存储情况下，若一次拣选 S 种物品，采用返回型拣选路径，则路径长度 $D_{\text{return}}^{\text{RAN}}(S)$ 包含 3 部分距离（包括返回时的路径长度）：①每条被访问通道的期望拣选行走距离；②每条被访问通道附加过道宽的 1/2；③由期望最远访问通道产生的过道距离 R_{far}，联合式（6-1）、式（6-5）和式（6-8）有

$$D_{\text{return}}^{\text{RAN}}(S) = 2\left(\frac{1}{2}W_c\overline{J}^{(S)} + \sum_{j=1}^{R}p_{\cdot j}^{(S)}d_j(S) + R_{\text{far}}\right) \quad (6\text{-}9)$$

另外，由于 $d_j(S)$ 和 $p_{\cdot j}^{(S)}$ 与 j 无关，分别记为 $d(S)$ 和 $p^{(S)}$：

$$d(S) = \left(1 - \frac{R}{S+1} + \frac{(R-1)^{S+1}}{(S+1)R^S}\right)L$$

$$p^{(S)} = 1 - (1 - 1/R)^S$$

期望被访问通道数为

$$\overline{J}^{(S)} = \sum_{j=1}^{R}p_{\cdot j}^{(S)} = p^{(S)}R$$

则

$$D_{\text{return}}^{\text{RAN}}(S) = W_c p^{(S)}R + 2d(S)p^{(S)} + 2R_{\text{far}} \quad (6\text{-}10)$$

式（6-10）就是随机存储、返回型拣选路径下的拣选行走距离随机模型。

6.2.3　随机存储下返回型拣选模型与仿真比较

为了验证模型对随机存储返回型拣选行走距离估计的准确性，需要进行模型近似计算与仿真结果比较。针对图 6-1，选择具有 8 条通道的物流配送中心的仓储布局，参照实际数据按比例进行取值，货架长约为过道宽、货架宽和通道宽的 10 倍，取 $L=1$，$W_a = W_b = 0.09$，$W_c = 0.11$。仿真过程中，在相对误差收敛条件下，订购频率依离散分布随机生成 10 000 次，并将仿真结果与近似计算结果绘制在同一坐标系内进行比较，如图 6-2 所示。

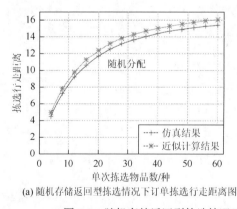

(a) 随机存储返回型拣选情况下订单拣选行走距离图

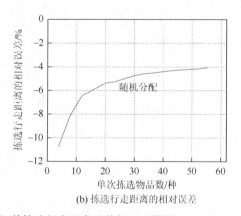

(b) 拣选行走距离的相对误差

图 6-2　随机存储返回型拣选情况下订单拣选行走距离及其相对误差图

分析图 6-2 得到以下结论。

（1）从图 6-2（a）可见，模型近似计算结果总是大于仿真结果，因为在模型中由最远访问通道产生的过道距离 R_{far} 在期望访问通道数约为偶数时存在高估现象。

（2）图 6-2（b）中，在拣选物品数较小时，如小于 20 种，模型近似计算结果与仿真结果的误差较大，最大相对误差达 11%左右，随着拣选物品数的增多，相对误差逐渐减小，最后趋近于 4%。这说明，本节建立的模型在一定误差允许范围内，可以用于对现实中相应类型的物流配送中心的订单拣选时间与拣选行走距离进行估计。

6.3　随机存储下 S 型拣选路径的距离模型

6.3.1　模型假设

S 型拣选路径包括每个含有待拣选物品的通道全长，行走路线是从通道的一端进另一端出，没有拣选点的通道不包含在内，从最后一条通道返回存储区的 I/O 点。随机存储是指物品被随机存放在可以存放的位置上，对于 R 条通道来说，任意一件物品在任意一条通道被拣选的概率均为 $\dfrac{1}{R}$。图 6-3 是常规随机存储区域的 S 型拣选路径示意图。

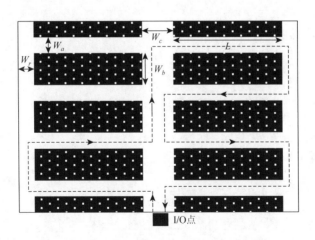

图 6-3　随机存储区域的 S 型拣选路径示意图

对随机存储的拣选环境做以下符号规定：①两排货架之间的空间称为通道，通道宽 W_a；货架宽 W_b；两个存储区域之间的空间称为过道，过道宽 W_c；货架的后部空间称为后部过道，后部过道宽 W_r。②存储空间按货架长度 L 计量，不考虑货架的高度。③拣选操作只计行走到货位的距离，不计在货架上拿取物品等花费的时间。④拣选行走距离与在通道内的两货架之间的哪一侧无关。⑤拣选单中的物品品种是随机的，且是相互独立的，一次拣选的物品品种数记为 S。⑥每种物品存放的通道是随机的，且是等概率的，通道数为 R。⑦每种物品的存放货位是随机的（在货架长度上均匀分布）。⑧每个货位存储一种物品，且所存储的物品数量能够满足拣选数量需求。

6.3.2　S 型拣选路径的随机模型

假设物品的拣选概率和物品的存储空间都是随机的，在上述拣选规则及条件下，若一次拣选 S 种物品，采用 S 型拣选路径，则路径长度 $D_{\text{S-shape}}^{\text{RAN}}(S)$ 由三个因素决定：①期望被访问通道数，记为 $\bar{J}^{(S)}$，被访问通道的拣选行走距离就是通道全长；②由于单侧访问奇数条通道，返回过道时而产生的附加距离，记为 $\text{APP}_{\text{RAN}|\text{S-shape}}^{(S)}$；③由期望最远访问通道产生的过道距离，记为 R_{far}。

1. 期望被访问通道数

在随机存储条件下，任意一件物品在通道 j 被拣选的概率相等，因此通道 j 被访问的概率为

$$p_j = \frac{1}{R}, \quad j = 1, 2, \cdots, R$$

若一次拣选 S 种物品，则通道 j 内有物品被拣选的概率为

$$p^{(S)} = (1 - (1 - 1/R)^S)R \tag{6-11}$$

则期望被访问通道数为

$$\bar{J}^{(S)} = \sum_{j=1}^{R} p^{(S)} = p^{(S)}R \tag{6-12}$$

2. 附加距离

记 $p' = \dfrac{1}{2}$ 为单侧通道被访问的概率；$p_{j|k}$ 为单侧拣选 k 种物品时，有 j 条通道被访问的概率；$p_{\text{odd}}^{(S)}$ 为单侧有奇数条通道被拣选的概率。

$$p_{j|k} = C_{\frac{R}{2}}^{j} \left(\prod_{i=1}^{j} \left(1 - \left(1 - \frac{\frac{1}{R}}{p'} \right)^k \right) \right) \left(\prod_{i=1}^{\frac{R}{2}-j} \left(1 - \frac{\frac{1}{R}}{p'} \right)^k \right)$$

$$= C_{\frac{R}{2}}^{j} \left(1 - \left(1 - \frac{1}{2R} \right)^k \right)^j \left(1 - \frac{1}{2R} \right)^{k\left(\frac{R}{2}-j\right)}, \quad 1 \leq j \leq \min\left(k, \frac{R}{2} \right)$$

$$p_{\mathrm{odd}}^{(S)} = \sum_{k=1}^{S} \left(C_S^k \left(1-\frac{1}{2}\right)^{S-k} \left(\frac{1}{2}\right)^k \sum_{1\leqslant 奇数 j\leqslant \min\left(k,\frac{R}{2}\right)} p_{j|k} \right)$$

$$= \left(\frac{1}{2}\right)^S \sum_{k=1}^{S} \left(C_S^k \sum_{1\leqslant 奇数 j\leqslant \min\left(k,\frac{R}{2}\right)} p_{j|k} \right)$$

因此

$$\mathrm{APP}_{\mathrm{RAN|S\text{-}shape}}^{(S)} = 2 p_{\mathrm{odd}}^{(S)} (1/2(W_c + W_r) + L) \tag{6-13}$$

3. 期望最远访问通道产生的过道距离

记 $p_{j_{\mathrm{far}}|S} = p\{最远访问通道 j_{\mathrm{far}} | 一次拣选 S 种物品\}$，则

$$\begin{cases} p_{j_{\mathrm{far}}|S} = (p_{j_{\mathrm{far}}})^S, & j_{\mathrm{far}} = 1 \\ p_{j_{\mathrm{far}}|S} = \left(\displaystyle\sum_{j=1}^{j_{\mathrm{far}}} p_j\right)^S - \left(\displaystyle\sum_{j=1}^{j_{\mathrm{far}}-1} p_j\right)^S, & 2 \leqslant j_{\mathrm{far}} \leqslant R \end{cases}$$

最远访问通道的期望是

$$\overline{j}_{\mathrm{far}} = E(j_{\mathrm{far}})$$

$$= \sum_{j_{\mathrm{far}}=1}^{R} j_{\mathrm{far}} \cdot p_{j_{\mathrm{far}}|S}$$

$$= (p_1)^S + \sum_{j_{\mathrm{far}}=2}^{R} j_{\mathrm{far}} \left(\left(\sum_{j=1}^{j_{\mathrm{far}}} p_j\right)^S - \left(\sum_{j=1}^{j_{\mathrm{far}}-1} p_j\right)^S \right)$$

$$= R - \frac{1}{R^S} \sum_{k=1}^{R-1} k^S$$

因此

$$R_{\mathrm{far}} = \frac{1}{2} \overline{j}_{\mathrm{far}} (W_a + W_b) \tag{6-14}$$

至此，随机存储 S 型拣选路径下的拣选行走距离随机模型所需条件已由式（6-12）～式（6-14）给出，因此，路径长度为

$$D_{\mathrm{S\text{-}shape}}^{\mathrm{RAN}} = (1/2(W_c + W_r) + L)\overline{J}^{(S)} + 2R_{\mathrm{far}} + \mathrm{APP}_{\mathrm{RAN|S\text{-}shape}}^{(S)} \tag{6-15}$$

式（6-15）就是随机存储、S 型拣选路径下的拣选行走距离随机模型。

6.3.3　随机存储下 S 型拣选模型与仿真比较

为了验证模型对随机存储 S 型拣选行走距离估计的准确性，需要进行模型近

似计算与仿真结果比较。针对图 6-3，选择具有 8 条通道的物流配送中心的仓储布局，参照实际数据按比例取值，货架长约为过道宽、货架宽和通道宽的 10 倍，取 $L=1$，$W_a=W_b=0.09$，$W_c=0.11$。随机存储 S 型拣选情况下订单拣选行走距离及其相对误差如图 6-4 所示。

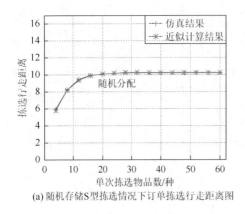

(a) 随机存储S型拣选情况下订单拣选行走距离图

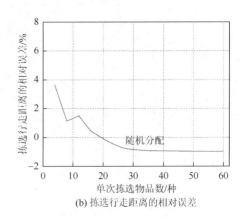

(b) 拣选行走距离的相对误差

图 6-4　随机存储 S 型拣选情况下订单拣选行走距离及其相对误差图

分析图 6-4 得到以下结论。

（1）从图 6-4（a）可见：在拣选物品数较小，如小于 15 种时，拣选行走距离随拣选物品数增加较快，当拣选物品数大于 15 种后，拣选行走距离基本与拣选物品数无关，原因是当拣选物品数较多时，基本每条通道都能够被访问到，所以采用 S 型拣选方式进行拣选时，拣选行走距离基本相同。

（2）从图 6-4（b）可见：模型近似计算效果比较理想，最大相对误差不超过 4%，随拣选物品数的增多，相对误差能保持在 1%的范围内。这说明，本节建立的模型在一定允许误差范围内，可以用于对现实中相应类型的物流配送中心的订单拣选时间与拣选行走距离进行估计。

6.4　分类存储下返回型拣选路径的距离模型

6.4.1　模型假设

返回型拣选路径取决于哪些通道被访问，以及被访问通道内的最远拣选位置。在图 6-1 所示的分类存储情况下，若一次拣选 S 件物品，则拣选路径长度 $D(S)$ 包含 3 部分：①每条被访问通道的期望拣选行走距离之和；②访问每条通道时需要行走的过道距离之和；③由期望最远访问通道产生的过道距离。

6.4.2　返回型拣选路径的随机模型

1. 每条被访问通道的期望拣选行走距离之和

已知第 i 类物品的订购概率为 $p_{i\cdot}(i=1,2,\cdots,M)$；通道（货架）$j$ 存储 i 类物品的空间（以长度计）可以表示为 $l_{ij}(i=1,2,\cdots,M;\ j=1,2,\cdots,R)$，第 i 类物品存储在通道 j 的比例为 $\dfrac{l_{ij}}{\sum\limits_{j=1}^{R} l_{ij}}$，则通道 j 内第 i 类物品被拣选的概率为

$$p_{ij}=p_{i\cdot}\frac{l_{ij}}{\sum\limits_{j=1}^{R} l_{ij}},\quad i=1,2,\cdots,M\,;\ j=1,2,\cdots,R \tag{6-16}$$

因而，一次拣选一件物品，通道 j 被访问的概率为

$$p_{\cdot j}=\sum_{i=1}^{M} p_{ij},\quad j=1,2,\cdots,R \tag{6-17}$$

在通道 j 被访问的条件下，第 i 类物品在通道 j 被拣选的条件概率记为 $p_{i|j}$：

$$p_{i|j}=\frac{p_{ij}}{p_{\cdot j}},\quad i=1,2,\cdots,M\,;\ j=1,2,\cdots,R \tag{6-18}$$

若一次拣选 S 件物品，通道 j 被访问的概率为

$$p_{\cdot j}^{(S)}=1-(1-p_{\cdot j})^{S},\quad j=1,2,\cdots,R \tag{6-19}$$

若一次拣选 S 件物品，恰有 S_j 件位于通道 j，S_j 服从二项分布 $b(S,p_{\cdot j})$。记 S_j 件物品在通道 j 内被拣选的概率为 $p_{\cdot j}^{(S_j)}$，则

$$p_{\cdot j}^{(S_j)}=C_{S}^{S_j}(1-p_{\cdot j})^{S-S_j}(p_{\cdot j})^{S_j},\quad j=1,2,\cdots,R \tag{6-20}$$

若被访问通道 j 内被拣选物品的最大种类记为 $i_{\max}$，在通道 j 内有 $S_j>0$ 件物品被拣选的条件下，物品种类不超过 $i_{\max}$ 的拣选概率记为 $p_{i_{\max}|S_j}$，则

$$p_{i_{\max}|S_j}=\left(\sum_{i=1}^{i_{\max}} p_{i|j}\right)^{S_j},\quad i=1,2,\cdots,M\,;j=1,2,\cdots,R \tag{6-21}$$

在通道 j 内仅有一件物品被拣选，且其种类不超过 $i_{\max}$ 的条件下，$i_{\max}$ 类物品被拣选的条件概率记为 $p_{i_{\max}|i_{\max}j}$，则

$$p_{i_{\max}|i_{\max}j}=\frac{p_{i_{\max}|j}}{\sum\limits_{i=1}^{i_{\max}} p_{i|j}},\quad i_{\max}=1,2,\cdots,M\,;j=1,2,\cdots,R \tag{6-22}$$

当通道 j 内有 S_j 件物品被拣选，且最大拣选种类是 $i_{\max}$ 时，在该通道内，$i_{\max}$

类物品的件数 K 服从二项分布 $b(S_j, p_{i_{\max}|i_{\max} j})$，记有 K 件物品在通道 j 内被拣选的概率为 $p_{i_{\max}|i_{\max} j}^{(K)}$，则

$$p_{i_{\max}|i_{\max} j}^{(K)} = C_{S_j}^K (1 - p_{i_{\max}|i_{\max} j})^{S_j - K} (p_{i_{\max}|i_{\max} j})^K$$

$$i_{\max} = 1, 2, \cdots, M; K = 1, 2, \cdots, S_j; j = 1, 2, \cdots, R \tag{6-23}$$

通道 j 内最大种类为 $i_{\max}$ 的物品的货位长度记为 $l_{i_{\max}}$，由于每类中的每件物品在 $l_{i_{\max}}$ 范围内的货位是均匀分布的，所以 $i_{\max}$ 类中每件物品被拣选的概率相同，且相互独立。因此一次拣选在通道 j 内的拣选行走距离应是 $i_{\max}$ 类中被拣选物品最大距离的期望值，记 $d_{i_{\max}}^{(K)}$ 为通道 j 内有 K 件最大拣选种类为 $i_{\max}$ 的物品被拣选的行走距离期望值，则有

$$\begin{cases} d_{i_{\max} j}^{(K)} = 0, & K = 0 \\ d_{i_{\max} j}^{(K)} = \sum_{t=1}^{i_{\max}} L_{tj} - \dfrac{1}{K+1} L_{i_{\max} j}, & K = 1, 2, \cdots, S_j \end{cases}$$

$$S_j = 1, 2, \cdots, S; j = 1, 2, \cdots, R; i_{\max} = 1, 2, \cdots, M \tag{6-24}$$

因此，当 S_j 件物品在通道 j 内被拣选时，拣选物品种类不超过 $i_{\max}$ 的期望拣选行走距离记为 $d_{i_{\max} j}$，则

$$\begin{aligned} d_{i_{\max} j} &= E(d_{i_{\max} j}^{(K)}) \\ &= \sum_{K=0}^{S_j} p_{i_{\max}|i_{\max} j}^{(K)} d_{i_{\max} j}^{(K)} \\ &= \sum_{t=1}^{i_{\max}} L_{tj} - (1 - p_{i_{\max}|i_{\max} j})^{S_j} \sum_{t=1}^{i_{\max}} L_{tj} \\ &\quad - \frac{1}{(S_j + 1) p_{i_{\max}|i_{\max} j}} (1 - (1 - p_{i_{\max}|i_{\max} j})^{S_j + 1}) L_{i_{\max} j} + (1 - p_{i_{\max}|i_{\max} j})^{S_j} L_{i_{\max} j} \end{aligned} \tag{6-25}$$

由式（6-21）和式（6-25）可知，通道 j 内有 S_j 件物品被拣选时的期望距离是

$$\begin{cases} d_j^{(S_j)} = 0, & S_j = 0 \\ d_j^{(S_j)} = E(d_{i_{\max} j}) = \sum_{i_{\max}=1}^{M} p_{i_{\max}|S_j} d_{i_{\max} j}, & S_j = 1, 2, \cdots, S \end{cases} \quad j = 1, 2, \cdots, R \tag{6-26}$$

联合式（6-20）和式（6-26），一次拣选 S 件物品时，被访问通道 j 的单程期望拣选行走距离是

$$d_j(S) = E(d_j^{(S_j)}) = \sum_{S_j=0}^{S} p_{\cdot j}^{(S_j)} d_j^{(S_j)}, \quad j = 1, 2, \cdots, R \tag{6-27}$$

因此，每条被访问通道的期望拣选行走距离之和是 $2 \sum_{j=1}^{R} d_j(S)$。

2. 访问每条通道时需要行走的过道距离之和

一次拣选被访问的期望通道数记为 $\bar{J}^{(S)}$：

$$\bar{J}^{(S)} = \sum_{j=1}^{R} p_{\cdot j}^{(S)} \tag{6-28}$$

而在每个被访问通道中需要往返行走过道宽的 1/2，因此，需要行走的总过道宽的期望距离为 $W_c \bar{J}^{(S)}$。

3. 由期望最远访问通道产生的过道距离

记 j_{far} 为被访问的最远通道，记 $p_{\cdot j_{far}|S}$ 为一次拣选 S 件物品时 j_{far} 被访问的概率，则

$$\begin{cases} p_{\cdot j_{far}|S} = (p_{\cdot j_{far}})^S, & j_{far} = 1 \\ p_{\cdot j_{far}|S} = \left(\sum_{j=1}^{j_{far}} p_{\cdot j} \right)^S - \left(\sum_{j=1}^{j_{far}-1} p_{\cdot j} \right)^S, & 2 \leqslant j_{far} \leqslant R \end{cases} \tag{6-29}$$

最远访问通道的期望 $\bar{j}_{far}$ 为

$$\begin{aligned} \bar{j}_{far} &= E(j_{far}) \\ &= \sum_{j_{far}=1}^{R} j_{far} \cdot p_{\cdot j_{far}|S} \\ &= (p_{\cdot 1})^S + \sum_{j_{far}=2}^{R} j_{far} \cdot \left(\left(\sum_{j=1}^{j_{far}} p_{\cdot j} \right)^S - \left(\sum_{j=1}^{j_{far}-1} p_{\cdot j} \right)^S \right) \\ &= R - \sum_{j_{far}=2}^{R} \left(\sum_{j=1}^{j_{far}-1} p_{\cdot j} \right)^S \end{aligned} \tag{6-30}$$

由期望最远访问通道产生的往返过道距离 R_{far} 为

$$R_{far} = \bar{j}_{far}(W_a + W_b) \tag{6-31}$$

因此，一次拣选 S 件物品，总的拣选路径长度为

$$D(S) = W_c \bar{J}^{(S)} + 2 \sum_{j=1}^{R} d_j(S) + R_{far} \tag{6-32}$$

至此，分类存储、返回型拣选路径下的拣选行走距离随机模型已由式（6-32）给出。

6.4.3　分类存储下返回型拣选模型与仿真比较

为了验证模型对分类存储、返回型拣选行走距离估计的准确性，需要对某个实际物流配送中心的仓储进行模型近似计算与仿真结果比较。

同类物品具有相同的订购频率，此订购频率在一段时间内由物品实际需求的经验分布可得，近似取一个常数（Hausman et al.，1976）。另外，物流配送中心的各类物品的存储空间分配比例和订购频率存在多种情况，根据物品周转率大、中、小的特点可分为随机订购与分配、中等订购与分配、偏态订购与分配，具体参数如表6-1所示。

表 6-1　各类物品的订购频率与存储空间分配比例 （单位：%）

订购频率/存储空间分配比例	A 类	B 类	C 类
随机订购与分配	33.33/33.33	33.33/33.33	33.33/33.33
中等订购与分配	50/30	30/30	20/40
偏态订购与分配	80/20	15/30	5/50

针对图6-1，选取具有8条通道的物流配送中心的仓储布局，参照实际数据按比例进行取值，货架长度约为过道宽、货架宽和通道宽的 10 倍，取 $L=1$，$W_a=W_b=0.09$，$W_c=0.11$，$j=1,2,\cdots,8$ 表示通道，$i=1,2,3$ 表示 A、B、C 三类，如表6-2所示。

表 6-2　物流配送中心仓储布局参数表

类型	l_{ij}	1	2	3	4	5	6	7	8	合计	比率/%
随机	A	0.34	0.34	0.34	0.34	0.33	0.33	0.33	0.33	2.68	33.33
	B	0.33	0.33	0.33	0.33	0.34	0.34	0.33	0.33	2.66	33.33
	C	0.33	0.33	0.33	0.33	0.33	0.33	0.34	0.34	2.66	33.33
中等	A	0.60	0.60	0.48	0.48	0.10	0.10	0.02	0.02	2.40	30.00
	B	0.36	0.36	0.48	0.48	0.30	0.30	0.06	0.06	2.40	30.00
	C	0.04	0.04	0.04	0.04	0.60	0.60	0.92	0.92	3.20	40.00
偏态	A	0.58	0.58	0.20	0.20	0.01	0.01	0.01	0.01	1.60	20.00
	B	0.32	0.32	0.50	0.50	0.32	0.32	0.06	0.06	2.40	30.00
	C	0.10	0.10	0.30	0.30	0.67	0.67	0.93	0.93	4.00	50.00

将仿真结果与近似计算结果绘制在同一坐标系内进行比较，如图 6-5 所示。其中，图6-5（a1）、（b1）、（c1）分别是随机、中等、偏态订购与分配情况下单次拣选物品数的拣选行走距离图，横坐标为单次拣选物品数，纵坐标为拣选行走距离；图6-5（a2）、（b2）、（c2）分别是三种情况下拣选行走距离的相对误差。

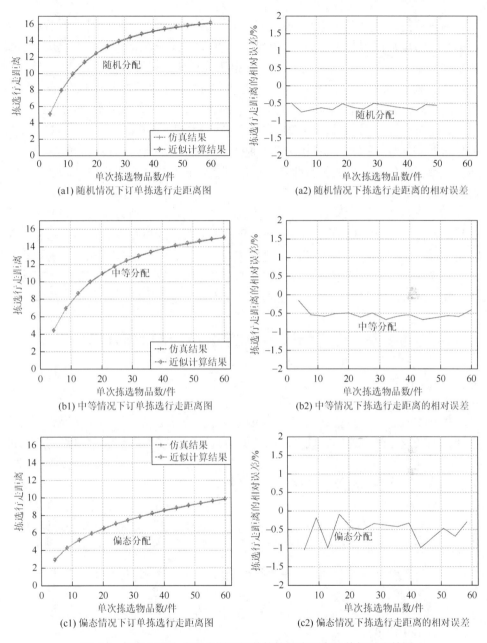

图 6-5　三种订购与分配类型下订单拣选行走距离及其相对误差图

（1）图 6-5（a1）、（b1）、（c1）中，拣选行走距离随拣选物品数由少到多逐渐递增，在拣选物品数少于 40 件时，拣选行走距离增加较快；拣选物品数大于 40 件以后，拣选行走距离增加缓慢；当拣选物品数达到 60 件时，基本趋于平坦。原因是一次拣选物品数越多，访问通道数越多，当所有通道都被访问时，再增加拣选物品数，对增加拣选行走距离的影响较小。因此，本节在仿真过程中模拟一次拣选物品数时，最大取到 60 件，已足够模拟拣选路径的变化趋势。

（2）对于一次拣选过程，无论是少拣选物品数（$S = 4$ 件）还是更多拣选物品数（$S = 60$ 件），三种情况的模型近似计算结果均能与仿真结果趋近。表现在图 6-5（a1）、（b1）、（c1）中就是两条曲线基本重合，相应地，图 6-5（a2）、（b2）、（c2）的相对误差基本保持在 1%范围内。这说明，本节建立的模型在一定置信度下，可用于对现实中相应类型的物流配送中心的订单拣选行走距离进行估计，进而为拣选时间的估计提供参考。

（3）三种情况中，偏态情况下的拣选行走距离最小，所以拣选时间最少，效率最高，因此物流配送中心在实际进行仓储布局时，应该尽量选择偏态分配，使得周转率最大的 A 类物品尽可能就近分配较小比例的存储空间，相反，周转率最小的 C 类物品尽可能就远分配较大比例的存储空间。这说明，研究不同种类物品的仓储布局分配空间是优化物流拣选时间与拣选行走距离的一种有效方法。

6.5　分类存储下 S 型拣选路径的距离模型

6.5.1　模型假设

在分类存储和 S 型拣选路径下，模型具备的条件描述为：①两排货架之间的空间称为通道，两个存储区域之间的空间称为过道，货架的后部空间称为后部过道；②存储空间按货架长度计量，不考虑货架的高度；③拣选操作只计行走到货位的距离，不计在货架上拿取物品等花费的时间；④拣选行走距离与在通道内的两货架之间的哪一侧无关；⑤拣选单中的物品品种是随机的，且是相互独立的；⑥每类中各种物品被拣选的概率是相同的；⑦某通道内，某类中的各种物品在该类范围内的货位是随机的（在货架长度上均匀分布）；⑧每个货位存储一种物品，且所存储的物品数量能够满足拣选数量需求。如此，模型中所用符号表示如下。

M：物品分类数。

R：通道数。

S：一次拣选的物品品种数。

L：货架长度。

$l_{ij}(i = 1, 2, \cdots, M; j = 1, 2, \cdots, R)$：通道（货架）$j$ 存储 i 类物品的空间（以长度计）。

$d_{ij}(i = 1, 2, \cdots, M; j = 1, 2, \cdots, R)$：在通道 j 中拣选 i 类物品的期望拣选行走距离。

$d_j(j = 1, 2, \cdots, R)$：通道 j 的期望拣选行走距离。

W_a：通道宽。

W_b：货架宽。

W_c：过道宽。

W_r：后部过道宽。

$p_i(i=1,2,\cdots,M)$：i 类物品被拣选的概率。

$p_j(j=1,2,\cdots,R)$：通道 j 被访问的概率。

$p_{ij}(i=1,2,\cdots,M;j=1,2,\cdots,R)$：通道 j 内的 i 类物品被拣选的概率。

6.5.2 S 型拣选路径的随机模型

假设物品的拣选概率和物品的存储空间已知，在上述拣选规则及条件下，若一次拣选 S 件物品，采用 S 型拣选路径，则被访问通道的拣选行走距离就是通道全长。路径长度 $D_{\text{S-shape}}^{(\text{ABC})}(S)$ 包含 3 部分：①期望被访问通道数，记为 $\overline{J}^{(S)}$；②由于单侧访问奇数条通道，返回过道时而产生的附加距离，记为 $\text{APP}_{\text{ABC}|\text{S-shape}}^{(S)}$；③由期望最远访问通道产生的过道距离，记为 R_{far}。因此，路径长度为

$$D_{\text{S-shape}}^{\text{ABC}}(S) = (1/2(W_c + W_r) + L)\overline{J}^{(S)} + 2R_{\text{far}} + \text{APP}_{\text{ABC}|\text{S-shape}}^{(S)} \quad (6\text{-}33)$$

1. 期望被访问通道数

通道 j 内 i 类物品被拣选的概率为

$$p_{ij} = p_{i\cdot}\frac{l_{ij}}{\sum\limits_{k=1}^{R}l_{ik}}, \quad i=1,2,\cdots,M;j=1,2,\cdots,R$$

一种位于通道 j 内的物品被拣选（通道 j 被访问）的概率为

$$p_{\cdot j} = \sum_{i=1}^{M}p_{ij}, \quad j=1,2,\cdots,R$$

记 $p_{i|j} = p\{$通道j内i类物品被拣选 $|$ 通道j被访问$\}$，则

$$p_{i|j} = \frac{p_{ij}}{p_{\cdot j}}, \quad i=1,2,\cdots,M;j=1,2,\cdots,R$$

若一次拣选 S 件物品，则通道 j 内有物品被拣选（通道 j 被访问）的概率为

$$p_{\cdot j}^{(S)} = 1-(1-p_{\cdot j})^S, \quad j=1,2,\cdots,R \quad (6\text{-}34)$$

期望被访问通道数为

$$\overline{J}^{(S)} = \sum_{j=1}^{R}p_{\cdot j}^{(S)} \quad (6\text{-}35)$$

2. 附加距离

记 $p^{(b)}(b=1,2)$ 为单侧（奇数或偶数）通道被访问的概率，则

$$\begin{cases} p^{(1)} = \sum_{1 \leqslant j_1 奇数 \leqslant R} p_{\cdot j_1} \\ p^{(2)} = \sum_{1 \leqslant j_2 偶数 \leqslant R} p_{\cdot j_2} \end{cases}$$

记 $A^{(b)}$ 为 b 侧通道集合，$p_{J|k}^{(b)} = p\{J$条通道被访问$|b$侧通道有k件物品被拣选$\}$，则

$$p_{J|k}^{(b)} = \sum_{A_J^{(b)} \subseteq A^{(b)}} \left(\left(\prod_{j_b \in A_J^{(b)}} \left(1 - \left(1 - \frac{p_{\cdot j_b}}{p^{(b)}} \right)^k \right) \right) \left(\prod_{j_b \in (A^{(b)} - A_J^{(b)})} \left(1 - \left(1 - \frac{p_{\cdot j_b}}{p^{(b)}} \right)^k \right) \right) \right)$$

$$b = 1,2; 1 \leqslant J \leqslant \frac{R}{2}$$

其中，$A_J^{(b)}$ 是 J 个 b 侧通道集合且 $A_J^{(b)} \subseteq A^{(b)}$。

记 $p_{\text{odd}|S}^{(b)} = p\{b$侧有奇数条通道被访问$|$共拣选$S$件物品$\}$，则

$$p_{\text{odd}|S}^{(b)} = \sum_{k=1}^{S} \left(C_S^k (1 - p^{(b)})^{S-k} (p^{(b)})^k \sum_{1 \leqslant 奇数 J \leqslant \min\left(\frac{R}{2}, k\right)} p_{J|k}^{(b)} \right), \quad b = 1,2$$

因此

$$\text{APP}_{\text{ABC}|\text{S-shape}}^{(S)} = 2 p_{\text{odd}}^{(S)} (1/2(W_c + W_r) + L) \sum_{b=1,2} p_{\text{odd}|S}^{(b)} \qquad (6\text{-}36)$$

3. 期望最远访问通道产生的过道距离

记 $p_{\cdot j_{\text{far}}|S} = \{$最远访问通道$j_{\text{far}} |$一次拣选$S$件物品$\}$，则

$$\begin{cases} p_{\cdot j_{\text{far}}|S} = (p_{\cdot j_{\text{far}}})^S, & j_{\text{far}} = 1 \\ p_{\cdot j_{\text{far}}|S} = \left(\sum_{j=1}^{j_{\text{far}}} p_{\cdot j} \right)^S - \left(\sum_{j=1}^{j_{\text{far}}-1} p_{\cdot j} \right)^S & 2 \leqslant j_{\text{far}} \leqslant R \end{cases}$$

最远访问通道的期望是

$$\begin{aligned} \overline{j}_{\text{far}} &= E(j_{\text{far}}) \\ &= \sum_{j_{\text{far}}=1}^{R} j_{\text{far}} \cdot p_{\cdot j_{\text{far}}|S} \\ &= (p_{\cdot 1})^S + \sum_{j_{\text{far}}=2}^{R} j_{\text{far}} \cdot \left(\left(\sum_{j=1}^{j_{\text{far}}} p_{\cdot j} \right)^S - \left(\sum_{j=1}^{j_{\text{far}}-1} p_{\cdot j} \right)^S \right) \\ &= R - \sum_{j_{\text{far}}=2}^{R} \left(\sum_{j=1}^{j_{\text{far}}-1} p_{\cdot j} \right)^S \end{aligned}$$

因此

$$R_{\text{far}} = \frac{1}{2} \overline{j}_{\text{far}} (W_a + W_b) \qquad (6\text{-}37)$$

至此，分类存储、S 型拣选路径下的拣选行走距离随机模型已由式（6-33）给出，三部分决定因素分别由式（6-35）～式（6-37）给出。

6.5.3　分类存储下 S 型拣选模型与仿真比较

为了验证模型对分类存储 S 型拣选行走距离估计的准确性，需要进行模型近似计算与仿真结果比较。

各类物品的存储空间分配比例和订购频率，根据其周转率大、中和小的特点在实践中存在多种情况。本节选择三种情况讨论：随机订购与分配、中等订购与分配、偏态订购与分配，具体参数如表 6-3 所示。

表 6-3　各类物品的订购频率与存储空间分配比例　　　（单位：%）

订购频率/存储空间分配比例	A 类	B 类	C 类
随机订购与分配	33.33/33.33	33.33/33.33	33.33/33.33
中等订购与分配	45/25	30/30	25/45
偏态订购与分配	75/15	15/30	10/55

针对图 6-1，选择具有 8 条通道的物流配送中心的仓储布局，参照实际数据按比例进行取值，货架长度约为过道宽、货架宽和通道宽的 10 倍，取 $L=1$，$W_a=W_b=0.09$，$W_c=0.11$，仿真过程中，在相对误差收敛条件下，订购频率依离散分布随机生成 10 000 次，并将仿真结果与近似计算结果绘制在同一坐标系内进行比较，如图 6-6 所示。其中图 6-6（a1）、（b1）、（c1）分别是随机、中等、偏态订购与分配情况下单次拣选物品数的拣选行走距离图，图 6-6（a2）、（b2）、（c2）分别是三种情况下拣选行走距离的相对误差。

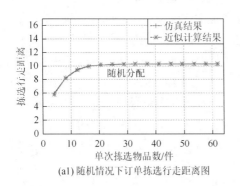

(a1) 随机情况下订单拣选走距离图　　　　(a2) 随机情况下拣选行走距离的相对误差

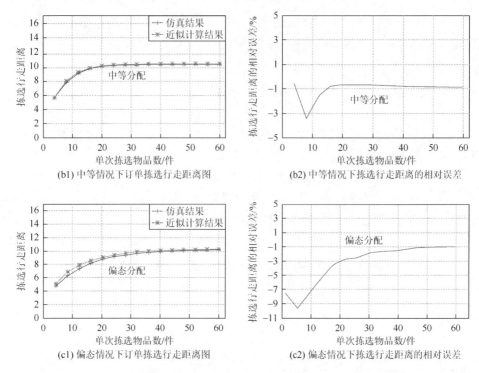

图 6-6　三种订购与分配类型下订单拣选行走距离及其相对误差图

分析图 6-6 可以得到以下结论。

（1）三种情况中，随机和中等情况下的效果较好，近似计算结果与仿真结果的相对误差最大不超过 4%，随着拣选物品数的增加，相对误差逐渐趋近 1%；而偏态情况下的效果较差，尤其是当拣选物品数较小时，最大相对误差约为 10%，这是因为，当拣选物品数较小时，物品类别的稍微差别会引起拣选行走距离的较大变化，而当拣选物品数较大时，物品类别的变化对拣选行走距离的影响不占主要地位。另外，随拣选物品数的增加，相对误差降低并逐渐趋近 1%。分析表明，本节所建模型可以在一定允许误差下，用于估计相应类型的现实物流配送中心的订单拣选时间与拣选行走距离。

（2）三种情况中，在拣选物品数较小（小于 20 件）时，以偏态情况的拣选行走距离最小，所以拣选时间最少，符合物流拣选的优化要求，因此物流配送中心在实际进行仓储布局时，应该尽量选择偏态分配，使得周转率大的 A 类物品尽可能就近分配较小比例的存储空间，相反，周转率小的 C 类物品尽可能就远分配较大比例的存储空间。这说明，研究不同种类物品的仓储布局分配空间是优化物流拣选时间与拣选行走距离的一种有效方法。

（3）三种情况中，在拣选物品数较大（大于 30 件）时，拣选行走距离均在

10 左右，因为当拣选物品数较多时，各条通道基本都有物品被拣选，因此基本需要访问所有通道，故三种情况的拣选行走距离基本相同，达到最大。

6.6　本章小结

人工拣选作业系统中的关键优化目标是行走路径最短，以此达到行走时间最少，影响拣选行走距离的两个重要因素是货位指派策略和拣选方式。本章在传统布局下分别采用随机存储策略和分类存储策略进行研究，对两种不同的存储策略分别建立返回型拣选路径和 S 型拣选路径的拣选行走距离随机模型，利用 MATLAB 软件对模型进行仿真计算。随机存储策略是改进存储策略的基础。在随机存储策略下，订购频率依离散分布随机生成，采用返回型和 S 型两种拣选方式，对订单拣选行走距离进行计算，并与仿真结果进行比较。通过仿真验证两模型近似计算结果的准确性，并就拣选物品数对两模型的影响进行了比较。两模型均能在误差允许条件下较好地与仿真结果逼近。拣选物品数对不同拣选方式的效率有影响，当拣选物品数较小时，采用返回型拣选方式的拣选效率高；当拣选物品数较大时，采用 S 型拣选方式的拣选效率高。在分类存储策略下，通过采用返回型和 S 型拣选方式，对在三种订购与分配情况下订单拣选行走距离进行了计算比较，得出返回型和 S 型两种拣选方式在不同的货位分配、物品订购频率及单次拣选物品数条件下各自适用的情况。

物流配送中心的订单人工拣选处理过程是一个随机服务系统，它包括订单到达、分批/分割、拣选、配送过程，整个流程的服务时间是衡量配送中心服务效率的指标，其中拣选服务时间的研究是关键，它能由本书得到的拣选路径随机模型决定。因此，本章结论为进一步研究人工拣选随机服务系统的工作做了先行铺垫。

第7章 改进布局下仓储拣选的路径策略

7.1 本章研究综述

7.1.1 国外研究综述

Hausman 等（1976）通过研究关于 AS\RS（automated storage and retrieval system，自动存取系统）的分类存储的问题，发现当以单一订单作业行走时间作为研究目标时，L 形的货位分类方法是最优的。Graves 等（1977）通过研究发现，只有足够大的存储空间才能保证将货物分配到正确的分类区，即仓库存储空间与货物种类呈正相关关系，随着货物种类的增多，存储空间也应增加，以满足存储需求。因此，相比较而言，分类存储对货架空间的需求要比随机存储更大。Le-Duc 和 de Koster（2005）通过建模仿真也得到了同样的结论。Mitchell（1998）通过研究随机存储、分类存储、固定存储、分类随机存储四种存储策略，分别建立了相应的商品出入库移动距离模型，并进行了比较研究。研究报告显示，储位分配策略要结合商品的特性确定，不同商品之间存在着某种内部关联关系，合理的商品分类策略使得商品出入库效率最高。Liggett（2000）将仓库布局分别划分为平行拣货通道和垂直拣货通道，并根据这两种布局分别进行了商品种类的划分。另外，他还研究了两种设置对拣货效率的影响，研究发现，规划设置是影响拣货效率的关键因素之一，其影响因子甚至可以达到 0.6。Deb 等（2000）通过研究大量的历史订单数据，推导出商品的订购概率，并计算出这些商品的出入库频率，建立了以分类存储为约束条件的数学模型，并第一次提出：按照商品出入库频率高低进行货物存储，将出入库频率高的商品存储在离仓库进出口最近的货区，其他商品依次按照这个规则进行存储，这也是 ABC 分类存储理论的来源。van den Berg（2002）提出了基于分类存储策略的动态规划算法，并将其用于解决仓储中心的货区分配问题，为分类存储研究提供了新的思路。Petersen 等（2004）的研究发现，在货物拣选行走距离方面，定位存储策略优于分类存储策略，但与此同时，在仓储中心管理效率方面，分类存储策略优于定位存储策略。Adil 等（2010）以分类存储的仓储拣选中心为实际背景，以拣选行走距离为约束条件，建立了相应的动态数学模型，并讨论了拣货系统性能的影响因素。

7.1.2　国内研究综述

党伟超等（2003）以自动化立体仓库为研究对象，分别研究了自动化立体仓库的存储策略和储位分配，并基于实际作业情况，提出了满足需求的自动化立体仓库的储位分配条件，还建立了数学模型，最后通过仿真软件进行了仿真验证。商允伟等（2004）通过研究货架重心最小和周转率高的货物靠近进出口储位的存储方法，以货架稳定性和拣选效率为约束条件，建立了目标函数。对这样一个多目标优化问题，他们采用改进型遗传算法对其进行了计算，并分析讨论了这种存储策略的适用条件。董溪哲（2006）研究了基于货品周转率的存储策略，以移动拣选行走距离为目标函数，以订单随机性、存储面积、拣货通道为约束条件，建立了商品储位优化模型。柳赛男等（2006）提出了商品-储位相结合的分配策略。根据仓储中心历史订单数据和不同储位距离的远近，合理划分了不同商品的储区分布，形成了几个优先级别的商品链以及储位链，优先级别高的商品链和最优的储位链相互匹配耦合，形成配对分区。邹晖华等（2008）以自动堆垛机运动到不同储位的时间对储位进行了降序编号，得到以此为分区依据的储位分布，并根据储位分布建立了数学模型，使用遗传算法、模拟退火算法、粒子算法分别得到优化储位分配的三个结果，并比较分析了这三种算法的优缺点。马婷和郭彦峰（2008）以典型的医药企业的仓储中心为案例，从药品种类以及需求等角度分析了医药仓库储位布局的分配问题，以储位分类为约束条件，建立了基于传统医药仓库储位优化的多目标模型。同时引入"聚类"方法，用于解决同种药品就近储位分配的问题，用关联值表明不同药品之间的内在关系，并用改进的粒子算法多目标函数进行优化求解，实现了医药仓库储位优化的目标。李诗珍（2008a）通过重新设计配送中心拣货系统布局以及优化算法流程，确定了各个功能区域的布局位置，并建立了符合人工拣货系统特点的拣货区布局模型。周丽等（2011）在分类存储的传统布局策略下，分别建立了 S 型和返回型拣选行走距离随机模型，通过仿真 4 种货物的订购频率和货位分配，最终得出了两种拣选路径策略各自适用的情况。邵刘霞等（2012）以人工订单系统为对象，在采用 ABC 分类存储策略、订单随机到达的条件背景下，使用改进型遗传算法来解决新型仓库布局拣选路径的优化问题。朱杰等（2012）假设顾客订单的到达服从泊松输入，研究了 M/G/1 人工随机服务系统，并在分类存储条件下，建立了 S 型与返回型拣选路径的随机模型，得出了两种拣选路径策略各自适用的情形。王彬彬（2015）按照特定的储位存储策略和储位分配原则对仓储中心的商品进行操作后，节省了商品的拣选时间，被动提高了商品出入库速度。分类存储策略是指将所有货品按照某些特定属性加以分类，不同类货品分配不同的存放位置，同类货品间再按特定的原则来分配货位。刘淇（2009）认为，分类存储通常按照货品相关性、货品流动性、货品尺寸或货品特性来进行分配，分类存储的优点是利于畅销品的流通。肖建和郑力（2008）认为，分类存储的优点是存储区域可根据货品特性进行设计，有助于货品的管理；缺点在于，货位必须满足货品的最大库存量，因此存储空间的平均利用率较低。

7.2　鱼骨布局下返回型拣选路径策略

7.2.1　随机存储拣选路径

1. 模型假设

货物是随机存放的，货物的随机存储是指不对货物进行分类，货物可以随机地摆放在可以摆放的位置。而仓库鱼骨布局的设计改变了传统布局的格局，增加了两条斜通道（即主通道），以两条主通道为界，一部分货架水平放置，另一部分货架垂直放置，在主通道两侧货架水平或垂直摆放，犹如鱼骨图，如图7-1所示。

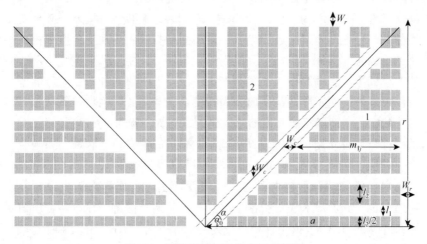

图 7-1　随机存储下鱼骨布局示意图

为了进行拣选行走距离的概率模型的构建研究，需要对仓库的拣选环境进行一些假设，具体如下。

（1）仓库只有中间的一个 I/O 点，且仓库左右两部分关于中心对称，因为存储是随机的，所以只要考虑右半部分，再把仓库右半部分按主通道为分隔线分为1、2 两个区域。

（2）货架平行放置之间的空间称为拣选通道，区域 1 与区域 2 之间的空间即斜通道，称为主通道，仓库最后边没有货架的空间和仓库侧边没有货架的空间统称为过道，即仓库的后部过道和两侧过道。

（3）货架的存储量按货架的长度计算，不考虑货架的高度。

（4）拣选行走距离只考虑行走到货物所在位置的距离；拣选通道为窄通道，拣选人员沿通道中心行走，且两侧均可拣选。

（5）到达的订单是随机的，订单中的货物之间相互独立，每一种货物被拣选的概率是相同的。

（6）每一种货物在货架上的位置是随机的。

为了统一计算，对模型中所要用到的符号进行以下定义。

$n_i(i=1,2)$：表示区域 i 的通道数。

T：表示一次拣选的货物的品种数量。

$m_{ij}(i=1,2;j=1,2,\cdots,n_i)$：表示区域 i 的第 j 条通道的货架长度（取相邻两个货架长度的平均值）。

$d_{ij}(i=1,2;j=1,2,\cdots,n_i)$：表示区域 i 的第 j 条通道的拣选行走距离。

l_1：表示通道的宽度。

l_2：表示货架的宽度。

a：表示仓库长度的 1/2。

r：表示仓库的宽度。

α：表示仓库主通道角度。

α_0：表示仓库右半部分对角线的角度。

$W_{ic}(i=1,2)$：表示区域 i 主通道到拣选通道入口的距离。

W_r：表示两侧过道和后部过道的宽度。

$p_{ij}(i=1,2;j=1,2,\cdots,n_i)$：表示区域 i 的第 j 条通道内有货物被拣选的概率。

2. 拣选行走距离模型

因为进行鱼骨布局设计的主通道角度是变化的，理论上主通道角度 α 可以在 0~90 度变化，所以在计算期望距离之前有以下前提。

（1）当 $\arctan\left(\dfrac{l_2/2}{a-l_1/2\sin\alpha}\right)<\alpha<\alpha_0$ 时，有

$$n_1=\left[\frac{(a-l_1/2\sin\alpha)\tan\alpha-l_2/2}{l_1+l_2}\right],\quad n_2=\left[\frac{a-l_2/2}{l_1+l_2}\right]$$

（2）当 $\arctan\left(\dfrac{r-l_1/2\cos\alpha}{l_2/2}\right)<\alpha<\pi/2$ 时，有

$$n_1 = \left[\frac{r - l_2/2}{l_1 + l_2} \right], \quad n_2 = \left[\frac{(r - l_1/2\cos\alpha)/\tan\alpha - l_2/2}{l_1 + l_2} \right]$$

下面是区域 1 的期望拣选行走距离的计算过程。设定 p_{1j} 表示区域 1 的第 j 条通道内有货物被拣选的概率：

$$p_{1j} = \frac{m_{1j}}{\sum_{j=1}^{n_1} m_{1j} + \sum_{j=1}^{n_2} m_{2j}} \tag{7-1}$$

假设一次拣选 T 种货物，则在区域 1 应该拣选 T 种货物，所以区域 1 的第 j 条通道内有货物被拣选的概率可以表示为

$$p_{1j}^{(T)} = 1 - (1 - p_{1j})^T = 1 - \left(1 - \frac{m_{1j}}{\sum_{j=1}^{n_1} m_{1j} + \sum_{j=1}^{n_2} m_{2j}} \right)^T \tag{7-2}$$

其中，m_{1j} 表示的是区域 1 内的第 j 条通道的货架长度，由于货架的摆放是按鱼骨布局设计的，所以货架长度在区域 1 内是等差缩短的，m_{1j} 可以表示为（取相邻两个货架长度的平均值）：

$$m_{1j} = a - \frac{l_1}{2\sin\alpha} - \frac{l_2}{2\tan\alpha} - \frac{2j-1}{2}\left(\frac{l_1 + l_2/2}{\tan\alpha} \right) - \frac{j-1}{2}\left(\frac{l_2}{\tan\alpha} \right) - W_r \tag{7-3}$$

单独对区域 1 的某一条通道 j 来说，在此通道中拣选的货物品种数服从二项分布 $b(K; T, p_{1j})$。假定第 j 条通道内的期望拣选货物的种类数是 T_j，令 T 种货物中有 $K(K = 0, 1, \cdots, T)$ 种在区域 1 的第 j 条通道内的概率为 $p_{1j}^{(K)}$，所以有

$$T_j = E(b(K; T, p_{1j})) = T_{p_{1j}}, \quad 1 \leqslant j \leqslant n_1 \tag{7-4}$$

$$p_{1j}^{(K)} = C_T^K (1 - p_{1j})^{T-K} (p_{1j})^K$$

$$= C_T^K \left(1 - \frac{m_{1j}}{\sum_{j=1}^{n_1} m_{1j} + \sum_{j=1}^{n_2} m_{2j}} \right)^{T-K} \left(\frac{m_{1j}}{\sum_{j=1}^{n_1} m_{1j} + \sum_{j=1}^{n_2} m_{2j}} \right)^K \tag{7-5}$$

$$K = 0, 1, \cdots, T; 1 \leqslant j \leqslant n_1$$

由于货物是随机存储的，所以在通道 j 内，在 m_{1j} 的长度上，货物的位置是随机的，也就是货物在 m_{1j} 上均匀分布，可以把多个种类的货物看作在 m_{1j} 上相互独立的均匀分布。设定区域 1 的第 j 条通道内有 K 种可以拣选的货物的最大距离期望为 $d_{1j}^{(K)}$，设定区域 1 的第 j 条通道内的货物位置的均匀分布为 $\xi_{1t}(t = 1, 2, \cdots, K)$，所以有

$$d_{1j}^{(K)} = E(\max(\xi_{11}, \xi_{12}, \cdots, \xi_{1K}))$$

其中，$\max(\xi_{11}, \xi_{12}, \cdots, \xi_{1K})$ 的分布函数为

$$\begin{aligned} F(x) &= p\{\max(\xi_{11}, \xi_{12}, \cdots, \xi_{1K}) < x\} \\ &= p\{\xi_{11} < x, \xi_{12} < x, \cdots, \xi_{1K} < x\} \\ &= \frac{x^K}{m_{1j}^K}, \quad 0 \leqslant x \leqslant m_{1j} \end{aligned}$$

所以有

$$E(\max(\xi_{11}, \xi_{12}, \cdots, \xi_{1K})) = \int_0^{m_{1j}} x\mathrm{d}\left(\frac{x^K}{m_{1j}^K}\right) = \frac{K}{K+1} m_{1j}$$

$$d_{1j}^{(K)} = \frac{K}{K+1} m_{1j} \tag{7-6}$$

由式（7-5）、式（7-6）可知，一次拣选 T 种货物时，在第 j 条通道内拣选行走的期望距离为

$$d_{1j}(T) = E(d_{1j}^K) = \sum_{K=0}^T p_{1j}^{(K)} d_{1j}^{(K)}, \quad j = 1, 2, \cdots, n_1 \tag{7-7}$$

进一步有

$$d_{1j}(T) = m_{1j}\left(\sum_{K=0}^T p_{1j}^{(K)} - \frac{1}{(T+1)p_{1j}}(1 - (1-p_{1j})^{T+1})\right) \tag{7-8}$$

采用的拣选路径策略为返回型，拣选所行走的距离有三部分：一是每条有货物拣选的通道所产生的期望拣选行走距离；二是从主通道进入每条有货物拣选的通道的距离；三是由期望最远有货物拣选通道（离 I/O 点最远的期望拣选的通道或有货物拣选的最远通道）产生的拣选行走距离 R_{far}。

根据上面内容可知需要求得 $R_{1\mathrm{far}}$，记在拣选 T 种货物时，区域 1 内最远访问通道为 $j_{1\mathrm{far}}$ 的概率为 $p_{1j_{1\mathrm{far}}/T}$，则有

$$\begin{cases} p_{1j_{1\mathrm{far}}/T} = (p_{1j_{1\mathrm{far}}})^T, & j_{1\mathrm{far}} = 1 \\ p_{1j_{1\mathrm{far}}/T} = \left(\sum_{j_1=1}^{j_{1\mathrm{far}}} p_{1j_1}\right)^T - \left(\sum_{j_1=1}^{j_{1\mathrm{far}}-1} p_{1j_1}\right)^T, & 2 \leqslant j_{1\mathrm{far}} \leqslant n_1 \end{cases} \tag{7-9}$$

所以有货物拣选的最远通道期望是

$$\begin{aligned} \bar{j}_{1\mathrm{far}} &= E(j_{1\mathrm{far}}) = \sum_{j_{1\mathrm{far}}=1}^{n_1} j_{1\mathrm{far}} \cdot p_{1j_{1\mathrm{far}}/T} \\ &= (p_{1j_1})^T + \sum_{j_{1\mathrm{far}}=2}^{n_1} j_{1\mathrm{far}} \cdot \left(\left(\sum_{j_1=1}^{j_{1\mathrm{far}}} p_{1j_1}\right)^T - \left(\sum_{j_1=1}^{j_{1\mathrm{far}}-1} p_{1j_1}\right)^T\right) \end{aligned}$$

进一步有

$$\overline{j}_{1far} = n_1 \left(\sum_{j_1=1}^{n_1} p_{1j_1} \right)^T - \sum_{j_{1far}=2}^{n_1} \left(\sum_{j_1=1}^{j_{1far}-1} p_{1j_1} \right)^T \tag{7-10}$$

综上所述，可以得到有货物拣选的最远通道产生的拣选行走距离：

$$R_{1far} = \left([\overline{j}_{1far}] \cdot (l_2 + l_1) + \frac{l_1 + l_2}{2} \right) \Big/ \sin\alpha \tag{7-11}$$

下面计算区域 1 内从主通道进入每条有货物拣选的通道的距离 W_{1c} 的期望，所以有

$$\overline{W}_{1c} = \sum_{j=1}^{n_1} W_{1c} p_{1j} \tag{7-12}$$

其中

$$W_{1c} = \frac{l_1}{2\sin\alpha} + l_2 / (4\tan\alpha)$$

同理，计算区域 2 的期望拣选行走距离，由于货架布局设计的不同，区域 2 的每条通道长度也不相同，所以有

$$m_{2j} = r - \frac{l_1}{2\cos\alpha} - \frac{l_2}{2}\tan\alpha - \frac{2j-1}{2}\left(\left(l_1 + \frac{l_2}{2}\right)\tan\alpha \right) - \frac{j-1}{2}l_2\tan\alpha - W_r, \quad j = 1, 2, \cdots, n_2 \tag{7-13}$$

设定 p_{2j} 表示区域 2 的第 j 条通道内有货物被拣选的概率，则有

$$p_{2j} = \frac{m_{2j}}{\sum\limits_{j=1}^{n_1} m_{1j} + \sum\limits_{j=1}^{n_2} m_{2j}} \tag{7-14}$$

假设一次拣选 T 种货物，则在区域 2 应该拣选 T 种货物。所以区域 2 的第 j 条通道内有货物被拣选的概率可以表示为

$$p_{2j}^{(T)} = 1 - (1 - p_{2j})^T = 1 - \left(1 - \frac{m_{2j}}{\sum\limits_{j=1}^{n_1} m_{1j} + \sum\limits_{j=1}^{n_2} m_{2j}} \right)^T \tag{7-15}$$

令 T 种货物中有 $K(K = 0, 1, \cdots, T)$ 种在区域 2 的第 j 条通道内的概率为 $p_{2j}^{(K)}$，则有

$$p_{2j}^{(K)} = C_T^K (1 - p_{2j})^{T-K} (p_{2j})^K$$

$$= C_T^K \left(1 - \frac{m_{2j}}{\sum\limits_{j=1}^{n_1} m_{1j} + \sum\limits_{j=1}^{n_2} m_{2j}} \right)^{T-K} \left(\frac{m_{2j}}{\sum\limits_{j=1}^{n_1} m_{1j} + \sum\limits_{j=1}^{n_2} m_{2j}} \right)^K \tag{7-16}$$

同理可得区域 2 中每条通道的最远期望拣选行走距离为

$$d_{2j}(T) = m_{2j}\left(\sum_{K=0}^{T} p_{2j}^{(K)} - \frac{1}{(T+1)p_{2j}}(1-(1-p_{2j})^{T+1})\right) \tag{7-17}$$

区域 2 有货物拣选的最远通道期望是

$$\overline{j}_{2\mathrm{far}} = n_2\left(\sum_{j_2=1}^{n_2} p_{2j_1}\right)^{T} - \sum_{j_{2\mathrm{far}}=2}^{n_2}\left(\sum_{j_2=1}^{j_{2\mathrm{far}}-1} p_{2j_2}\right)^{T} \tag{7-18}$$

得到有货物拣选的最远通道产生的拣选行走距离：

$$R_{2\mathrm{far}} = \left(\left[\overline{j}_{2\mathrm{far}}\right]\cdot(l_2+l_1) + \frac{l_1+l_2}{2}\right)\Big/\cos\alpha \tag{7-19}$$

计算区域 2 内从主通道进入每条有货物拣选的通道的距离 W_{2c} 的期望，则有

$$\overline{W}_{2c} = \sum_{j=1}^{n_2} W_{2c} p_{2j}^{(T)} \tag{7-20}$$

其中，W_{2c} 可表示为

$$W_{2c} = \frac{l_1}{2\cos\alpha} + l_2/(4\tan\alpha)$$

由式（7-11）、式（7-12）、式（7-19）、式（7-20）可得返回型拣选路径策略的拣选行走距离为

$$D_{\mathrm{return}}(T) = 2\left(2\max(R_{1\mathrm{far}}, R_{2\mathrm{far}}) + \sum_{j=1}^{n_1} d_{1j}(T)p_{1j}^{(T)} + \sum_{j=1}^{n_2} d_{2j}(T)p_{2j}^{(T)}\right) + \overline{W}_{1c} + \overline{W}_{2c} \tag{7-21}$$

式（7-21）为返回型拣选路径策略的拣选行走距离公式。

3. 模型仿真与验证

为了验证模型的有效性，需要对模型进行仿真与验证，利用 MATLAB 软件分别对两种拣选策略的距离模型进行验证，绘制出在拣选数量一定的条件下，主通道角度的变化对拣选行走距离的影响趋势。

为了验证两种拣选策略的距离模型的有效性，本节对比了仓库宽度为 $r = 100$，仓库长度为 $2a = 200$，通道宽度和货架宽度均为 2，货物拣选数量为 10 种、20 种、30 种时，由随机模型计算得到的结果与相同条件下的仿真得到的结果之间的误差。通过对拣选行走距离随机模型进行仿真得到结论，如图 7-2～图 7-5 所示，模型与仿真的变化趋势相吻合，所以说明该模型可以估计在货物拣选数量一定的条件下拣选行走距离随着主通道角度的不同而变化的趋势。其中横坐标为主通道角度（单位：度），纵坐标为拣选行走距离。

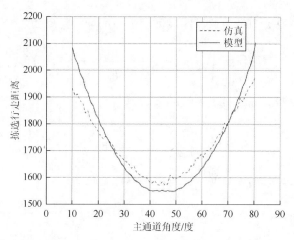

图 7-2   拣选数量为 10 种时返回型拣选行走距离随主通道角度的变化趋势图

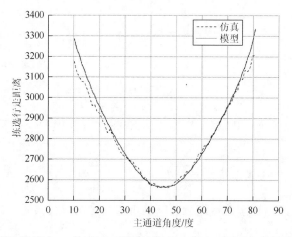

图 7-3   拣选数量为 20 种时返回型拣选行走距离随主通道角度的变化趋势图

由图 7-2～图 7-4 可知，模型估算拣选行走距离随主通道角度变化的趋势和仿真趋势相吻合。图 7-5 是在返回型策略下货物拣选数量 T 分别为 10 种、20 种、30 种时的模型和仿真平均误差，在 2%以内，且在 95%的置信区间以内，由此可见，在返回型策略下，随机模型是有效可行的，可以对此进行仿真研究。

7.2.2   分类存储拣选路径

1. 模型假设

分类存储指按照货物周转率的大小，将货物依据距离仓库进出口的距离远近升序排列分成 M 类；货物种类对应位置依次摆放；在每类货物中，每种货物是随机摆放的。鱼骨布局的设计打破了传统布局的设计，增加了左右两条斜通道（主通道），以 I/O 点成左右对称。将货物分为常规的 A 类、B 类和 C 类（周转率大、中和小）。分类存储策略下鱼骨布局如图 7-6 所示。

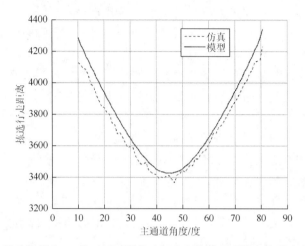

图 7-4　拣选数量为 30 种时返回型拣选行走距离随主通道角度的变化趋势图

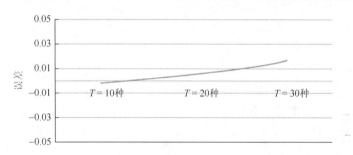

图 7-5　返回型策略下模型与仿真在不同拣选数量下拣选行走距离的平均误差值

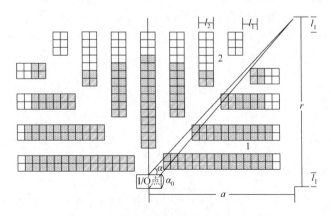

图 7-6　分类存储策略下鱼骨布局示意图

为了进行返回型拣选行走距离的概率模型的构建研究，需要对仓库的拣选环境进行一系列假设，具体如下。

（1）仓库只有一个中间的 I/O 点，即仓库左右两部分是关于中心对称的；因为每类货物的存储是随机的，所以只考虑右半部分即可。

（2）两排货架之间的空间称为拣选通道，仓库最后面和最前面没有货架的空间称为仓库的后部过道和前部过道。

（3）存储空间是根据货架的长度计算的，不考虑货架的高度。

（4）在通道内进行拣选时，可以拣选两侧货架的货物，可忽略两侧取货的通道距离。

（5）被拣选的货物品种是随机的，且相互独立。

（6）订单中，每类货物中各个货物被拣选的概率是相同的。

（7）同类货物随机指派货位，每种货物只存放于一个货位。

（8）仓库的形状是矩形，且忽略仓库高度对仓库布局的影响。

（9）在某通道内，每种货物在其所属货物类范围的货架长度上成均匀分布。

（10）斜通道和正常通道是等宽的。

（11）不考虑仓库拥堵情况。

模型中所用符号的定义如下。

l_1：表示通道宽度。

l_2：表示货架宽度。

r：表示仓库的宽度。

α：表示仓库斜通道角度。

α_0：表示仓库右半部分对角线角度。

a：表示仓库长度的 1/2。

另外，根据 A 类货物距进出口最近的设计原则，采用两条直线，根据 V 型仓储布局的特点，截取 A 类货物的存储区域，且保证进出口距离 A 类货物的最边缘位置的距离是相等的，即在图 7-7 中，使得线段 $BC = BD + DE$。根据这个相等关系，来确定 A 类货物的存储区域的斜率 k_1 和截距 c_1。

故有 $\tan\beta = \dfrac{l}{\dfrac{l}{\cos\alpha} - l \cdot \tan\alpha}$，其中，$l = l_1 + l_2$。由此可以求得 $k_1 = \tan\left(\dfrac{\pi}{2} + \arctan\beta\right)$。

根据 A 类货物所占的面积比，可以求得 c_1，当分割比例 $P_A > -\dfrac{r}{ak_1}$ 时，

$$\frac{S_A}{S} = \frac{\dfrac{1}{2} \cdot c_1 \cdot \left(\dfrac{c_1}{-k_1}\right)}{ar} = P_A,\quad c_1 = \sqrt{-2k_1(ar - arP_A)} - ak_1 + r；同理，当分割比例 P_A \leqslant -\dfrac{a}{2rk_1}$$

时，$c_1 = \sqrt{-2arP_A k_1}$；同理，当分割比例 $-\dfrac{a}{2rk_1} < P_A < -\dfrac{a}{rk_1}$ 时，$c_1 = \dfrac{r - 2k_1 r P_A}{2}$。

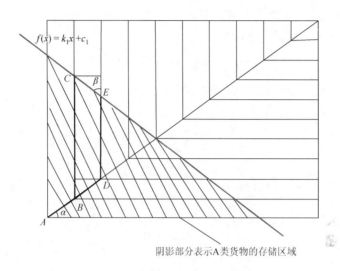

阴影部分表示 A 类货物的存储区域

图 7-7　鱼骨布局 ABC 分类示意图

2. 拣选行走距离模型

因为鱼骨布局的主通道角度是变化的，且变化范围为 0～90 度，所以在计算期望距离之前有以下前提。

（1）当 $\arctan\left(\dfrac{l_2 / 2}{a - l_1 / 2\sin\alpha}\right) < \alpha < \alpha_0$ 时，有

$$n_1 = \left[\frac{(a - l_1 / 2\sin\alpha)\tan\alpha - l_2 / 2}{l_1 + l_2}\right], \quad n_2 = \left[\frac{a - 0.5(l_1 + l_2)}{l_1 + l_2}\right]$$

（2）当 $\arctan\left(\dfrac{r - l_1 / 2\cos\alpha}{l_2 / 2}\right) < \alpha < \pi / 2$ 时，有

$$n_1 = \left[\frac{a - 0.5(l_1 + l_2)}{l_1 + l_2}\right], \quad n_2 = \left[\frac{(r - l_1 / 2\cos\alpha)\tan\alpha - l_2 / 2}{l_1 + l_2}\right]$$

A 类货物占 j 通道的长度为

$$m_{aj} = \max(0, \min(a, c_1 a + (l_1 + l_2) \times (j - 0.5) \times \tan(\pi / 2 + \arctan(\cos\alpha))$$
$$- (l_1 + l_2) \times (j - 0.5) \times \tan\alpha))$$

其中，c_1 为 A 类货物存储区域的截距。

B 类货物占 j 通道的长度为

$$m_{bj} = \max(0, \min(a, c_2 r + (l_1 + l_2) \times (j - 0.5) \times \tan(\pi / 2 + \arctan(\cos\alpha)) - (l_1 + l_2) \times (j - 0.5) \times \tan\alpha))$$

其中，c_2 为 B 类货物存储区域的截距。

C 类货物占 j 通道的长度为

$$m_{cj} = a - m_{bj} - m_{aj} - (l_1 + l_2) \times (j - 0.5) \times \tan\alpha \qquad (7\text{-}22)$$

A 类货物在 j 通道内被拣选的概率为

$$p_{aj} = p_a \times \frac{m_{aj}}{\sum\limits_{j=1}^{n_1+n_2} m_{aj}}, \quad j = 1, 2, \cdots, n_1 + n_2$$

B 类货物在 j 通道内被拣选的概率为

$$p_{bj} = p_b \times \frac{m_{bj}}{\sum\limits_{j=1}^{n_1+n_2} m_{bj}}, \quad j = 1, 2, \cdots, n_1 + n_2$$

C 类货物在 j 通道内被拣选的概率为

$$p_{cj} = p_c \times \frac{m_{cj}}{\sum\limits_{j=1}^{n_1+n_2} m_{cj}}, \quad j = 1, 2, \cdots, n_1 + n_2 \qquad (7\text{-}23)$$

其中，对于右半部分的任何一条通道 j 而言，在 A、B、C 类的货架上要挑选的货物的种类服从二项分布 $b(K; T)$，现在假定 j 通道内的期望拣选的货物的种类为 T_j，令 T 种货物中有 K 种货物在 j 通道的 A 类存储区域的概率为 $p_{aj}^{(K)}$，所以有

$$p_{aj}^{(K)} = C_T^K (1 - p_{aj})^{T-K} (p_{aj})^K, \quad K = 0, 1, \cdots, T; 1 \leqslant j \leqslant n_1 + n_2$$

同理，T 种货物中有 K 种货物在 j 通道的 B 类存储区域的概率为 $p_{bj}^{(K)}$：

$$p_{bj}^{(K)} = C_T^K (1 - p_{bj})^{T-K} (p_{bj})^K, \quad K = 0, 1, \cdots, T; 1 \leqslant j \leqslant n_1 + n_2$$

同理，T 种货物中有 K 种货物在 j 通道的 C 类存储区域的概率为 $p_{cj}^{(K)}$：

$$p_{cj}^{(K)} = C_T^K (1 - p_{cj})^{T-K} (p_{cj})^K, \quad K = 0, 1, \cdots, T; 1 \leqslant j \leqslant n_1 + n_2 \qquad (7\text{-}24)$$

假定第 j 条通道内有 K 种订单需要拣选 A 类货物，该通道内拣选 A 类货物所需要行走的最大距离期望是 $d_{aj}^{(K)}$，且假定第 j 条通道内 A 类存储区域的货物是均匀分布的，则 $d_{aj}^{(K)}$ 为

$$d_{aj}^{(K)} = E(\max(\xi_{a1}, \xi_{a2}, \cdots, \xi_{aK}))$$

其中，$\max(\xi_{a1}, \xi_{a2}, \cdots, \xi_{aK})$ 的分布函数为

$$F(x) = p\{\max(\xi_{a1}, \xi_{a2}, \cdots, \xi_{aK}) < x\}$$
$$= p\{\xi_{a1} < x, \xi_{a2} < x, \cdots, \xi_{aK} < x\}$$
$$= \frac{x^K}{m_{aj}^K}, \quad 0 \leqslant x \leqslant m_{aj}$$

所以有

$$E(\max(\xi_{a1}, \xi_{a2}, \cdots, \xi_{aK}))$$
$$= \int_0^{m_{aj}} x \mathrm{d}\left(\frac{x^K}{m_{aj}^K}\right)$$
$$= \frac{K}{K+1} m_{aj}$$

$$d_{aj}^{(K)} = \frac{K}{K+1} m_{aj} \tag{7-25}$$

由式（7-24）、式（7-25）可知，一次拣选 T 种货物时，在第 j 条通道内拣选行走的期望距离为

$$d_{aj}(T) = E(d_{aj}^K) = \sum_{K=0}^T p_{aj}^{(K)} d_{aj}^{(K)}, \quad j = 1, 2, \cdots, n_1 + n_2 \tag{7-26}$$

通道 j 内有货物的概率为

$$p_j = \frac{p_{aj} + p_{bj} + p_{cj}}{p_a + p_b + p_c} \tag{7-27}$$

因为斜通道的上下区域通道数是不同的，还是将右半部分的存储区域划分为 1、2 两个拣选区域，因此需要分开求 1、2 区域主通道的期望拣选行走距离。根据上面内容可知需要求得 $R_{1\mathrm{far}}$，记在拣选 T 种货物时，区域 1 内最远访问通道为 $j_{1\mathrm{far}}$ 的概率为 $p_{1j_{1\mathrm{far}}/T}$，则有

$$\begin{cases} p_{1j_{1\mathrm{far}}/T} = (p_{1j_{1\mathrm{far}}})^T, & j_{1\mathrm{far}} = 1 \\ p_{1j_{1\mathrm{far}}/T} = \left(\sum_{j_1=1}^{j_{1\mathrm{far}}} p_{1j_1}\right)^{T-1} \times (p_{1j_{1\mathrm{far}}}), & 2 \leqslant j_{1\mathrm{far}} \leqslant n_1 \end{cases} \tag{7-28}$$

所以有货物拣选的最远通道期望是

$$\overline{j}_{1\mathrm{far}} = E(j_{1\mathrm{far}}) = \sum_{j_{1\mathrm{far}}=1}^{n_1} j_{1\mathrm{far}} \times \left. p_{1j_{1\mathrm{far}}/T} \middle/ \sum_{j=1}^{n_1} p_{1j} \right. \tag{7-29}$$

综上所述，可以得到有货物拣选的最远通道产生的拣选行走距离为

$$R_{1\mathrm{far}} = (\bar{j}_{1\mathrm{far}} - 0.5)\frac{l_1 + l_2}{\cos\alpha} \tag{7-30}$$

根据上面内容可知需要求得 $R_{2\mathrm{far}}$，记在拣选 T 种货物时，区域 2 内最远访问通道为 $j_{2\mathrm{far}}$ 的概率为 $p_{2j_{2\mathrm{far}}/T}$，则有

$$\begin{cases} p_{2j_{2\mathrm{far}}/T} = (p_{2j_{2\mathrm{far}}})^T, & j_{2\mathrm{far}} = 1 \\[2mm] p_{2j_{2\mathrm{far}}/T} = \left(\sum_{j_2=1}^{j_{2\mathrm{far}}} p_{2j_2}\right)^{T-1} \times (p_{2j_{2\mathrm{far}}}), & 2 \leqslant j_{2\mathrm{far}} \leqslant n_2 \end{cases} \tag{7-31}$$

所以有货物拣选的最远通道期望是

$$\bar{j}_{2\mathrm{far}} = E(j_{2\mathrm{far}}) = \sum_{j_{2\mathrm{far}}=1}^{n_2} j_{2\mathrm{far}} \times p_{2j_{2\mathrm{far}}/T} \Big/ \sum_{j=1}^{n_2} p_{2j} \tag{7-32}$$

综上所述，可以得到有货物拣选的最远通道产生的拣选行走距离为

$$R_{2\mathrm{far}} = (\bar{j}_{2\mathrm{far}} - 0.5) \cdot \frac{l_1 + l_2}{\sin\alpha} \tag{7-33}$$

由式（7-22）、式（7-26）、式（7-30）、式（7-33）可得返回型拣选路径策略的拣选行走距离为

$$D_{\mathrm{return}}(T) = 2 \times \max(R_{1\mathrm{far}}, R_{2\mathrm{far}}) + \sum_{j=1}^{n} d_{aj}(T) + \sum_{j=1}^{n} d_{bj}(T) + \sum_{j=1}^{n} d_{cj}(T) \tag{7-34}$$

式（7-34）为返回型拣选路径策略的拣选行走距离公式，其中，$n = n_1 + n_2$。

3. 模型仿真与验证

为了验证分类存储策略下的鱼骨布局拣选路径模型的效果，需要对模型进行近似计算，并与仿真结果进行对比。本节根据不同种类货物的订购频率以及存储空间分配比例，设定了五种情况，具体的数据如表 7-1 所示。参照物流配送中心的实际数据，假定仓库的 $a = 300$，$r = 300$，$\alpha = 45°$，拣选通道与货架的宽度都为 2，且当前仅有一个订单，订单待拣选物品的数量为 8 种。

表 7-1　各类货物的订购频率与存储空间分配比例关系　　（单位：%）

订购频率/存储空间分配比例	A 类	B 类	C 类
情况 1	33.33/33.33	33.33/33.33	33.33/33.33
情况 2	45/30	30/30	25/40
情况 3	60/25	25/30	15/45
情况 4	75/20	20/30	5/50
情况 5	85/15	10/30	5/55

　　根据已知条件分别求得模型、仿真在以上五种情况下的结果，如表 7-2 与图 7-8 所示。

表 7-2　返回型拣选路径模型与仿真结果对比表

	情况 1	情况 2	情况 3	情况 4	情况 5
模型	1 731.9	1 572.1	1 285.6	812.558 9	612.143 8
仿真	1 634.3	1 545.4	1 342.6	814.570 6	631.818 9
绝对误差	97.6	26.7	−57	−2.011 7	−19.675 1
相对误差	0.056 35	0.016 98	−0.044 34	−0.002 48	−0.032 14

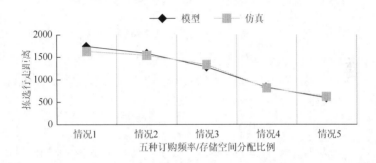

图 7-8　返回型拣选路径模型与仿真结果对比

　　图 7-8 的横坐标为五种分类情况，纵坐标表示拣选行走距离。通过对模型进行仿真得到如下结论：模型与仿真结果大体保持一致，最大相对误差在 5.6% 左右，可以认为模型与仿真结果相吻合，证明了模型是有效的。仿真结果表明，在鱼骨布局仓储中心的返回型拣选路径模型中，拣选行走距离随着 A、B、C 三类储区所占面积比例的不同而改变，并且 A 类储区的面积比例越小（B 类次之，C 类储区的面积比例最大），拣选行走距离越短，仓储中心的运营效率越高。

7.3　鱼骨布局下 S 型拣选路径策略

7.3.1　随机存储拣选路径

1. 模型假设

在返回型拣选路径策略假设的基础上，S 型拣选路径策略有自己的行走特点，由于 S 型拣选路径策略的行走特点，有货物被拣选的通道的拣选行走距离就是该通道的长度。S 型拣选路径策略下进行拣选的距离主要有三部分：一是期望有货物拣选通道的长度；二是从主通道进入拣选通道的距离和从侧面过道、后部过道进入拣选通道的距离；三是由期望最远有货物拣选的通道产生的行走距离。

2. 拣选行走距离模型

由于 S 型拣选路径策略的行走特点，拣选时不走返回路线，所以可以得到区域 1 和区域 2 由期望最远有货物拣选的通道产生的行走距离 R_{1far} 和 R_{2far} 分别为

$$R_{1far} = \frac{l_1 + l_2}{2\sin\alpha} + \bar{j}_{1far} \cdot \frac{(l_1 + l_2)/\sin\alpha + (l_1 + l_2)}{2} \tag{7-35}$$

$$R_{2far} = \frac{l_1 + l_2}{2\cos\alpha} + \bar{j}_{2far} \cdot \frac{(l_1 + l_2)/\cos\alpha + (l_1 + l_2)}{2} \tag{7-36}$$

由式（7-1）、式（7-10）、式（7-12）、式（7-18）可以得出 S 型拣选路径策略下的拣选行走距离为

$$D_S(T)$$
$$= 2\left(\sum_{i=1}^{2} R_{ifar} + \sum_{j=1}^{n_1}\left(p_{1j}^{(T)}\left(m_{1j} + W_{1c} + \frac{1}{2}W_r \right) \right) + \sum_{j=1}^{n_2}\left(p_{2j}^{(T)}\left(m_{2j} + W_{2c} + \frac{1}{2}W_r \right) \right) + d_{附加} \right)$$
$$\tag{7-37}$$

其中，W_{1c} 表示的是区域 1 内从主通道进入拣选通道的距离，W_{2c} 表示的是区域 2 内从主通道进入拣选通道的距离，可分别表示为

$$W_{1c} = \frac{l_1}{2\sin\alpha} + l_2/4\tan\alpha \ , \quad W_{2c} = \frac{l_1}{2\cos\alpha} + l_2 \cdot \tan\alpha/4$$

求式（7-37）中附加距离 $d_{附加}$，$d_{附加}$ 是在区域 1 和区域 2 分别有货物被拣选的通道数为奇数时而增加的额外距离，在有货物被拣选的通道数为奇数时，拣选人员要从侧面过道走回到主通道，所以会产生额外距离，下面进行 $d_{附加}$ 的计算：

$$d_{附加} = \frac{1}{2}\left(W_{1c} + \frac{1}{2}W_r \right) + \frac{1}{2}\left(W_{2c} + \frac{1}{2}W_r \right) \tag{7-38}$$

式（7-37）为 S 型拣选路径策略的拣选行走距离公式。

3. 模型仿真与验证

为了验证模型的有效性，需要对模型进行仿真与验证，利用 MATLAB 软件

　　分别对两种拣选策略的距离模型进行验证，绘制出在拣选数量一定的条件下，主通道角度的变化对拣选行走距离的影响趋势。

　　为了验证两种拣选策略的距离模型的有效性，本节对比了仓库宽度为 $r = 100$，仓库长度为 $2a = 200$，通道宽度和货架宽度均为 2，货物拣选数量为 10 种、20 种、30 种时，由随机模型计算得到的结果与相同条件下仿真得到的结果之间的误差。通过对拣选行走距离随机模型进行仿真得到结论，如图 7-9～图 7-12 所示，模型与仿真的变化趋势相吻合，所以说明该模型可以估计在货物拣选数量一定的条件下拣选行走距离随着主通道角度的不同而变化的趋势。其中横坐标为主通道角度（单位：度），纵坐标为拣选行走距离。

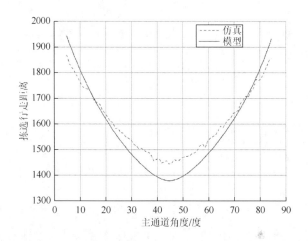

图 7-9　拣选数量为 10 种时 S 型拣选行走距离随主通道角度的变化趋势图

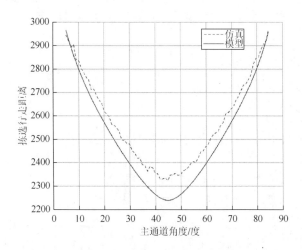

图 7-10　拣选数量为 20 种时 S 型拣选行走距离随主通道角度的变化趋势图

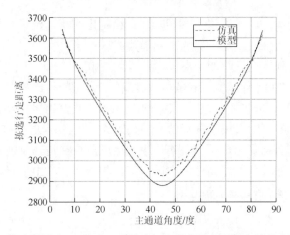

图 7-11　拣选数量为 30 种时 S 型拣选行走距离随主通道角度的变化趋势图

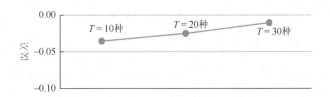

图 7-12　S 型策略下模型与仿真在不同拣选数量下拣选行走距离的平均误差图

由图 7-9～图 7-11 可知，模型估算拣选行走距离随主通道角度变化的趋势和仿真趋势相吻合。图 7-12 是在 S 型策略下货物拣选数量 T 分别为 10 种、20 种、30 种时的模型和仿真平均误差，在 5%以内，且在 95%的置信区间以内，由此可见，在 S 型策略下，随机模型也是有效可行的，可以对此进行仿真研究。

7.3.2　分类存储拣选路径

1. 模型假设

为了进行 S 型拣选行走距离的概率模型的构建研究，需要对仓库的拣选环境进行一系列假设，具体如下。

（1）仓库只有一个中间的 I/O 点，即仓库左右两部分是关于中心对称的；因为每类货物的存储是随机的，所以只考虑右半部分即可。

（2）两排货架之间的空间称为拣选通道，仓库最后面和最前面没有货架的空间称为仓库的后部过道和前部过道。

（3）存储空间是根据货架的长度计算的，不考虑货架的高度。

（4）在通道内进行拣选时，可以拣选两侧货架的货物，可忽略两侧取货的通道距离。

（5）被拣选的货物品种是随机的，且相互独立。

（6）订单中，每类货物中各个货物被拣选的概率是相同的。

（7）同类货物随机指派货位，每种货物只存放于一个货位。

（8）仓库的形状是矩形，且忽略仓库高度对仓库布局的影响。

（9）在某通道内，每种货物在其所属货物类范围的货架长度上成均匀分布。

（10）斜通道和正常通道是等宽的。

（11）不考虑仓库拥堵情况。

模型中所用符号的定义如下。

l_1：表示通道宽度。

l_2：表示货架宽度。

r：表示仓库的宽度。

α：表示仓库斜通道角度。

α_0：表示仓库右半部分对角线角度。

a：表示仓库长度的 1/2。

2. 拣选行走距离模型

因为鱼骨布局的主通道角度是变化的，且变化范围为 0～90 度，所以在计算期望距离之前有以下前提。

（1）当 $\arctan\left(\dfrac{l_2/2}{a - l_1/2\sin\alpha}\right) < \alpha < \alpha_0$ 时，有

$$n_1 = \left[\frac{(a - l_1/2\sin\alpha)\tan\alpha - l_2/2}{l_1 + l_2}\right], \quad n_2 = \left[\frac{a - l_2/2}{l_1 + l_2}\right]$$

（2）当 $\arctan\left(\dfrac{r - l_1/2\cos\alpha}{l_2/2}\right) < \alpha < \pi/2$ 时，有

$$n_1 = \left[\frac{a - 0.5\cdot(l_1 + l_2)}{l_1 + l_2}\right], \quad n_2 = \left[\frac{(r - l_1/2\cos\alpha)\tan\alpha - l_2/2}{l_1 + l_2}\right]$$

A 类货物占 j 通道的长度为

$$m_{aj} = \max(0, \min(a, c_1 a + (l_1 + l_2) \times (j - 0.5) \times \tan(\pi/2 + \arctan(\cos\alpha))$$
$$- (l_1 + l_2) \times (j - 0.5) \times \tan\alpha))$$

B 类货物占 j 通道的长度为

$$m_{bj} = \max(0, \min(a, c_2 r + (l_1 + l_2) \times (j - 0.5) \times \tan(\pi / 2 + \arctan(\cos \alpha))$$
$$- (l_1 + l_2) \times (j - 0.5) \times \tan \alpha))$$

C 类货物占 j 通道的长度为

$$m_{cj} = a - m_{bj} - m_{aj} - (l_1 + l_2) \times (j - 0.5) \times \tan \alpha \qquad （7\text{-}39）$$

A 类货物在 j 通道内被拣选的概率为

$$p_{aj} = p_a \times \frac{m_{aj}}{\sum_{j=1}^{n_1+n_2} m_{aj}}, \quad j = 1, 2, \cdots, n_1 + n_2$$

B 类货物在 j 通道内被拣选的概率为

$$p_{bj} = p_b \times \frac{m_{bj}}{\sum_{j=1}^{n_1+n_2} m_{bj}}, \quad j = 1, 2, \cdots, n_1 + n_2$$

C 类货物在 j 通道内被拣选的概率为

$$p_{cj} = p_c \times \frac{m_{cj}}{\sum_{j=1}^{n_1+n_2} m_{cj}}, \quad j = 1, 2, \cdots, n_1 + n_2 \qquad （7\text{-}40）$$

对于右半部分的任何一条通道 j 而言，在 A、B、C 类的货架上挑选货物时只存在没货拣选和有货拣选两种情况，对于没货拣选的情况，就不需要进入拣选通道，也就不会产生拣选行走距离；对于有货拣选的情况，该通道只要存在一种待拣选货物，就需要行走完该通道的全部距离，所以只用考虑 j 通道内至少有一种待拣选货物的概率，假定订单中有 T 种货物，其中至少有一种货物在 j 通道的 A 类存储区域的概率为 $p_{\widehat{aj}}$，所以有

$$p_{\widehat{aj}} = [1 - (1 - p_{aj})^T], \quad 1 \leqslant j \leqslant n_1 + n_2$$

同理，其中至少有一种货物在 j 通道的 B 类存储区域的概率为 $p_{\widehat{bj}}$：

$$p_{\widehat{bj}} = [1 - (1 - p_{bj})^T], \quad 1 \leqslant j \leqslant n_1 + n_2$$

同理，其中至少有一种货物在 j 通道的 C 类存储区域的概率为 $p_{\widehat{cj}}$：

$$p_{\widehat{cj}} = [1 - (1 - p_{cj})^T], \quad 1 \leqslant j \leqslant n_1 + n_2 \qquad （7\text{-}41）$$

第 j 条通道内拣选 A 类货物行走的期望距离为

$$d_{aj} = E(d_{aj}) = \sum_{j=1}^{n_1+n_2} (p_{\widehat{aj}} \cdot m_{aj}), \quad j = 1, 2, \cdots, n_1 + n_2$$

同理，第 j 条通道内拣选 B 类货物行走的期望距离为

$$d_{bj} = E(d_{bj}) = \sum_{j=1}^{n_1+n_2} (p_{\hat{bj}} \cdot m_{bj}), \quad j = 1, 2, \cdots, n_1 + n_2$$

同理，第 j 条通道内拣选 C 类货物行走的期望距离为

$$d_{cj} = E(d_{cj}) = \sum_{j=1}^{n_1+n_2} (p_{\hat{cj}} \cdot m_{cj}), \quad j = 1, 2, \cdots, n_1 + n_2 \tag{7-42}$$

通道 j 内的期望拣选行走距离为

$$d_j = E(d_{aj}) + E(d_{bj}) + E(d_{cj}) = \sum_{j=1}^{n_1+n_2} ((p_{\hat{aj}} \cdot m_{aj}) + (p_{\hat{bj}} \cdot m_{bj}) + (p_{\hat{cj}} \cdot m_{cj})) \tag{7-43}$$

因为斜通道的上下区域通道数是不同的，还是将右半部分的存储区域划分为 1、2 两个拣选区域，因此需要分开求 1、2 区域主通道的期望拣选行走距离。根据上面内容可知需要求得 $R_{1\text{far}}$，记在拣选 T 种货物时，区域 1 内最远访问通道为 $j_{1\text{far}}$ 的概率为 $p_{1j_{1\text{far}}/T}$，则有

$$\begin{cases} p_{1j_{1\text{far}}/T} = (p_{1j_{1\text{far}}})^T, & j_{1\text{far}} = 1 \\ p_{1j_{1\text{far}}/T} = \left(\sum_{j_1=1}^{j_{1\text{far}}} p_{1j_1} \right)^{T-1} \times (p_{1j_{1\text{far}}}), & 2 \leqslant j_{1\text{far}} \leqslant n_1 \end{cases} \tag{7-44}$$

所以有货物拣选的最远通道期望是

$$\bar{j}_{1\text{far}} = E(j_{1\text{far}}) = \sum_{j_{1\text{far}}=1}^{n_1} j_{1\text{far}} \times p_{1j_{1\text{far}}} \bigg/ \sum_{j=1}^{n_1} p_{1j} \tag{7-45}$$

综上所述，可以得到有货物拣选的最远通道产生的拣选行走距离为

$$R_{1\text{far}} = (\bar{j}_{1\text{far}} - 0.5) \frac{l_1 + l_2}{\cos \alpha} \tag{7-46}$$

根据上面内容可知需要求得 $R_{2\text{far}}$，记在拣选 T 种货物时，区域 2 内最远访问通道为 $j_{2\text{far}}$ 的概率为 $p_{2j_{2\text{far}}/T}$，则有

$$\begin{cases} p_{2j_{2\text{far}}/T} = (p_{2j_{2\text{far}}})^T, & j_{2\text{far}} = 1 \\ p_{2j_{2\text{far}}/T} = \left(\sum_{j_2=1}^{j_{2\text{far}}} p_{2j_2} \right)^{T-1} \times (p_{2j_{2\text{far}}}), & 2 \leqslant j_{2\text{far}} \leqslant n_2 \end{cases} \tag{7-47}$$

所以有货物拣选的最远通道期望是

$$\bar{j}_{2\text{far}} = E(j_{2\text{far}}) = \sum_{j_{2\text{far}}=1}^{n_2} j_{2\text{far}} \times p_{2j_{2\text{far}}/T} \bigg/ \sum_{j=1}^{n_2} p_{2j} \tag{7-48}$$

综上所述，可以得到有货物拣选的最远通道产生的拣选行走距离为

$$R_{2\text{far}} = (\bar{j}_{2\text{far}} - 0.5) \cdot \frac{l_1 + l_2}{\sin \alpha} \tag{7-49}$$

由式（7-39）、式（7-41）、式（7-46）、式（7-49）可得 S 型拣选路径策略的拣选行走距离为

$$D_S(T) = \left(2 \times \max(R_{1\text{far}}, R_{2\text{far}}) + \sum_{j=1}^{n} d_{aj}(T) + \sum_{j=1}^{n} d_{bj}(T) + \sum_{j=1}^{n} d_{cj}(T) \right) + p_{1\text{odd}} \cdot m_{j_1} + p_{2\text{odd}} \cdot m_{j_2}$$

（7-50）

其中，$n = n_1 + n_2$；$p_{1\text{odd}}$ 和 $p_{2\text{odd}}$ 表示区域 1 和区域 2 分别有货物被拣选的通道数为奇数时的概率；m_{j_1} 和 m_{j_2} 为增加的额外距离。式（7-50）为 S 型拣选路径策略的拣选行走距离公式。

3. 模型仿真与验证

根据已知条件分别求得 S 型拣选路径模型、仿真在表 7-1 所示的五种情况下的结果，如表 7-3 与图 7-13 所示。

表 7-3　S 型拣选路径模型与仿真结果对比表

	情况 1	情况 2	情况 3	情况 4	情况 5
模型	1 743.8	1 743.1	1 533	1 242.9	1 168.5
仿真	1 663	1 659.1	1 559.8	1 154.8	1 076.7
绝对误差	80.8	84	−26.8	88.1	91.8
相对误差	0.046 336	0.048 19	−0.017 48	0.070 883	0.078 562

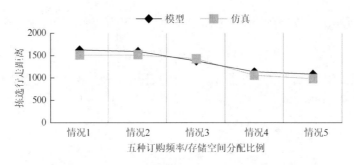

图 7-13　S 型拣选路径模型与仿真结果对比

图 7-13 的横坐标为五种分类情况，纵坐标表示拣选行走距离。通过对模型进行仿真得到如下结论：模型与仿真结果大体保持一致，最大误差在 7%左右，基本可以认为模型与仿真结果相吻合，证明了模型是有效的。仿真结果表明，在鱼骨布局仓储中心的 S 型拣选路径模型中，拣选行走距离随着 A、B、C 三类储区所占面积比例的不同而改变，并且 A 类储区的面积比例越小（B 类次之，C 类储区的面积比例最大），拣选行走距离越短，仓储中心的运营效率越高。

7.4　鱼骨曲线布局下返回型拣选路径策略

7.4.1　返回型拣选路径距离模型的假设

影响仓库货架布局的因素有很多，通道曲率、仓库高度、仓库形状、仓库的地理位置都是影响仓库货架布局的因素。

仓库只有一个中间的 I/O 点（图 5-13），即仓库左右两部分是关于中心对称的，所以本节主要研究右半部分，为了方便进行鱼骨布局下存储面积利用率的建模，需要做以下假设。

（1）仓库的形状是矩形，且忽略仓库高度对仓库布局的影响。

（2）仓库只有一个 I/O 点。

（3）过道和通道是等宽的。

（4）不考虑仓库拥堵情况。

模型中所用符号的定义如下。

l_1：表示通道宽度。

l_2：表示货架宽度。

r：表示仓库的宽度。

a：表示仓库长度的 1/2。

λ：表示仓库曲线通道的曲率。

R：存储面积利用率。

7.4.2　返回型拣选路径距离模型的构建

本节主要研究仓库的右半部分，鱼骨布局中曲线通道曲率 λ 是变化的，但由于过对角两点，曲线通道的凹凸是对称的，这里只研究凸曲线通道下的情况。

对于凸曲线通道下的情况，将存储区域分成通道上部（区域 1）和通道下部（区域 2）两个情况分别求解。

下面是区域 1 的期望拣选行走距离的计算。设定 p_{1j} 表示区域 1 的第 j 条通道内有物品被拣选的概率：

$$p_{1j} = \frac{m_{1j}}{\sum\limits_{j=1}^{n_1} m_{1j} + \sum\limits_{j=1}^{n_2} m_{2j}} \tag{7-51}$$

其中，m_{1j} 表示的是区域 1 内的第 j 条通道的长度，可以表示为

$$m_{1j} = r - \sqrt{\lambda\lambda^2 - ((j-0.5)\times(l_1+l_2) - rr)^2} - aa, \quad j=1,2,\cdots,n_1 \qquad (7\text{-}52)$$

单独对区域 1 的某一条通道 j 来说，在此通道中拣选的货物品种数服从二项分布 $b(K;T,p_{1j})$。令 T 种货物中有 $K(K=0,1,\cdots,T)$ 种货物在区域 1 内第 j 条通道内的概率为 $p_{1j}^{(K)}$，所以有

$$p_{1j}^{(K)} = C_T^K (1-p_{1j})^{T-K} (p_{1j})^K = C_T^K \left(1 - \frac{m_{1j}}{\sum\limits_{j=1}^{n_1} m_{1j} + \sum\limits_{j=1}^{n_2} m_{2j}}\right)^{T-K} \left(\frac{m_{1j}}{\sum\limits_{j=1}^{n_1} m_{1j} + \sum\limits_{j=1}^{n_2} m_{2j}}\right)^K$$

$$K=0,1,\cdots,T; 1 \leqslant j \leqslant n_1 \qquad (7\text{-}53)$$

由于货物是随机存储的，所以在通道 j 内，在 m_{1j} 的长度上，货物的位置是随机的，也就是货物在 m_{1j} 上均匀分布，可以把多个种类的货物看作在 m_{1j} 上相互独立的均匀分布。设定区域 1 的第 j 条通道内有 K 种可以拣选的货物的最大距离期望为 $d_{1j}^{(K)}$，设定区域 1 的第 j 条通道内的货物位置的均匀分布为 $\xi_{1t}(t=1,2,\cdots,K)$，所以有

$$d_{1j}^{(K)} = E(\max(\xi_{11},\xi_{12},\cdots,\xi_{1K}))$$

其中，$\max(\xi_{11},\xi_{12},\cdots,\xi_{1K})$ 的分布函数为

$$\begin{aligned}
F(x) &= p\{\max(\xi_{11},\xi_{12},\cdots,\xi_{1K}) < x\} \\
&= p\{\xi_{11} < x, \xi_{12} < x, \cdots, \xi_{1K} < x\} \\
&= \frac{x^K}{m_{1j}^K}, \quad 0 \leqslant x \leqslant m_{1j}
\end{aligned}$$

所以有

$$\begin{aligned}
E(\max(\xi_{11},\xi_{12},\cdots,\xi_{1K})) \\
= \int_0^{m_{1j}} x\mathrm{d}\left(\frac{x^K}{m_{1j}^K}\right) \\
= \frac{K}{K+1} m_{1j}
\end{aligned}$$

$$d_{1j}^{(K)} = \frac{K}{K+1} m_{1j} \qquad (7\text{-}54)$$

由式（7-53）、式（7-54）可知，一次拣选 T 种货物时，在第 j 条通道内拣选行走的期望距离为

$$d_{1j}(T) = E(d_{1j}^K) = \sum_{K=0}^{T} p_{1j}^{(K)} d_{1j}^{(K)}, \quad j=1,2,\cdots,n_1 \qquad (7\text{-}55)$$

进一步得

$$d_{1j}(T) = m_{1j}\left(\sum_{K=0}^{T} p_{1j}^{(K)} - \frac{1}{(T+1)p_{1j}}(1-(1-p_{1j})^{T+1})\right) \tag{7-56}$$

区域 1 的拣选数量为

$$T_1 = E(b(K;T,p_{1j})) = T \times \sum_{j=1}^{n_1} p_{1j} \tag{7-57}$$

采用的拣选路径策略为返回型，拣选所行走的距离有两部分：一是每条有货物拣选的通道所产生的期望拣选行走距离；二是由期望最远有货物拣选通道（离 I/O 点最远的期望拣选的通道）产生的拣选行走距离 R_{far}。

根据上面内容可知需要求得 R_{1far}，记在拣选 T 种货物时，区域 1 内最远访问通道为 j_{1far} 的概率为 $p_{1j_{1far}/T}$，则有

$$\begin{cases} p_{1j_{1far}/T} = (p_{1j_{1far}})^T, & j_{1far}=1 \\ p_{1j_{1far}/T} = \left(\sum_{j_1=1}^{j_{1far}} p_{1j_1}\right)^{T-1} \times (p_{1j_{1far}}), & 2 \leq j_{1far} \leq n_1 \end{cases} \tag{7-58}$$

所以有货物拣选的最远通道期望是

$$\bar{j}_{1far} = E(j_{1far}) = \sum_{j_{1far}=1}^{n_1} j_{1far} \times p_{1j_{1far}/T} \bigg/ \sum_{j=1}^{n_1} p_{1j} \tag{7-59}$$

综上所述，可以得到有货物拣选的最远通道产生的拣选行走距离：

$R_{1far} = \lambda\lambda \times \arctan(rr/aa) -$

$$\arctan\left(aa - ([\bar{j}_{1far}]-0.5)\times(l_1+l_2)\bigg/ -\sqrt{\lambda\lambda^2 - (([\bar{j}_{1far}]-0.5)\times(l_1+l_2)-rr)^2}\right) \tag{7-60}$$

同理，计算区域 2 的期望拣选行走距离，由于货架布局设计的不同，区域 2 的每条通道长度也不相同，所以有

$$m_{2j} = a + \sqrt{\lambda\lambda^2 - ((j-0.5)\times(l_1+l_2)-aa)^2} - rr, \quad j=1,2,\cdots,n_2 \tag{7-61}$$

设定 p_{2j} 表示区域 2 的第 j 条通道内有货物被拣选的概率，则有

$$p_{2j} = \frac{m_{2j}}{\sum_{j=1}^{n_1} m_{1j} + \sum_{j=1}^{n_2} m_{2j}} \tag{7-62}$$

假设一次拣选 T 种货物，则在区域 2 应该拣选 T 种货物。所以区域 2 的第 j 条通道内有货物被拣选的概率可以表示为

$$p_{2j}^{(T)} = 1 - (1 - p_{2j})^T = 1 - \left(1 - \frac{m_{2j}}{\sum_{j=1}^{n_1} m_{1j} + \sum_{j=1}^{n_2} m_{2j}} \right)^T \tag{7-63}$$

令 T 种货物中有 $K(K = 0,1,\cdots,T)$ 种货物在区域 2 内第 j 条通道内的概率为 $p_{2j}^{(K)}$，则有

$$p_{2j}^{(K)} = C_T^K (1 - p_{2j})^{T-K} (p_{2j})^K$$

$$= C_T^K \left(1 - \frac{m_{2j}}{\sum_{j=1}^{n_1} m_{1j} + \sum_{j=1}^{n_2} m_{2j}} \right)^{T-K} \left(\frac{m_{2j}}{\sum_{j=1}^{n_1} m_{1j} + \sum_{j=1}^{n_2} m_{2j}} \right)^K \tag{7-64}$$

同理可得区域 2 中每条通道的最远期望拣选行走距离为

$$d_{2j}(T) = m_{2j} \left(\sum_{K=0}^{T} p_{2j}^{(K)} - \frac{1}{(T+1)p_{2j}} (1 - (1 - p_{2j})^{T+1}) \right) \tag{7-65}$$

区域 2 的拣选数量为

$$T_2 = E(b(K;T, p_{2j})) = T \times \sum_{j=1}^{n_2} p_{2j} \tag{7-66}$$

记在拣选 T 种货物时，区域 2 内最远访问通道为 j_{2far} 的概率为 $p_{2j_{2far}/T}$，则有

$$\begin{cases} p_{2j_{2far}/T} = (p_{2j_{2far}})^T, & j_{2far} = 1 \\ p_{2j_{2far}/T} = \left(\sum_{j_2=1}^{j_{2far}} p_{2j_2} \right)^{T-1} \times (p_{2j_{2far}}), & 2 \leqslant j_{2far} \leqslant n_2 \end{cases} \tag{7-67}$$

所以有货物拣选的最远通道期望是

$$\bar{j}_{2far} = E(j_{2far}) = \sum_{j_{2far}=1}^{n_2} j_{2far} \times p_{2j_{2far}/T} \Bigg/ \sum_{j=1}^{n_2} p_{2j} \tag{7-68}$$

得到有货物拣选的最远通道产生的拣选行走距离：

$$R_{2far} = \lambda\lambda \times \arctan(rr / aa) -$$

$$\arctan \left(-\sqrt{\lambda\lambda^2 - (([\bar{j}_{2far}] - 0.5) \times (l_1 + l_2) - rr)^2} \Bigg/ (([\bar{j}_{2far}] - 0.5) \times (l_1 + l_2) - rr) \right)$$

$$\tag{7-69}$$

由式（7-56）、式（7-60）、式（7-65）、式（7-69）可得返回型拣选路径策略的拣选行走距离为

$$D_{\text{return}}(T) = 2 \times \max(R_{\text{1far}}, R_{\text{2far}}) + 2 \times \sum_{j=1}^{n_1} d_{1j}(T) + 2 \times \sum_{j=1}^{n_2} d_{2j}(T) \qquad （7\text{-}70）$$

式（7-70）为返回型拣选路径策略下的拣选行走距离公式。

7.4.3　模型仿真与验证

为了验证模型的效果，需要进行模型仿真，本节对比了仓库宽度为 $r = 100$，长度为 $2a = 200$，$l_1 = l_2 = 4$ 情况下由模型得出的结果与相同条件下的仿真结果之间的差距。

通过对模型进行仿真得到结论，如图 7-14 所示，模型与仿真的变化趋势相吻合，说明该模型可以估计鱼骨曲线布局的拣选行走距离随着主通道曲率的不同而变化的趋势。其中横坐标为主通道曲率，纵坐标表示拣选行走距离。

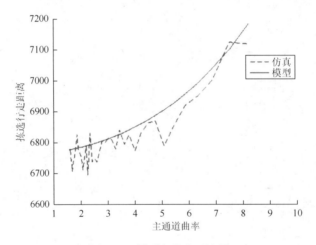

图 7-14　模型与仿真对比图

通过图 7-14 所示的拣选行走距离变化趋势的对比，可知模型与仿真的变化趋势相吻合，并且模型与仿真结果的误差在 2% 内，如图 7-15 所示，证明该模型是有效的。

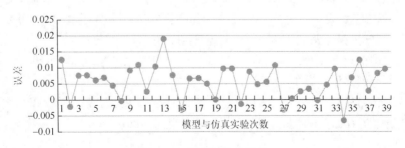

图 7-15　模型与仿真误差

如图 7-16 所示，在 $l_1 = l_2$ 的仓库布局下，随着曲率的增加，拣选路径不断变长，最长路径长度和最短路径长度相差 6% 左右，由此可见，在鱼骨布局中，直线通道可比曲线通道减少更多的拣选路径长度。

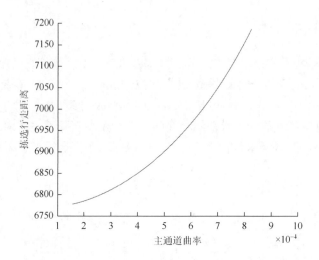

图 7-16　模型的拣选行走距离随着主通道曲率的变化图

7.5　V 型布局下分类存储路径策略

7.5.1　返回型拣选路径策略

1. 模型假设

分类存储指按照货物周转率的大小，将货物依据距离仓库进出口的距离远近升序排列分成 M 类；货物种类对应位置依次摆放；在每类货物中，每种货物是随机摆放的。V 型布局的设计打破了传统布局的设计，增加了左右两条斜通道（主通道），以 I/O 点成左右对称。将货物分为常规的 A 类、B 类和 C 类（周转率大、中和小）。分类存储策略下 V 型布局如图 7-17 所示。

为了进行返回型拣选行走距离的概率模型的构建研究，需要对仓库的拣选环境进行一系列假设，具体如下。

（1）仓库只有一个中间的 I/O 点，即仓库左右两部分是关于中心对称的；因为每类货物的存储是随机的，所以只考虑右半部分即可。

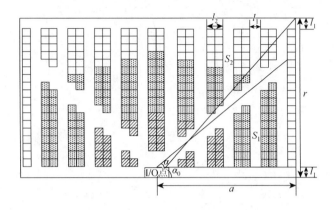

图 7-17　分类存储策略下 V 型布局示意图

（2）两排货架之间的空间称为拣选通道，仓库最后面和最前面没有货架的空间称为仓库的后部过道和前部过道。

（3）存储空间是根据货架的长度计算的，不考虑货架的高度。

（4）在通道内进行拣选时，可以拣选两侧货架的货物，可忽略两侧取货的通道距离。

（5）被拣选的货物品种是随机的，且相互独立。

（6）订单中，每类货物中各个货物被拣选的概率是相同的。

（7）同类货物随机指派货位，每种货物只存放于一个货位。

（8）仓库的形状是矩形，且忽略仓库高度对仓库布局的影响。

（9）在某通道内，每种货物在其所属货物类范围的货架长度上成均匀分布。

（10）斜通道和正常通道是等宽的。

（11）不考虑仓库拥堵情况。

模型中所用符号的定义如下。

l_1：表示通道宽度。

l_2：表示货架宽度。

r：表示仓库的宽度。

α：表示仓库斜通道角度。

α_0：表示仓库右半部分对角线角度。

a：表示仓库长度的 1/2。

另外，根据 A 类货物距进出口最近的设计原则，采用两条直线，根据 V 型仓储布局的特点，截取 A 类货物的存储区域，且保证进出口距离 A 类货物的最边缘位置的距离是相等的，即在图 7-18 中，使得线段 $BC = BD + DE$。根据这个相等关系，来确定第一条直线的斜率 k_{a1} 和截距 c_{a1}。

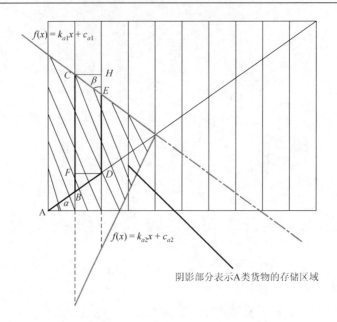

图 7-18　V 型布局 ABC 分类示意图

故有

$$BF + FC = BD + DE$$

$$BF + FC = BD + DH - EH$$

$$BF = BD - EH$$

$$EH = BD - BF$$

$$\tan\beta = \frac{CH}{EH} = \frac{DF}{BD - BF} = \frac{l}{\dfrac{l}{\cos\alpha} - l\cdot\tan\alpha}, \quad l = l_1 + l_2$$

由此可以求得直线斜率 $k_{a1} = \tan\left(\dfrac{\pi}{2} + \arctan\beta\right)$，因为两条直线关于斜通道对称，由斜通道角度即可求得第二条直线的 k_{a2}。

接下来求 c_{a1}, c_{a2}：根据 A 类货物所占的面积比，可以求得两条直线的截距 c_{a1}, c_{a2}。

同理可以求得 B 类货物、C 类货物的截距。

2. 拣选行走距离模型

在分类存储的 V 型布局的仓库中，每类货物是随机存储的，在拣选时采用返回型拣选策略。V 型布局的斜通道角度是变化的，斜通道角度 α 可以在 $\left[0, \dfrac{\pi}{2}\right]$ 变化。

当 $0 < \alpha < \alpha_0$ 时，斜通道贯穿右半部分所有拣选通道，所以 1 和 2 区域的拣选通道数是一样的，即 $n = n_1 = n_2$，对右半部分的通道数向下取整：

$$n = \left[\frac{a - 0.5(l_1 + l_2)}{l_1 + l_2} \right]$$

当 $\alpha_0 \leqslant \alpha < \pi / 2$ 时，在长度为 f_0 的距离中，对右侧上半区域存在的通道数向下取整：

$$n_1 = \left[\frac{f_0 - \dfrac{l_2}{2}}{l_1 + l_2} \right] = \left[\frac{2f_0 - l_2}{2(l_1 + l_2)} \right]$$

对右侧下半区域的通道数向下取整：

$$n_2 = \left[\frac{a - 0.5(l_1 + l_2)}{l_1 + l_2} \right]$$

A 类货物在区域 1 占 j 通道的长度为

$$m_{1aj} = \max(0, \min(a, c_{a1} r + (l_1 + l_2) \times (j - 0.5) \times \tan(\pi / 2 + \arctan(\cos \alpha)) \\ - (l_1 + l_2) \times (j - 0.5) \times \tan \alpha)), \quad j = 1, 2, \cdots, n_1$$

A 类货物在区域 2 占 j 通道的长度为

$$m_{2aj} = \max(0, \min((l_1 + l_2) \times (j - 0.5) \times \tan \alpha, \\ (l_1 + l_2) \times (j - 0.5) \times \tan \alpha - (2 \tan \alpha \times (l_1 + l_2) \times (j - 0.5) \\ - (\tan(\pi / 2 + \arctan(\cos \alpha)) \times (l_1 + l_2) \times (j - 0.5) + c_{a2} r)))), \quad j = 1, 2, \cdots, n_1$$

B 类货物在区域 1 占 j 通道的长度为

$$m_{1bj} = \max(0, \min(a, c_{b1} r + (l_1 + l_2) \times (j - 0.5) \times \tan(\pi / 2 + \arctan(\cos \alpha)) \\ - (l_1 + l_2) \times (j - 0.5) \times \tan \alpha)), \quad j = 1, 2, \cdots, n_1$$

B 类货物在区域 2 占 j 通道的长度为

$$m_{2bj} = \max(0, \min((l_1 + l_2) \times (j - 0.5) \times \tan \alpha, \\ (l_1 + l_2) \times (j - 0.5) \times \tan \alpha - (2 \tan \alpha \times (l_1 + l_2) \times (j - 0.5) \\ - (\tan(\pi / 2 + \arctan(\cos \alpha)) \times (l_1 + l_2) \times (j - 0.5) + c_{b2} r)))), \quad j = 1, 2, \cdots, n_1$$

C 类货物在区域 1 占 j 通道的长度为

$$m_{1cj} = a - m_{1bj} - m_{1aj} - (l_1 + l_2) \times (j - 0.5) \times \tan \alpha$$

C 类货物在区域 2 占 j 通道的长度为

$$m_{2cj} = a - m_{2bj} - m_{2aj} - (l_1 + l_2) \times (j - 0.5) \times \tan \alpha \tag{7-71}$$

$$m_{aj} = m_{1aj} + m_{2aj}$$

$$m_{bj} = m_{1bj} + m_{2bj}$$

$$m_{cj} = m_{1cj} + m_{2cj}$$

A 类货物在 j 通道内被拣选的概率为

$$p_{aj} = p_a \frac{m_{aj}}{\sum_{j=1}^{n_1+n_2} m_{aj}}$$

B 类货物在 j 通道内被拣选的概率为

$$p_{bj} = p_b \frac{m_{bj}}{\sum_{j=1}^{n_1+n_2} m_{bj}}$$

C 类货物在 j 通道内被拣选的概率为

$$p_{cj} = p_c \frac{m_{cj}}{\sum_{j=1}^{n_1+n_2} m_{cj}} \tag{7-72}$$

其中，对于右半部分的任何一条通道 j 而言，在 A、B、C 类的货架上要挑选的货物的种类服从二项分布 $b(K;T)$，现在假定 j 通道内的期望拣选的货物的种类为 T，令 T 种货物中有 K 种货物在 j 通道的 A 类存储区域的概率为 $p_{aj}^{(K)}$，所以有

$$p_{aj}^{(K)} = C_T^K (1-p_{aj})^{T-K} (p_{aj})^K, \quad K = 0,1,\cdots,T; 1 \leqslant j \leqslant n_1 + n_2$$

同理，T 种货物中有 K 种货物在 j 通道的 B 类存储区域的概率为 $p_{bj}^{(K)}$：

$$p_{bj}^{(K)} = C_T^K (1-p_{bj})^{T-K} (p_{bj})^K, \quad K = 0,1,\cdots,T; 1 \leqslant j \leqslant n_1 + n_2$$

同理，T 种货物中有 K 种货物在 j 通道的 C 类存储区域的概率为 $p_{cj}^{(K)}$：

$$p_{cj}^{(K)} = C_T^K (1-p_{cj})^{T-K} (p_{cj})^K, \quad K = 0,1,\cdots,T; 1 \leqslant j \leqslant n_1 + n_2 \tag{7-73}$$

假定第 j 条通道内有 K 种订单需要拣选 A 类货物，该通道内拣选 A 类货物所需要行走的最大距离期望是 $d_{aj}^{(K)}$，假定第 j 条通道内 A 类存储区域的货物是均匀分布的，其均匀分布为

$$d_{aj}^{(K)} = E(\max(\xi_{a1}, \xi_{a2}, \cdots, \xi_{aK}))$$

其中，$\max(\xi_{a1}, \xi_{a2}, \cdots, \xi_{aK})$ 的分布函数为

$$\begin{aligned} F(x) &= p\{\max(\xi_{a1}, \xi_{a2}, \cdots, \xi_{aK}) < x\} \\ &= p\{\xi_{a1} < x, \xi_{a2} < x, \cdots, \xi_{aK} < x\} \\ &= \frac{x^K}{m_{aj}^K}, \quad 0 \leqslant x \leqslant m_{aj} \end{aligned}$$

所以有

$$E(\max(\xi_{a1},\xi_{a2},\cdots,\xi_{aK}))$$

$$=\int_0^{m_{aj}} x\mathrm{d}\left(\frac{x^K}{m_{aj}^K}\right)$$

$$=\frac{K}{K+1}m_{aj}$$

$$d_{aj}^{(K)}=\frac{K}{K+1}m_{aj} \tag{7-74}$$

由式（7-73）、式（7-74）可知，一次拣选 T 种货物时，在第 j 条通道内拣选行走的期望距离为

$$d_{aj}(T)=E(d_{aj}^K)=\sum_{K=0}^{T}p_{aj}^{(K)}d_{aj}^{(K)},\quad j=1,2,\cdots,n_1+n_2 \tag{7-75}$$

通道 j 内有货物的概率为

$$p_j=\frac{p_{aj}+p_{bj}+p_{cj}}{p_a+p_b+p_c} \tag{7-76}$$

因为斜通道的上下区域通道数是不同的，还是将右半部分的存储区域划分为 1、2 两个拣选区域，因此需要分开求 1、2 区域主通道的期望拣选行走距离。根据上面内容可知需要求得 $R_{1\text{far}}$，记在拣选 T 种货物时，区域 1 内最远访问通道为 $j_{1\text{far}}$ 的概率为 $p_{1j_{1\text{far}}/T}$，则有

$$\begin{cases} p_{1j_{1\text{far}}/T}=(p_{1j_{1\text{far}}})^T, & j_{1\text{far}}=1 \\[2mm] p_{1j_{1\text{far}}/T}=\left(\displaystyle\sum_{j_1=1}^{j_{1\text{far}}}p_{1j_1}\right)^{T-1}\times(p_{1j_{1\text{far}}}), & 2\leqslant j_{1\text{far}}\leqslant n_1 \end{cases} \tag{7-77}$$

所以有货物拣选的最远通道期望是

$$\bar{j}_{1\text{far}}=E(j_{1\text{far}})=\sum_{j_{1\text{far}}=1}^{n_1}j_{1\text{far}}\frac{p_{1j_{1\text{far}}/T}}{\displaystyle\sum_{j=1}^{n_1}p_{1j}} \tag{7-78}$$

综上所述，可以得到有货物拣选的最远通道产生的拣选行走距离为

$$R_{1\text{far}}=(\bar{j}_{1\text{far}}-0.5)\frac{l_1+l_2}{\cos\alpha} \tag{7-79}$$

根据上面的内容可知需要求得 $R_{2\text{far}}$，记在拣选 T 种货物时，区域 2 内最远访问通道为 $j_{2\text{far}}$ 的概率为 $p_{2j_{2\text{far}}/T}$，则有

$$\begin{cases} p_{2j_{2\text{far}}/T}=(p_{2j_{2\text{far}}})^T, & j_{2\text{far}}=1 \\[2mm] p_{2j_{2\text{far}}/T}=\left(\displaystyle\sum_{j_2=1}^{j_{2\text{far}}}p_{2j_2}\right)^{T-1}\times(p_{2j_{2\text{far}}}), & 2\leqslant j_{2\text{far}}\leqslant n_2 \end{cases} \tag{7-80}$$

所以有货物拣选的最远通道期望是

$$\bar{j}_{2\text{far}} = E(j_{2\text{far}}) = \sum_{j_{2\text{far}}=1}^{n_2} j_{2\text{far}} \times p_{2j_{2\text{far}}/T} \bigg/ \sum_{j=1}^{n_2} p_{2j} \qquad （7-81）$$

综上所述，可以得到有货物拣选的最远通道产生的拣选行走距离为

$$R_{2\text{far}} = (\bar{j}_{2\text{far}} - 0.5)\frac{l_1 + l_2}{\cos\alpha} \qquad （7-82）$$

由式（7-71）、式（7-75）、式（7-79）、式（7-82）可得返回型拣选路径策略的拣选行走距离为

$$D_{\text{return}}(T) = 2 \times \max(R_{1\text{far}}, R_{2\text{far}}) + \sum_{j=1}^{n} d_{aj}(T) + \sum_{j=1}^{n} d_{bj}(T) + \sum_{j=1}^{n} d_{cj}(T) \qquad （7-83）$$

其中，$n = n_1 + n_2$。式（7-83）为返回型拣选路径策略的拣选行走距离公式。

3. 模型仿真与验证

根据已知条件分别求得返回型拣选路径模型、仿真在表 7-1 所示的五种情况下的结果，如表 7-4 与图 7-19 所示。

表 7-4　返回型拣选路径模型与仿真结果对比表

	情况 1	情况 2	情况 3	情况 4	情况 5
模型	1 817.4	1 590.7	1 268.8	799.612 2	608.599 5
仿真	1 799.3	1 682.2	1 198.346	765.364	653.324
绝对误差	18.1	−91.5	70.454	34.248 2	−44.724 5
相对误差	0.009 959	−0.057 52	0.055 528	0.042 831	−0.073 49

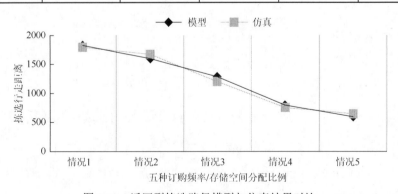

图 7-19　返回型拣选路径模型与仿真结果对比

图 7-19 的横坐标为五种分类情况，纵坐标表示拣选行走距离。通过对模型进行仿真得到如下结论：模型与仿真结果大体保持一致，最大误差在 7% 左右，可以认为模型与仿真结果相吻合，证明了模型是有效的。仿真结果表明，在 V 型布局仓储中心的返回型拣选路径策略中，拣选行走距离随着 A、B、C 三类储区所占面

积比例的不同而改变，并且 A 类储区的面积比例越小（B 类次之，C 类储区的面积比例最大），拣选行走距离越短，仓储中心的运营效率越高。

7.5.2　S 型拣选路径策略

1. 模型假设

为了进行 S 型拣选行走距离的概率模型的构建研究，需要对仓库的拣选环境进行一系列假设，具体如下。

（1）仓库只有一个中间的 I/O 点，即仓库左右两部分是关于中心对称的；因为每类货物的存储是随机的，所以只考虑右半部分即可。

（2）两排货架之间的空间称为拣选通道，仓库最后面和最前面没有货架的空间称为仓库的后部过道和前部过道。

（3）存储空间是根据货架的长度计算的，不考虑货架的高度。

（4）在通道内进行拣选时，可以拣选两侧货架的货物，可忽略两侧取货的通道距离。

（5）被拣选的货物品种是随机的，且相互独立。

（6）订单中，每类货物中各个货物被拣选的概率是相同的。

（7）同类货物随机指派货位，每种货物只存放于一个货位。

（8）仓库的形状是矩形，且忽略仓库高度对仓库布局的影响。

（9）在某通道内，每种货物在其所属货物类范围的货架长度上成均匀分布。

（10）斜通道和正常通道是等宽的。

（11）不考虑仓库拥堵情况。

模型中所用符号的定义如下。

l_1：表示通道宽度。

l_2：表示货架宽度。

r：表示仓库的宽度。

α：表示仓库斜通道角度。

α_0：表示仓库右半部分对角线角度。

a：表示仓库长度的 1/2。

2. 拣选行走距离模型

在分类存储的 V 型布局的仓库中，每类货物是随机存储的，在拣选时采用 S 型拣选策略。V 型布局的斜通道角度是变化的，斜通道角度 α 可以在 $\left[0, \dfrac{\pi}{2}\right]$ 变化。

当 $0 < \alpha < \alpha_0$ 时，斜通道贯穿右半部分所有拣选通道，所以 1 和 2 区域的拣

选通道数是一样的，即 $n = n_1 = n_2$，对右半部分的通道数向下取整：

$$n = \left[\frac{a - 0.5(l_1 + l_2)}{l_1 + l_2}\right]$$

当 $\alpha_0 \leq \alpha < \pi/2$ 时，在长度为 f_0 的距离中，对右侧上半区域存在的通道数向下取整：

$$n_1 = \left[\frac{f_0 - \dfrac{l_2}{2}}{l_1 + l_2}\right] = \left[\frac{2f_0 - l_2}{2(l_1 + l_2)}\right]$$

对右侧下半区域的通道数向下取整：

$$n_2 = \left[\frac{a - 0.5(l_1 + l_2)}{l_1 + l_2}\right]$$

A 类货物在区域 1 占 j 通道的长度为

$$m_{1aj} = \max(0, \min(a, c_{a1}r + (l_1 + l_2) \times (j - 0.5) \times \tan(\pi/2 + \arctan(\cos\alpha))$$
$$- (l_1 + l_2) \times (j - 0.5) \times \tan\alpha)), \quad j = 1, 2, \cdots, n_1$$

A 类货物在区域 2 占 j 通道的长度为

$$m_{2aj} = \max(0, \min((l_1 + l_2) \times (j - 0.5) \times \tan\alpha,$$
$$(l_1 + l_2) \times (j - 0.5) \times \tan\alpha - (2\tan\alpha \times (l_1 + l_2) \times (j - 0.5)$$
$$- (\tan(\pi/2 + \arctan(\cos\alpha)) \times (l_1 + l_2) \times (j - 0.5) + c_{a2}r)))), \quad j = 1, 2, \cdots, n_1$$

B 类货物在区域 1 占 j 通道的长度为

$$m_{1bj} = \max(0, \min(a, c_{b1}r + (l_1 + l_2) \times (j - 0.5) \times \tan(\pi/2 + \arctan(\cos\alpha))$$
$$- (l_1 + l_2) \times (j - 0.5) \times \tan\alpha)), \quad j = 1, 2, \cdots, n_1$$

B 类货物在区域 2 占 j 通道的长度为

$$m_{2bj} = \max(0, \min((l_1 + l_2) \times (j - 0.5) \times \tan\alpha,$$
$$(l_1 + l_2) \times (j - 0.5) \times \tan\alpha - (2\tan\alpha \times (l_1 + l_2) \times (j - 0.5)$$
$$- (\tan(\pi/2 + \arctan(\cos\alpha)) \times (l_1 + l_2) \times (j - 0.5) + c_{b2}r)))), \quad j = 1, 2, \cdots, n_1$$

C 类货物在区域 1 占 j 通道的长度为

$$m_{1cj} = a - m_{1bj} - m_{1aj} - (l_1 + l_2) \times (j - 0.5) \times \tan\alpha$$

C 类货物在区域 2 占 j 通道的长度为

$$m_{2cj} = a - m_{2bj} - m_{2aj} - (l_1 + l_2) \times (j - 0.5) \times \tan\alpha \tag{7-84}$$

A 类货物在 j 通道内被拣选的概率为

$$p_{1aj} = p_a \frac{m_{1aj}}{\sum\limits_{j=1}^{n_1} m_{1aj} + \sum\limits_{j=1}^{n_2} m_{2aj}}, \quad p_{2aj} = p_a \frac{m_{2aj}}{\sum\limits_{j=1}^{n_1} m_{1aj} + \sum\limits_{j=1}^{n_2} m_{2aj}}$$

B 类货物在 j 通道内被拣选的概率为

$$p_{1bj} = p_b \frac{m_{1bj}}{\sum\limits_{j=1}^{n_1} m_{1bj} + \sum\limits_{j=1}^{n_2} m_{2bj}}, \quad p_{2bj} = p_b \frac{m_{2bj}}{\sum\limits_{j=1}^{n_1} m_{1bj} + \sum\limits_{j=1}^{n_2} m_{2bj}}$$

C 类货物在 j 通道内被拣选的概率为

$$p_{1cj} = p_c \frac{m_{1cj}}{\sum\limits_{j=1}^{n_1} m_{1cj} + \sum\limits_{j=1}^{n_2} m_{2cj}}, \quad p_{2cj} = p_c \frac{m_{2cj}}{\sum\limits_{j=1}^{n_1} m_{1cj} + \sum\limits_{j=1}^{n_2} m_{2cj}} \tag{7-85}$$

其中，对于右半部分的任何一条通道 j 而言，在 A、B、C 类的货架上要挑选的货物的种类服从二项分布 $b(K;T)$，现在假定 j 通道内的期望拣选的货物的种类为 T，令 T 种货物中有 K 种货物在 j 通道的 A 类存储区域的概率为 $p_{aj}^{(K)}$，所以有

$$p_{aj}^{(K)} = C_T^K (1 - p_{aj})^{T-K} (p_{aj})^K$$

其中

$$p_{aj} = p_{1aj} + p_{2aj}, \quad K = 0,1,\cdots,T; 1 \leqslant j \leqslant n_1 + n_2$$

同理，T 种货物中有 K 种货物在 j 通道的 B 类存储区域的概率为 $p_{bj}^{(K)}$：

$$p_{bj}^{(K)} = C_T^K (1 - p_{bj})^{T-K} (p_{bj})^K$$

其中

$$p_{bj} = p_{1bj} + p_{2bj}, \quad K = 0,1,\cdots,T; 1 \leqslant j \leqslant n_1 + n_2$$

同理，T 种货物中有 K 种货物在 j 通道的 C 类存储区域的概率为 $p_{cj}^{(K)}$：

$$p_{cj}^{(K)} = C_T^K (1 - p_{cj})^{T-K} (p_{cj})^K$$

其中

$$p_{cj} = p_{1cj} + p_{2cj}, \quad K = 0,1,\cdots,T; 1 \leqslant j \leqslant n_1 + n_2 \tag{7-86}$$

对于右半部分的任何一条通道 j 而言，在 A、B、C 类的货架上挑选的货物只存在没货拣选和有货拣选两种情况，对于没货拣选的情况，就不需要进入拣选通道，也就不会产生拣选行走距离；对于有货拣选的情况，该通道只要存在一种待拣选货物，就需要行走完该通道的全部距离，所以只用考虑 j 通道内至少有一种待拣选货物的概率，假定订单中有 T 种货物，其中至少有一种货物在 j 通道的 A 类存储区域的概率为 $\bar{p}_{aj}$，所以有

$$\bar{p}_{aj} = [1 - (1 - p_{aj})^T], \quad 1 \leqslant j \leqslant n_1 + n_2$$

同理，其中至少有一种货物在 j 通道的 B 类存储区域的概率为 $\bar{p}_{bj}$：

$$\bar{p}_{bj} = [1 - (1 - p_{bj})^T], \quad 1 \leqslant j \leqslant n_1 + n_2$$

同理，其中至少有一种货物在 j 通道的 C 类存储区域的概率为 $\bar{p}_{cj}$：

$$\overline{p}_{cj} = [1 - (1 - p_{cj})^T], \quad 1 \leqslant j \leqslant n_1 + n_2 \tag{7-87}$$

第 j 条通道内拣选 A 类货物行走的期望距离为

$$d_{aj} = E(d_{aj}) = \sum_{j=1}^{n_1+n_2} (\overline{p}_{aj} \cdot m_{aj}), \quad j = 1, 2, \cdots, n_1 + n_2$$

同理，第 j 条通道内拣选 B 类货物行走的期望距离为

$$d_{bj} = E(d_{bj}) = \sum_{j=1}^{n_1+n_2} (\overline{p}_{bj} \cdot m_{bj}), \quad j = 1, 2, \cdots, n_1 + n_2$$

同理，第 j 条通道内拣选 C 类货物行走的期望距离为

$$d_{cj} = E(d_{cj}) = \sum_{j=1}^{n_1+n_2} (\overline{p}_{cj} \cdot m_{cj}), \quad j = 1, 2, \cdots, n_1 + n_2 \tag{7-88}$$

通道 j 内的期望拣选行走距离为

$$d_j = E(d_{aj}) + E(d_{bj}) + E(d_{cj}) = \sum_{j=1}^{n_1+n_2} ((\overline{p}_{aj} \cdot m_{aj}) + (\overline{p}_{bj} \cdot m_{bj}) + (\overline{p}_{cj} \cdot m_{cj})) \tag{7-89}$$

因为斜通道的上下区域通道数是不同的，还是将右半部分的存储区域划分为 1、2 两个拣选区域，因此需要分开求 1、2 区域主通道的期望拣选行走距离。根据上面内容可知需要求得 R_{1far}，记在拣选 T 种货物时，区域 1 内最远访问通道为 j_{1far} 的概率为 $p_{1 j_{1far}/T}$，则有

$$\begin{cases} p_{1 j_{1far}/T} = (p_{1 j_{1far}})^T, & j_{1far} = 1 \\ p_{1 j_{1far}/T} = \left(\sum_{j_1=1}^{j_{1far}} p_{1 j_1} \right)^{T-1} \times (p_{1 j_{1far}}), & 2 \leqslant j_{1far} \leqslant n_1 \end{cases}$$

所以有货物拣选的最远通道期望是

$$\overline{j}_{1far} = E(j_{1far}) = \sum_{j_{1far}=1}^{n_1} j_{1far} \times p_{1 j_{1far}/T} \Big/ \sum_{j=1}^{n_1} p_{1j} \tag{7-90}$$

综上所述，可以得到有货物拣选的最远通道产生的拣选行走距离为

$$R_{1far} = (\overline{j}_{1far} - 0.5) \frac{l_1 + l_2}{\cos \alpha} \tag{7-91}$$

根据上面内容可知需要求得 R_{2far}，记在拣选 T 种货物时，区域 2 内最远访问通道为 j_{2far} 的概率为 $p_{2 j_{2far}/T}$，则有

$$\begin{cases} p_{2 j_{2far}/T} = (p_{2 j_{2far}})^T, & j_{2far} = 1 \\ p_{2 j_{2far}/T} = \left(\sum_{j_2=1}^{j_{2far}} p_{2 j_2} \right)^{T-1} \times (p_{2 j_{2far}}), & 2 \leqslant j_{2far} \leqslant n_2 \end{cases}$$

所以有货物拣选的最远通道期望是

$$\overline{j}_{2\mathrm{far}} = E(j_{2\mathrm{far}}) = \sum_{j_{2\mathrm{far}}=1}^{n_2} j_{2\mathrm{far}} \times p_{2j_{2\mathrm{far}}/T} \bigg/ \sum_{j=1}^{n_2} p_{2j} \tag{7-92}$$

综上所述，可以得到有货物拣选的最远通道产生的拣选行走距离为

$$R_{2\mathrm{far}} = (\overline{j}_{2\mathrm{far}} - 0.5) \cdot \frac{l_1 + l_2}{\cos\alpha} \tag{7-93}$$

由式（7-84）、式（7-88）、式（7-91）、式（7-93）可得 S 型拣选路径策略的拣选行走距离为

$$D_S(T) = \left(2 \times \max(R_{1\mathrm{far}}, R_{2\mathrm{far}}) + \sum_{j=1}^{n} d_{aj}(T) + \sum_{j=1}^{n} d_{bj}(T) + \sum_{j=1}^{n} d_{cj}(T) \right) + p_{1\mathrm{odd}} \cdot m_{j_1} + p_{2\mathrm{odd}} \cdot m_{j_2}$$

$$\tag{7-94}$$

其中，$n = n_1 + n_2$；$p_{1\mathrm{odd}}$ 和 $p_{2\mathrm{odd}}$ 表示区域 1 和区域 2 分别有货物被拣选的通道数为奇数时的概率；m_{j_1} 和 m_{j_2} 为增加的额外距离。式（7-94）为 S 型拣选路径策略的拣选行走距离公式。

3. 模型仿真与验证

根据已知条件分别求得 S 型拣选路径模型、仿真在表 7-1 所示的五种情况下的结果，如表 7-5 与图 7-20 所示。

表 7-5　S 型拣选路径模型与仿真结果对比表

	情况 1	情况 2	情况 3	情况 4	情况 5
模型	1 951.7	1 731.8	1 402.5	925.062 7	805.178
仿真	1 871.7	1 751.5	1 511.6	865.364	753.324
绝对误差	80	−19.7	−109.1	59.698 7	51.854
相对误差	0.040 99	−0.011 38	−0.077 79	0.064 535	0.064 401

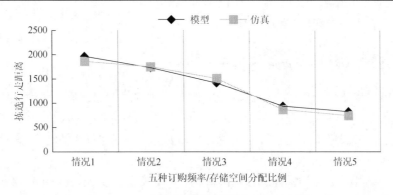

图 7-20　S 型拣选路径模型与仿真结果对比

图 7-20 的横坐标为五种分类情况，纵坐标表示拣选行走距离。通过对模型进行仿真得到如下结论：模型与仿真结果大体保持一致，最大误差在 7%左右，可以认为模型与仿真结果相吻合，证明了模型是有效的。仿真结果表明，在 V 型布局仓储中心的 S 型拣选路径策略中，拣选行走距离随着 A、B、C 三类储区所占面积比例的不同而改变，并且 A 类储区的面积比例越小（B 类次之，C 类储区的面积比例最大），拣选行走距离越短，仓储中心的运营效率越高。

7.6　V 型曲线布局下返回型拣选路径策略

7.6.1　返回型拣选路径距离模型的假设

影响仓库货架布局的因素有很多，通道曲率、仓库高度、仓库形状、仓库的地理位置都是影响仓库货架布局的因素。

仓库只有一个中间的 I/O 点（图 5-21），即仓库左右两部分是关于中心对称的，所以本节主要研究右半部分，为了方便进行 V 型布局下存储面积利用率的建模，需要做以下假设。

（1）仓库的形状是矩形，且忽略仓库高度对仓库布局的影响。

（2）仓库只有一个 I/O 点。

（3）过道和通道是等宽的。

（4）不考虑仓库拥堵情况。

模型中所用符号的定义如下。

l_1：表示通道宽度。

l_2：表示货架宽度。

r：表示仓库的宽度。

a：表示仓库长度的 1/2。

λ：表示仓库曲线通道的曲率。

7.6.2　返回型拣选路径距离模型的构建

本节主要研究仓库的右半部分，V 型布局中曲线通道曲率 λ 是变化的，但由于过对角两点，曲线通道的凹凸是对称的，这里只研究凸曲线通道下的情况。

对于凸曲线通道下的情况，将存储区域分成通道上部（区域 1）和通道下部（区域 2）两个情况分别求解。

下面是区域 1 的期望拣选行走距离的计算。设定 p_{1j} 表示区域 1 的第 j 条通道内有物品被拣选的概率：

$$p_{1j} = \frac{m_{1j}}{\sum\limits_{j=1}^{n_1} m_{1j} + \sum\limits_{j=1}^{n_2} m_{2j}} \tag{7-95}$$

其中，m_{1j} 表示的是区域 1 内的第 j 条通道的长度，可以表示为

$$m_{1j} = r - \sqrt{\lambda\lambda^2 - ((j - 0.5) \times (l_1 + l_2) - aa)^2} - rr, \quad j = 1, 2, \cdots, n_1 \tag{7-96}$$

单独对区域 1 的某一条通道 j 来说，在此通道中拣选的货物品种数服从二项分布 $b(K; T, p_{1j})$。令 T 种货物中有 $K(K = 0, 1, \cdots, T)$ 种货物在区域 1 内第 j 条通道内的概率为 $p_{1j}^{(K)}$，所以有

$$p_{1j}^{(K)} = C_T^K (1 - p_{1j})^{T-K} (p_{1j})^K = C_T^K \left(1 - \frac{m_{1j}}{\sum\limits_{j=1}^{n_1} m_{1j} + \sum\limits_{j=1}^{n_2} m_{2j}} \right)^{T-K} \left(\frac{m_{1j}}{\sum\limits_{j=1}^{n_1} m_{1j} + \sum\limits_{j=1}^{n_2} m_{2j}} \right)^K$$

$$K = 0, 1, \cdots, T; 1 \leqslant j \leqslant n_1 \tag{7-97}$$

由于货物是随机存储的，所以在通道 j 内，在 m_{1j} 的长度上，货物的位置是随机的，也就是货物在 m_{1j} 上均匀分布，可以把多个种类的货物看作在 m_{1j} 上相互独立的均匀分布。设定区域 1 的第 j 条通道内有 K 种可以拣选的货物的最大距离期望为 $d_{1j}^{(K)}$，设定区域 1 的第 j 条通道内的货物位置的均匀分布为 $\xi_{1t}(t = 1, 2, \cdots, K)$，所以有

$$d_{1j}^{(K)} = E(\max(\xi_{11}, \xi_{12}, \cdots, \xi_{1K}))$$

其中，$\max(\xi_{11}, \xi_{12}, \cdots, \xi_{1K})$ 的分布函数为

$$\begin{aligned} F(x) &= p\{\max(\xi_{11}, \xi_{12}, \cdots, \xi_{1K}) < x\} \\ &= p\{\xi_{11} < x, \xi_{12} < x, \cdots, \xi_{1K} < x\} \\ &= \frac{x^K}{m_{1j}^K}, \quad 0 \leqslant x \leqslant m_{1j} \end{aligned}$$

所以有

$$\begin{aligned} &E(\max(\xi_{11}, \xi_{12}, \cdots, \xi_{1K})) \\ &= \int_0^{m_{1j}} x \mathrm{d}\left(\frac{x^K}{m_{1j}^K} \right) \\ &= \frac{K}{K+1} m_{1j} \end{aligned}$$

$$d_{1j}^{(K)} = \frac{K}{K+1} m_{1j} \tag{7-98}$$

由式（7-97）、式（7-98）可知，一次拣选 T 种货物时，在第 j 条通道内拣选行走的期望距离为

$$d_{1j}(T) = E(d_{1j}^K) = \sum_{K=0}^{T} p_{1j}^{(K)} d_{1j}^{(K)}, \quad j = 1, 2, \cdots, n_1 \tag{7-99}$$

进一步得

$$d_{1j}(T) = m_{1j} \left(\sum_{K=0}^{T} p_{1j}^{(K)} - \frac{1}{(T+1)p_{1j}} (1 - (1 - p_{1j})^{(T+1)}) \right) \tag{7-100}$$

区域 1 的拣选数量为

$$T_1 = E(b(K; T, p_{1j})) = T \times \sum_{j=1}^{n_1} p_{1j} \tag{7-101}$$

采用的拣选路径策略为返回型，拣选所行走的距离有两部分：一是每条有货物拣选的通道所产生的期望拣选行走距离；二是由期望最远有货物拣选通道（离 I/O 点最远的期望拣选的通道）产生的拣选行走距离 R_{far}。

根据上面内容可知需要求得 R_{far}，记在拣选 T 种货物时，区域 1 内最远访问通道为 j_{1far} 的概率为 $p_{1j_{1far}/T}$，则有

$$\begin{cases} p_{1j_{1far}/T} = (p_{1j_{1far}})^T, & j_{1far} = 1 \\ p_{1j_{1far}/T} = \left(\sum_{j_1=1}^{j_{1far}} p_{1j_1} \right)^{T-1} \times (p_{1j_{1far}}), & 2 \leqslant j_{1far} \leqslant n_1 \end{cases} \tag{7-102}$$

所以有货物拣选的最远通道期望是

$$\bar{j}_{1far} = E(j_{1far}) = \sum_{j_{1far}=1}^{n_1} j_{1far} \times p_{1j_{1far}/T} \Big/ \sum_{j=1}^{n_1} p_{1j} \tag{7-103}$$

综上所述，可以得到有货物拣选的最远通道产生的拣选行走距离：

$$R_{1far} = \lambda\lambda \times \arctan(rr / aa) -$$
$$\arctan\left(aa - ([\bar{j}_{1far}] - 0.5) \times (l_1 + l_2) \Big/ -\sqrt{\lambda\lambda^2 - (([\bar{j}_{1far}] - 0.5) \times (l_1 + l_2) - rr)^2} \right)$$

$$\tag{7-104}$$

同理，计算区域 2 的期望拣选行走距离，由于货架布局设计的不同，区域 2 的每条通道长度也不相同，所以有

$$m_{2j} = \sqrt{\lambda\lambda^2 - ((j-0.5) \times (l_1 + l_2) - aa)^2} + rr, \quad j = 1, 2, \cdots, n_2 \qquad (7\text{-}105)$$

设定 p_{2j} 表示区域 2 的第 j 条通道内有货物被拣选的概率，则有

$$p_{2j} = \frac{m_{2j}}{\displaystyle\sum_{j=1}^{n_1} m_{1j} + \sum_{j=1}^{n_2} m_{2j}} \qquad (7\text{-}106)$$

假设一次拣选 T 种货物，则在区域 2 应该拣选 T 种货物。所以区域 2 的第 j 条通道内有货物被拣选的概率可以表示为

$$p_{2j}^{(T)} = 1 - (1 - p_{2j})^T = 1 - \left(1 - \frac{m_{2j}}{\displaystyle\sum_{j=1}^{n_1} m_{1j} + \sum_{j=1}^{n_2} m_{2j}} \right)^T \qquad (7\text{-}107)$$

令 T 种货物中有 $K(K = 0, 1, \cdots, T)$ 种货物在区域 2 内第 j 条通道内的概率为 $p_{2j}^{(K)}$，则有

$$
\begin{aligned}
p_{2j}^{(K)} &= C_T^K (1 - p_{2j})^{T-K} (p_{2j})^K \\
&= C_T^K \left(1 - \frac{m_{2j}}{\displaystyle\sum_{j=1}^{n_1} m_{1j} + \sum_{j=1}^{n_2} m_{2j}} \right)^{T-K} \left(\frac{m_{2j}}{\displaystyle\sum_{j=1}^{n_1} m_{1j} + \sum_{j=1}^{n_2} m_{2j}} \right)^K
\end{aligned} \qquad (7\text{-}108)
$$

同理可得区域 2 中每条通道的最远期望拣选行走距离为

$$d_{2j}(T) = m_{2j} \left(\sum_{K=0}^{T} p_{2j}^{(K)} - \frac{1}{(T+1)p_{2j}} (1 - (1 - p_{2j})^{(T+1)}) \right) \qquad (7\text{-}109)$$

区域 2 的拣选数量为

$$T_2 = E(b(K; T, p_{2j})) = T \times \sum_{j=1}^{n_2} p_{2j} \qquad (7\text{-}110)$$

记在拣选 T 种货物时，区域 2 内最远访问通道为 $j_{2\text{far}}$ 的概率为 $p_{2j_{2\text{far}}/T}$，则有

$$
\begin{cases}
p_{2j_{2\text{far}}/T} = (p_{2j_{2\text{far}}})^T, & j_{2\text{far}} = 1 \\[2mm]
p_{2j_{2\text{far}}/T} = \left(\displaystyle\sum_{j_2=1}^{j_{2\text{far}}} p_{2j_2} \right)^{T-1} \times (p_{2j_{2\text{far}}}), & 2 \leqslant j_{2\text{far}} \leqslant n_2
\end{cases} \qquad (7\text{-}111)
$$

所以有货物拣选的最远通道期望是

$$\bar{j}_{2\text{far}} = E(j_{2\text{far}}) = \sum_{j_{2\text{far}}=1}^{n_2} j_{2\text{far}} \times p_{2j_{2\text{far}}/T} \Big/ \sum_{j=1}^{n_2} p_{2j} \qquad (7\text{-}112)$$

得到有货物拣选的最远通道产生的拣选行走距离：

$$R_{2far} = \lambda\lambda \times \arctan(rr/aa) -$$

$$\arctan\left(aa - ([\bar{j}_{2far}] - 0.5) \times (l_1 + l_2) \middle/ -\sqrt{\lambda\lambda^2 - (([\bar{j}_{2far}] - 0.5) \times (l_1 + l_2) - rr)^2} \right)$$

$$（7\text{-}113）$$

由式（7-100）、式（7-104）、式（7-109）、式（7-113）可得返回型拣选路径策略的拣选行走距离为

$$D_{return}(T) = 2 \times \max(R_{1far}, R_{2far}) + 2 \times \sum_{j=1}^{n_1} d_{1j}(T) + 2 \times \sum_{j=1}^{n_2} d_{2j}(T) \qquad （7\text{-}114）$$

式（7-114）为返回型拣选路径策略下的拣选行走距离公式。

7.6.3　模型仿真与验证

为了验证模型的效果，需要进行模型的仿真，本节对比了仓库宽度为 $r = 100$，长度为 $2a = 200$，$l_1 = 4$，$l_2 = 4$ 情况下，由模型得出的结果与相同条件下的仿真结果之间的差距。

通过对模型进行仿真得到结论，如图 7-21 所示，模型与仿真的变化趋势相吻合，所以说明该模型可以估计 V 型曲线布局的拣选行走距离随着主通道曲率的不同而变化的趋势。其中横坐标为主通道曲率，纵坐标表示拣选行走距离。

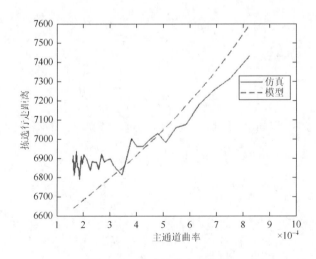

图 7-21　模型与仿真对比图

　　通过图 7-21 所示的拣选行走距离变化趋势的对比，可知模型与仿真的变化趋势相吻合，并且模型与仿真结果的误差在 4%内，如图 7-22 所示，证明该模型是有效的。

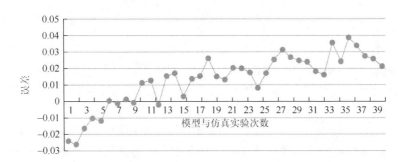

图 7-22　模型与仿真误差

　　如图 7-23 所示，在 $l_1 = l_2$ 的仓库布局下，随着曲率的增加，拣选路径不断变长，最长路径长度和最短路径长度相差 13%左右，由此可见，在 V 型布局中，直线通道可比曲线通道减少更多的拣选路径长度。

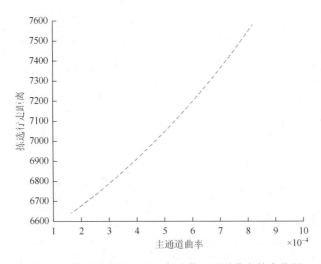

图 7-23　模型的拣选行走距离随着主通道曲率的变化图

7.7　本 章 小 结

　　本章对仓库鱼骨布局和 V 型布局下的随机存储策略与分类存储策略分别采用返回型拣选方式和 S 型拣选方式，进行模型的构建和研究。

在分类存储策略下，对鱼骨布局仓储和 V 型布局仓储的 A、B、C 三类存储区域进行了划分。在确定了分类存储策略后，对不同布局的仓储中心分别建立返回型和 S 型拣选路径模型，并使用 MATLAB 软件仿真验证了模型的有效性。在确定 V 型仓储布局和拣选订单的相关参数的情况之下，发现返回型拣选路径策略要优于 S 型拣选路径策略。

在随机存储策略下，基于订单到达的随机性条件，分别对在 S 型和返回型两种拣选方式下的路径进行关于拣选行走距离的随机模型的构建，得到在拣选数量一定的情况下，S 型拣选路径策略要优于返回型拣选路径策略，但是当拣选数量变大时，返回型和 S 型拣选行走距离的差距会逐渐减小。

对比 V 型与鱼骨布局，由图 7-24 可以得出，在货物拣选数量一定的条件下，直线型鱼骨布局的设计始终具有最优拣选效率；在拣选数量为 55 种之前，曲线型鱼骨布局的拣选效率始终比曲线型 V 型布局高，比直线型 V 型布局低，但在拣选数量为 55 种之后，鱼骨布局拣选效率始终比 V 型布局高；在拣选数量不断增大时，直线型鱼骨布局和曲线型鱼骨布局趋向于同一定值。

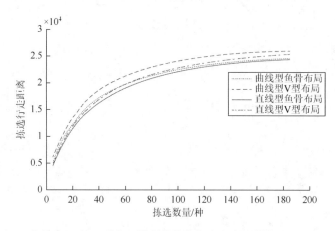

图 7-24　鱼骨布局和 V 型布局模型的拣选行走距离随着拣选数量的变化图

第 8 章　人工智能算法在拣选路径中的应用

8.1　拣选路径优化遗传算法的设计

8.1.1　遗传算法的研究现状

遗传算法由美国 Michigan 大学的 J. Holland 教授在 1975 年首次提出，由于提出较早，相关的研究文献也最多，现已在各大领域被广泛应用。许多学者将其用于解决仓库作业优化问题。

Wang 等（2005）提出了一种对不同尺寸的货物进行布局优化的方法，并利用遗传算法使拣选作业等的成本达到最优。Zhang 和 Lai（2006）对基本遗传算法进行了改进研究，以解决布局优化问题。Patel 等（2011）进行了遗传算法的参数研究，发现通过改进遗传算子可以对优化效果进行很好的改善。Eleonora 等（2012）利用遗传算法进行了仓库中货物的储位优化，并利用一个存储快速消费品的仓库进行了实例验证，结果表明，这一优化是有效的，不仅降低了成本，还提高了效率。

相比于国外的研究者来说，国内对于遗传算法的研究较晚，在仓库作业中也经常用其来解决货位分配和拣选问题。由于早期的遗传算法在优化计算时可能会陷入局部最优解或者在收敛速度上较慢，近期国内学者大多在解决实际问题中对遗传算法做了一些改进，使计算效果更佳。刘万军等（2010）设计了一种基于遗传法的改进单亲遗传算法，并将其运用于解决自动化立体仓库中的拣选优化问题。陈荣和李超群（2011）提出运用 ABC 法和自适应混合遗传算法来解决仓储区域的规划问题。敖日格乐（2015）针对单拣选车辆和多拣选车辆的拣选优化问题进行了研究，分别建立了数学模型，分别进行了遗传算法设计和混合遗传退火算法设计，然后用 MATLAB 软件进行算例的求解，并对两种优化算法的性能进行了全面的比较。张飞超（2015）将微遗传算法应用到实际的仓库案例中，以实现对仓库布局的优化，解决布局不合理、货位分配不科学的问题。张昊和王飞（2016）设计了一种贪心遗传混合算法，有效地解决了车辆的指派和调度问题，提高了作业效率。

8.1.2　遗传算法的运算步骤与算法设计

（1）编码：遗传算法不能直接处理参数进行求解，需要将其编译成由基因构成的染色体，这一过程就叫做编码。遗传算法有不同的编码方式，其中常用的有二进制编码、格雷码、序号编码。

（2）初始种群的生成：遗传算法按照一定的原则随机产生 N 个个体，构成一个种群。然后从中挑选较优的个体放到初始种群 $P(0)$ 中，并使 $P(0)$ 达到一定的数目，由 $P(0)$ 开始进行迭代运算。设置进化代数计数器 $t \leftarrow 0$，可以人为设置最大进化代数 T。

（3）适应度函数：适应度函数也叫做评价函数，用来评价种群中个体的优劣性。

（4）选择：根据（3）中的适应度函数值，选择适应度值高的个体遗传到下一代，适应度值低的个体被淘汰。

（5）交叉：按照遗传算法中的交叉算子，使染色体中的部分基因进行交叉操作，用以产生新的个体。

（6）变异：按照遗传算法中的变异算子，使某个个体染色体上的基因产生突变，用以保证种群的多样性。

（7）结束算法的运算条件：进行算法迭代，直到迭代到所设置的最大迭代次数，以具有最大适应值的个体作为最优解输出，并结束运算。

为了直观地说明遗传算法的实现过程，本节做以下符号说明。

M：初始种群数量。

C_{num}：迭代次数。

P_c：交叉概率。

$P_{mutation}$：变异概率。

在仓库拣选过程中，基本遗传算法的具体实现步骤如下。

（1）生成待拣选货物所在的坐标和任意待拣选货物的拣选行走距离矩阵。

（2）随机产生并生成初始种群 $P(0)$。

（3）根据适应度函数，求得初始种群中的适应度值，找出当前最优的拣选路径，并计算路径的总长度。

（4）进行选择、交叉、变异操作，以产生新的个体、新的种群。

（5）判断新的种群中适应度值最高的解是否满足输出条件，若满足则输出最优解；若不满足则返回步骤（2）继续进行迭代，直到满足输出条件。

8.1.3 遗传算法的过程结构流程图

在仓库拣货过程中,基本遗传算法的结构流程如图 8-1 所示。首先,对个体进行编码,并生成初始种群,编码规则一般采用二进制形式,根据问题的具体情况, 也可采用十进制实数形式或矩阵形式进行编码,初始种群生成规则可以自行设定或采用随机方式;其次,开始进行迭代计算,注意每次累积记录迭代次数,计算适应度值(一般参照问题模型的目标函数);再次,以一定的规则进行选择、交叉、变异,选择可采用轮盘堵的方式,交叉算子可根据问题设计,变异可以采用随机形式进行全局最优搜索;最后,产生新的种群,判断新的种群是否满足要求,如果满足要求,计算并输出适应度值,作为本次迭代的结果,

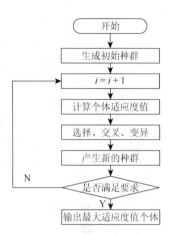

图 8-1 基本遗传算法流程图

如果新生成的种群不满足要求,则重新进行迭代计算,重复上述过程,直到迭代输出的结果满足算法终止条件的要求,计算过程结束。

8.2 拣选路径优化蚁群算法的设计

8.2.1 蚁群算法的研究现状

蚁群优化(ant colony optimization,ACO)算法(简称蚁群算法)是由意大利学者 M. Dorigo 等于 1991 年首先提出的,现主要被用来求解 TSP、二次分配问题(quadratic assignment problem,QAP)、车间任务调度问题(job-shop scheduling problem,JSP)、车辆路线问题(vehicle routing problem,VRP)等。

Celik 等(2014)利用蚁群算法解决了生产线再平衡问题,有效地节约了成本。Campos 等(2016)在解决生产车间的调度问题中,增加了资源和人员的约束条件,建立了数学模型,并用遗传算法和蚁群算法去求解,通过两种算法的求解对比发现,使用蚁群算法能更好地求解此类问题。Deng 等(2016)考虑到了货物的回收问题,通过设计混合蚁群算法来解决此类情况的路径优化问题,达到了降低逆向物流总成本的效果。

另外,由于蚁群算法本身的一些缺陷,如搜索时间长、易陷入局部最优,许多学者在处理问题的过程中对蚁群算法进行了改进研究,使其性能优于基本蚁群算法,能更有效地解决问题。

吴庆洪等（1999）在基本蚁群算法中引入了逆转变异机制，最后实现了收敛性能的提高，使得算法能够较快地得到满意解。最后，通过一个真实的 TSP 的案例，验证了改进算法的有效性。李开荣等（2004）在基本蚁群算法的基础上引入了一种动态自适应蚁群算法，从而有效地改善了蚂蚁在觅食过程中信息素的遗留情况，使得算法在运行过程中既不会出现早熟现象，也会相应地避免局部收敛，提高了整体的寻优能力。陈云飞等（2005）将小生境遗传算法和基本蚁群算法进行结合，解决了算法易陷入局部最优的问题，并通过火力分配的实例验证了改进算法可行性。李哲（2011）同样以拣选路径优化问题为例，通过改进基本蚁群算法实现了拣选行走距离的优化。宋代立和张洁（2013）提出了一个具有三级阶梯结构的蚁群算法，有效地解决了车间调度问题。周晓静（2016）对蚁群算法的参数做了适当的改进，提高了算法运行过程中的有效性。

8.2.2　蚁群算法的运算步骤与算法设计

本节的拣选是在鱼骨布局仓库中进行的，拣选优化问题可以等同于 TSP，将货物所在的位置抽象为点，实现所有点之间的行走距离最短。将基本蚁群算法运用到鱼骨布局拣选路径优化问题中，在算法设计的过程中，需要对蚁群算法设定一些参数，根据文献所做的研究，本节将蚂蚁的数目取为待拣选货物的数目，并将 m 只蚂蚁放到 n 个储位上。

在系统中，每只蚂蚁的行为符合以下规律。

（1）蚂蚁从一个拣选货位到另外一个拣选货位的行走过程中，会留下一定数量的信息素，使以前的蚂蚁留下的信息素浓度得到增加。

（2）蚂蚁根据路径上的信息素浓度的大小，选择信息素浓度大的路径去到下一个拣选点。

（3）在没有将所有待拣选货位都走一遍的时候，蚂蚁不可以去已经去过的货位。

在访问储位 i 后，蚂蚁根据路径上的信息素浓度函数以概率 p_{ij}^k 转移到下一个储位 j：

$$p_{ij}^k = \begin{cases} \dfrac{[\tau_{ij}(t)]^\alpha [\eta_{ij}(t)]^\beta}{\sum\limits_{i \in \text{allowed}_k} [\tau_{ij}(t)]^\alpha [\eta_{ij}(t)]^\beta}, & j \in \text{allowed}_k \\ 0, & \text{其他} \end{cases} \tag{8-1}$$

其中，allowed_k 表示蚂蚁在下一步行走时可以选择的所有路径的集合，它随着蚂蚁 k 的行进过程而变动；信息量 τ_{ij} 随时间的推移会逐步衰弱；η_{ij} 为由储位 i 转移到 j 的期望程度。

为了直观地说明蚁群算法的实现过程，本节做以下符号说明。

m：表示蚁群中的蚂蚁数量。

NC_max：表示最大迭代次数。

C：表示 n 个储位的坐标。

n：表示待拣选货物所在储位的数量。

Alpha：表示信息素重要程度的参数。

Beta：表示启发式因子重要程度的参数。

Rho：表示信息素蒸发系数。

Q：表示信息素增加强度系数。

Eta：表示启发因子。

Tau：表示信息素矩阵。

R_best：表示各代最佳路线。

L_best：表示各代最佳路线的长度。

在仓库拣货过程中，基本蚁群算法的具体实现步骤如下。

（1）变量初始化，设置储位的初始信息量。

（2）分配蚂蚁到各个拣选储位上，修改蚂蚁禁忌表 Tabu。

（3）根据选择概率公式计算各拣选点间的移动概率。

（4）每只蚂蚁 $k(k = 1, 2, \cdots, m)$ 根据移动概率公式选择储位 j 并前进，修改蚂蚁禁忌表 Tabu_k。

（5）若蚂蚁遍历完所有拣选储位则执行步骤（6），否则执行步骤（4）。

（6）计算每只蚂蚁所走的回路距离，计算并更新各储位间信息素 Tau。

（7）若满足终止条件，则结束循环并产生结果同时输出，否则删除每只蚂蚁的禁忌表且跳回到步骤（2）。

8.2.3　蚁群算法的过程结构流程图

在仓库拣货过程中，基本蚁群算法的结构流程如图 8-2 所示。首先，进行变量初始化，初始化最短路径为一个非常大的数（正无穷），最佳路径为空，信息素矩阵初始化为 0，禁忌表清空；其次，分配蚂蚁，修改禁忌表，禁忌表（Tabu）用来存储该蚂蚁已经访问过的拣选点，表示其在以后的搜索中将不能访问这些拣选点，将蚂蚁所在的拣选点加入禁忌表；再次，计算拣选点间的移动概率，即蚂蚁选择下一个拣选点的移动概率，使得每只蚂蚁遍历所有的拣选点，并计算每只蚂蚁所走的回路距离，应用全局信息素更新规则来改变信息素值，之后判断得出的最短路径结果是否满足解要求，若满足，则输出结果，若不满足，则重新分配蚂蚁进行迭代计算，直到迭代输出的结果满足算法终止条件的要求，终止条件可指定进化的代数，也可限定运行时间，或设定最短路径的下限，计算过程结束。

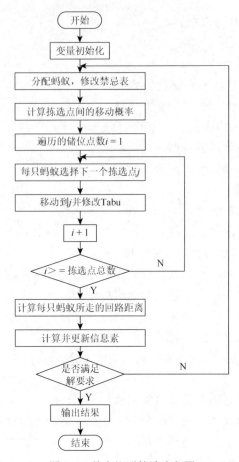

图 8-2　基本蚁群算法流程图

8.3　拣选路径优化布谷鸟算法的设计

8.3.1　布谷鸟算法的研究现状

英国学者 Yang 和 Deb（2009；2010；2011）提出了布谷鸟搜索（cuckoo search，CS）算法（简称布谷鸟算法）。

由于布谷鸟算法提出较晚，算法的研究也相对较少，目前在解决实际生活中的应用问题时也不是很全面。Vazquez（2011）将布谷鸟算法应用于解决脉冲神经网络模型问题。Chifu 等（2011）运用布谷鸟算法解决了 Web 服务组合流程的系统优化问题。Bhargava 等（2013）运用布谷鸟算法解决了较为复杂的平衡问题。Tein 和 Ramli（2010）运用布谷鸟算法有效解决了医院护士的调度问题，并进行了路径优化。Speed（2010）对基本布谷鸟算法进行了改进研究。Moravej 和 Akhlaghi

（2013）提出了用布谷鸟算法解决分布式网络中分布式发电（distributed generation，DG）的分配问题。Yang 和 Deb（2011）以及 Chandrasekaran 和 Simon（2012）都运用布谷鸟算法解决了工程中的多目标调度相关问题，并且验证了算法的有效性。

在国内，大多数学者对基本布谷鸟算法进行了改进，提高了算法的性能，在实际应用中取得了良好的效果。

张子成和韩伟（2017）在基本布谷鸟算法的基础上引入了 2-pot 优化算子，提出了一种自适应离散型布谷鸟（adaptive discrete cuckoo search，ADCS）算法，并有效地求解了 TSP 中的拣选路径优化问题。杨文强等（2016）为解决仓库中的组合优化问题，对布谷鸟算法进行了改进研究，在算法的收敛速度和精度方面都进行了改善。范帅军（2016）结合禁忌搜索算法实现了对布谷鸟算法的改进，并将改进后的算法应用于求解 TSP，最后验证了算法的正确性。黄继达（2014）将师生交流算法中的交流机制引入布谷鸟算法，并进行了新算法有效性的测试，在验证有效性之后，将其运用于解决车间里的调度问题。刘延龙（2016）在布谷鸟算法中结合了罚函数法，并将其应用于解决实际工程项目中的优化问题。李娜（2015）将布谷鸟算法运用于解决多目标函数优化问题，并提出了新型的多目标布谷鸟算法，改善了算法计算的效率。张杰（2015）在布谷鸟算法的基础上加入了协同搜索和自适应搜索的一些特征，并验证了改进算法的有效性。

8.3.2　布谷鸟算法的运算步骤与算法设计

布谷鸟寻找鸟窝的位置时具有一定的随机性，在寻窝过程中，设定了 3 个理想状态。

（1）每只布谷鸟一次只产一个卵，并且选择寄生鸟巢的方式是随机的。

（2）被布谷鸟寄生的鸟巢想要保留到下一代需符合一定的前提条件。

（3）用来寄生的宿主鸟巢的数目是固定的，布谷鸟的卵被宿主发现的概率为 p_a。在这种情况下，宿主鸟或者将卵推出巢外或者去建立新的巢穴。

在 CS 算法中，每个卵代表一个解决方案，初始化过程中，随机建立解决方案。布谷鸟的随机行走方程为

$$x_i^{(t+1)} = x_i^{(t)} + \alpha \oplus \text{Lévy}(\lambda) \tag{8-2}$$

其中，$x_i^{(t)}$ 是第 t 代第 i 个解决方案；α 是步长信息；$\oplus$ 是对点乘法；$\text{Lévy}(\lambda)$ 为随机搜索路径，而且由 Lévy 分布产生，Lévy 公式如下：

$$\text{Lévy} \sim u = t^{-\lambda}, \quad 1 < \lambda < 3 \tag{8-3}$$

生成新个体的具体公式如下：

$$\upsilon = \upsilon + \text{Stepsize}_j \times \text{rand } n[D] \tag{8-4}$$

其中，$\text{rand } n[D]$ 为在 $[1, D]$ 上生成的高斯分布；Stepsize_j 的计算公式如下：

$$\text{Stepsize}_j = 0.01 \left(\frac{u_j}{v_j} \right)^{1/\lambda} (\upsilon - X_{\text{best}}) \tag{8-5}$$

其中，$u = t^{-\lambda} \times \text{rand} \, n[D]$；$v = \text{rand} \, n[D]$；$\upsilon$ 初始化为 $\upsilon = x_i^{(t)}$；X_{best} 表示最优鸟窝位置。

在新方案生成以后，需要和原来的方案进行对比，适应度值较低的方案会保留到下一代。

在布谷鸟的卵被发现的情况下，宿主鸟选择和建立新的巢穴的过程采用偏好随机游动行为，公式如下：

$$\upsilon_i = \begin{cases} X_i + \text{rand}(X_{r1} - X_{r2}), & \text{rand} < p_a \\ X_i, & \text{其他} \end{cases} \tag{8-6}$$

其中，X_i 表示搜索群体当中第 i 个鸟窝的位置；$X_{r1} - X_{r2}$ 表示种群搜索空间内随机游走的可行的邻域上下限差值。

在 CS 算法中，解决方案受搜索空间的限制，其中，种群搜索的下界为 $X_{\text{min}} = (x_{1,\text{min}}, x_{2,\text{min}}, \cdots, x_{D,\text{min}})$，种群搜索的上界为 $X_{\text{max}} = (x_{1,\text{max}}, x_{2,\text{max}}, \cdots, x_{D,\text{max}})$。

布谷鸟算法步骤的详细描述如下。

（1）种群初始化，随机初始化鸟窝位置 $p_0 = [x_1^{(0)}, x_2^{(0)}, \cdots, x_n^{(0)}]$，找到最优的鸟窝位置 $x_{\text{best}}^{(0)}$，同时记录最优解 $x_{\text{best}}^{(0)}$ 的适应度值 f_{min}。

（2）保留上一代的最优鸟窝位置 $x_{\text{best}}^{(t-1)}$，利用式（8-2）更新所有鸟窝位置，得到一组新的鸟窝位置，用 $p_t = [x_1^{(t)}, x_2^{(t)}, \cdots, x_n^{(t)}]$ 表示，之后进行选择操作，通过与上一代的鸟窝位置 $p_{t-1} = [x_1^{(t-1)}, x_2^{(t-1)}, \cdots, x_n^{(t-1)}]$ 进行比较，选择适应度值好的鸟窝位置 $g_t = [x_1^{(t)}, x_2^{(t)}, \cdots, x_n^{(t)}]$。

（3）布谷鸟的卵被宿主发现的概率为 p_a，将 p_a 与 $r \in [0,1]$ 进行比较，保存 g_t 中符合 $p_a \leq r$ 的鸟窝位置，并利用式（8-6）对保存下来的鸟窝位置进行更新，将新的鸟窝位置与 g_t 中对应鸟窝位置进行比较，选取适应度值好的鸟窝位置保留下来，这样会得到一组新的更优鸟窝位置：$p_t = [x_1^{(t)}, x_2^{(t)}, \cdots, x_n^{(t)}]$。

（4）更新种群，将步骤（3）中所得到 p_t 中的最优鸟窝位置 $x_{\text{best}}^{(t)}$ 的适应度值和最优适应度值 f_{min} 进行比较，如果小于 f_{min}，更新 f_{min}，同时更新 g_{best}，反之，不更新。之后进行条件判断，如果终止条件满足，输出全局最优值 f_{min} 和对应的全局最优位置 g_{best}，若没有达到终止条件，则继续迭代。

为了直观地说明布谷鸟算法的实现过程，本节做以下符号说明。

n：表示宿主鸟巢巢穴的数量。

p_a：表示布谷鸟的卵被宿主发现的概率。

nd：表示鱼骨布局中待拣选点的数量。

N_iter：表示最大迭代次数。

在仓库拣货过程中，基本布谷鸟算法的具体实现步骤如下。

（1）参数初始化。

（2）产生初始巢穴，初始化种群的所有解和所有初始解的适应度值。

（3）采用 Lévy flights 方式产生新解。

（4）计算新解的适应度值。

（5）从初始解中随机选取一个候选解，并通过候选解的适应度值与新解的适应度值的比较，留用适应度值较小的解。

（6）以概率 p_a 发现并更新劣质解，产生新解。

（7）将所有较优的解保留到下一代，寻找并保存最优解。

（8）若满足终止条件，则结束循环并产生结果同时输出，否则回到步骤（3）继续迭代。

8.3.3　布谷鸟算法的过程结构流程图

在仓库拣货过程中，基本布谷鸟算法的结构流程如图 8-3 所示。首先，进行参数初始化设置，产生初始巢穴，初始化种群的所有解，并计算所有初始解的适应

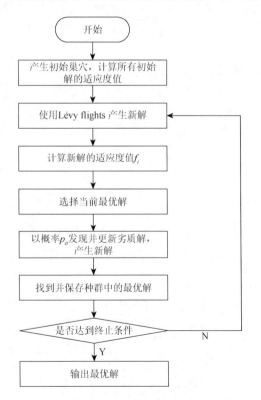

图 8-3　基本布谷鸟算法流程图

度值，找到最优的巢穴位置并记录最优解的适应度值，初始巢穴生成规则一般采用随机方式；其次，开始迭代计算，保留上一代最优巢穴位置，通过 Lévy flights 方式产生新的鸟巢位置，并计算新解的适应度值，之后进行选择操作，通过与上一代巢穴位置进行比较，选择适应度值好的巢穴位置；再次，以概率 p_a 发现并更新劣质解，产生新解，并与上一步中对应巢穴位置进行比较，选择适应度值好的巢穴位置进行保留；最后，保留最好的一组巢穴位置，直到达到目标精度或者达到迭代终止条件，产生并输出结果，计算过程结束，否则重新进行迭代计算并重复上述过程。

8.4　三种优化算法的计算与比较研究

8.4.1　求解算例

第 5 章已经对鱼骨布局的仓库进行了详细的设计与参数设定，为了优化鱼骨布局仓库中的拣选路径，本章分别设计了遗传算法、蚁群算法和布谷鸟算法。同时，为了验证算法的有效性，本节需要利用鱼骨布局仓库中拣选的具体实例来进行验证。通过文献的研究，以往的学者对于仓库中拣选路径的研究多集中在传统仓库布局的单区型、双区型和多区型，本书创新性地对鱼骨布局进行研究，希望能起到借鉴性的作用。

为了便于计算，本章设定拣选通道的宽度 l_1 的值为 1。遗传算法的参数为：$M=100$；$C_{num}=500$；$P_c=0.8$；$P_{mutation}=0.08$。蚁群算法的参数为：$Alpha=1$；$Beta=5$；$Rho=0.1$；$NC\_max=500$；$Q=100$。布谷鸟算法的参数为：$n=100$；$p_a=0.25$；$N\_iter=500$。在实际情况中，由于客户订单的到达是随机的，不同货物拣选的优化效果也有差异，为此，本节随机生成了 100 个待拣选点的储位号，并分别随机选取了包含 10 个、20 个、30 个、40 个待拣选点的各 10 个订单进行运算，取 1 个订单为例。

1. 货位坐标和编号

表 8-1～表 8-4 为待拣选点所在的货位坐标和编号。

表 8-1　有 10 个待拣选点

编号	坐标	编号	坐标
1	(0, 0, 0, 0)	7	(3, 3, 1, 9)
2	(1, 2, 0, 13)	8	(3, 4, 0, 10)
3	(1, 4, 0, 1)	9	(4, 4, 0, 5)
4	(2, 2, 1, 13)	10	(4, 2, 0, 9)
5	(2, 2, 0, 4)	11	(4, 2, 0, 18)
6	(2, 1, 0, 17)	—	—

表 8-2　有 20 个待拣选点

编号	坐标	编号	坐标
1	(0, 0, 0, 0)	12	(2, 1, 0, 17)
2	(1, 1, 1, 11)	13	(3, 1, 0, 16)
3	(1, 2, 0, 13)	14	(3, 2, 1, 9)
4	(1, 3, 0, 11)	15	(3, 3, 1, 9)
5	(1, 4, 0, 1)	16	(3, 4, 0, 10)
6	(1, 4, 1, 6)	17	(3, 5, 1, 1)
7	(2, 6, 0, 1)	18	(4, 5, 1, 7)
8	(2, 4, 1, 6)	19	(4, 4, 0, 5)
9	(2, 2, 1, 13)	20	(4, 2, 0, 9)
10	(2, 2, 0, 4)	21	(4, 2, 0, 18)
11	(2, 1, 1, 11)	—	—

表 8-3　有 30 个待拣选点

编号	坐标	编号	坐标
1	(0, 0, 0, 0)	17	(2, 1, 0, 17)
2	(1, 1, 0, 13)	18	(3, 1, 1, 10)
3	(1, 1, 1, 11)	19	(3, 1, 0, 16)
4	(1, 2, 0, 13)	20	(3, 2, 1, 3)
5	(1, 2, 1, 10)	21	(3, 2, 1, 9)
6	(1, 3, 0, 11)	22	(3, 3, 1, 9)
7	(1, 4, 0, 1)	23	(3, 4, 0, 10)
8	(1, 4, 1, 6)	24	(3, 5, 1, 1)
9	(1, 5, 1, 3)	25	(4, 5, 1, 7)
10	(2, 6, 0, 1)	26	(4, 4, 0, 5)
11	(2, 5, 0, 9)	27	(4, 3, 1, 3)
12	(2, 4, 1, 6)	28	(4, 3, 0, 12)
13	(2, 4, 0, 7)	29	(4, 2, 1, 1)
14	(2, 2, 1, 13)	30	(4, 2, 0, 9)
15	(2, 2, 0, 4)	31	(4, 2, 0, 18)
16	(2, 1, 1, 11)	—	—

表 8-4　有 40 个待拣选点

编号	坐标	编号	坐标
1	(0, 0, 0, 0)	22	(3, 1, 1, 5)
2	(1, 1, 0, 17)	23	(3, 1, 1, 21)
3	(1, 1, 1, 14)	24	(3, 1, 0, 16)
4	(1, 2, 0, 12)	25	(3, 2, 0, 2)
5	(1, 2, 1, 2)	26	(3, 2, 0, 8)
6	(1, 3, 0, 15)	27	(3, 3, 1, 11)
7	(1, 3, 1, 13)	28	(3, 4, 1, 3)
8	(1, 3, 1, 5)	29	(3, 4, 0, 6)
9	(1, 5, 0, 4)	30	(3, 5, 1, 3)
10	(1, 6, 0, 3)	31	(3, 7, 1, 3)
11	(1, 7, 0, 2)	32	(4, 5, 1, 7)
12	(2, 6, 1, 4)	33	(4, 5, 0, 5)
13	(2, 5, 0, 5)	34	(4, 4, 1, 1)
14	(2, 4, 0, 2)	35	(4, 4, 0, 10)
15	(2, 4, 0, 10)	36	(4, 3, 1, 1)
16	(2, 3, 0, 5)	37	(4, 3, 0, 15)
17	(2, 3, 0, 14)	38	(4, 2, 1, 11)
18	(2, 2, 0, 1)	39	(4, 2, 0, 2)
19	(2, 2, 0, 12)	40	(4, 1, 1, 18)
20	(2, 1, 1, 8)	41	(4, 1, 0, 14)
21	(2, 1, 1, 16)	—	—

注：编号 1 代表仓库的 I/O 点，由于订单拣选的行走路径为一个闭合回路，所以将 I/O 点作为待拣选点放入算法中。

2. 算例计算

本节在 MATLAB 语言环境下完成算法设计和运算，对于算例的运算是采用 Intel（R）Core（TM）i5-6200U CPU 的处理器完成的。

（1）当待拣选点的个数为 10 个时。

使用遗传算法求得的最短拣选行走距离为 160.97，中央处理器（central processing unit，CPU）的运行时间为 25.191 099 秒。最短距离拣选次序依次为：1→2→3→8→9→10→11→7→5→4→6→1。图 8-4、图 8-5 分别为遗传算法结果优化图和拣选路径图。

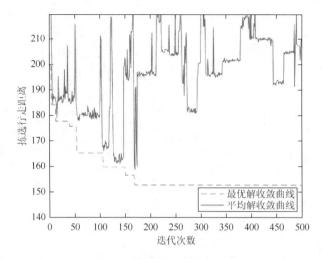

图 8-4　遗传算法结果优化图

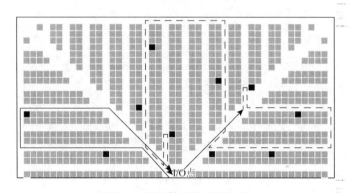

图 8-5　遗传算法拣选路径图

使用蚁群算法求得的最短拣选行走距离为 146.46，CPU 的运行时间为 2.984 924 秒。最短距离拣选次序依次为：1→11→10→9→8→7→5→4→2→3→6→1。图 8-6、图 8-7 分别为蚁群算法结果优化图和拣选路径图。

使用布谷鸟算法求得的最短拣选行走距离为 146.46，CPU 的运行时间为 3.538 280 秒。最短距离拣选次序依次为：1→11→10→9→8→7→5→4→2→3→6→1，此结果和蚁群算法的结果一致。图 8-8 为布谷鸟算法结果优化图。

根据 S 型拣选路径策略可知，此订单的拣选行走距离为 187.70。

（2）当拣选点的个数为 20 个时。

使用遗传算法求得的最短拣选行走距离为 330.94，CPU 的运行时间为 27.219 359 秒。最短距离拣选次序依次为：1→12→2→5→6→4→3→9→10→8→17→18→15→7→11→14→21→16→19→20→13→1。图 8-9 为遗传算法结果优化图。

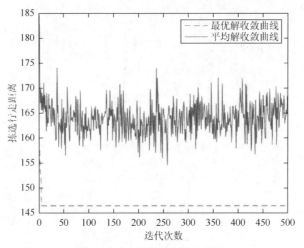

图 8-6　蚁群算法结果优化图

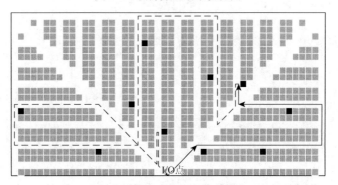

图 8-7　蚁群算法拣选路径图

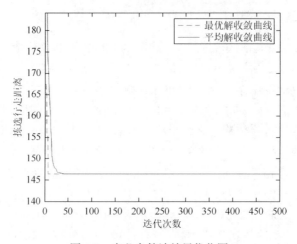

图 8-8　布谷鸟算法结果优化图

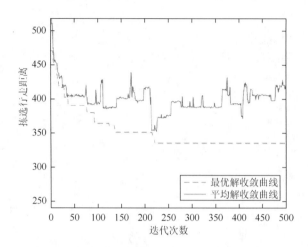

图 8-9　遗传算法结果优化图

使用蚁群算法求得的最短拣选行走距离为268.21，CPU 的运行时间为10.568 599
秒。最短距离拣选次序依次为：1→2→12→11→10→9→3→4→5→6→8→7→14→
21→20→19→16→18→17→15→13→1。图 8-10 为蚁群算法结果优化图。

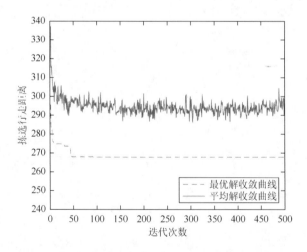

图 8-10　蚁群算法结果优化图

使用布谷鸟算法求得的最短拣选行走距离为272.70，CPU 的运行时间为3.196 464
秒。最短距离拣选次序依次为：1→12→11→9→10→7→8→6→5→4→3→2→21→
20→19→16→18→17→15→14→13→1。图 8-11 为布谷鸟算法结果优化图。

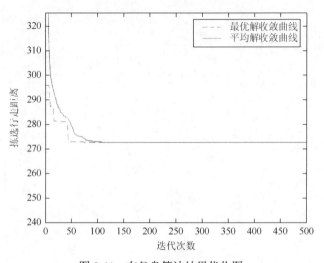

图 8-11　布谷鸟算法结果优化图

根据 S 型拣选路径策略可知，此订单的拣选行走距离为 345.43。

（3）当待拣选点的个数为 30 个时。

使用遗传算法求得的最短拣选行走距离为 491.15，CPU 的运行时间为 29.630 254 秒。最短距离拣选次序依次为：1→29→16→15→14→6→17→5→4→9→8→7→2→3→19→20→18→22→10→11→12→13→31→23→26→27→30→21→24→25→28→1。图 8-12 为遗传算法结果优化图。

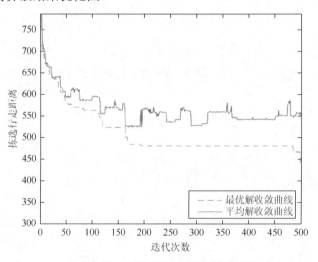

图 8-12　遗传算法结果优化图

使用蚁群算法求得的最短拣选行走距离为 302.21，CPU 的运行时间为 28.910 247 秒。最短距离拣选次序依次为：1→17→16→2→3→7→8→9→11→10→12→13→

6→5→4→14→15→20→21→31→30→29→27→28→22→23→26→25→24→18→19→1。图 8-13 为蚁群算法结果优化图。

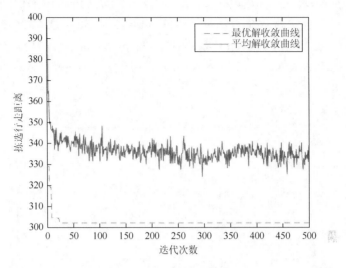

图 8-13　蚁群算法结果优化图

使用布谷鸟算法求得的最短拣选行走距离为304.70，CPU 的运行时间为3.524 749秒。最短距离拣选次序依次为：1→17→16→15→14→6→13→12→10→11→9→8→7→5→4→3→2→31→30→29→27→28→22→23→26→25→24→21→20→18→19→1。图 8-14 为布谷鸟算法结果优化图。

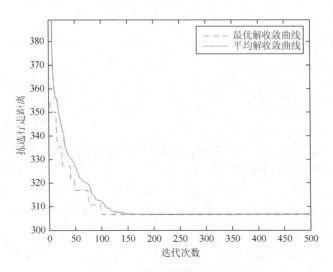

图 8-14　布谷鸟算法结果优化图

根据 S 型拣选路径策略可知，此订单的拣选行走距离为 415.67。

（4）当待拣选点的个数为 40 个时。

使用遗传算法求得的最短拣选行走距离为 607.37，CPU 的运行时间为 31.732 872 秒。最短距离拣选次序依次为：1→23→38→39→36→33→37→24→40→41→34→13→16→22→27→32→30→21→17→7→5→4→9→11→12→15→19→35→31→2→3→18→14→20→29→28→25→26→10→8→6→1。图 8-15 为遗传算法结果优化图。

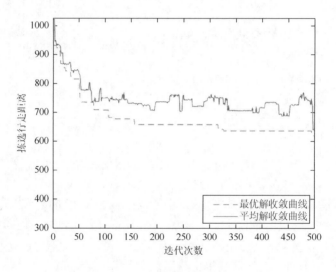

图 8-15　遗传算法结果优化图

使用蚁群算法求得的最短拣选行走距离为 302.94，CPU 的运行时间为 62.150 011 秒。最短距离拣选次序依次为：1→23→24→22→25→26→37→27→35→29→28→30→31→32→33→34→36→39→38→40→41→3→2→5→4→19→18→14→15→13→9→10→12→11→8→7→6→17→16→20→21→1。图 8-16 为蚁群算法结果优化图。

使用布谷鸟算法求得的最短拣选行走距离为 293.43，CPU 的运行时间为 3.585 820 秒。最短距离拣选次序依次为：1→21→20→18→16→17→15→14→13→12→10→11→9→7→8→6→19→4→5→2→3→40→41→38→39→36→34→33→32→31→30→28→29→35→37→27→26→25→22→24→23→1。图 8-17 为布谷鸟算法结果优化图。

根据 S 型拣选路径策略可知，此订单的拣选行走距离为 407.91。

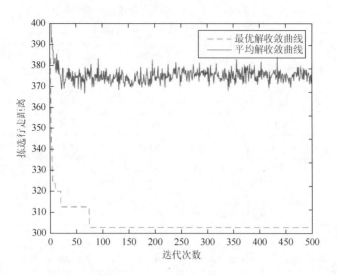

图 8-16　蚁群算法结果优化图

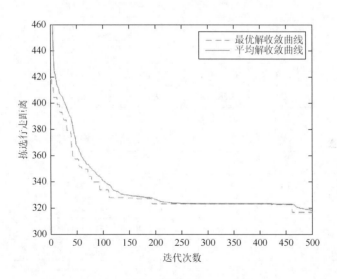

图 8-17　布谷鸟算法结果优化图

8.4.2　统计分析

将以上包含 10 个、20 个、30 个、40 个待拣选点的订单分别通过三种智能算法进行计算，并对运行的结果进行汇总，汇总比较结果见表 8-5～表 8-7。

表 8-5 1 个订单运行结果汇总表

待拣选点的个数/个	方法	CPU 运行时间	优化结果	相当于 S 型改善距离	相当于 S 型优化比例
10	S 型	0	187.70	0	0
	GA	25.191 099	160.97	26.73	14.24%
	ACO	2.984 924	146.46	41.24	21.97%
	CS	3.538 280	146.46	41.24	21.97%
20	S 型	0	345.43	0	0
	GA	27.219 359	330.94	14.49	4.19%
	ACO	10.568 599	268.21	77.22	22.35%
	CS	3.196 464	272.70	72.73	21.05%
30	S 型	0	415.67	0	0
	GA	29.630 254	491.15	−75.48	−18.16%
	ACO	28.910 247	302.21	113.46	27.30%
	CS	3.524 749	304.70	110.97	26.70%
40	S 型	0	407.91	0	0
	GA	31.732 872	607.37	−199.46	−48.90%
	ACO	62.150 011	302.94	104.97	25.73%
	CS	3.585 820	293.43	114.48	28.07%

表 8-6 10 个订单拣选行走距离运行结果汇总表

待拣选点的个数/个		1	2	3	4	5	6	7	8	9	10
10	S 型	188	203	196	175	184	207	192	183	177	231
	GA	161	165	170	148	152	171	159	167	142	206
	ACO	146	147	152	133	140	153	144	137	142	173
	CS	146	147	152	133	140	153	144	137	142	173
20	S 型	345	373	321	349	330	345	362	297	308	319
	GA	331	347	301	317	305	309	338	257	274	301
	ACO	268	289	276	265	274	263	287	226	246	248
	CS	273	280	282	247	274	273	269	233	237	257
30	S 型	416	471	445	408	433	396	421	439	418	427
	GA	491	503	429	561	482	430	491	464	583	529
	ACO	302	367	328	310	354	301	307	318	301	316
	CS	305	359	307	321	341	301	313	329	297	318

续表

待拣选点的个数/个		1	2	3	4	5	6	7	8	9	10
40	S 型	408	499	439	419	476	461	430	463	408	437
	GA	607	709	633	672	584	496	549	683	491	539
	ACO	303	374	319	296	373	351	319	320	296	317
	CS	293	368	323	304	364	347	313	312	293	309

表 8-7 相对于 S 型拣选路径策略优化比例次数汇总表

分组	GA				ACO				CS			
	10	20	30	40	10	20	30	40	10	20	30	40
<0	0	0	9	10	0	0	0	0	0	0	0	0
0～10%	1	7	1	0	0	0	0	0	1	0	0	0
10%～20%	9	3	0	0	10	2	1	9	9	3	0	9
20%～30%	0	0	0	0	0	8	9	1	0	7	9	1
30%～40%	0	0	0	0	0	0	0	0	0	0	1	0
合计	10	10	10	10	10	10	10	10	10	10	10	10

8.4.3 三种优化算法的性能比较

从上面的算例分析可以看出，首先，在鱼骨布局仓库拣选优化作业中，当待拣选点的个数为 10 个时，遗传算法能够有效地进行路径优化，其优化效率为 14.24%；当待拣选点的个数增加到 20 个时，遗传算法的优化效果降低，仅为 4.19%；当待拣选点的个数增加到 30 个、40 个以后，遗传算法已经不具备优化作用，拣选路径的长度明显随着待拣选点个数的增加而增加，相比于 S 型拣选路径策略，优化效率为负。由此可以得出结论，遗传算法在运算过程中极易陷入局部最优解，而且很难从局部最优解中跳出来。蚁群算法对于拣选路径的优化效果稳定，当待拣选点的个数增加时，从寻优效果来看，相对于 S 型拣选路径策略，优化效率一直维持在 20%～30%。而布谷鸟算法对于鱼骨布局仓储拣选路径的优化效果和蚁群算法的优化效果相当，但是当待拣选点的个数逐渐增多时，布谷鸟算法则表现得更稳定，而且随着待拣选点个数的增加，其优化效果提升得更为明显。

其次，从 CPU 的运行时间来看，遗传算法的平均运算时间较长，而且随着待拣选点的个数的增加，运算时间整体上呈逐渐增长的趋势；当拣选点的个数由 10 个依次增长到 40 个时，蚁群算法的 CPU 运行时间几乎是成倍数延长，而且当待拣选点的个数增长到 40 个时，其运行时间超过遗传算法；反观布谷鸟算法，它的 CPU 运行时间一直维持在非常短的水平，仅为 3.5 秒左右，可见布谷鸟算法的运行时间并不受待拣选点的个数的影响。

最后，从算法迭代和结果优化图中可以看出，遗传算法随着迭代次数的增加收敛慢，且很不稳定；蚁群算法在迭代的前期收敛速度快，后期效果不明显，并且随着待拣选点的个数的增加，得到最优解所需的迭代次数呈现稳定的增长；而布谷鸟算法在算法迭代的前期和后期都呈现稳定的收敛，并且随着待拣选点个数的增加，得到最优解所需的迭代次数也呈现稳定的增长。

综合以上分析，当待拣选点的个数在 20 个以内时，三种智能算法都能用来进行拣选路径优化，当待拣选点的个数多于 20 个时，蚁群算法和布谷鸟算法对于拣选路径的优化效果明显。由此，可以得出结论：在进行鱼骨布局仓储拣选路径优化时，布谷鸟算法效果最好，其次是蚁群算法，最后是遗传算法。

8.5　本 章 小 结

本章通过对基本的遗传算法、蚁群算法和布谷鸟算法的研究，对鱼骨布局仓库中的拣选路径进行了最优化的设计，使三种算法能够在拣选路径优化中求得优化解。然后随机设定了 40 个订单，包括 10 个待拣选点、20 个待拣选点、30 个待拣选点、40 个待拣选点各 10 个订单，并用 MATLAB 软件实现了对三种算法的运算。根据运算结果，得出本章的结论：在路径优化和算法性能方面，布谷鸟算法优于蚁群算法，蚁群算法优于遗传算法。三种算法的性能对比为以后的研究提供了算法选择依据。

第 9 章　传统布局的订单分批策略

9.1　相关理论研究综述

作为人工拣选作业优化的三种有效策略之一，订单分批问题已经引起了非常大的关注。国内外学者运用不同的方法，从不同的角度对其进行了大量的研究。

9.1.1　国外研究综述

订单分批的概念是由 Ackerman 于 1990 年第一次提出的。Choe 和 Sharp（1991）认为，订单分批处理可以分为相近订单分批（proximity of pick locations）和时间窗分批两种方式。其中，相近订单分批主要有节约算法和种子算法两种思路。多位学者研究了多货架矩形分拣系统的种子算法，在"距离"的计算中，Rosenwein（1994）考虑了被选订单加入后所增加的访问巷道数量，de Koster 等（1999）则考虑了订单之间的重心差异，还对种子算法和节约算法进行了绩效评价。时间窗分批是将某一时间段到达的订单汇总为一批后进行配货，时间段可固定也可变化。

很多学者研究了在随机订单到达下可变时间窗的固定分批批量问题，他们把该问题处理为随机服务队列模型。Chew 和 Tang（1999）提出了单存储区的订单分批的队列模型，用进入分批的第 1 个订单的拣选时间作为分批中单个订单平均拣选时间的近似值，进而给出拣选时间的上限、下限和平均值的计算公式。Le-Duc 和 de Koster（2007）拓展了 Chew 和 Tang（1999）的工作，在模型中直接计算单个订单的平均拣选时间。Gong 和 de Koster（2008）借助射频设备来定位拣选货位，提出了一种用轮换检测模型进行动态分批的方法，其拣选效率优于一般优化模型。他们综合考虑分批、拣选和分类处理过程，把整个流程看成一个串联队列网络，使用队列网络方法，综合分析影响三者的因素，可优化整体平均拣选时间。Yu 和 de Koster（2009）充分考虑了分批与存储分区之间的联系，把分批、拣选和分类处理过程处理成杰克逊网络（Jackson network）模型，首次提出了拣选时间的 1 阶矩和 2 阶矩（the first and second moment of service time）的概念，进而给出了节点转移概率，提出了拣选作业系统的 $G/G/m$ 随机服务系统模型。

Le-Duc 和 de Koster（2005）在订单分批研究中，总结和引用前人的研究成果，假设订单到达是泊松输入、订单分批是定长的且是先到先服务的随机服务系统（M/Gk/1），堪称近年来订单分批研究领域中较为全面的研究，使用了 2 阶矩近似计算公式，并借用 Chew 和 Tang（1999）提供的拣选系统的参数进行了模拟计算。仿真结果指出可获得一个比较有意义的分批处理的下限（时间窗），由此可探索分批处理的最优解。

9.1.2　国内研究综述

我国由于物流业起步较晚，对物流学科的研究也相对滞后，对订单分批的研究更是近几年才开始的，而且研究的人员较少，主要是李诗珍对订单分批分拣做过相关研究。李诗珍等（2002）首先研究了订单分批的四种方式及分批策略，同时针对静态时间窗分批的不足，提出了时间窗的动态设计方法。李诗珍（2009）提出包络算法的难点在于如何计算每个订单对应的包络编号。李诗珍（2011）还对拣货方式、路径策略与存储策略进行了协同研究，推出了不同路径策略下实际拣选路径的计算公式，并且通过比较分析各种策略组合仿真结果得出结论：分批策略对减少拣货作业总时间影响最大。

马士华和文坚（2004）将时间延迟思想运用于配送中心拣货作业中，提出动态时间窗分批策略，解决了等待时间和块状需求（闲忙不均）的问题。

在算法研究方面，伍经纬和蔡临宁（2007）对订单分批算法的适用性进行了研究，得出 S 型分拣路线的多智能体（multi-agent A，MAA）启发式算法优化效果更好的结论。王雄志和王国庆（2009）研究了订单时间具有约束的分批配货问题。王艳艳等（2010）综合考虑了拣选路径、待拣选订单相似性、订单提前期 3 个方面的因素研究订单分批问题，最后得出改进小生境遗传算法适用于大部分订单分批策略的结论。于洪鹏（2010）综合考虑了拣货作业人员的行走距离和订单等待时间，并且设计遗传算法对模型进行了求解。万杰等（2009）采用了遗传算法来优化订单的分批组合，选择体积较大的订单作为种子订单，发现在相同遗传代数的条件下，订单优化程度比随机产生的种子订单效果好。

纵观人工拣选作业系统的订单分批处理问题的研究文献和研究现状不难看出，对订单分批处理的研究存在的问题主要有如下几种。

（1）国外对该问题的关注程度高于国内，国外研究者的成果更多，在方法和适用性上不断地深化和精细化。

（2）国内对于订单分批的研究文献有限。无论从研究的广度与尝试上，还是从研究者的人数上，较国外都尚有欠缺，拣选实际运作还缺乏相应的理论指导。

（3）虽然国内有些学者在研究中也考虑了订单的随机性，但大多只限于随机参数的引用，其本质上还是属于订单静态分批处理的范畴。订单动态分批处理是指在考虑订单到达与接受的随机性、订单物品种类和数目的随机性的基础上，以一个变化的时间窗口来处理订单。很明显，订单动态分批处理更有实际意义，更能适合配送中心的运作需要。但直接研究订单随机性的成果很少，更很少有研究将其引入订单分批的研究中。

因此，对订单的随机性尚未进行有针对性的专题研究，可以进一步丰富国内在该领域的研究。鉴于此，本章所提出的研究问题关键是订单的随机性，核心是用随机过程的方法研究订单动态分批处理模型和仿真研究。

9.2　订单分批问题概述

订单分批问题就是要确定如何将订单组合在一起，然后由拣选人员进行拣选。如果拣选人员一次只拣选一个订单，那么拣选人员的拣选效率将会很低，拣选人员的能力将不足以服务于全部的订单；如果拣选人员等待大量充足的订单一起拣选，订单的平均周转时间就会变得比预期的要长。很明显，与订单个别拣选相比，订单分批拣选会提高拣选人员的拣选效率。因此，研究的目的就是确定多少订单放在一批拣选能够最小化随机订单的平均周转时间。

在现有的研究中，很多学者都对订单分批问题进行了研究。但是，研究的内容和方向不尽相同。很多学者致力于单通道自动化仓储的订单分批问题的研究（如 Elsayed 和 Lee（1996）、Elsayed 等（1993））；还有很多学者致力于多通道人工拣选系统中的订单分批问题的研究（如 Gibson 和 Sharp（1992）、de Koster 等（1999）、Gademann 等（2001））。他们的研究基本上都以以下三点作为研究目标：①最小化每个订单的平均拣选路径，从而使得它们的平均周转时间最短；②最小化每批订单的最大前置时间（lead-time）；③最小化订单拣选的成本。

但是以上研究大多把需求看成一个定量，订单的属性（订单到达的随机性、订单物品种类和数目的随机性）都被认为是已知的，而且早期研究常常把订单的批量大小（batch size）认为是已经给定的，却无法保证批订单的批量大小是否是合适的。在订单的分批处理过程中，要综合考虑订单的平均等待批形成时间和平均服务时间对订单分批处理的影响。在订单批量较小的时候，订单的平均等待批形成时间在订单的周转时间中将占有较大的比例；相反，当订单批量较大的时候，订单的平均服务时间将会占据很大的比例。因此，对于随机到达的订单，寻找最优的订单批量大小是一个非常有意义的研究方向。

大多数的研究者在研究订单分批处理优化问题的时候，都是在假设订单集已给定的情况下，最小化每个订单的周转时间（包括订单平均等待服务时间和平均服务时间）。Gademann 和 van de Velde（2005）指出，在一个平行通道布局中，在已经确定订单批量的前提下，当订单的批量大于 2 的时候，确定拣选的最优路径是个 NP 问题，那么，考虑了随机因素，研究最优分批批量大小将是一个困难甚至是不可行的事情。很少有人在随机环境下研究订单分批的批量大小的优化问题，

Chew 和 Tang（1999）假设订单的到达服从泊松分布，对单通道仓库随机存储策略下的订单平均周转时间进行估计，估计周转时间的上界、下界和近似值，从而得到最小平均周转时间下的最优订单分批批量大小，但是不足的是，他们将每批订单的第一个订单的平均周转时间作为每个订单的平均周转时间的估计值；Le-Duc 和 de Koster（2007）在此基础上进行了深入研究，研究了在现实中使用更多的双通道仓库的订单分批问题，利用随机理论，通过估计订单拣选时间的一阶、二阶矩，来估计每个随机订单的平均周转时间，从而估计优化订单分批的最优批量，但是只考虑了每个订单只有一个订单行（one order line）的情况；Gong 和 de Koster（2009）在 Chew 和 Tang（1999）的研究基础上，利用样本路径优化和微扰分析算法，来直接寻求最优的订单分批批量。

本章在现有研究的基础上，对 Le-Duc 和 de Koster（2007）的研究进行拓展。拓展的方向有两点：首先，考虑了 ABC 分类存储策略下的订单分批问题；其次，单订单行在现实情况中是很少发生的，我们研究的是多订单行，且每个订单都具有多种不同物品情况下的订单分批批量最优化问题。

9.3　订单分批随机服务系统模型构建

考虑订单到达的随机性和订单物品种类和数目的随机性，利用随机理论，首先估计拣选时间的一阶、二阶矩，用这些阶矩估计订单的平均周转时间，从而估计最优的订单分批批量。

单订单行拣选经常出现在单订单行和多订单行分割拣选的仓库，但是在很多现实情况下，每个订单都会包含多种订单行（即多种物品种类），这就需要对多订单行的订单分批问题进行研究。

现有研究大多基于随机存储策略对订单分批问题进行研究，ABC 分类存储综合了随机存储的随机性和定位存储的指定性，有效利用货位，便于管理，实用性强，本章研究 ABC 分类存储下的订单分批问题。

9.3.1　模型假设与符号定义

1. 模型假设

在建立模型之前，对模型进行以下假设。

（1）仓储布局：双区型布局是仓库布局中比较典型的一种方式，是由一定数目的同等长度的通道所组成的，通道内的货架上放有待拣选的物品，和单区型布局的不同点在于它有一个中间过道（Roodbergen and de Koster，2001b）。

研究表明，具有中间过道的双区型布局的平均拣选时间普遍要比单区型的少，所以选择双区型布局是符合仓储拣选作业过程的优化需求的。本书所选取的双区型布局如图 9-1 所示。

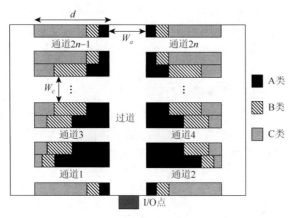

图 9-1 双区型布局

（2）订单方式：订单的到达服从参数为 λ_1 泊松分布，每个订单中物品的数目和种类都是随机的，每个订单具有多个订单行。我们假设每个订单上的物品数目近似服从参数为 r 和 p 的负二项分布。

（3）服务方式：我们假设拣选系统中只有一个拣选人员，拣选人员拣选的每批订单中都含有 k 个订单。拣选人员的拣选能力可以胜任一次性拣选 k 个订单的拣选任务。

（4）路径策略：拣选人员在拣选过程中按照 S 型拣选路径策略进行拣选。按照 S 型算法进行拣选，就意味着只要通道里含有待拣选物品，拣选人员就要访问整条通道，没有待拣选物品的通道不被访问。在访问完最后一个含有待拣选物品的通道后，拣选人员从过道回到 I/O 点。S 型拣选路径策略是最简单的路径策略之一，在实践中得到了广泛的应用。

（5）存储策略：采用 ABC 分类存储策略。ABC 分类存储策略是实际生活中企业运用得较为广泛的一种分类存储方法，它基于"关键的少数和次要的多数"原理，将仓库中的物品按照周转率的大小划分为三个不同的种类，其中，A 类物品的周转率最高，其次是 B 类，之后是 C 类。然后存储位置按到 I/O 点的距离升序分成三类，其中 A 类靠近 I/O 点，B 类次之，C 类离 I/O 点最远。仓库内具体的 ABC 分类存储策略下的货物存储情况如图 9-1 所示。

（6）分批规则：订单分批拣选系统按照先到先服务规则进行服务；我们假设系统的初始状态为闲期，即研究的初始系统中没有订单等待拣选服务。

尽管我们的研究基于的是处理现实生活中的真实问题，但是以上某些假设条件对于现实情况来说仍然是不严密的，例如，拣选系统中大多数会出现多个拣选人员的情况等。我们假设拣选系统只存在一个拣选人员的前提，只是为了简化研究。同时为简化研究问题，我们假设建立模型的条件如下。

（1）存储空间按货架长度计量，不考虑货架的高度。

（2）拣选操作只计行走到货位的距离，不计在货架高度上拿取物品等花费的时间。

（3）拣选行走距离与在通道内两货架之间的哪一端无关。

（4）拣选单中的物品种类是随机的，且是相互独立的。

（5）每类物品被拣选的概率是相同的。

（6）某通道内，某类物品的货位在该类别范围内的货架长度上服从均匀分布。

（7）每个货位存储一种物品，且所存储的物品数量能够满足拣选数量要求。

（8）拣选人员的行走速度是定值，这里取 $v=1$，因此，拣选人员的行走距离 = 拣选时间。

2. 符号定义

为了便于下面的描述，我们首先需要定义一下常用的符号。

C：物品类别数。

d：拣选通道的长度及货架长度。

d_{ij}：通道 j 存储第 i 类物品的空间长度，即物品的货位分布，$i=1,2,\cdots,C;$ $j=1,2,\cdots,m$。

W_a：过道宽度。

W_c：通道宽度。

n：一次拣选的物品件数（可包括任意种类物品）。

m：拣选通道数。

p_i：第 i 类物品的订购概率，$i=1,2,\cdots,C$。

p_{ij}：在通道 j 内第 i 类物品被拣选的概率；$i=1,2,\cdots,C;j=1,2,\cdots,m$。

p_j：通道 j 被访问的概率。

TR_{WA}：所有被访问通道内的拣选行走距离/时间。

TR_{CA}：访问通道需要行走的过道距离/时间。

AT^Z：附加距离/时间；Z 可以是上界、下界或者平均值。

τ_p：每个订单的拣选时间。

λ：单位时间内到达的订单数。

9.3.2 行走时间估计

S 型拣选路径策略如图 9-1 所示，拣选人员从 I/O 点出发，从左半边区域或者右半边区域开始，一条一条通道挨个访问，直至访问完第一个区域内最远的访问通道，然后转向另一个区域最远的存储有待拣选物品的通道进行访问。用同样的方式访问完所有的存储有待拣选物品的通道，最后回到 I/O 点。可以看到，无论拣选人员首先开始访问哪个区域的通道，拣选行走距离都是相同的。另外，两区域的通道分开进行访问的拣选行走距离明显要小于两个区域的通道同时访问。

1. 行走时间的一阶矩

采用 S 型拣选路径，则拣选路径长度包括以下三部分内容：①由期望被访问通道数产生的通道距离（$E[\mathrm{TR}_{WA}]$）；②由期望最远访问通道产生的过道距离（$E[\mathrm{TR}_{CA}]$）；③附加距离（AT）。

根据模型假设，我们可以有

$$E[\mathrm{TR}^{Z}] = E[\mathrm{TR}] + \mathrm{AT}^{Z}$$

其中，$E[\mathrm{TR}] = E[\mathrm{TR}_{WA}] + E[\mathrm{TR}_{CA}]$；$Z$ 可以是附加距离 AT 的上界、下界或者平均值。

1）由期望被访问通道数产生的通道距离 $E[\mathrm{TR}_{WA}]$

在 S 型拣选路径策略下，期望被访问通道数产生的通道距离 $E[\mathrm{TR}_{WA}]$ 只受通道长度 d 和期望被访问通道数 $E[J\,|\,n]$ 的影响。

由于第 i 类物品的拣选概率（订购概率）为 p_i（$i = 1,2,\cdots,C$），物品的货位分布为 d_{ij}，则通道 j 内第 i 类物品被拣选的概率 p_{ij} 为

$$p_{ij} = p_i \frac{d_{ij}}{\sum_{k=1}^{m} d_{ik}}, \quad i = 1,2,\cdots,C;\, j = 1,2,\cdots,m$$

因此，拣选一件物品，通道 j 被访问的概率 p_j 为

$$p_j = \sum_{i=1}^{C} p_{ij}, \quad j = 1,2,\cdots,m$$

Chew 和 Tang（1999）已经给出结论，在通道数为 m、待拣选物品件数为 n 的情况下，期望被访问通道数 $E[J\,|\,n]$ 为

$$E[J\,|\,n] = \sum_{j=1}^{m} jp\{J = j\} = m - \sum_{j=1}^{m} (1 - p_j)^n$$

所以，由期望被访问通道数产生的通道距离可表示为

$$E[\mathrm{TR}_{WA}] = dE[J\,|\,n] = d\left(m - \sum_{j=1}^{m} (1 - p_j)^n \right)$$

2）由期望最远访问通道产生的过道距离 $E[\mathrm{TR}_{CA}]$

由期望最远访问通道产生的过道距离 $E[\mathrm{TR}_{CA}]$ 是往返于输入/输出点和最远访问通道所产生的过道距离，它的大小和通道的宽度 W_c 和最远访问通道 $E[L\,|\,n]$ 有关。

Chew 和 Tang（1999）给出了单通道的 $E[L\,|\,n]$，在此我们研究双通道仓库时，

可以基于已有研究，将双通道仓库里过道两旁的通道看成单通道仓库中的同一个通道行，然后可以得到以下公式：

$$E[L \mid n] = \sum_{l=1}^{m/2} lp\{L = l \mid n\} = \frac{m}{2} - \sum_{l=1}^{m/2}\left(\sum_{r=1}^{l} p_r'\right)^n$$

其中，$p_r' = 1 - (1 - p_{2r-1})(1 - p_{2r})$，指的是通道行 $r(r = 1, 2, \cdots, m/2)$ 被访问的概率。

所以

$$E[\mathrm{TR}_{CA} \mid n] = 2W_c E[L \mid n] = 2W_c\left[\frac{m}{2} - \sum_{l=1}^{m/2}\left(\sum_{r=1}^{l} p_r'\right)^n\right]$$

其中，$p_r' = 1 - (1 - p_{2r-1})(1 - p_{2r}), r = 1, 2, \cdots, m/2$。

3）附加距离 AT

附加距离 AT 包括两方面的内容：AT_1 和 AT_2。AT_1 指的是从过道的中点位置距第一个被访问通道和最后一个被访问通道的距离之和；AT_2 是指由于单侧访问奇数条通道，为返回过道而产生的附加距离。

如果只有单侧区域的通道被访问，$\mathrm{AT}_1 = 2\left(\dfrac{W_a}{2}\right) = W_a$，因为只要拣选人员进入通道，他就必须要离开通道；如果两侧通道都被访问，$\mathrm{AT}_1 = 2W_a$。因此，

$$E[\mathrm{AT}_1 \mid n] = W_a(2 \times 0.5^n) + 2W_a(1 - 2 \times 0.5^n) = 2W_a(1 - 0.5^n)$$

第二种附加距离 AT_2 是由访问完单侧最远的通道回到过道中点产生的，我们很容易可以得到 $0 \leqslant \mathrm{AT}_2 \leqslant 2d$，而 $E[\mathrm{AT}_2 \mid n]$ 则与单侧最远被访问通道是奇数的概率和通道长度 d 有关。

$$E[\mathrm{AT}_2 \mid n] = dp\{J \text{ is odd} \mid n\}$$

关于单侧最远被访问通道是奇数的概率 $p\{J \text{ is odd} \mid n\}$ 将在本章附录中给出。

至此，可以得到以下结论：

$$E[\mathrm{TR} \mid n] = d\left(m - \sum_{j=1}^{m}(1 - p_j)^n\right) + 2W_c\left[\frac{m}{2} - \sum_{l=1}^{m/2}\left(\sum_{r=1}^{l} p_r'\right)^n\right]$$

$$E[\mathrm{TR}^- \mid n] = E[\mathrm{TR} \mid n] + W_a$$

$$E[\mathrm{TR}^+ \mid n] = E[\mathrm{TR} \mid n] + 2(d + W_a)$$

$$E[\mathrm{TR}^{\approx} \mid n] = E[\mathrm{TR} \mid n] + 2W_a(1 - 0.5^n) + E[\mathrm{AT}_2 \mid n]$$

2. 行走时间的二阶矩

不考虑附加距离 AT 的前提下，行走时间的二阶矩可以表示为

$$E[\text{TR}^2 \mid n] = d^2 E[J^2 \mid n] + (2W_c)^2 E[L^2 \mid n] + 2(2W_c)dE[JL \mid n]$$

Le-Duc 和 de Koster（2005）已经给出了随机存储下的 $E[J^2 \mid n]$ 和 $E[L^2 \mid n]$，ABC 分类存储下与其有所改变的是通道 j 被访问的概率 p_j，其他可以通用，所以有

$$E[J^2 \mid n] = m^2 - \sum_{j=1}^{m}(2m-1)(1-p_j)^n + 2\sum_{j=1}^{m-1}\sum_{r=j+1}^{m}(1-p_j-p_r)^n$$

$$E[L^2 \mid n] = \left(\frac{m}{2}\right)^2 - \sum_{l=1}^{m/2}(2l+1)\left(\sum_{r=1}^{l}p_r'\right)^n$$

其中，$p_r' = 1 - (1-p_{2r-1})(1-p_{2r}), r = 1,2,\cdots,m/2$。

$$E[JL \mid n] = \sum_{l=1}^{m/2} l\left\{\left(\sum_{r=1}^{2l}p_r\right)^n\left[2l - \sum_{j=1}^{2l}(1-p_j^*)^n\right] - \left(\sum_{r=1}^{2(l-1)}p_r\right)^n\left[2(l-1) - \sum_{j=1}^{2(l-1)}(1-p_j^{**})^n\right]\right\}$$

其中，$p_j^* = \dfrac{p_j}{\sum_{i=1}^{2l}p_i}$，$p_j^{**} = \dfrac{p_j}{\sum_{i=1}^{2(l-1)}p_i}$。

我们可以看出，$E[\text{TR} \mid n]$ 与 $E[\text{TR}^+ \mid n]$ 和 $E[\text{TR}^- \mid n]$ 的区别是一个常量，因此它们的方差是一样的，即

$$\sigma^2 E[\text{TR} \mid n] = \sigma^2 E[\text{TR}^+ \mid n] = \sigma^2 E[\text{TR}^- \mid n] = E[\text{TR}^2 \mid n] = (E[\text{TR} \mid n])^2$$

然而，$E[\text{TR}^{\approx} \mid n]$ 和 $E[\text{TR} \mid n]$ 的差值并不是一个常量，所以它们的方差并不是同一的，但是，为了研究方便，我们在此假设 $\sigma^2 E[\text{TR}^{\approx} \mid n] = \sigma^2 E[\text{TR} \mid n]$。

9.3.3 订单分批随机服务系统模型

对于具有在线订单接受系统的配送中心来说，一方面，订单到达的随机性决定了订单到达队列是一个随机过程，进一步说，订单到达队列是具有非负连续时间参数集和非负整数状态集的马尔可夫链；另一方面，每个订单所含物品种类和数目的随机性，使得拣选服务时间是随机的，即随机服务。因此，我们可以把人工拣选作业过程看成一个以订单随机到达为输入过程，以人工拣选作业为服务机构的随机服务系统。

在适当的时间范围内考虑订单到达问题时，区间 $[t_0, t_0+t]$ 内到来 k 个订单的概率只与时间间隔 t 和订单数 k 有关，而与起始时间 t_0 无关，所以，订单随机输入过程由于具有平稳性而满足独立增量性和普通性就更加明显，人工拣选随机服务系统的输入过程是一个输入强度为 λ 的泊松输入过程。

在人工拣选随机服务系统中，服务机构就是工作人员的物品拣选，服务台是拣选人员，服务时间是完成一个或一批拣选单的拣选时间。

我们现在研究的是订单分批拣选下的人工拣选随机服务系统，前面已经提及

订单的到达是一个输入强度为 λ 的泊松输入过程；我们假定只有一个拣选人员，即系统中只有一个服务台；对订单进行分批拣选，即拣选人员可以每次服务 k 个订单，Le-Duc 和 de Koster（2007）假定每个订单只有一种物品，而实际情况中，每个订单所含的物品种类和数目是随机的，所以本书研究每个订单中含有多种物品的订单分批问题，我们的解决方法是借鉴 Chew 和 Tang（1999）提出的假设每个订单中的物品种类和数目服从负二项分布。

所以，我们的订单问题就是通过对订单分批随机服务系统效率指标的估计，确定最佳的订单分批拣选的批量，使得每个随机物品的平均周转时间 T 最小，其中 T 包括三个方面的内容：平均等待批形成时间 W_1、平均等待服务时间 W_2 以及平均服务时间 S。

人工订单分批拣选系统包含了两个队列模型。第一个随机服务系统就是订单的批形成过程。一旦每批订单形成，这批订单就会立刻进入第二个随机队列，即随机服务系统 $E_k / G / 1$，也就是说，订单的到达服从爱尔朗分布，订单拣选的服务时间服从一般分布，系统只有一个服务台，即只有一个拣选人员。

1. 随机服务系统输入流

订单到达的随机性以及订单中物品数目和种类的随机性是我们研究订单分批问题的难点。在此，我们将订单的到达看作服从参数为 λ 的泊松分布，同时我们将订单中物品种类和数目看作服从参数为 r 和 p 的负二项分布。

因为每个订单的到达服从参数为 λ 的泊松分布，所以含有 k 个订单的批订单的到达时间间隔服从 k 阶爱尔朗分布，即订单分批随机服务系统的输入是一种爱尔朗输入流。

根据爱尔朗分布的性质，我们知道：

（1）k 个订单形成的批订单的期望到达时间间隔 $E[a] = k / \lambda$；

（2）k 个订单形成的批订单的到达时间间隔的方差 $\sigma_a^2 = k / \lambda^2$。

2. 平均服务时间

分批订单的拣选的服务时间等于拣选人员在仓储区拣选每个物品的行走时间 TR 以及拣选物品的时间 τ_p 和订单的分拣时间 τ_s，在此我们假定 τ_p 和 τ_s 为常量。订单拣选的行走时间和拣选时间都受到拣选物品数目的影响。对于 k 个订单形成的批订单来说，分批订单的批量大小 k 以及每个订单所含有的商品数目都是影响订单拣选的服务时间的因素。我们在前面已经假设了每个订单的商品数目服从参数为 r 和 p 的负二项分布，其概率分布函数为

$$P_{NB}\{n = 1 + x\} = \binom{x + r - 1}{r - 1} p^r (1 - p)^x, \quad x = 0, 1, \cdots$$

其中，n 表示订单中的商品数目；r 和 p 都是常量，r 表示订单商品数目的均值且 $r > 0$，p 表示订单商品数目的聚集系数，$0 < p < 1$。选择负二项分布是因为在配送中心，订单的商品数目和种类会随着一些促销措施的施行或者季节的改变等外在因素的影响而出现聚集的情况，而负二项分布具有聚集性的特点，所以用于此符合现实情况；同时通过改变参数 r 和 p，负二项分布能够较全面地近似仿真订单商品数目和种类的分布。

通过矩母函数，我们可以得到 k 个订单形成的批订单所含商品数目的概率函数：

$$P_{NB}^k \{n = k + x\} = \binom{x + kr - 1}{kr - 1} p^{kr} (1-p)^x, \quad x = 0,1,\cdots$$

它依然服从参数为 r 和 p 的负二项分布。

根据负二项分布的性质，我们可以知道 k 个订单形成的批订单所含商品数目的平均值和方差分别为

$$E = k + \frac{kr(1-p)}{p}$$

$$\sigma^2 = \frac{kr(1-p)}{p^2}$$

接下来我们就可以求解 k 个订单形成的批订单的期望值和二阶矩。

对于 k 个订单形成的批订单来说，它的平均服务时间 S 的期望值为

$$E[S^Z] = \sum_n E[\mathrm{TR}^Z \mid n] P_{NB}^k(n) + \sum_n n\tau_p P_{NB}^k(n) = E[\mathrm{TR}^Z] + E \cdot (\tau_p + \tau_s)$$

其中，Z 可以表示符号的上界、下界或者平均值。

$$E[\mathrm{TR}] = d\left(m - \sum_{j=1}^m \left(\frac{p}{1-(1-pj)(1-p)} \right)^{rk} (1-p_j)^k \right) + 2W_c \left(m/2 - \sum_{l=1}^{m/2} \left(\left(\frac{p}{1-\sum_{r=1}^l p_r'(1-p)} \right)^{rk} \left(\sum_{r=1}^l p_r' \right) \right) \right)$$

其中，$p_r' = 1-(1-p_{2r-1})(1-p_{2r})$，指的是通道行 r（$r = 1,2,\cdots,m/2$）被访问的概率。

那么

$$E[\mathrm{TR}^-] = E[\mathrm{TR}] + W_a$$

$$E[\mathrm{TR}^+] = E[\mathrm{TR}] + 2(W_a + d)$$

$$E[\mathrm{TR}^\approx] = E[\mathrm{TR}] + 2W_a(1 - 0.5^n) + E[\mathrm{AT}_2]$$

其中，$n = k + \dfrac{kr(1-p)}{p}$。

求解 k 个订单形成的批订单的平均服务时间 S 的二阶矩：

$$\sigma^2[S] = (E[TR^2] - (E[TR])^2) + \frac{kr(1-p)}{p^2}(\tau_p^2 + \tau_s^2)$$

其中，

$$E[TR^2] = \sum_n E[TR^2 \mid n]P_{NB}^k(n) = \sum_n (d^2 E[J^2 \mid n] + (2W_c)^2 E[L^2 \mid n] + 2(2W_c)dE[JL \mid n])P_{NB}^k(n)$$

$$= d^2 E[J^2] + (2W_c)^2 E[L^2] + 2(2W_c)dE[JL]$$

$$E[J^2] = m^2 - \sum_{j=1}^m (2m-1)\left(\frac{p}{1-(1-p_j)(1-p)}\right)^{rk}(1-p_j)^k + 2\sum_{j=1}^{m-1}\sum_{r=j+1}^m \left(\frac{p}{1-(1-p_j)(1-p)}\right)^{kr}(1-p_j-p_r)^k$$

$$E[L^2] = \left(\frac{m}{2}\right)^2 - \sum_{l=1}^{m/2}(2l+1)\left(\frac{p}{1-\left(\sum_{r=1}^l p_r'\right)(1-p)}\right)^{kr}\left(\sum_{r=1}^l p_r'\right)^k$$

式中，$p_r' = 1-(1-p_{2r-1})(1-p_{2r}), r = 1,2,\cdots,m/2$；

$$E[JL] = \sum_{l=1}^{m/2} l \left\{ \begin{array}{l} \left(\left(\frac{p}{1-\left(\sum_{r=1}^{2l} p_r\right)(1-p)}\right)^{kr}\left(\sum_{r=1}^{2l} p_r\right)^k\left[2l - \sum_{j=1}^{2l}\left(\frac{p}{1-(1-p_j^*)(1-p)}\right)^{kr}(1-p_j^*)^k\right] - \\ \\ \left(\left(\frac{p}{1-\left(\sum_{r=1}^{2(l-1)} p_r\right)(1-p)}\right)^{kr}\left(\sum_{r=1}^{2(l-1)} p_r\right)^k\left[2(l-1) - \sum_{j=1}^{2(l-1)}\left(\frac{p}{1-(1-p_j^{**})(1-p)}\right)^{kr}(1-p_j^{**})^k\right] \end{array} \right\}$$

式中，$p_j^* = \dfrac{p_j}{\sum_{i=1}^{2l} p_i}$；$p_j^{**} = \dfrac{p_j}{\sum_{i=1}^{2(l-1)} p_i}$。

3. 平均等待批形成时间

在订单的批形成过程中，因为订单的到达服从参数为 λ 的泊松分布，所以 k 个订单的批形成时间服从爱尔朗分布。批形成过程会增加每个订单被服务的延迟时间，因为前 $k-1$ 个订单必须要等待批形成。但是研究也表明，分批拣选能够使得拣选资源得到有效利用，提高拣选效率。

因为订单的到达服从参数为 λ 的泊松分布，即单位时间内到达的订单数为 λ，那么，每个订单到达的平均时间为 $\dfrac{1}{\lambda}$，在形成批量为 k 的批订单的过程中，第 i 个到达的订单（$i = 1,2,\cdots,k$）的等待批形成时间为

$$w(i) = \frac{k-i}{\lambda}$$

在形成批量为 k 的批订单的过程中，第 i 个到达的订单（$i = 1, 2, \cdots, k$）必须要等待 $k-i$ 个订单，所以第 i 个到达的订单（$i = 1, 2, \cdots, k$）必须要等待的概率为

$$p(i) = \frac{k-i}{\mathrm{sum}(0:k-1)}$$

因此，我们可以得到订单的平均等待批形成时间：

$$W_1 = \sum_{i=1}^{k} w(i) p(i) = \sum_{i=1}^{k} \frac{(k-i)^2}{\lambda \mathrm{sum}(0:k-1)}$$

4. 平均等待服务时间

批订单形成之后，就要进入随机服务系统 $E_k / G / 1$，即订单的到达服从爱尔朗分布，订单拣选的服务时间服从一般分布，系统只有一个拣选人员。我们要研究随机订单的平均等待服务时间，解决的办法是我们需要知道订单到达时间间隔和服务时间的期望值与二阶矩，然后根据它们估计出随机订单的平均等待服务时间。

对于订单到达时间间隔和服务时间的期望值与二阶矩，在前面已经给出，根据 Chew 和 Tang（1999）的文献，可以有

$$W_2^{\mathrm{LB}} = \frac{[\rho^{\mathrm{LB}}(C_a^2 - 1 + \rho^{\mathrm{LB}}) + (\rho^{\mathrm{LB}})^2 (C_S^{\mathrm{LB}})^2] E[A]}{2(1 - \rho^{\mathrm{LB}})}$$

$$W_2^{\mathrm{UB}} = \frac{[\rho^{\mathrm{UB}}(2 - \rho^{\mathrm{UB}}) C_a^2 + (\rho^{\mathrm{UB}})^2 (C_S^{\mathrm{UB}})^2] E[A]}{2(1 - \rho^{\mathrm{UB}})}$$

$$W_2^{\mathrm{AP}} = \frac{C_a^2 + (C_S^{\mathrm{AP}})^2}{2} \frac{(\rho^{\mathrm{AP}})^2}{1 - \rho^{\mathrm{AP}}} E[A] - 0.3 \rho^{\mathrm{AP}} (C_S^{\mathrm{AP}})^2 (1 - C_a^2) E[A]$$

其中，$\rho^z = E[S^z] \big/ E[A]$，$C_a = \sigma_a \big/ E[A]$，$E[A] = k \big/ \lambda$，$\sigma_a^2 = k \big/ \lambda^2$，$C_S^z = \sigma_s^z \big/ E[S^z]$，同时，$Z = \mathrm{LB}, \mathrm{UB}, \mathrm{AP}$。

5. 随机订单的周转时间

随机订单的周转时间包含三个方面的内容：①平均等待批形成时间 W_1；②平均等待服务时间 W_2；③平均服务时间 S。所以对于一个由 k 个订单形成的批订单来说，每个随机订单的周转时间可以表示为

$$T^Z = W_1 + W_2^Z + E[S^Z]$$

其中，$Z = \mathrm{LB}, \mathrm{UB}, \mathrm{AP}$，分别表示随机订单的周转时间的下界、上界或者平均值。

9.4　订单分批随机服务系统模型仿真

9.4.1　参数设置

为了检验订单分批随机服务系统模型的实用性，我们通过定义参数进行算例分析。

首先，对随机服务模型中需要用到的参数进行设置，如表 9-1 所示，部分参照 Chew 和 Tang（1999）的文献。按照仓库中通道为 8 条、12 条、16 条三种情况进行算例分析。

表 9-1　参数设置表

参数	数量
m	8 条通道
λ	1，即单位时间内到达的订单数目
r, p	$r = 3$，$p = 0.5$，即每个订单所含商品数目服从参数为 r 和 p 的负二项分布
d	1
W_a	0.09
W_c	0.11
τ_p	0.01
τ_s	0.01
C	3，即待拣选物品中含有 3 种类别的物品

其次，需要对仓储布局进行参数设置，因为我们研究双通道 ABC 分类存储下的订单分批问题，所以需要对每一类物品的订购频率进行设定。如果同类物品具有相同的订购频率，在一段时间内由物品实际需求的经验分布可得该订购频率，近似取为常数。各类物品的订购频率和存储空间分配比例，根据其周转率的大小存在多种情况，根据物品周转率大、中、小的特点，一般常见的 ABC 分类存储可分为随机订购与分配、中等订购与分配、偏态订购与分配，具体参数见表 9-2。表中数据表示不同分布的储位分配比例。

表 9-2 仓储布局表

类型			m	1	2	3	4	5	6	7	8	合计	订购频率	存储空间分配比例
情况	随机	A		0.34	0.34	0.34	0.34	0.33	0.33	0.33	0.33	2.68	1/3	1/3
		B		0.33	0.33	0.33	0.33	0.34	0.34	0.33	0.33	2.66	1/3	1/3
		C		0.33	0.33	0.33	0.33	0.33	0.33	0.34	0.34	2.66	1/3	1/3
	中等	A		0.60	0.60	0.48	0.48	0.1	0.1	0.02	0.02	2.40	0.5	0.3
		B		0.36	0.36	0.48	0.48	0.3	0.3	0.06	0.06	2.40	0.3	0.3
		C		0.04	0.04	0.04	0.04	0.6	0.6	0.92	0.92	3.20	0.2	0.4
	偏态	A		0.58	0.58	0.2	0.2	0.01	0.01	0.01	0.01	1.60	0.8	0.2
		B		0.32	0.32	0.5	0.5	0.32	0.32	0.06	0.06	2.40	0.15	0.3
		C		0.10	0.10	0.3	0.3	0.67	0.67	0.93	0.93	4.00	0.05	0.5

在上述参数的设置下，我们通过 MATLAB 分别对随机服务系统模型进行了仿真计算。仿真内容主要包括三个方面的内容：①仿真物品在仓库中的分布以及 S 型拣选路径，仿真计算平均服务时间 S；②仿真批订单的形成过程，计算平均等待批形成时间 W_1；③仿真随机服务系统 $E_k / G / 1$，计算平均等待服务时间 W_2。

9.4.2 仿真计算平均服务时间 S

1. 仿真过程

具体仿真步骤如下。

步骤 1，对于每个订单中所含的物品数目，根据负二项分布的性质，随机产生 100 次 k 个服从负二项分布的随机数，记为每个订单所含的商品数目。它们的总数就是所要拣选的物品数目。

步骤 2，依据仓储布局参数，仿真所要拣选的各类物品在各条通道货架上的分布。

步骤 3，计算 S 型拣选路径下订单的拣选行走距离。

首先，计算访问每条通道产生的通道距离。

For $j = 1$ to m （m 为通道数）//计算访问每条通道产生的通道距离

If 某通道有物品被拣选

Then 累加一次通道长

End If

End For

其次，计算由最远访问通道产生的过道距离。

For $j = 1$ to m //计算由最远访问通道产生的过道距离

If 某通道有物品被拣选

$$\text{Then } j_{\text{far}} \leftarrow j$$

$$\text{End If}$$

$$\text{End For}$$

计算从 I/O 点到 j_{far} 通道的往返过道长度。

再次，计算附加距离 AT。

If 只有单侧通道被访问//计算从过道的中点位置距第一个被访问通道和最后一个被访问通道的距离之和

$$\text{Then } \text{AT}_1 = 2(W_a / 2) = W_a$$

$$\text{Else } \text{AT}_1 = 2 \times 2(W_a / 2) = 2W_a$$

$$\text{End If}$$

If 单侧被访问通道为奇数//计算由于访问奇数条通道，为返回过道而产生的附加距离 AT_2

$$\text{Then } \text{AT}_2$$

$$\text{End If}$$

$$\text{AT} = \text{AT}_1 + \text{AT}_2$$

最后，计算订单的行走距离，就是通道距离、过道距离和附加距离之和，因为我们已经假设拣选人员的行走速度是 1，所以行走时间等于行走距离。

步骤 4，计算拣选订单的服务时间，它等于拣选 k 个订单 n 件商品的行走时间、拣选时间和分拣时间的总和。单个物品的拣选时间 τ_p 和单个订单的分拣时间 τ_s 均假设为常量。

步骤 5，拟合出服务时间的分布函数以及关于拣选物品数目的服务时间函数。通过 MATLAB 曲线函数拟合工具箱，得到拟合函数。

2. 仿真结果分析

将同一订购与分配情况下的分批拣选的订单的拣选时间、服务时间和平均服务时间绘制在同一坐标系内进行分析，从图 9-2～图 9-5 可以得出以下结论。

（1）在一起拣选的订单数目在 5 个以内的情况下，随机和中等订购与分配情况下的订单拣选时间是随着一起拣选的订单数目的增加而逐渐增大的，而订单数目多于 5 个以后，订单拣选时间不再随着订单数目的增加而变化，一直维持在 10 左右。这是因为当拣选的物品数目到达一定数量之后，拣选人员需要访问所有的通道，其拣选行走距离就是访问所有通道过道的距离。偏态订购与分配情况下，订单拣选时间不再改变时的订单数目大于 5 个，偏态订购与分配的存储策略在一定范围内可以减少拣选人员的拣选时间。

（2）在三种订购与分配情况下，分批订单的服务时间都是随着订单数目的增加而逐渐增加的，在订单的拣选时间不再改变之后，订单的服务时间随着订单数目的增加基本呈现直线增长趋势，这是因为在订单的拣选时间不再变化的时候，影响服务时间的主要是单个物品的拣选时间和单个订单的分拣时间，而这两个均被假设为常量。

（3）不同的订单数目下的每个订单的平均服务时间是随着订单数目的增加而减小的。多个订单一起拣选下的每个订单的服务时间是要小于订单一个一个拣选的服务时间的。

（4）根据图 9-5 可以看出，在相同的订单数目下，即相同数目的订单分批拣选情况下，偏态订购与分配存储策略下的拣选时间和服务时间最小，其次是中等订购与分配存储策略，拣选时间和服务时间最大的是随机订购与分配存储策略。

通过 MATLAB 曲线函数拟合工具箱来拟合服务时间分布函数 $G(t)$ 和关于拣选物品数目的服务时间函数 $G(n)$。

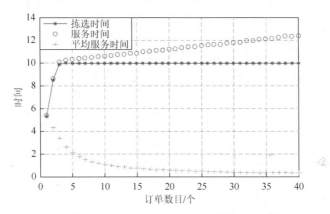

图 9-2　随机订购与分配情况下订单分批拣选的时间图

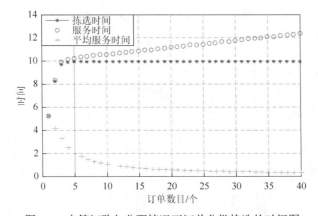

图 9-3　中等订购与分配情况下订单分批拣选的时间图

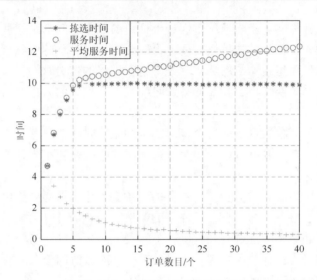

图 9-4　偏态订购与分配情况下订单分批拣选的时间图

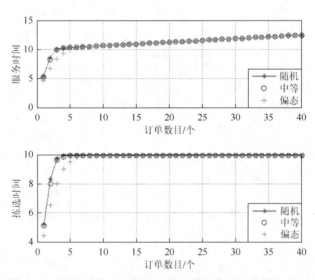

图 9-5　不同订购与分配情况下的订单服务时间和拣选时间

关于 k 个订单分批拣选中单个订单的服务时间分布函数，我们通过实验得知用高斯函数进行拟合的效果是最好的，得到的服务时间分布函数为

$$G(t) = A_1 \mathrm{e}^{\frac{t-B_1}{C_1}} + A_2 \mathrm{e}^{\frac{t-B_2}{C_2}}$$

根据服务时间的分布函数，可以计算出订单的平均服务时间：

$$\mu = \int_0^\infty t \mathrm{d}G(t)$$

不同的仓储布局直接影响着随机订单的平均服务时间，从而在不同的仓储布局情况下，其分布函数的系数是不同的，不同的仓储布局直接影响了分布函数的系数，所以根据仓储布局情况 1、2、3 给出了函数的系数，见表 9-3。其中，SSE 表示误差平方和（sum of squares due to error），AdjustedR-square 为校正决定系数。

表 9-3　服务时间概率分布函数系数表

仓储布局情况	A_1	B_1	C_1	A_2	B_2	C_2	SSE	AdjustedR-square
1	1.082	12.8	1.408	0.1995	11.07	0.808	0.0047	0.9986
2	993.8	12.41	0.0166	1.012	12.76	1.785	0.0117	0.9966
3	0.2451	12.77	0.5168	0.8862	12.49	1.646	0.0081	0.9974

后面会使用到服务时间关于物品数目的函数，所以继续使用 MATLAB 曲线函数拟合工具箱进行函数拟合，通过实验我们发现，指数函数对其拟合效果是最好的，所以我们选用指数函数进行曲线拟合，所得到的函数形式为

$$S(n) = a \cdot \exp(b \cdot n) + c \cdot \exp(d \cdot n)$$

同样，不同的仓储布局情况所对应的函数系数如表 9-4 所示。

表 9-4　服务时间关于物品数目的函数系数表

仓储布局情况	a	b	c	d	SSE	AdjustedR-square
1	10.03	0.001 739	−15.85	−0.401 6	0.104 2	0.998
2	10.02	0.001 746	−15.92	−0.389 9	0.046 74	0.999 2
3	10.1	0.001 661	−9.14	−0.169 1	0.197 6	0.997 5

根据得到的拟合函数易得，随着物品数目的增多，物品拣选的服务时间是逐渐增加的，但是物品数目增加到一定数量之后，物品拣选的服务时间呈现增长的趋势，且增长趋势缓慢，这是因为物品数目增加到一定数量之后，拣选物品要访问所有的通道，拣选人员的行走时间基本保持不变，拣选的服务时间只受到物品的拣选时间和分拣时间的影响，而物品的拣选时间和分拣时间我们定义为常量，所以，这样便可以解释服务时间呈现增长趋势的问题。

9.4.3　仿真计算平均等待批形成时间 W_1

1. 仿真过程

仿真计算平均等待批形成时间的过程如下：

For $i = 1:k$

$w(i) = (k - i) / \lambda$　　　　　//第 i 个订单的等待批形成时间

$$p(i) = (k-i) / \text{sum}(0:k-1) //\text{第 } i \text{ 个订单必须要等待的概率}$$

$$W_1 = \sum_{i=1}^{k} w(i) p(i) \qquad //\text{批订单的平均等待批形成时间}$$

End

最后，画出随着 k 的变化，平均等待批形成时间的变化趋势。

2. 仿真结果分析

如图 9-6 所示，随着分批订单的订单数目的增加，分批订单中每个订单的平均等待批形成时间是逐渐增加的。

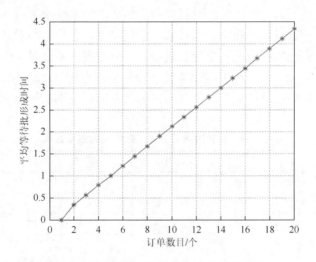

图 9-6　平均等待批形成时间仿真结果图

9.4.4　仿真随机服务系统 $E_k/\text{G}/1$

从前面的研究已经得到订单分批随机服务系统 $E_k / \text{G} / 1$，具体可描述如下。

（1）输入强度为 k / λ 的爱尔朗流。

如果人工拣选作业系统对参数为 λ 的泊松流订单到达队列，进行一批 k 个订单的分批拣选，那么批订单到达时间间隔服从参数为 λ 的 b 阶爱尔朗分布 E_k 输入流：

$$E_k(t) = \frac{\lambda(\lambda t)^{k-1}}{(k-1)!} \mathrm{e}^{-\lambda t}, \quad t \geqslant 0$$

该系统到达 r 个顾客，相当于拣选随机服务系统 $\text{M} / \text{G} / 1$ 到达 kr 个顾客；平均到达时间间隔为 $\dfrac{k}{\lambda}$。

（2）服务时间 $S_1, S_2, \cdots$ 之间及其与输入之间相互独立，且有相同分布：

$$P\{S_i \leqslant x\} = G(x), \quad i = 1, 2, \cdots$$

记平均服务时间为

$$\mu = \int_0^\infty x \mathrm{d}G(x)$$

（3）记服务强度为

$$\rho = \frac{\lambda}{\mu}$$

（4）服务规则：服从先到先服务的服务规则。

仿真过程包括以下几个方面的内容。

1. 建立系统顾客信息

本部分采用面向对象的方法进行仿真，选取事件发生时刻为仿真时钟，由于 MATLAB 中的计算均为矩阵计算，所以利用矩阵形式建立事件参数表——events 矩阵，events 矩阵的行表示顾客的不同参数，列表示不同的顾客。针对 $E_k / G / 1$ 模型的特点，建立顾客信息，如表 9-5 所示。

表 9-5　顾客信息表

矩阵	含义
events（1，:）	到达时刻
events（2，:）	订单商品数目
events（3，:）	等待服务时间
events（4，:）	等待批形成时间
events（5，:）	服务时间
events（6，:）	离开时刻

2. 仿真算法设计过程

建立顾客信息后，面向对象的仿真模型算法分为以下两步。

1）订单信息初始化

（1）根据订单到达率来确定每个顾客的到达时间间隔，由于泊松过程的时间间隔服从负指数分布，所以可以用负指数分布生成函数 exprnd（）生成订单的到达时间间隔。需要注意的是，exprnd（）的输入参数不是到达率 λ 而是平均到达时间间隔 $1/\lambda$。

对订单的服务时间做这样的处理，首先根据订单中的商品数目和种类服从参数为 r 和 p 的负二项分布，用随机数生成函数 nbinrnd(r,p) 生成服从负二项分布的随机数来表示每个订单中的商品数目。在考虑分批拣选的情况下，如果已知每批的批量大小 k，就可以根据负二项分布随机数计算 k 个订单中含有的商品数目，然后可以根据关于物品数目的拣选服务时间函数 $G(n)$ 来计算 k 个订单一起拣选的服务时间。每个订单的服务时间 = (当前批订单的服务时间/当前批订单的物品数目)·当前订单的物品数目。

（2）根据到达时间间隔，确定每个订单的到达时刻。MATLAB 仿真环境中，我们利用累加函数 cumsum（）来实现累加功能，避免了利用 For 循环来实现数值的累加所引起的运算复杂度的增加。

（3）对当前批订单进行初始化。第 1 个到达系统的订单需要等待合批形成后才可以接受服务，所以这批订单的等待服务时间为 0，每个订单的等待批形成时间等于第 k 个订单和当前订单的到达时间间隔，它们接受完服务之后同时离开，离开时刻等于第 1 个订单的到达时刻与服务时间、等待批形成时间之和。具体如下：

For $i = 1 : k$

第 i 个订单的等待服务时间 = 0；

等待批形成时间 = 第 k 个订单的到达时刻–第 i 个订单的到达时刻；

当前批订单的服务时间 = G （当前批订单的物品数目）；

第 i 个订单的服务时间 = (当前批订单的服务时间/当前批订单的物品数目)·当前订单的物品数目；

第 i 个订单的离开时刻 = 第 k 个订单的到达时刻 + 当前批订单的服务时间；

End

2）进队出队仿真

假设所有的顾客都能接纳进队，不存在拒绝的状态。

从第 2 批的第 1 个订单开始循环。首先计算系统中等待服务的订单数目 N，即所有离开时刻大于当前订单的到达时刻的订单。接下来根据 N 的大小分两种情况进行仿真。

（1）N 不大于每批的批量大小 k。因为每批订单的离开时刻是一样的，所以当 N 不大于每批的批量大小的时候，这 N 个订单应该是同一批订单且该批订单还未形成。所以当前订单的等待服务时间为 0；等待批形成时间就是当前订单和当前批最后一个订单的到达时间间隔；服务时间根据订单服务时间关于订单数目的函数计算得到；当前订单的离开时刻等于当前订单的到达时刻、等待批形成时间和服务时间的和。

（2）N 大于每批的批量大小 k。系统中有大于一批的订单在等待。当前订单要等待其前一批订单离开后才能接受服务，所以等待服务时间为前一批订单的离开时刻和当前订单的到达时刻的时间间隔；当前订单的等待批形成时间就是当前订单和当前批最后一个订单的到达时间间隔；服务时间根据订单服务时间关于订单数目的函数计算得到；在前一批订单离开系统之后，如果当前订单所在的批订单的最后一个订单已经到达，那么当前批订单直接接受服务，否则要等待至批订单的最后一个订单到达，所以订单的离开时刻就是前一批订单的离开时刻加上 max（0，批订单的最后一个订单的到达时刻–前一批订单的离开时刻）和当前批订单的服务时间。

最后输出每个订单在系统中的逗留时间（即周转时间），为当前订单的离开时刻和到达时刻的时间间隔。

具体过程可设计如下。

For $i = k+1$：仿真时间内到达的订单总数目；

当前订单所在的批次 $j = \mathrm{ceil}(i/k)$ //通过向上取整函数获得所在的批次；

订单 i 到达时刻系统内的订单数目 N = 所有离开时刻大于订单 i 的到达时刻的订单；

If $N \leqslant k$；

订单 i 的等待服务时间 = 0；

等待批形成时间 = 当前批订单最后一个订单 $j \cdot k$ 的到达时刻 $-i$ 的到达时刻；

当前批订单的服务时间 = G（当前批订单的物品数目）；

第 i 个订单的服务时间 =（当前批订单的服务时间/当前批订单的物品数目）·当前订单的物品数目；

第 i 个订单的离开时刻 = 第 $j \cdot k$ 个订单的到达时刻 + 当前批订单的服务时间；

Else

订单 i 的等待服务时间 = 前一批订单的离开时刻–第 i 个订单的到达时刻；

订单 i 的等待批形成时间 = 第 $j \cdot k$ 个订单的到达时刻–第 i 个订单到达时刻；

当前批订单的服务时间 = G（当前批订单的物品数目）；

第 i 个订单的服务时间 =（当前批订单的服务时间/当前批订单的物品数目）·当前订单的物品数目；

第 i 个订单的离开时刻 = 前一批订单的离开时刻 + max（0，第 $j \cdot k$ 个订单的到达时刻–前一批订单的离开时刻） + 当前批订单的服务时间；

　End

输出每个订单的逗留时间 = 当前订单的离开时刻 – 到达时刻；

　End

综上所述，随机服务系统 $E_k / G / 1$ 的具体仿真流程如图 9-7 所示。

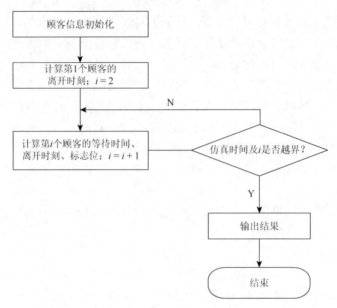

图 9-7　$E_k/G/1$ 的仿真流程图

3. 仿真结果分析

对订单分批随机服务系统 $E_k/G/1$ 按如上流程进行仿真，可以从图 9-8（纵轴为时刻，横轴为订单仿真队列）中看到每个订单在系统中的到达时刻和离开时刻趋势。每批订单都是批形成以后接受服务，然后同时离开系统，所以其离开时刻都是相同的。

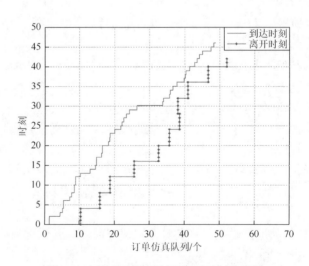

图 9-8　订单的到达时刻和离开时刻仿真图

图 9-9 给出的是订单数目为 4 个时的订单仿真队列的周转时间分布，从图中可以看出，当订单仿真队列在 40 个以上时，订单的周转时间趋于同一个值，这证明系统已到达平稳状态，所以取 40 个以后的订单如第 50 个订单的周转时间作为仿真函数的输出值。然后画出在不同存储策略下的周转时间分布图，如图 9-10 所示。从图中可以看出，偏态订购与分配下的周转时间是最小的，这和前面得出的结论偏态订购与分配策略能够提高拣选效率是一致的。

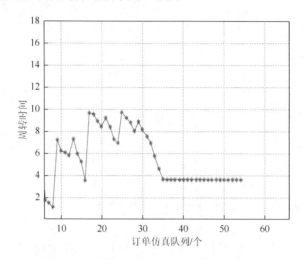

图 9-9 订单数目为 4 个时的周转时间变化图

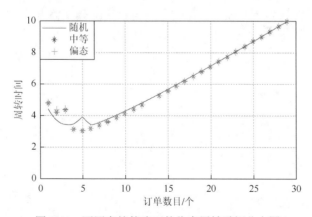

图 9-10 不同存储策略下的仿真周转时间分布图

9.4.5 仿真结果和近似计算结果比较分析

将仿真结果和近似计算结果绘制在同一坐标系内进行比较研究。下面对不同参数设置下的订单数目进行比较分析，图 9-11～图 9-13 中 LB 为随机订单周转时间的下界，UB 为随机订单周转时间的上界，AP 为随机订单周转时间的平均值，SIMU 为随机订单周转时间的仿真值。

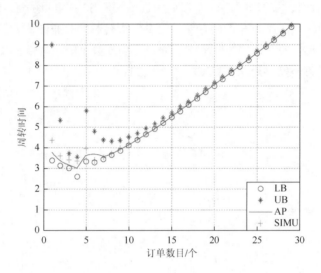

图 9-11　随机订购与分配下的仿真结果和近似计算结果比较

从图 9-11～图 9-12 中可以看到在三种不同的存储策略下，平均周转时间的仿真结果和近似计算结果都是随着订单数目的增加整体上呈现先减小后增大的趋势，即平均周转时间存在最小值，这是分批拣选过程中，订单的等待批

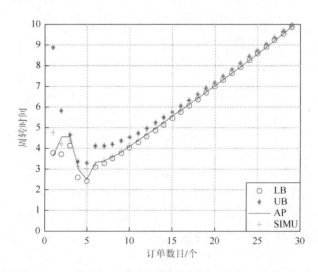

图 9-12　中等订购与分配下的仿真结果和近似计算结果比较

形成时间、等待服务时间和服务时间三者共同作用的结果。随着一起拣选的订单数目的增加，订单的等待批形成时间增加，而等待服务时间和服务时间呈现减小的趋势，三者的相互作用使得平均周转时间相对订单数目的函数是一个下凸函数，存在最小值。

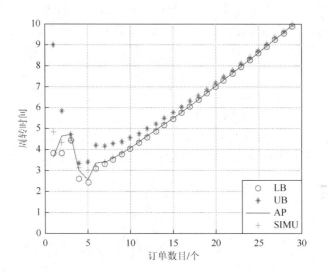

图 9-13　偏态订购与分配下的仿真结果和近似计算结果比较

同样，我们也可以看出，随机订单的周转时间的仿真结果是紧紧伴随着近似计算的周转时间的上界、下界和平均值的，尤其是当订单数目非常大的时候。这意味着近似模型求解随机订单的平均周转时间还是足够精确的。同时，我们可以看到最优的订单数目是非常小的，接近于它的下界，这就意味着我们不必通过大量的迭代去寻找最优的订单数目，只需要在找到订单数目的下界的基础上通过贪婪算法来寻找最优的订单数目，这样可以大大降低寻找时间。就是说，先找到订单数目的下界，然后在此基础上，每次增加一个订单，直到随机订单的平均周转时间增加。最优的订单数目就是使得随机订单的平均周转时间最小时的订单数目。

9.5　本章小结

本章主要对订单分批随机服务系统建立的过程做了详细的介绍。首先介绍了模型假设与符号定义，其次建立了订单拣选过程中行走时间的估计模型，在此基础上得到了拣选服务时间的估计模型，再次根据拣选时间的一阶矩、二阶矩估计出订单的等待服务时间，最后考虑订单的等待批形成时间估计，综合考虑这三个时间估计，就可以建立出随机订单的周转时间估计模型。平均周转时间最小时的订单数目就是订单分批优化关键要研究的最优订单数目，也就是说，研究优化订单分批的目的就是使得每批订单的随机订单的平均周转时间最小。另外，基于MATLAB 仿真软件，对订单的服务时间和订单分批随机服务系统 $E_k / G / 1$ 做了仿真实验，并对仿真结果和近似计算结果做了比较分析，得出两个结论：①偏态订购与分配存储策略能够提高拣选效率；②订单数目的下界可以作为求解随机服务系统最优订单数目的切入点。

本 章 附 录

由于单侧访问奇数条通道，为返回过道而产生的附加距离记为 AT_2。

记 $p^{(b)}(b = 1,2)$ 为单侧（奇数或偶数）通道被访问的概率，则

$$\begin{cases} p^{(1)} = \sum_{1 \leqslant j_1 \text{奇数} \leqslant m} p_{j_1} \\ p^{(2)} = \sum_{1 \leqslant j_2 \text{偶数} \leqslant m} p_{j_2} \end{cases}$$

记 $A^{(b)}$ 为 b 侧通道集合，$p_{J|k}^{(b)} = \{k \text{ 条通道被访问} | b \text{ 侧通道有 } k \text{ 种物品被拣选}\}$，则

$$p_{J|k}^{(b)} = \sum_{A_J^{(b)} \subseteq A^{(b)}} \left\{ \left[\prod_{j_b \in A_J^{(b)}} \left(1 - \left(1 - \frac{p_{j_b}}{p^{(b)}} \right)^k \right) \right] \left[\prod_{j_b \in (A^{(b)} - A_J^{(b)})} \left(1 - \frac{p_{j_b}}{p^{(b)}} \right)^k \right] \right\}, \quad b = 1,2; 1 \leqslant J \leqslant m/2$$

其中，$A_J^{(b)}$ 是 J 个 b 侧通道集合，且 $A_J^b \subseteq A^{(b)}$。

记 $p_{\text{odd}|n}^{(b)}$ 为共拣选 n 件物品时，b 侧有奇数条通道被访问，则

$$p_{\text{odd}|n}^{(b)} = \sum_{k=1}^{n} \left(C_n^k (1 - p^{(b)})^{n-k} (p^{(b)})^k \sum_{1 \leqslant \text{奇数} J \leqslant \min(m/2, k)} p_{J|k}^{(b)} \right), \quad b = 1,2$$

因此，$p\{J \text{ is odd}|n\} = \sum_{b=1,2} p_{\text{odd}|n}^{(b)}$。

第 10 章 改进布局的订单分批策略

10.1 本章研究综述

如果一个企业在动态环境下能够根据客户订单在一定时间内满足顾客需求并且能够在最短的时间内响应市场需求、最大化资源利用率，这个企业就会拥有一定的市场竞争力。许多关于拣选策略和路径策略等的研究成果并没有在实践中得到应用，近几年来，随着电子商务的迅速发展，客户订单多批次、小批量的发展趋势使得快速灵活的订单拣选成为电商企业保持竞争力的关键，因此国内外学者对于仓库内订单分批拣选问题的研究还是比较关注的。目前国内外学者对于订单拣选效率优化方法的研究，基本上集中在货位布局策略、拣选路径策略、订单分批策略和分区拣选策略上。但在实际的仓库运营中，货位布局也都是传统的布局，而且很少有人对改进布局下的订单分批策略进行研究。

10.1.1 货位布局和存储策略研究现状

1. 国外研究综述

Roodbergen 和 de Koster（2001a）研究了基于有中间通道的货位布局下，采用动态规划的方法来寻找最优路径，并通过对有无中间通道的布局的比较得出大多数情况下中间通道的存在可以很好地缩短拣选者的行走时间的结论，但文章也存在不足之处，即只考虑了最多只有 3 条中间通道的情况。虽然中间通道的存在会减少行走时间，但过多的中间通道则会产生效益背反现象，从而增加行走时间，此外，只是考虑了随机存储策略下的情况，其他存储策略下的情况并没有涉及。Roodbergen 和 de Koster（2001b）在 S 型拣选路径策略和最大间隔拣选路径策略下，以最小化拣选路径为目标，构建了通道的数量、长度以及 I/O 点位置选择的模型，结论指出，在一定程度上拣选路径策略的选择会影响仓库的大小和布局。在最初仓库优化设计时，首先考虑的是用增加存储密度的方式来提高存储空间的实际利用率。Pan 和 Shih（2007）试图开展启发式的存储分配策略，需要同时考虑每条通道的行驶距离和工作量，旨在减少订单的平均拣选行走时间。他们比较了分别在基于频率的策略和启发式策略下的订单平均拣选行走时间。结果表明启发式策略下要更优。Vrysagotis 和 Kontis（2011）提出仓库布局问题两种类型的解决方案：数学模型和技术解决方法。Eleonora 等（2012）探讨了利用遗传算法来优化仓库里的储位分配，其所用到的遗传算法是用一个数值例子来说明的，反映的是一个在快速消费品仓库里基于类的存储系统。这涉及将拣选的成本相应地降低，并允许仓库对客户需求做出快速响应。

Cardona 等（2012）研究了鱼骨布局的仓库，从优化角度进行了分析研究，在工业环境下深入了解布局特性并找到不同利益条件下的替代方法。他们比较了传统布局和鱼骨布局的设计性能，提出了一种正式的期望存储概念，对鱼骨布局设计的仓库通道倾斜角度进行了分析研究，通过建立一个非线性优化模型得到了一个最优的对角过道的斜率使得拣选路径最短。Oztürkoglu 等（2012）提出了三种新的仓库布局，分别是 V 型布局、扇叶型布局、蝶型布局。在文中，他们用仿真验证了这三种模型，认为 V 型布局在工业实施中是最好的。此外，他们还对 V 型布局和鱼骨布局的性能进行了比较，得出 V 型布局有着和鱼骨布局一样的性能的结论。Çelk 和 Süral（2014）从改变订单批量大小和需求偏态模式角度研究了传统布局和鱼骨布局的拣选问题，分别采用了 S 型、最大间隔和走道接走道三种启发式方法。根据计算实验得出同一订单的产品种类不同的各种情况下传统布局和鱼骨布局的平均行走时间的比例差距，产品种类越少，差距越大。

2. 国内研究综述

秦进等（2004）认为仓库布局设计包括以下五点：仓库总体结构设计、布局划分、布局大小设置、仓库运作策略的选择以及仓库设备的选择。朱杰等（2011）在货物随机存储情况下，分别构建了返回型和 S 型两种拣选路径策略下拣选行走距离的随机模型，然后采用仿真的方法进行了分析，其结果表明 S 型拣选方式优于返回型拣选方式。周丽等（2011）分别对在分类存储策略下返回型拣选路径和 S 型拣选路径建立了拣选行走距离随机模型，通过仿真最终得出两种拣选方式各自适用的情况。朱杰等（2012）将订单到达服从泊松分布、服务人数为单个拣选者时的拣选作业系统看作 M/G/1 随机服务系统，研究了此随机服务系统的效率优化问题，建立了分类存储返回型与 S 型拣选行走距离随机模型，最终得出两种拣选方式下各自适用的情况。马汉武和孟国曦（2013）通过对迪卡侬（昆山）仓储有限公司情况的分析，采用以 GN（Girvan-Newman）算法和帕累托为基础的混合算法对该配送中心的货位进行了优化，发现该方法可以有效地提高货物出入库效率（提高了 52.02%），货架稳定性也提高了 64.31%。

蒋美仙等（2013）通过在鱼骨布局方法中采用贯通式货架系统的思想，给出了一种改进型鱼骨布局方法，从三个不同的角度分别对仓库主要通道角度和拣选通道角度进行了建模。最终得出在基本保持仓库面积利用率的前提下，改进型鱼骨布局有效地缩短了拣选的距离。周丽等（2014）在随机存储、拣选路径局部最优的假设下，通过仿真验证，比较了鱼骨布局与传统布局在托盘拣选和订单拣选两种情况下的拣选行走距离，得出鱼骨布局拣选行走距离的期望比传统布局小，但需要增加更多的存储空间以保证储位数目不变。刘艳秋等（2014）基于鱼骨布局，依据货品存放上轻下重和货品出入库效率优先等货品存储原则，以货品出入库所需时间最短为优化目标，建立了仓储货位分配优化设计问题的数学模型。

10.1.2　拣选路径策略的研究现状

1. 国外研究综述

Petersen（1997）通过将 LKH 算法与传统的 S 型路径、遍历型路径、最大间隔型路径等的比较，得出结果：相比传统路径，智能算法的拣选行走距离求解结果要节约 47%。常见的路径策略有 S 型、返回型、中点型、最大间隔型、混合型等。而所有的方法主要是应用于单块仓库的，Roodbergen 和 de Koster（2001b）提出改进的方法可以用在对多块仓库的拣选上。Roodbergen 和 Vis（2006）提出了一种确定订单拣选区域面积的方法，使得拣选者的行走距离最小。他们给出了可以计算在两种不同路径策略下平均拣选路径长度的解析式。然后用一个非线性规划模型来求得最佳的目标函数。最后采用混合型路径策略对现存的、传统的拥有两条拣选通道的路径策略进行了改进，并通过分支定界法进行了比较分析，分析结果表明，混合型路径策略要优于传统路径策略。Christophe 等（2010）对不同仓库布局的不同路径策略进行了研究，方差分析表明：在传统没有通道的货位布局情况下，对于包含多品项的拣选单，适合采用混合型策略和遍历型策略，而对于小的拣选单，则采用最大间隔法和中点法比较适合；在有通道的情况和基于周转率的存储路径策略下，提出把路径问题作为一个旅行推销员问题，用Lin-Kernighan 启发式算法求解可获得较好的结果。Hong 等（2012a）构建了一个以指数分批的模型，采用混合整数规划的方法对外部进行控制，并且采用模拟退火算法来解决相应的实际问题，结果表明，此方法在拣选者出现拥堵的情况下能够缩短全部搜索时间的 5%～15%，其不足之处在于该方法只在窄通道情况下效果明显。Battini 等（2015）介绍了一种货位分配和移动距离估计的联合方法，用于在注重货品拣选行走距离的基础上改进传统的货位分配。

2. 国内研究综述

宁春林等（2003）运用 Max-Min 蚁群算法求解了固定货架拣选路径优化问题。刘臣奇等（2009）在蚁群算法的基础上结合自动化立体仓库固定货架拣选作业的特点，构建了货物拣选路径问题的数学模型，设计了新型的改进蚁群算法用于合理优化货物拣选路径，以减少作业时间，并在算法中采取了三个改进措施来改善基本蚁群算法的搜索能力。李哲（2011）采取分批拣选方式，以路径总长度最短为目标函数，以拣选设备容量为限制条件，建立了 0-1 规划模型，采用节约式启发算法进行求解，参照 TSP 模型建立了路径优化模型，对拣选路径进行了优化，并采用改进蚁群算法求其近似最优解，最终取得优化效果。王海珍和彭梅香（2011）提出采用基于模拟退火的粒子群算法求解拣选路径优化问题，并取得了较好的效果。王娴等（2012）引入了较为简单、高效的人工鱼群算法来优化拣选路径以建立拣选路径优化问题的数学模型。邵刘霞等（2012）以人工订单系统为对象，采用 ABC 存储策略，以订单随机到达为背景，运用基本遗传算法来解决双区型仓库布局的拣选路径优化问题，建立了人工订单拣选系统的路径优化模型。方彦军和谢宜净（2013）针对自动化立体仓库，构建了含装箱约束条件的堆垛机拣选作业路径最短的数学模型，分别采用基本蚁群算法和 Max-Min 蚁群算法对模型进行了求解，最终得出 Max-Min 蚁群算法所求得的解性能更优。靳萌等（2013）针对多穿越巷道布局立体仓库的拣选路径规划问题，提出了一种结合动态规划方法的启发式搜索算法以生成拣选路径，利用限制迭代次数动态规划生成初始种群，利用免疫算子与遗传算子寻优求解，为布置分布式信息化立体仓库的车载有限资源计算机生成实时有效的拣选路径提供了一种可行的思路。

10.1.3　订单分批策略的研究现状

1. 国外研究综述

目前大多数文献研究主要集中在订单总拣选行走距离最小化或最少拣选时间的目标上，但实际上还需要考虑比较重要的时间制约，如提前期或者交货期，还有延期惩罚等。Cormier 和 Gunn（1992）着重研究了自动存储系统中的订单分批问题，提出了一个根据订单次序结合订单批处理的启发式算法，使得订单拣选和延期时间的加权平均总和最小。而对于 Elsayed 和 Lee（1996）考虑的自动存储系统订单分批问题，则分别以最小化惩罚函数和延迟目标函数提出了一个新的启发式算法，先确定分批，再确定每个批次所需要用的拣选时间。Won 和 Olafsson（2005）在顾客响应时间的基础上考虑了订单分批问题，进而提出了两个算法：SBP（sequential order batching and picking）和 JBP（joint order batching and picking），这样不仅提高了拣选的效率，而且缩短了拣选所需要的时间且使拣选设备有效利用的容量达到最大化，问题模型以最优化顾客响应时间作为目标函数，其中顾客响应时间是订单拣选时间和等待时间的加权平均和。Hsu 等（2005）认为采用 GA 来构建订单分批模型，不需要考虑订单分批时的订单结构、存储策略和对拣选行走距离的估计，因此 GA 可以适用于任何没有特定模式的订单分批问题，研究提出了基于遗传算法的订单分批方法，并且详细地描述了在采用遗传算法求解订单分批问题时的一些基本变量因子，以及运用遗传算法解题的基本步骤和思路。

2. 国内研究综述

在第 9 章国内订单分批策略研究成果的基础上，国内研究有了进一步的发展。在数据挖掘方法（data mining approaches）方面，王旭坪和张珺（2017）提出了一种新的订单分批方法，基于数据挖掘技术，利用关联规则分析，以最大化订单间相似系数为标准构建出了订单分批的整数规模模型。而 Hsieh 和 Huang（2011）采用数据挖掘中的 K-均值聚类和自组织神经网络分类方法，提出了两种新型的订单分批规则：K-均值聚类订单分批和自组织神经网络订单分批。

卢子甲等（2013）以行走距离最短为目标，对配送中心内订单分批拣选行走路径问题进行了优化研究，重点阐述了运用 GA 来实现种子订单分批策略与中点型路径策略组合研究，并阐述了拣选路径由 S 型变为中点型之后的变化情况。王占磊（2013）在多个拣选设备和分区并行拣选的条件下，构建了订单分批和拣选路径优化模型，在运用遗传算法进行求解的基础上，通过算例证明了采用遗传算法进行拣选路径优化的有效性，以及先进行订单分批优化然后进行拣选路径优化的有效性。孙洪华和董慧慧（2014）以最小化拣选路径距离为目标函数，构建了订单分批策略和拣选路径策略下的优化组合数学模型，并且分别运用订单包络算法和 GA 解决了订单分批与路径优化问题，推出了适合于在两个存储仓库模型下的订单物品之间计算其距离的公式，最终结论是采用订单分批和遗传算法路径优化组合为最优策略。

10.1.4 研究现状总结与分析

国内外学者对拣选路径策略、存储策略和货位布局有着相当多的研究，拣选路径策略有 S 型、返回型、中点型、最大间隔型、混合型等。存储策略包括分类存储、随机存储、定位存储等。对于货位布局而言，除传统布局以外，有学者提出了新型的 Flying-V、鱼骨布局等其他布局策略。

对于货位布局的研究，学者提出很多不同于传统布局的形式，在传统布局下建立的拣选路径模型较多，但是很少有学者在改进布局下进行订单分批策略的研究。改进布局有着传统布局所没有的优越性，因此，本书将在改进布局的基础上进行订单分批策略的研究。

10.2　数据挖掘在订单分批中的应用

本节主要介绍了基于数据挖掘的三种订单分批策略，分别是关联规则分批、自组织神经网络分批和 K-均值聚类分批，首先对 Apriori 算法、自组织神经网络和 K-均值聚类算法的原理进行阐述，其次对这三种订单分批策略进行详细的步骤和流程说明。

10.2.1　关联规则分批

1. 关联规则

随着信息行业的迅猛发展，海量数据涌现，为了解隐藏在数据中的规律、利用这些数据的价值和规律，数据挖掘技术应运而生。数据的关联规则挖掘是数据挖掘中一个重要的研究方向，该技术旨在找出事务中项集与项集之间的关系，发现数据后面暗含的价值和规律。

关联规则运用较为成功的案例就是"购物篮分析"，通过对超市零售业消费数据进行挖掘，能够透过消费清单数据探索出消费者购买商品的习惯，分析出消费者购买的商品是否存在一些匿藏的关系。购物篮分析中最经典的结论是人们在世界杯期间发现啤酒和尿布一同被销售出现的频次很高，于是商家就将这两种商品摆放在一起，这种隐藏的关系就是关联规则。

对于购物篮分析，关联函数主要用来记录销售商品的内在关系。这些关系可以用"A，B⇒C[支持度 = 10%，置信度 = 50%]"等规则表示，这种关联规则意味着分析中的所有记录的 10%显示产品项目 A、B 和 C 共同存在，50%的置信度意味着含有 A 和 B 的记录的 50%也包含 C。关联可以包括规则两边的任何数量的产品。支持度和置信度是关联规则的两个重要标准措施。通常，如果满足最小支持度和最小置信度，则关联规则被认为是相关联的。这些初始值可以由有经验的用户或专家指定。

除购物篮分析之外，关联规则挖掘已经成功应用于各种业务和工程问题，如产品选择、行为变化检测和分组技术。在考虑客户需求模式的情况下对订单进行批量分类时，使用关联规则挖掘来发现订单数据库中的客户订单（客户需求）之间的关联度（支持度和置信度）。在订单分批中，由于需要确定订单之间的关联关系，而无须关注产品的品项关系，由此订单-品项数据表被转换成品项-订单数据表。订单分批问题可以被适当地转换为与之类似的购物篮分析。可以通过使用关联规则挖掘品项-订单数据表中客户订单之间的关系。具有更多相同产品品项的订单可能具有较高的关联，并且这些客户订单可以形成订单批次。

Apriori 算法是一种相对较新的方法，可以作为关联规则学习的解决方案之一。Apriori 算法的任务如下：查找最小支持度以上的所有品项集合（项集）。一个品项集合的支持度是库中品项集合交易的百分比。最小支持度的品项集合称为大品项集合或频繁品项集合。为了获得用于订单分批处理的客户订单之间的关联，关联规则挖掘尝试找到所有订单集（ordersets）的关联。对用于订单分批处理的 Apriori 算法中的符号和定义进行了一些必要的修改。

令 $I = \{l_1, l_2, \cdots, l_m\}$ 作为订单集合。

令 D 为任务相关数据，是一组品项-订单数据，OID 为每个订单标识符，T 是一组订单，使得 $T \subseteq I$。请注意，订单中的产品数量不被考虑，这意味着每个订单是一个二维属性，表示特定的产品品项包含在一个订单中。

一组订单集合称为订单集，令 X 是 I 中的一组订单集。当且仅当 $T \subseteq I$ 时，OID-T 称为包含订单集 X。

关联规则是 $X \Rightarrow Y$ 形式的含义，其中 $X \subset I$、$Y \subset I$ 和 $X \bigcap Y \neq \varnothing$。该规则具有以下含义：OID-$T$ 中的订单集 X 的出现会引起订单集 Y 发生。

评估关联规则的标准措施是规则的支持度和置信度，它们都是从某些订单集的支持中计算出来的。如果 OID 中的 $c\%$ 在 D 中包含订单集 X 并且包含订单集 Y，则关联规则 $X \Rightarrow Y$[支持度 = $s\%$，置信度 = $c\%$]在品项-订单数据 D 中的置信度为 c。如果品项-订单数据同时包含 X 和 Y，支持度为 $s\%$，规则 $X \Rightarrow Y$ 的支持度为 s。

一个订单集包含 k 个客户订单，则记为 k 订单集。如果订单满足初始最小支持度，则被当作最大订单集。最大 k 订单集通常用 L_k 表示。为了找到 L_k，候选 k 订单集记作 C_k，由 $L_k - 1$ 产生。

在购物篮分析中，营销人员通过学习关联规则，尝试找到经常一起购买的产品组合，从而从购物篮中某些产品品项的出现可以推断某些其他产品的出现。为了进行批处理，可以使用关联规则来批量地分组订单。经常包括一组产品项目的订单（即表示类似的需求模式）具有更高的关联。

需要一种有效的算法来限制搜索空间，并仅检查所有关联规则的一个子集，且如果可能，不会丢失重要的规则。Apriori 算法就是一种这样的算法。为了进行批处理，用于挖掘关联规则的 Apriori 算法描述如下：

（1）L_1 = 找到最大的 1 个订单集；

（2）for（$k = 2$；$L_k - 1 \neq \varnothing$；$k + +$），开始；

（3）C_k = Apriorigen（$L_k - 1$，最小支持度）；//新候选集；

（4）对于所有 OID-$T \in D$，开始//扫描 D 并进行计数；

（5）CT = 子集（C_k，T）；//得到包含在 T 中的候选集；

（6）所有候选集 $C \in$ CT。

（7）$C.\text{count} + +$；

（8）结束；

（9）$L_k = \{ C \in C_k \mid C.\text{count} = 数据的最小支持度的初始值 \}$；

（10）结束。

在上述算法中，Apriorigen 过程产生订单集，然后使用最小支持标准来消除不频繁的那些订单集。Apriorigen 程序执行两个操作，即加入和修剪：①加入，L_k 与 $L_k - 1$ 结合起来产生潜在的候选集；②修剪，使用最小支持标准来删除不是大型订单的候选项。事实上，扩展的订单集将减少其支持度。如果 $k(k-1)$ 子节点的所有 $k - 1$ 子集都很大，那么只能生成一个 k–ordered，所以 Apriorigen 只生成具有该属性的候选集，这是一个容易实现的给定集合 $L_k - 1$ 的情况。

2. 关联规则分批模型

通过关联规则可以找到客户需求（订单）关系。关联规则挖掘可以构建规则，例如，如果订单 O_1 包含某些品项，则订单 O_2 也包含这些品项。关联规则通常可用于将彼此之间的关联度相对较高的订单放在一个批次中以减少仓储中的拣选行走距离，并将某些其他订单放入此批次中，可以从上述关联规则挖掘中获得订单之间的关联度（支持度和置信度）。

将第一阶段获得的客户订单（客户需求）之间的关联用作集群订单的基础。在第二阶段，使用聚类方法和 0-1 整数规划将订单分组成批。可以引入关联规则，然后将客户订单与高级关联进行适当分组，以最大化客户需求关系。具有更多类似品项的订单具有较高的关联。因此，具有较高关联的批次订单可以减少订单拣选者的拣选行走距离，同时，聚类模型的制定能够实现客户需求相关性的最大化。但是，如果订单关联规则的置信度低于最小置信度，则将支持度设置为 0。最小置信度设置为平均置信度的 1/2。

订单批量模型通过增加容量约束来扩展聚类问题的总体表达式。聚类模型中的符号如下。

S_{ij}：由 Apriori 算法生成的客户订单 i 和 j 之间的支持度（订单相关度量）。

$$X_{ij} = \begin{cases} 1, & 订单 i 被分配到批次 j 中 \\ 0, & 订单 i 没有被分配到批次 j 中 \end{cases}$$

$$Y_i = \begin{cases} 1, & 订单 i 被选择为批次中位数 \\ 0, & 订单 i 没有被选择为批次中位数 \end{cases}$$

V_i：订单 i 的体积。

C_v：拣选设备的容量。

K：分批数。

N：订单数。

用于将客户分组的 0-1 整数规划模型批次采取以下形式：

$$\text{Maxmize} = \sum_{i=1}^{N} \sum_{j=1}^{N} S_{ij} X_{ij} \tag{10-1}$$

约束如下：

$$\sum_{j=1}^{N} X_{ij} = 1, \quad i = 1, 2, \cdots, N \tag{10-2}$$

$$X_{ij} \leqslant Y_i, \quad i, j = 1, 2, \cdots, N \tag{10-3}$$

$$\sum_{i=1}^{N} Y_i = K, \quad i = 1, 2, \cdots, N \tag{10-4}$$

$$\sum_{i=1}^{N} V_i X_{ij} \leqslant C_v, \quad j = 1, 2, \cdots, N \tag{10-5}$$

$$X_{ij} = 0 \text{或} 1, \quad i, j = 1, 2, \cdots, N \tag{10-6}$$

$$Y_i = 0 \text{或} 1, \quad i = 1, 2, \cdots, N \tag{10-7}$$

在上述模型中，目标函数（10-1）用于选择 K 个订单作为批量中值，使得从所有订单到其各自的批次中值的关联度量的总和最大化。该模型的解决方案可以将订单分配给批次，从而最大化批量订单的关联度量。

约束集（10-2）用于确保每个订单只能属于一个订单批次。

约束集（10-3）和（10-4）用于将分批数限制为 K。

约束集（10-5）用于限制拣选设备的容量，即每个批次不能超过拣选设备的容量 C_v。

约束集（10-6）和（10-7）用于保证订单批处理。

关于拣选设备容量的约束使得订单批处理问题与一般聚类问题有所不同。由于容量约束的存在，订单批处理问题变得更加复杂，同时考虑订单关联和订单量。该公式涉及 $(N + N^2) - 1$ 个变量和 $1 + 2N + N^2$ 个约束。一般来说，如果 $i = j$，可以取 $S_{ij} = 100$。

图 10-1 显示出了基于关联规则的订单批处理方法的流程图。订单批处理问题中的任务相关数据（一组品项-订单数据集）从客户订单数据库中转换。计算每对客户订单的关联，使得每一个关联订单只保留有最大的 2 个订单集，L_2 由 Apriori 算法生成。在订单分批中，关联规则是 $O_i \Rightarrow O_j$[支持度 = s%，置信度 = c%]形式的含义。如果支持度和置信度高于最低支持度和最小置信度，则意味着某些产品品项同时包含在 O_i 和 O_j 中。因此，这两个客户订单可能需要分组成一批，并在同一行程中拣选。

通过基于关联的聚类模型将订单分组成批，以便最大化每个批次的客户需求相关性（支持值）。分批数（K）最初被分配为 $K_{\min} = \sum V_i / C_v$，这是批次的最小可能数量。如果找不到可行的解决方案，则批次增加 1，再次解析 0-1 整数规划程序。在生成最优解之前，迭代优化过程终止，并输出订单批次。

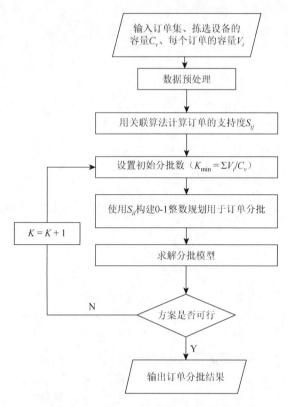

图 10-1　基于关联规则的分批流程图

10.2.2　自组织神经网络分批

1. 自组织神经网络

Kohonen 在 1980 年创立了自组织神经网络,它是一种无监督学习算法的形式,属于人造神经网络领域的聚类方法。其基本理论是模拟大脑结构的特征, 例如,在大脑中,具有相似功能的所有细胞将聚集在一起。又如, 大脑中有不同的感知功能,如视力、听力和味道, 当接受不同的刺激时, 刺激将反映到大脑皮层的不同区域,并且通过神经系统学习过程完成拓扑映射。一旦映射形成, 神经系统就可以正确地反映接受的刺激。

用自组织神经网络模拟大脑的特征时, 它将一组未标记的数据投影到较低的维度上,如图 10-2 所示,其中 X_n 表示以矢量形式显示的输入数据。W_{in} 表示网络连接,也称为连接权重, 通常随机生成或由决策者决定。此外, Y_i 表示输入数据的聚类结果,图 10-2 中的节点是人工神经元。所有人工神经元的投影结果可以形成拓扑映射框架,也称为拓扑网络,其中坐标具有相对关系。拓扑映射完成后,可以获得从输入层到拓扑映射的最短距离的优秀人工神经元。由于自组织神经网络算法的聚类过程，希望在集群之间具有较大的差异，并且在集群内具有较小的差异；高级人工神经元将被用作影响邻近人工神经元的基础，促使拓扑网络学习和连接权重调整。通过连接权重的重复微调，找到上级人工神经元，以获得理想的聚类结果。

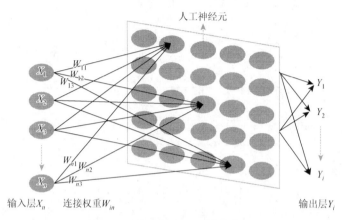

图 10-2　自组织神经网络拓扑图

2. 自组织神经网络分批模型

自组织神经网络分批指通过自组织神经网络的聚类功能将具有较高相似性的订单组合成一批，以减少总行走距离。在批量处理过程中应用自组织神经网络算法时，批量覆盖的通道数、订单中的 SKU 数量和两个订单之间相同通道的数量被认为是三个关键因素。相关参数必须首先修正。输入层被定义为订单（输入变量）。在自组织神经网络的概念下可以连接不同尺寸的订单（人工神经元），而连接权重则是相应的订单相似度。在投影方面，订单被标记为三维网格节点，X、Y 和 Z 轴分别表示三个关键因素。为了简化计算复杂度，本书将节点的三维网格转换为二维。订单中的 SKU 数量和两个订单之间相同通道的数量的整合被定义为订单相关度：

订单相关度 $= f$（订单中的 SKU 数量，两个订单之间相同通道的数量）$= W_1$（订单中的 SKU 数量）$+ W_2$（两个订单之间相同通道的数量）

在订单相关度的计算中，W_1 和 W_2 是连接权重，它们的总和等于 1。这些权重由决策者决定，用以调整订单之间的相关度。使用二维网格节点显示订单之间的相关关系，使我们能够以最短的行走距离进一步集群并分批订单。由于订单批量的上限不能超过拣选设备的容量，因此订单批处理的过程应遵循这一要点。首先，在所有命令（人工神经元）都被投影到节点的二维网格之后，订单相关度越高，订单越接近。其次，选择包含最大 SKU 的订单作为核心订单（超级人工神经元），并根据二维网格计算从所有其他订单到核心订单（超级人工神经元）的距离。因此，订单相关度和批量覆盖的通道数被考虑。在订单批量的限制下，从 OS（订单集）中选择 SKU 容量小于剩余容量（$1-C_k$）的订单（人工神经元），并将其添加到 OST（临时订单集）中。将 OST 中具有较短行走距离的订单按顺序添加到批次中。自组织神经网络分批流程图如图 10-3 所示。

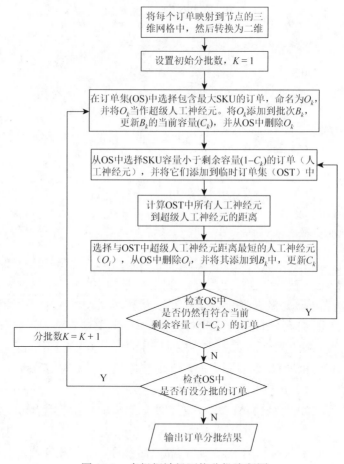

图 10-3 自组织神经网络分批流程图

在投影过程中，自组织神经网络分批转动了节点的三维网格，包括批量覆盖的通道数、订单中的 SKU 数量和两个订单之间相同通道的数量，在两个订单之间，使用函数转换成具有批量覆盖的通道数和订单相关度关键因素的节点的二维网格。

10.2.3　K-均值聚类分批

1. K-均值聚类

K-均值聚类是 MacQueen 提出的一种经典的基于距离的聚类算法，也称为 K-均值算法，在实际生产和科学研究中得到了广泛运用。K-均值算法的目的是找出空间距离相近的对象组成簇，簇内对象距离越近，这两个对象的相似性也就越高，且对象之间是相互独立的。该算法需要某一对象作为初始聚类中心，聚类中心一开始是随机选择出来的。聚类中心周边包围着其他对象，将数据对象按照到周边聚类中心的距离进行划分，距离最近的，就划归到那个聚类中心；划分完数据对象并形成簇后，重新计算各个簇的聚类中心。不断重复这个过程，直到连续计算的两次聚类中心没有发生变化，才说明算法计算完毕，此过程通常依靠聚类准则函数误差平方和来把控。K-均值算法在每次迭代中都要检测每个样本是否分类准确，否则就需要做出调整。

K-均值算法因简洁高效，成为最著名的划分聚类算法。K-均值算法容易理解，也容易实现。其中 n 是数据点的个数，k 是将要聚类的个数，t 是反复调整的次数。由于 k 和 t 通常都小于 n，K-均值算法被认为相对于数据点的数目来说是线性的。

设数据点（实例）的集合为

$$D = \{d_1, d_2, \cdots, d_n\} \tag{10-8}$$

其中，数据点集合中的每个元素是实数中的向量。

在使用 K-均值算法时，先从数据点中随机选取 k 个点作为种子聚类中心。将数据点按照到周边聚类中心的距离进行划分，距离最近的，就划归到那个聚类中心。当所有的数据点被划分完毕后，重新计算每个簇的聚类中心，直到满足某个收敛条件。收敛条件可以是以下任意一个。

（1）重新连续计算的聚类中心不再发生变化。

（2）数据点不再重新划分至新的类别中。

（3）误差平方和（SSE）局部最小。

$$\text{SSE} = \sum_{j}^{n} \sum_{x \in C_j} \text{distance}(x, m_j)^2 \tag{10-9}$$

其中，C_j 表示第 j 个聚类；m_j 是 j 聚类中心（所有数据点）的均值向量；$\text{distance}(x, m_j)$ 表示数据点和聚类中心之间的距离。采用欧氏距离，聚类均值的计算公式为

$$m_j = \frac{1}{|C_j|} \sum_{x \in C_j} x_j \tag{10-10}$$

数据点和聚类均值之间的距离可以由式（10-11）计算：

$$\text{distance}(x_j, m_j) \sqrt{\sum_{j=1}^{n}(x_{jn} - m_{jn})^2} \tag{10-11}$$

K-均值算法的核心思想是将 n 个数据点划分成 k 个聚类，并使最终生成的每个聚类满足以下两个条件：①相同聚类的数据点相距紧凑，相似性程度高。②不同聚类的数据点差异大，相似性程度低。换言之，K-均值算法生成的聚类内部数据点之间的距离小，类间数据的特征差距大且独立。

2. K-均值聚类分批模型

基于 K-均值算法的原始思想，K-均值聚类分批也使用核心订单集进行批处理。特别是选择具有最短行走距离的订单作为核心订单，以形成核心订单集，而不是随机选择传统 K-均值算法的中心点。订单批处理的一个关键点在于订单批量受拣选设备的容量限制。核心订单被认为是订单批处理的核心。如果为批次任意分配订单，则计算总行走距离。选择导致总行走距离最小增量的订单，并检查此订单的容量是否超过批次的当前剩余容量，如果没有超过，就将此订单分配给该订单批次。重复上述过程进行分批。K-均值聚类分批算法的流程图如图 10-4 所示。

10.3　货位布局对系统输入的影响

本节主要对传统布局和改进布局下的订单分批拣选效率进行仿真计算，并得出结论。首先，对仓库规模和拣选环境进行说明，其次，定义拣选行走距离的计算方式和仿真模型目标函数，最后，基于关联规则分批模型、自组织神经网络分批模型以及 K-均值聚类分批模型进行订单分批拣选效率仿真计算。本节得出结论：相比传统布局，改进布局对订单分批策略的影响大，改进布局的平均拣选行走距离减少了 27.7%，此外，在三种订单分批策略中，自组织神经网络分批模型的拣选行走距离效果最优。

10.3.1　拣选作业环境设定

1. 仓库规模设定

本章拟定仿真的仓储规模较小，仅用于本书的仿真验证。传统布局下的仓库示意图如图 10-5 所示，仓库采用横向式货架布局，除靠墙采用单排货架，其余均采用背靠背双排货架，有 1 个 I/O 点、1 条主通道、10 条拣选作业通道，单条拣选作业通道的一侧拣选面有 18 个货位，一共有 360 个货位。仓库具体参数如表 10-1 所示。

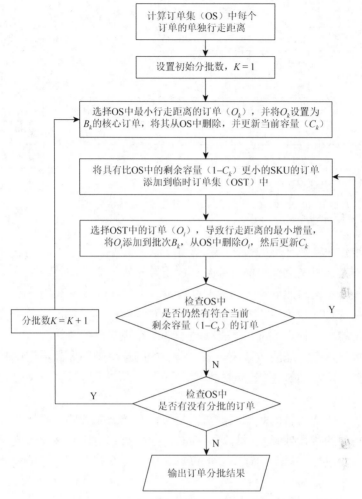

图 10-4　K-均值聚类分批流程图

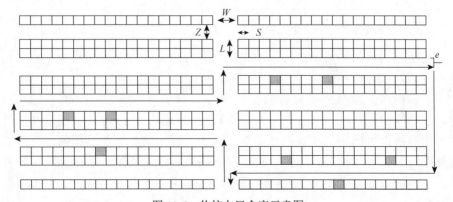

图 10-5　传统布局仓库示意图

表 10-1　仓库参数表

参数	参数解释
$W = 3$	主通道宽度
$Z = 1.5$	拣选作业通道宽度
$S = 1$	拣选面中单个货位宽度
$L = 3$	背靠背双排货架宽度
$e = 0.75$	越过拣选作业通道行走的距离

2. 拣选环境设定

对拣选作业系统环境的设定和假设如下。

（1）不考虑货架立体空间，即货架的层数设定为 1。

（2）一个货位只放置一种商品。

（3）拣选员数量为 1，不考虑多位拣选员同时拣选的情况。拣选行走距离是单个拣选员的累积行走距离，不是多位拣选员行走距离的总和。

（4）每次拣选商品的数量最多为 8 件，即拣选单中的商品不超过 8 件。

（5）拣选路径为 S 型拣选路径，拣选员从一端进入仓库，从另一端出仓库，如图 10-5 所示。

此次仿真验证的目的是比较改进布局下的订单分批策略，相比传统布局下的订单分批策略的拣选效率是否更高，若拣选员的拣选行走距离减少则说明拣选效率得到提高，改进布局下的订单分批策略要优于传统布局下的订单分批策略。

10.3.2　仿真模型的构建

1. 仿真模型的研究目的

构建仿真模型的目的是通过数据输入并经过仿真程序计算得出结果，通过结果比对得出研究结论。

本书中仿真模型的研究目的是将拣选单分别经过三种分批模型仿真程序后，得出拣选员完成一批拣选单所需要行走的距离，从而统计出在每种分批模型下所有拣选单的平均拣选行走距离。由于拣选单的数据是不变的，而分批策略是不同的，所以相同的拣选单数据在不同的分批策略中，经过仿真计算将会得出不同的拣选行走距离结果，最后与传统布局下计算的拣选行走距离结果进行对比。

2. 拣选行走距离计算

D_k 表示拣选第 k 批次拣选单行走的距离，则 D_k 可以分为五部分：D_1 表示主通道内的纵向行走距离，D_2 表示拣选作业通道内的行走距离，D_3 表示从拣选作业通道进入主通道的距离，D_4 表示从拣选作业通道进入外部通道的距离，D_5 表示跨越货架的行走距离。

图 10-6 和图 10-7 表示的是将第 4 个订单和第 5 个订单合并之后的拣选路径示意图，待拣选的货物位于拣选作业通道的一侧或是两侧，在拣选作业时，拣选员按照 S 型拣选路径进行拣选，即只需走过待拣选货物所在的拣选作业通道，经过图中标出的拣选货物所在的货位，即可拣选出拣选单上该批次所有的货物。

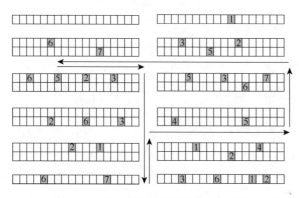

图 10-6   传统布局下的拣选路径示意图

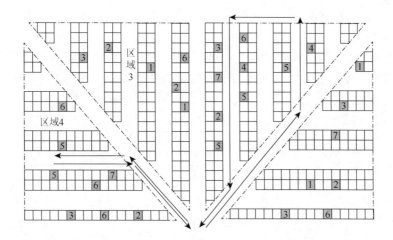

图 10-7   改进布局下的拣选路径示意图

3. 仿真模型的目标函数

拣选仿真模型的目标函数 D_{mean} 是平均每单拣选行走的距离。

目标函数为

$$D_{\text{mean}} = \frac{\sum D_k}{N} \qquad (10\text{-}12)$$

约束条件为

$$\sum n_{ij} \leqslant 8, \quad i \in \{1, 2, \cdots\} \qquad (10\text{-}13)$$

目标函数中，D_k 表示第 k 批次拣选行走的距离。

约束条件中，i 表示拣选单的数量；n_{ij} 表示在第 j 批次中第 i 个拣选单中的商品数量；$\sum n_{ij} \leqslant 8$ 表示任意一个批次中的商品数量小于等于 8 件。

10.3.3 订单分批拣选效率仿真计算

仿真模型搭建完成后，要对三种订单分批模型的拣选效率进行仿真计算。具体包括传统布局下订单分批拣选效率仿真计算和改进布局下订单分批拣选效率仿真计算。

在随机生成 7 个订单（较少）、15 个订单（中等）、30 个订单（较多）的基础上进行分批，运用 10.2 节构建的三种分批模型进行仿真，再计算分批完之后的拣选行走距离，进而比较传统布局和改进布局下三种分批模型的拣选效率。

1. 传统布局下订单分批拣选效率仿真结果及分析

表 10-2～表 10-4 是传统布局下分别采用三种订单分批模型对订单数为较少、中等和较多时进行仿真的计算结果。本章计算拣选行走距离时采用的路径策略是 S 型拣选路径，从传统布局下订单分批拣选的平均批次和平均拣选行走距离可知，无论订单数量为较少、中等或者较多，相比按订单拣选，采取本章中构建的三种分批拣选策略所产生的行走距离都要小，三种订单分批模型相比按订单拣选的平均拣选行走距离降低了 28.7%。表明订单分批拣选可以大大缩短拣选行走距离。

表 10-2　订单数量为较少（7）时的平均批次和平均拣选行走距离

	平均批次	批次的标准差	平均拣选行走距离	拣选行走距离的标准差
按订单拣选	7	0	102.8	23.49
关联规则	4.6	0.39	72.3	10.25
自组织神经网络	4.5	0.42	68.1	3.89
K-均值聚类	4.8	0.45	81.6	19.19

表 10-3　订单数量为中等（15）时的平均批次和平均拣选行走距离

	平均批次	批次的标准差	平均拣选行走距离	拣选行走距离的标准差
按订单拣选	15	0	100.6	22.10
关联规则	8.9	0.32	70.2	9.65
自组织神经网络	8.8	0.29	65.3	6.36
K-均值聚类	9.1	0.42	76.8	16.95

表 10-4　订单数量为较多（30）时的平均批次和平均拣选行走距离

	平均批次	批次的标准差	平均拣选行走距离	拣选行走距离的标准差
按订单拣选	30	0	101.6	25.90
关联规则	16.3	0.52	71.5	12.36
自组织神经网络	15.8	0.5	67.6	7.35
K-均值聚类	16.6	0.48	78.9	14.30

2. 改进布局下订单分批拣选效率仿真结果及分析

表 10-5～表 10-7 是改进布局下分别采用三种订单分批模型对订单数为较少、中等和较多时进行仿真的计算结果。从改进布局下订单分批拣选的平均批次和平均拣选行走距离可知，三种订单分批模型相比按订单拣选的平均拣选行走距离降低了 27.7%，此外，在三种订单分批模型中，自组织神经网络分批模型的效果优于其他两种分批模型，主要原因在于自组织神经网络分批模型综合考虑了订单中的 SKU 数量、两个订单之间相同通道的数量以及批量覆盖的通道数，因此使相关性更强的订单合并起来一同拣选。

表 10-5　订单数量为较少（7）时的平均批次和平均拣选行走距离

	平均批次	批次的标准差	平均拣选行走距离	拣选行走距离的标准差
按订单拣选	7	0	74.3	14.70
关联规则	4.3	0.32	52.9	12.36
自组织神经网络	4.1	0.38	52.0	8.86
K-均值聚类	4.4	0.36	55.1	10.51

表 10-6　订单数量为中等（15）时的平均批次和平均拣选行走距离

	平均批次	批次的标准差	平均拣选行走距离	拣选行走距离的标准差
按订单拣选	15	0	71.3	12.65
关联规则	8.1	0.23	51.8	10.52

续表

	平均批次	批次的标准差	平均拣选行走距离	拣选行走距离的标准差
自组织神经网络	7.5	0.21	50.6	7.65
K-均值聚类	8.6	0.28	53.3	9.85

表 10-7　订单数量为较多（30）时的平均批次和平均拣选行走距离

	平均批次	批次的标准差	平均拣选行走距离	拣选行走距离的标准差
按订单拣选	30	0	73.4	13.60
关联规则	14.1	0.42	52.6	11.35
自组织神经网络	13.2	0.38	52.1	8.13
K-均值聚类	14.9	0.41	54.6	10.25

综合传统布局和改进布局分析这三种订单分批策略，相比传统布局，改进布局下订单分批的平均拣选行走距离减少了 27.7%。在三种订单分批策略中，自组织神经网络分批模型的拣选行走距离效果最优，此外，从拣选行走距离的标准差和批次的标准差可知，分批后的平均拣选行走距离的离散程度小，每个批次的拣选行走距离更趋于平均值。对订单数分别为较少、中等和较多的情况进行分批，在订单数为中等的情况下分批的效果最优，说明此三种分批模型适合于短时间窗内小批量的订单分批。

10.4　本章小结

首先，本章研究订单在进入物品拣选环节前的等待时间和最终完成拣选作业的服务时间。其次，对订单分批策略进行研究，基于数据挖掘角度，采用关联规则、自组织神经网络和 K-均值聚类探索订单之间的相关性，从而优化订单分批策略。最后，构建改进布局下的三种订单分批模型：关联规则分批模型、自组织神经网络分批模型和 K-均值聚类分批模型，并在传统布局和改进布局下，分别对三种订单分批模型的拣选效率进行仿真计算，得出了以下结论：①改进布局对订单分批策略的影响较大，相比传统布局，改进布局平均拣选行走距离减少了 27.7%；②在三种订单分批策略中，自组织神经网络分批模型的拣选行走距离效果最优；③当订单数分别为较少、中等、较多三种情况时，在订单数为中等时分批的效果最优，说明此三种分批模型均适合于短时间窗内小批量的订单分批。

第 11 章 仓储拣选系统拥堵率的估计

拥堵是影响拣选系统作业效率的瓶颈，克服拣选拥堵、提高拣选效率，是提升客户满意度、降低物流成本、提高供应链服务水平的有效途径。通过对拥堵率的量化研究，找出影响拥堵率的因素和影响趋势，指出拥堵率的改善空间，对提高企业的客户需求响应速度、客户服务满意度、整体运营效率，以及降低物流成本都有重要意义。

本章首先介绍系统拥堵的产生，其次通过运用离散马尔可夫链、元胞自动机、离散马尔可夫方法以及 MATLAB 数值计算等方法，构建拣选拥堵模型，计算拥堵率指标，找出拥堵率的影响因素及影响趋势，为拣选系统的效率管理和优化控制提供决策依据，为供应链管理理论及物流配送的基本运作技术提供新的思路和方法。通过研究发现，拣选密度、拣选者数量及拣选面数量是影响仓库内拣选拥堵率的重要因素。仓储管理人员通过改变这些参数来调整拥堵率，达到降低拣选拥堵率的目的，同时能够提高仓储周转率和拣选作业效率。

11.1 本章研究综述

近年来，关于拣选拥堵的相关文献陆续出现。Parikh（2006）运用离散马尔可夫链方法建立模型，对基于随机存储策略的宽通道拣选系统的拣选拥堵率问题进行了研究。结果发现，拣选者在一个拣选面只拣选一件货物时，拣选拥堵率随着拣选密度增加而增加、减少而减少，并且随着拣选者数量和行走速度增加而增加；拣选者在一个拣选面可能拣选多件货物时，拣选拥堵率随着拣选密度增加而增加。Gue 等（2012）发现拣选密度和拣选拥堵率之间的关系并不是简单的线性关系，在拣选密度高的时候，拣选密度和拣选拥堵率存在负相关关系，这与拣选者在单位时间内拣选的货品数量有一定关系。Silva 和 Riaño（2009）建立了连续时间的马尔可夫链模型以分析拣选时间服从不同的指数分布、拣选者数量不同、拣选通道宽窄不同的拣选系统中的拣选拥堵问题，为拣选系统的管理者提供了决策依据。Furmans 等（2009）运用排队论算法对人工订单拣选系统进行了分析研究，并和仿真模拟得到的结果相比较，两者的差小于 4%，证明模型是有效的。Werth 等（2011）运用启发性方法对在多区块布局下拥有多个拣选者的拣选系统中的拣选路径进行了规划，从而减少了拣选拥堵对拣选效率的影响。

　　Parikh 和 Meller（2009）提出虽然在通道内行走不会发生拥堵，但是当同时访问同一个货位进行拣选作业时仍然会发生拥堵。因此，他们建立了针对宽通道拥堵的理论模型，并且提出以拣选时间和行走时间的比值来分析拣选时间对拣选拥堵的影响。结论表明虽然宽通道拥堵比窄通道拥堵的情况好，但是如果同一个拣选货位的拣选时间过长，拣选拥堵对总体拣选作业时间和拣选成本的影响还是很明显的。之后，Parikh 和 Meller（2010）发现之前研究文献中都假设拣选时间确定，拣选时间不确定对拣选拥堵的影响没有被研究过。所以，他们又把拣选时间和行走时间的比值运用到窄通道拣选系统的拣选拥堵分析中，并且假设拣选时间是不确定的。通过仿真模拟发现拣选时间不确定对拣选拥堵影响明显，对拣选效率的影响也很明显。

　　Pan 和 Shih（2008）通过建立订单吞吐率模型来衡量拥有多个拣选者的拣选系统的拣选效率，并且试图平衡拣选行走距离和拣选拥堵，在拣选拥堵的情况下，他们还对两种常用的货物存储策略在不同的订单需求分布中的表现进行了比较。另外，Pan 和 Shih（2012a）运用基于闭合排队网络的分析方法，估计了在摘果式订单拣选系统中，考虑多个拣选者会产生通道拥堵的情况下三种订单拣选路径规划算法的订单服务时间，为了验证此方法的有效性，他们进行了仿真实验测试，并且评价了该方法对拣选者数量、拣选通道数量、订单大小、货物存储策略等参数的敏感度。Pan 和 Shih（2012b）把拣选模型构建成一个排队网络，然后运用启发式货位分配策略，同时分析拣选者行走时间和拥堵等待时间，此策略有效缩短了订单服务时间。他们还通过建立仿真模型把新策略和之前已经存在的几种货位分配策略进行了对比，验证了新策略在拥有多个拣选者的拣选系统中的优越性。

　　Hong 等（2010）对分批拣选对窄通道拣选系统中的拣选拥堵的影响进行了研究，通过确定合适的订单批量来提高拣选效率。Hong 等（2012a；2012b）提出订单分批和批次排序策略，此策略的目标函数考虑了拣选者的行走时间、拣选时间和拥堵等待时间，并且考虑了订单分批和发放执行过程中发生的拥堵，仿真模拟的结果证明此策略通过减少拥堵现象发生节省了订单服务时间。实验也表明此策略在窄通道拣选系统中尤其有效。Hong 等在建立了一个订单分批算法以后，在验证实验中考察了此算法在有拥堵情况下的表现。Hong 等（2015）通过研究发现，当每一个拣选面的拣选作业量不平衡时，使用蚂蚁拣货法的拣选系统更容易发生拥堵现象，他们据此对拣选者行走速度的两个极端情况进行了量化研究以及仿真模拟。Hong 等（2016）通过建立理论模型量化研究了拣选者拥堵导致的订单拣选延误，通过建立控制模型减小了采用蚂蚁拣货法的配送中心的拥堵。Hong（2014）运用离散马尔可夫链方法对两个拣选者在环形拣选通道的拣选系统中的拣选拥堵问题进行了研究，并对拣选拥堵导致的总增加成本进行了量化研究。Hong（2015）

探讨了窄通道拣选系统的最佳订单拣选批量，结果表明拣选密度差异较大容易导致拣选者拥堵现象严重。

近几年内，陆续有学者运用智能模拟方法对拣选拥堵问题进行研究。Elbert 等（2015）智能模拟了人工拣选系统矩阵仓库中，三个拣选者采用的不同拣选路径的结合对拣选者拥堵的影响，结果证明最佳组合是最大间距（拣选者 1）、最大间距（拣选者 2）、组合路线（拣选者 3）。Brian 等（2013）运用智能模拟方法对拣选拥堵的影响进行了研究，结果发现拥堵对仓库的拣选成本和拣选效率的影响明显。

针对两人拣选系统，轩友世（2014）、马超（2015）提出了新的研究角度，即拣选者之间的行走速度对拣选效率具有一定的影响。针对拣选者拥堵问题，Hong 等（2012c）进行了针对两人拣选系统的拥堵问题的研究，在研究中，他们对拣选通道进行了假设，描述了一个环形拣选区域内的宽窄通道两人拣选系统在行走速度比为 1：1 和 1：∞ 且一次拣选一件货物时的拥堵率变化问题。在国内的研究中，陈少华等（2015）在对仓库布局、拣选策略、存储策略、路径策略、拣选者拥堵等影响因素进行整理之后，提出了两人拣选系统在宽通道内的拥堵率问题，他们创新地运用马尔可夫方法对拣选者拥堵问题进行了分析，对一次拣选一件和一次拣选多件货品的不同情况，以及拣选者行走速度比的两个极端情况进行了分析，得出结论：当拣选密度增大的时候，即使在宽通道两人拣选系统中，拥堵现象也可能存在。Zhou 等（2015）则针对窄通道两人拣选系统的拥堵率问题进行了量化分析，通过分析不同因素和不同参数下的拥堵率变化，对影响拣选系统的因素进行研究，由于拣选拥堵的复杂性，研究结果可以为后续仓储拣选拥堵问题的研究做铺垫。

11.2　拣选系统拥堵问题的阐述

11.2.1　拣选系统拥堵的产生

1. 拣选作业概述

在典型配送中心内，拣选系统一般包括两种拣选方式：一种拣选方式是分批拣选，对货品进行批量拣选，通过拣货过程中的分货作业，将货品分类并发货；另一种拣选方式是按订单拣选，在一批货品中，通过拣选作业，可以将指定数量和品相的货品从储位中准确、快速地挑选出来，按照用户的订单将拣选的货品分类集中、及时装载并配送给顾客。在配送中心的基本功能中，货品的拣选作业是劳动最密集和成本最高的重要环节。典型配送中心的功能区分与作业流程如图 11-1 所示。

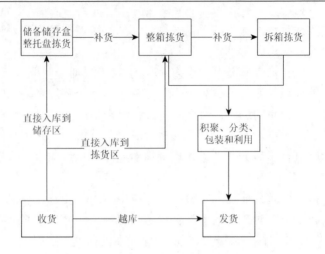

图 11-1　典型配送中心的功能区分与作业流程

从时间成本看，在整个拣选流程中，涉及拣货订单的生成、拣选者在通道内行走、拣选所需货品、将货品分类、集中等几大环节，其中，拣选者扮演了十分重要的角色，拣选者在拣选区内经历了拣选准备、定位储位（即搜索）、行走、提取货品、拣选货品等活动。如图 11-2 所示，拣选者在通道内行走并在拣选面按照订单进行拣选这两项活动所耗费的时间成本最高，行走所占的时间比更是高达 50%。

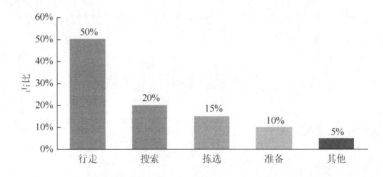

图 11-2　仓库中拣选者进行拣选作业的时间分布比例

此外，拣选成本在仓储系统中所占的比重也是惊人的。货物拣选的成本约占在库作业成本的 55%，远远高于其他基本作业活动，如入库、装车、配送等，提高拣选系统的作业效率成为企业提高配送中心效率、降低运营成本的关键所在。图 11-3 对物流成本进行了对比，从中可以看出拣货活动所占的比例。

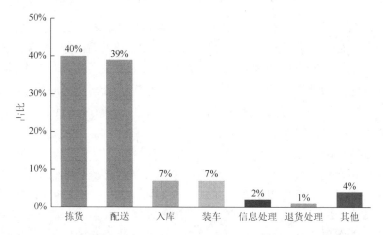

图 11-3　物流系统中拣选者进行拣选作业的时间分布比例

2. 影响拣选作业效率的因素

拣选系统效率的提高依托于拣选作业中各个环节的协同合作，包括合理高效的储位规划、合适的拣选策略、拣选路径以及拣选人数、拣选的方法和设备等，其中，本书论证的影响因素为拣选者拥堵。

1）拣选者

在人工拣选系统中，通常存在多个拣选者同时进行拣选作业，以实现拣选效率的提升，但由于各个拣选者的行走速度、拣选效率均存在一定的差距，再加上拣选系统的路径规划、拣选策略和拣选方法等不同，很容易造成在通道内拣选者之间需要同时访问某个拣选面而产生的拥堵问题。此外，拣选区域通道的宽窄决定了拣选者能否越过彼此去拣选，在窄通道内，当拣选者想要越过彼此进行拣选，但行走在前面的拣选者进行拣选作业时，后面的拣选者无法通过至下一拣选面进行拣选作业而产生拥堵。当拥堵现象产生时，处于拥堵状态的拣选者由拣选或行走状态转为闲暇状态，使整个拣选系统的作业效率下降，而在窄通道中，因为无法越过彼此进行拣选，在拣选通道内某一处的拥堵现象还将扩散到后续的整个拣选者流。

总之，拣选者拥堵问题降低了拣选系统的整体作业效率，增加了人工成本，成为制约拣选作业效率的首要因素。

2）储位规划和拣选策略

存储系统在储位上的合理规划能够使存储空间得到合理利用，最大限度地存储货品。窄通道拣选系统的存储区域大于宽通道拣选系统，但与此同时，拣选者在拣选区域内进行拣选作业活动的范围受到限制，这样对拣选者的数量又提出了更高的要求。

此外，配送中心的存储区域会采用不同的拣选策略，当采用分批策略进行拣选作业时，拣选者的行走路径将被缩短，然而因为拣选者有可能只是在某一通道内行走，随着拣选者的行走自由度的提升，拣选者与拣选者之间很容易发生拥堵。企业为了提高仓库吞吐量和客户响应速度，拣选系统中通常会有三个及以上的拣选者同时作业来满足所需的吞吐量，当出现三个拣选者同时访问一个存货点时将更容易发生拥堵现象；在分区策略中，很容易发生拣选者闲暇现象，从而降低了仓储拣选系统的整体效率。

3）拣选路径和拣选设备

以往对拣选的研究通常针对拣选系统中只存在一个拣选者的情况，针对拣选者需要同时访问一个存货点所发生的拣选者拥堵问题也已经有所研究，且证明了拥堵率和拣选密度成正比。但研究范围局限于两人拣选系统，而在现实拣选系统中，往往会存在三人及以上数目的拣选者，随着拣选人数的增加，拥堵情况会急剧增加，拥堵情况将更为复杂，拥堵率与拣选密度之间的复杂程度也将攀升。

以上各个因素对拣选者效率的影响不是单独的而是耦合的，拣选人数、拣选密度、拣选路径的选择等都会影响到拣选者或拣选设备的行走速度（或拣选时间），对拣选作业效率的影响是直接的、可观的。因此，为了提高拣选作业效率，有必要对多人拣选系统的拥堵率进行研究，认识影响拥堵的因素并尽可能缓解拣选者拥堵的情况，为仓储系统规划设计及拣选策略的选择提供思路，科学有效地提高拣选作业效率。

11.2.2　多人拣选拥堵的产生

在窄通道多人拣选系统中，存在拣选者之间的拥堵现象。

（1）拣选面拥堵，即前一拣选者减速行走至停留点，在所在拣选面进行拣货作业，而当前拣选者也将行走至同一拣选面进行拣选作业时，产生拣选者之间的拥堵。在宽通道的拣选系统中只存在拣选面拥堵，在窄通道内拣选面拥堵很常见。

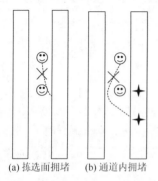

（a) 拣选面拥堵　(b) 通道内拥堵

图 11-4　窄通道拣选者拥堵的形式

（2）通道内拥堵，即窄通道的拣选系统中的通道宽度只允许一个拣选者进行拣选作业，当此拣选者停止行走并进行拣选作业时，其他想要越到下游进行拣选作业的拣选者因无法通过，从而产生系统内的局部拥堵。

窄通道多人拣选系统拣选者拥堵现象如图 11-4 所示，在多人拣选系统中，所产生的拥堵可能是局部的，也可能是整体大范围的，在此说明局部拥堵现象，多拣选者的拥堵与之形式一致。

11.3　宽通道两人拣选系统的拥堵率

配送中心是整个供应链中的重要一环，而拣选作业又在配送中心的运营过程中发挥着至关重要的作用，直接影响着拣选作业系统的作业效率，所以拣选作业成为提高仓储系统运营效率和提升客户满意度的瓶颈环节。

在配送中心的实际操作运营中，管理者为了提高仓库整体的吞吐量，通常采用多个拣选者同时作业的方法，虽然该方法能够在一定程度上提高系统的整体吞吐量，但又不可避免地会在拣选者之间形成拥堵现象。对拥堵的合理有效认识，能够使得管理者对现有条件进行仿真模拟和比较，最终选择一个效率较高的拣选作业方案，为配送中心实际操作运营的效率管理和优化控制提供决策依据。

11.3.1　前提假设：一个拣选面可以拣选多件货物

本节将讨论拣选者在一个拣选面可以拣选多件货物的情况下，拣选者的拥堵率变化情况。拣选者在一个拣选面可以拣选多件货物将提高拣选者的拣选时间和行走时间之间比值的不确定性。我们假设一个拣选面可以至多包含 m 个存储位置，并且每个存储位置所存储的货物都是唯一的。如果一个拣选者在某个拣选面拣选多件货物，那么被拣选的货物都将是不同的。拣选者在一个存储位置拣选作业所花费的时间可以通过平均拣选时间 t_p 来描述。

这里假设拣选者在每个拣选面所拣选的存储位置都是唯一不同的，也就是说，这个估计模型会因为拣选存储位置的唯一性产生很大的动态性特征。如果定义 I 表示拣选者在一次拣选行程中所拣选的货物数，并且在一个拣选面平均拣选 $a(a>1)$ 件货物，那么在一个拣选行程当中总的拣选货物数为 $a \cdot I$，拣选时间为 $a \cdot t_p$。定义 u 表示在一个拣选面拣选一件或者多件货物的概率，v 表示在拣选面没有拣选货物的概率 $(v=1-u)$。

11.3.2　拣选者行走和拣选速度一致

在这种情形下，在状态 0_{pp} 时刻拣选者处于拥堵状态，因为拣选者在一个拣选面可以拣选多件货物，所以该拥堵状态会以概率 u 在下一时刻重现。也就是说，如果当前时刻拣选者 1 在该拣选面进行作业，则拣选者 2 必须在该拣选面等待，下一时刻拣选者 1 仍有可能以概率 u 继续在该拣选面进行作业，则拣选者 2 就必须继续等待。但是，如果拣选者 1 在下一时刻准备离开该拣选面，那么拣选者 2 就会以概率 1 在该拣选面进行拣选作业（因为拣选者 2 前一时刻在该拣选面是有拣选需求的）。如果拣选者 2 当前时刻在该拣选面作业，拣选者 1 被迫等待，那么下一时刻也会出现类似的情况。所以，状态 0_{pp} 会分别以概率 $v/2$ 转移到状态 0_{wp} 和 0_{pw}。所以得出拣选者状态转移矩阵：

$$T_{1:1}^{w} = \begin{bmatrix} A_1 & B & 0 & \cdots & C \\ C & A & B & \cdots & \vdots \\ 0 & \ddots & \ddots & \ddots & 0 \\ \vdots & \ddots & C & A & B \\ B & \cdots & 0 & C & A \end{bmatrix}_{4n \times 4n}$$

其中

$$A_1 = \begin{matrix} & \begin{matrix} 0_{pp} & 0_{pw} & 0_{wp} & 0_{ww} \end{matrix} \\ \begin{matrix} 0_{pp} \\ 0_{pw} \\ 0_{wp} \\ 0_{ww} \end{matrix} & \begin{bmatrix} u & v/2 & v/2 & 0 \\ 0 & 0 & 0 & 0 \\ 0 & 0 & 0 & 0 \\ u^2 & uv & uv & v^2 \end{bmatrix} \end{matrix}, \quad C = \begin{bmatrix} 0 & 0 & 0 & 0 \\ u^2 & uv & uv & v^2 \\ 0 & 0 & 0 & 0 \\ 0 & 0 & 0 & 0 \end{bmatrix}$$

$$A = \begin{bmatrix} u^2 & uv & uv & v^2 \\ 0 & 0 & 0 & 0 \\ 0 & 0 & 0 & 0 \\ u^2 & uv & uv & v^2 \end{bmatrix}, \quad B = \begin{bmatrix} 0 & 0 & 0 & 0 \\ 0 & 0 & 0 & 0 \\ u^2 & uv & uv & v^2 \\ 0 & 0 & 0 & 0 \end{bmatrix}$$

一个拣选面拣选多件货物的一步转移概率如图 11-5 所示。

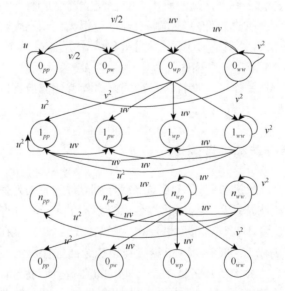

图 11-5 一个拣选面拣选多件货物的一步转移概率

矩阵 $T_{1:1}^w$ 的第一行中，A_1 表示距离为 0 的状态保留到距离为 0 的状态的转移概率子矩阵，其他距离状态转移概率子矩阵 A、B、C 表示分别以各不同的距离状态转移到相邻的距离状态的概率子矩阵。

矩阵 A 表示下一时间段两个拣选者之间的距离没有变化的状态转移概率子矩阵，B 表示下一时间段两个拣选者之间的距离增加一个单位的状态转移概率子矩阵，C 表示下一时间段两个拣选者之间的距离缩小一个单位的状态转移概率子矩阵。

11.3.3　平稳态与拥堵率

求解状态转移矩阵 $T_{1:1}^w$ 的稳态，即求解方程 $A_{1:1}^w T_{1:1}^w = A_{1:1}^w$ 中的向量 $A_{1:1}^w$，向量 $A_{1:1}^w$ 表示状态转移矩阵的平稳状态，求得向量 $A_{1:1}^w$ 如下：

$$A_{1:1}^w = \left[\overbrace{\frac{2u^2}{(1-u)^2(2-u)}, \frac{u}{1-u}, \frac{u}{1-u}, \frac{2(1-u)}{2-u}}^{d=0}, \overbrace{\frac{u^2}{1-u}, \frac{u}{1-u}, \frac{u}{1-u}, 1}^{d=1}, \cdots, \overbrace{\frac{u^2}{1-u}, \frac{u}{1-u}, \frac{u}{1-u}, 1}^{d=n-1} \right]_{1 \times 4n}$$

平稳密度由 $A_{1:1}^w$ 的一阶范数 $\|A_{1:1}^w\|$ 决定，那么两个拣选者的拥堵率即平稳状态中 0_{pp} 对应位置 A_1 的向量占平稳密度的 $1/2$，记为 $b_{1:1}^w(k=2)$，括号中的数字表示两个拣选者，那么有

$$b_{1:1}^w(k=2) = \frac{a_1/2}{\|A_{1:1}^w\|} = \frac{u^2}{2u^2 - u + (2-u)n} \tag{11-1}$$

当 $u=1$ 时，$b_{1:1}^w(k=2) = \dfrac{1}{n+1}$ 是极值，$b_1^w(2)$ 表示的是在 1:1 情况下两个拣选者的拥堵率，我们通过 Excel 的非线性求解工具来获得在拣选范围 n 不同的情况下，$b_1^w(2)$ 和 u 之间的关系图，当拣选概率 $u=1$ 的时候，拣选者之间的拥堵率为 0，这也是在图 11-6 中用空心点表示的原因。当 n 取不同的值时，拥堵率 $b_{1:1}^w$ 与拣选概率 u 之间的关系如图 11-6 所示，分别用不同曲线来表示存储区域有 20 个、50 个、100 个、200 个拣选面的情况。当拣选者在一个拣选面可以拣选多件货物的情况下，并且拣选者拣选时间与行走时间比为 1:1 时，可能会产生超过 30% 的拥堵率。通过对拣选拥堵率、拣选区域、拣选密度之间的影响关系的分析，能够有效地指导仓储管理者在实际作业过程中的决策，即在外界条件一定的情况下，通过调整相关参数实现仓库的高效运作。

11.3.4　拣选者行走和拣选速度悬殊较大

本节主要考虑拣选与行走速度比为 1:∞ 的情况，即拣选者的行走速度是无穷

的，所以拣选者只存在正在作业和因拥堵而等待拣选两种状态。经分析，两个拣选者之间距离的变化这个变量符合马尔可夫无后效性。

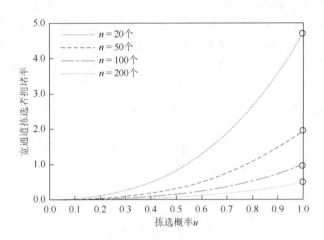

图 11-6　拣选、行走速度相当情况下宽通道拣选系统中 b,n,u 的关系

1. 拣选者移动距离的随机分布

因行走速度无限大，拣选者从一个作业点结束走到下一个作业点，这之间的行走时间可以忽略不计。

定义 X_t^1, X_t^2 分别表示拣选者在时刻 t 所移动的距离。假设 $\beta = \{i \,|\, i = 0, n, 2n, \cdots\}$，$\gamma = \{i \,|\, i > 0, i \notin \beta\}$。如果拣选者在一个拣选面拣选多件货物，则有 $f(x) = v^x u, x \in \beta$。而如果拣选者在一个拣选面只拣选一件货物 $(v = 1-u)$，则有 $f(x) = (1-u)(v^{x-1}u) = v^x u, x \in \gamma$。综合考虑以上两种情况可以得到每个拣选者距离变化 X_t 的概率分布：

$$f(x) = v^x u I_{\{x \in \beta\}} + v^x u I_{\{x \in \gamma\}}, \quad x \geq 0 \qquad (11\text{-}2)$$

其中，$I_{\{x \in \beta\}}$ 是一个符号函数，当 $x \in \beta$ 的时候等于 1，而当 $x \in \gamma$ 的时候值为 0。类似地有当 $x \in \gamma$ 时，符号函数 $I_{\{x \in \gamma\}}$ 的值为 1，当 $x \in \beta$ 时值为 0。

拣选者之间的距离变化主要分为两种情况：第一种情况是拣选者 2 在整个拣选过程中没有越过拣选者 1，类似于拣选通道是窄通道的情况；第二种情况就是拣选者 2 有越过拣选者 1 的情况，并且假设 a_{ij} 表示拣选者从状态 i 到状态 j 的转移概率。

首先来分析拣选者 2 没有越过拣选者 1 的情况，则有 $Y^t = X_t^1 - X_t^2$。假设 $L_i^1(y)$ 表示拣选者的距离由状态 $i(1 \leq i \leq n-1)$ 开始变化为 y 的概率分布，因为 X_t^1 和 X_t^2 独立同分布，所以有

$$L_i^1(y) = P(Y^t = y)$$

$$= \sum_{x=0}^n P(X_t^1 = x + y)P(X_t^2 = x) = \sum_{x=0}^n f(x+y)f(x)$$

$$= \sum_{x=0}^n (v^{x+y}uI_{\{x\in\beta\}} + v^{x+y}uI_{\{x\in\gamma\}})(v^x uI_{\{x\in\beta\}} + v^x uI_{\{x\in\gamma\}})$$

$$= \sum_{x=0}^n (v^{2x+y}u^2 I_{\{x\in\beta\}} + v^{2x+y}u^2 I_{\{x\in\gamma\}}) \tag{11-3}$$

$$= v^y u^2 \sum_{x=0}^n v^{2x}I_{\{x\in\beta\}} + v^{y+2}u^2 (v^2)^{x-1}I_{\{x\in\gamma\}}$$

$$= v^y u^2 \sum_{x=0}^n v^{in} + v^{y+2}u^2 \sum_{i=0,i\neq n}^n v^{2i} = v^y \left(u^2 + \frac{v^2 u}{1+v} \right)$$

$$= v^y \left((1-v)^2 + \frac{v^2(1-v)}{1+v} \right) = \frac{uv^{|y|}}{1+v}$$

接下来对在拣选过程当中，拣选者 2 有越过拣选者 1 向下游进行拣选的情况下的拣选者拥堵率进行分析。因为拣选者 2 越过了拣选者 1，所以拣选者 2 所在位置的标号要比拣选者 1 的标号大，为了取两个拣选者之间的最短距离，有 $Y_t = X_t^1 - X_t^2 + n$。以 $L_i^2(y)$ 表示当前情况下从状态 $i(1 \leqslant i \leqslant n-1)$ 开始拣选者之间距离变化为 y 时的概率分布函数。因为 X_t^1, X_t^2 独立同分布，可以得出

$$L_i^2(y) = P(Y_t = y)$$

$$= \sum_{x=0}^n P(X_t^1 = x)P(X_t^2 = x + n - y) = \sum_{x=0}^n f(x)f(x+n-y)$$

$$= \sum_{x=0}^n (v^x uI_{\{x\in\beta\}} + v^x uI_{\{x\in\gamma\}})(v^{x+n-y}uI_{\{x\in\beta\}} + v^{x+n-y}uI_{\{x\in\gamma\}}) \tag{11-4}$$

$$= v^{n-y}u^2 + \frac{v^{y+2}u}{1+v} = \begin{cases} \dfrac{uv^{n-y}}{1+v}, & y \geqslant 1 \\[2mm] \dfrac{uv^{n-|y|}}{1+v}, & -\infty < y < 1, y \neq 0 \end{cases}$$

结合以上两种情况可得

$$L_i(y) = \begin{cases} \dfrac{uv^{|y|}}{1+v}, & y = 0 \\[2mm] \dfrac{uv^{n-y} + uv^{n-|y|}}{1+v}, & y \neq 0 \end{cases} \tag{11-5}$$

为了得到拣选者继续保持拥堵状态或者从拥堵状态转移到其他状态的概率，主要针对两种情况进行考虑：第一情况是在拥堵状态的时候拣选者 1 拣选、拣选者 2 等待；第二情况是拣选者 2 拣选、拣选者 1 等待。

对于第一种情况来说，拣选者 1 从拥堵拣选面的 m 个存储位置中进行拣选而拣选者 2 在当前时刻被迫等待。如果拣选者 1 在下一时刻仍然需要在当前拣选面的其他存储位置拣选，那么拣选者 2 仍然会被迫在当前拣选面进行等待。所以，在下一时刻继续保持拥堵状态的概率为 u。如果拣选者 1 在下一时刻选择离开当前拣选面并停在距当前拣选面 $y(y \neq 0)$ 处，则下一时刻拣选者 2 会在当前拣选面进行作业，所以这种情况下拣选者离开拥堵状态的概率为 $uv^y(y \neq 0)$。

同理可分析，当拣选者 2 在当前位置拣选而拣选者 1 被迫等待的情况下，保持拥堵状态的概率为 u，而离开拥堵状态的概率为 $uv^{n-|y|}(y \neq 0)$。

2. 状态转移矩阵

当上一时段两个拣选者的距离 $d_{12}^{t-1} = 0$ 或 $d_{12}^{t-1} = n$ 时，为拥堵状态，则下一时段有 $0 \leqslant Y^t \leqslant n$ 或者 $-n \leqslant Y^t \leqslant 0$；当上一时段两个拣选者的距离 $d_{12}^{t-1} = 1, 2, \cdots, n-1$ 时，为非拥堵状态，则下一时段有 $1-n \leqslant Y^t \leqslant n-1$。

当两个拣选者的距离差 1 个拣选面以上时就不会产生拥堵，如果上一时段两个拣选者的距离是 d_{12}^{t-1}，则下一时段距离是 0 或 $n-1$ 时是极限。由此可知，不会产生拥堵的状态转移概率为

$$P(Y^t = y) = g(y) = \frac{uv^{|y|}}{1+v}, \quad 1 - d_{12}^{t-1} \leqslant y \leqslant n-1-d_{12}^{t-1} \tag{11-6}$$

下面分析产生拥堵时的概率。如图 11-7 所示，当 y 在区间 $[1-d_{12}^{t-1}, n-1-d_{12}^{t-1}]$ 时不会产生拥堵，但是当两个拣选者之间的距离变化（缩减）多于 d_{12}^{t-1} 个拣选面时，即当 $Y^t \leqslant -d_{12}^{t-1}$ 时，拣选者 2 将会被拣选者 1 拥堵；当两个拣选者之间的距离变化扩大到多于 $n - d_{12}^{t-1}$ 时，即 $Y^t \geqslant n - d_{12}^{t-1}$ 时，拣选者 1 再次回到该通道，被拣选者 2 拥堵。

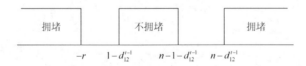

图 11-7　马尔可夫过程下的拥堵区间

已知 $g(y)$ 服从几何分布，函数是对称的，故有

$$P(Y^t \leqslant -d_{12}^{t-1}) = P(Y^t \geqslant d_{12}^{t-1}) = \sum_{y=d_{12}^{t-1}}^{\infty} \frac{uv^y}{1+v} = \frac{u}{1+v} \times \frac{v^{d_{12}^{t-1}}}{1-v} = \frac{v^{d_{12}^{t-1}}}{1+v} \tag{11-7}$$

类似地，可得

$$P(Y^t \geqslant n - d_{12}^{t-1}) = \frac{v^{n-d_{12}^{t-1}}}{1+v} \tag{11-8}$$

分析上述概率分布函数可知，由于拣选者行走速度趋向无穷，所以状态为 1_{pw} 或者 n_{pp} 时产生拥堵，分别表示拣选者 2 被拣选者 1 拥堵，或拣选者 1 被拣选者 2 拥堵；而当距离为 $1,2,\cdots,n-1$ 时，不会产生拥堵，即状态为 $1_{pp},2_{pp},\cdots,(n-1)_{pp}$ 时不会拥堵，则可以计算此马尔可夫过程的状态转移矩阵：

$$T_{1:\infty}^{w} = \begin{array}{c} \\ 0_{pp} \\ 1 \\ 2 \\ 3 \\ \vdots \\ n-2 \\ n-1 \\ n_{pp} \end{array} \begin{array}{cccccccc} 0_{pp} & 1 & 2 & 3 & \cdots & n-2 & n-1 & n_{pp} \\ \left[\dfrac{1}{1+v}\right. & \dfrac{uv}{1+v} & \dfrac{uv^2}{1+v} & \dfrac{uv^3}{1+v} & \cdots & \dfrac{uv^{n-2}}{1+v} & \dfrac{uv^{n-1}}{1+v} & \dfrac{v^n}{1+v} \\ \dfrac{v}{1+v} & \dfrac{u}{1+v} & \dfrac{uv}{1+v} & \dfrac{uv^2}{1+v} & \cdots & \dfrac{uv^{n-3}}{1+v} & \dfrac{uv^{n-2}}{1+v} & \dfrac{v^{n-1}}{1+v} \\ \dfrac{v^2}{1+v} & \dfrac{uv}{1+v} & \dfrac{u}{1+v} & \ddots & & \ddots & \dfrac{uv^{n-3}}{1+v} & \dfrac{v^{n-2}}{1+v} \\ \dfrac{v^3}{1+v} & \dfrac{uv^2}{1+v} & \dfrac{uv}{1+v} & \ddots & & & \dfrac{uv^{n-4}}{1+v} & \dfrac{v^{n-3}}{1+v} \\ \vdots & \vdots & \vdots & & \ddots & & \vdots & \vdots \\ \dfrac{v^{n-2}}{1+v} & \dfrac{uv^{n-3}}{1+v} & \dfrac{uv^{n-4}}{1+v} & \ddots & & \ddots & \dfrac{uv}{1+v} & \dfrac{v^2}{1+v} \\ \dfrac{v^{n-1}}{1+v} & \dfrac{uv^{n-2}}{1+v} & \dfrac{uv^{n-3}}{1+v} & \cdots & \cdots & \dfrac{uv}{1+v} & \dfrac{u}{1+v} & \dfrac{v}{1+v} \\ \dfrac{v^n}{1+v} & \dfrac{uv^{n-1}}{1+v} & \dfrac{uv^{n-2}}{1+v} & \cdots & \cdots & \dfrac{uv^2}{1+v} & \dfrac{uv}{1+v} & \left.\dfrac{1}{1+v}\right] \end{array}_{(n+1)\times(n+1)} \qquad (11\text{-}9)$$

3. 平稳分布与拥堵率 $b_{1:\infty}^{w}$

矩阵 $T_{1:\infty}^{w}$ 的第一列和最后一列代表拥堵的状态，解状态转移矩阵 $T_{1:\infty}^{w}$，求得其平稳分布 $Z_{1:\infty}^{w}$。对于方程 $Z_{1:\infty}^{w}T_{1:\infty}^{w}=Z_{1:\infty}^{w}$，解得

$$Z_{1:\infty}^{W} = \{1,u,u,\cdots,u,1\} \qquad (11\text{-}10)$$

则拣选者在此种情况下的拥堵率为

$$b_{1:\infty}^{w}(k=2) = \frac{1}{2+(n-1)u} \qquad (11\text{-}11)$$

由式（11-11）可知 $b_{1:\infty}^{w}(2)$ 是关于 n 的递减函数。为了求得当拥堵率取极值时相对应的拣选概率 u 的值，要先对 $b_{1:\infty}^{w}$ 求一阶导数，即有

$$b_{1:\infty}^{w}(k=2)|_{u} = \frac{1-n}{[2+(n-1)u]^2} \qquad (11\text{-}12)$$

可知 $b_{1:\infty}^{w}|_{u} < 0$，所以有拥堵率是关于 u 的递减函数。

4. 影响拥堵率 $b_{1:\infty}^w$ 的因素分析

当 n 取不同的值时，拣选概率 u 与拥堵率 $b_{1:\infty}^w$ 之间的关系如图 11-8 所示，用不同曲线代表存储区域分别有 2 个、10 个、20 个、50 个拣选面的情况下，拥堵率变动的情况。由拥堵率公式（11-11）可知，拣选者之间的拥堵率随着 n 的增加而减小。在拣选区域 n 相同的条件下，拣选者之间的拥堵率随着拣选概率的增加而减小；在拣选概率 u 相同的条件下，拣选者之间的拥堵率随着拣选面个数 n 的增大而减小。由图 11-8 可以看出，在只有两个拣选者的拣选系统中，虽然通道较宽，但拣选者之间的拥堵率仍然可能超过 30%。在现有拣选区域和拣选作业的拣选密度情况下，可以通过适当地调整布局、存储策略或者路径策略，来减少拣选者之间拥堵的发生。

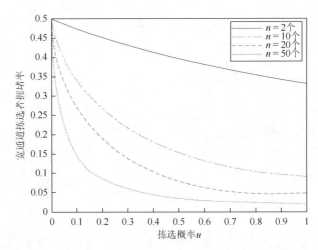

图 11-8 拣选、行走速度比为 1:∞ 的情况下宽通道多件拣选系统中 b,n,u 的关系

11.3.5 仿真模拟与应用

表 11-1 比较的是通过理论分析模型和仿真结果得到的拣选者的拥堵率，对于不同的拣选概率 u，误差范围都在 1% 内，所以说该模型能够很好地估计在 $P:W=1:1$（表示拣选与行走的时间为 1:1）情况下拣选者的拥堵率。

表 11-2 描述的是在 $n=20$ 的情况下、不同的拣选概率 u 所对应的拣选者不同的拥堵率。从表 11-2 中可以看到，在 $u\leqslant0.1$ 的情况下，理论分析模型和仿真结果获得的拣选者的拥堵率误差并没有在范围 1% 内（但是在 3.5% 以内）。出现这个情况是因为，中高吞吐量的情况下，拣选者在一个拣选面不作业的概率较小，所以 $v^n\approx0(1-v^n\approx1)$，但是在 $u>0.1$ 的情况下，理论分析模型和仿真结果得到的

拣选者的拥堵率误差在1%以内，所以说，该估计模型能够很好地仿真 $P\!:\!W=\infty\!:\!1$ 情况下拣选者的拥堵状况。

表 11-1　1:1拣选多个

拣选概率	理论结果	仿真结果	误差
0.00	0.000	0.000	0.000
0.05	0.006	0.006	0.000
0.10	0.025	0.025	0.000
0.50	0.834	0.834	0.000
0.90	3.567	3.573	0.006
1.00	0.000	0.000	0.000

表 11-2　∞:1拣选多个

拣选概率	理论结果	仿真结果	误差
0.00	0.000	0.000	0.000
0.05	0.383	0.350	0.033
0.10	0.297	0.280	0.017
0.50	0.105	0.100	0.005
0.90	0.053	0.050	0.003
1.00	0.050	0.050	0.000

11.3.6　拣选速度与拣选者数量的仿真分析

与 11.3.4 节讨论拣选者在一个拣选面只拣选一件货物的情况相类似，在这里仍然通过仿真模拟的方式来估计 $P\!:\!W$ 分别为5:1、10:1、20:1情况下的拣选者的拥堵率，如图 11-9 所示。实线描述的是通过理论分析模型得到的拣选者拥堵率的变化趋势图，其余的则是通过仿真模拟模型得到的拥堵率变化趋势线图。当每个拣选面的拣选概率 $u=1.0$ 时，任何 $P\!:\!W$ 值所对应的拣选者的拥堵率都是 0，所以在图上用空心点来表示。

将每一个 $P\!:\!W$ 值对应的状态都当作一个单独的拣选系统。首先考虑在1:1情况下，较大的 u 值表示拣选者花费大部分时间在每个拣选面进行拣选作业，而基本没时间行走。也就是说拣选时间与行走时间的比值近乎无穷大。在拥有较大 $P\!:\!W$ 值的拣选系统中，拣选时间与行走时间的比值更是接近于无穷大。

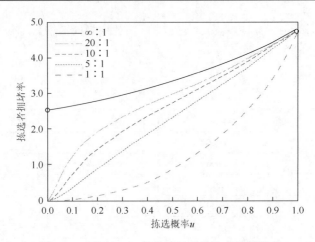

图 11-9　不同 $P{:}W$ 值的情况下拣选者的拥堵率

　　理论分析模型很难拓展为 $P{:}W=\infty{:}1$ 和 $P{:}W=1{:}1$ 情况下拣选系统中拣选者的数量多于两个的情况，因此通过仿真模拟来估计拣选系统中拣选者的数量 $k>2$ 个情况下拣选者的拥堵率。图 11-10 描述的是当 $P{:}W=10{:}1$、拣选面数量 $n=50$ 个时，拣选者数量分别为 2 个、5 个、10 个条件下拣选者的拥堵率随拣选者数量和拣选概率的变化趋势。图 11-11 描述的是当 $P{:}W=10{:}1$、拣选面数量 $n=100$ 个时，拣选者数量 k 分别为 2 个、5 个、10 个条件下拣选者的拥堵率随拣选者数量和拣选概率的变化趋势。从研究结果中可以看出拣选者的拥堵率随拣选者数量的增加而提高；并且在拣选者数量相同的情况下，拣选者的拥堵率随拣选范围的扩大而降低。

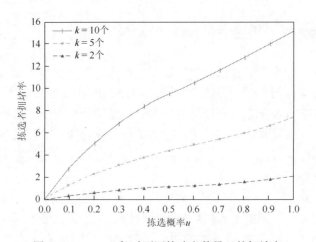

图 11-10　$n=50$ 个时不同拣选者数量下的拥堵率

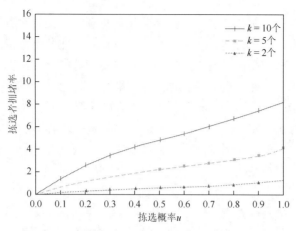

图 11-11　$n=100$ 个时不同拣选者数量下的拥堵率

11.4　窄通道两人拣选系统的拥堵率

11.4.1　一个拣选面只拣选一件货物的拥堵模型

1. 前提假设：一个拣选面只拣选一件货物

本节研究含有 n 个拣选面的传统货架布局，如图 11-12 所示。在一个特定的时间段，拣选者在拣选面的拣选概率为 p，行走到下一个拣选面的概率为 q。构建一个拣选面只拣选一件货物的分析模型，即如果在某一时刻拣选者拣选，那么他在下一时刻行走到下一个拣选面的概率为 1。

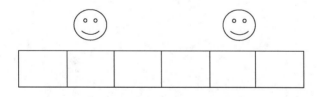

图 11-12　传统的订单拣选通道

假设在通道内有两个拣选者同时进行作业，构建两种情况下的拥堵分析模型：①通过一个拣选面的行走时间与在一个拣选面拣选的时间相等，即拣选时间与行走时间比为 1:1；②拣选者行走速度无穷大，即拣选时间与行走时间比为 ∞:1。

2. 拣选时间与行走时间比为 1:1 情况下的理论分析模型

本节研究在 n 个拣选面的传统货架布局下，通道内有两个拣选者同时进行作业的情况。在某一时刻，拣选者在目前的位置拣选。如果拣选者不拣选，在这一时刻他将行走到下一个拣选面，或者另一个拣选者正在此位置拣选，那么他在这一时刻被拥堵。本部分研究拣选时间与行走时间相等的情况，也就是说在一个特定的时刻，拣选者可能拣选一件货物，也可能行走到下一个拣选面。

用 D_t 表示拣选者 1 和拣选者 2 在 t 时刻的距离，$D_t = (n + $拣选者1的位置$) - ($拣选者2的位置$)$除以$n$取余数。在窄通道内，两个拣选者不能同时位于同一个拣选面，故 $1 \leqslant D_t \leqslant n-1$。例如，在拣选区域内有 $n=6$ 个拣选面，拣选者在位置 2 和位置 1，则 $D_t = 1$，或者拣选者在位置 6 和位置 1，则 $D_t = 5$。

矩阵 $\{D_t\}$ 不是马尔可夫链，因为拣选者前一时刻在拣选，那么此刻一定是在行走，即 D_{t+1} 依赖于 D_t 及前一时刻的状态，因此要构建马尔可夫过程必须考虑前一时刻的状态。记录状态为 r_{xy}，r 表示两个拣选者之间的距离，x 和 y 表示拣选者 1 和拣选者 2 的状态。例如，3_{pw} 表示此刻两个拣选者之间有 3 个拣选面的距离，拣选者 1 此刻正在拣选，拣选者 2 此刻正在行走。而状态 1_{pw} 是拥堵状态，此刻拣选者 1 正在拣选，拣选者 2 正在行走，而且距离是 1 个拣选面，在窄通道内，拣选者 2 不能越过拣选者 1，故此时是拥堵状态，同样 $(n-1)_{wp}$ 也是拥堵状态。一旦产生拥堵，一个拣选者此刻必须等待另一个拣选者完成作业。在此拣选系统中，两个拣选者之间的所有状态为

$$\{1_{pp}, 1_{pw}, 1_{wp}, 1_{ww}, 2_{pp}, 2_{pw}, 2_{wp}, 2_{ww}, \cdots, (n-1)_{pp}, (n-1)_{pw}, (n-1)_{wp}, (n-1)_{ww}\}$$

图 11-13 可以解释状态转移情况。

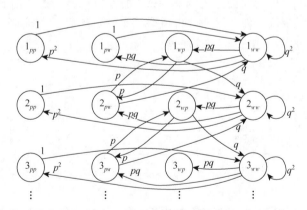

图 11-13　当拣选一件货物时的马尔可夫链状态转移情况

当状态为 1_{pp} 时，两个拣选者之间的距离为 1 个拣选面，此刻拣选者 1 和拣选者 2 均正在拣选，由于一个拣选面只拣选一件货物，那么下一时刻两个拣选者均要开始行走，距离仍为 1 个拣选面，即转移到状态 1_{ww}，且转移概率为 1。当状态为 1_{ww} 时，此刻两个拣选者都正在行走，则下一时刻拣选者 1 可能正在下一个拣选

面拣选，拣选者 2 也可能正在下一个拣选面拣选，则此刻转移为状态1_{pp}，且转移概率为p^2，拣选者 2 也可能仍然行走，则转移为状态1_{pw}，且转移概率为pq；仍然在此状态下，拣选者 1 可能选择继续行走，拣选者 2 正在拣选，则转移为状态1_{wp}，且转移概率为pq，拣选者 2 也可能选择继续行走，则转移为状态1_{ww}，且转移概率为q^2。由此得出状态转移矩阵为

$$A = \begin{bmatrix} D_0 & U_0 & 0 & \cdots & 0 \\ L & D & U & \cdots & \vdots \\ 0 & \ddots & \ddots & \ddots & 0 \\ \vdots & \ddots & L & D & U \\ 0 & \cdots & \cdots & L & D_{n-1} \end{bmatrix}$$

其中，U_0 表示从状态 1 转移到状态 2 的概率；L 表示由状态 2 转移到状态 1 的概率。

$$D_0 = \begin{bmatrix} 0 & 0 & 0 & 1 \\ 0 & 0 & 0 & 0 \\ 0 & 0 & 0 & 0 \\ p^2 & pq & pq & q^2 \end{bmatrix}, \quad U_0 = U = \begin{bmatrix} 0 & 0 & 0 & 0 \\ 0 & 0 & 0 & 0 \\ 0 & p & 0 & q \\ 0 & 0 & 0 & 0 \end{bmatrix}, \quad L = \begin{bmatrix} 0 & 0 & 0 & 0 \\ 0 & 0 & p & q \\ 0 & 0 & 0 & 0 \\ 0 & 0 & 0 & 0 \end{bmatrix}$$

$$D = \begin{bmatrix} 0 & 0 & 0 & 1 \\ 0 & 0 & 0 & 0 \\ 0 & 0 & 0 & 0 \\ p^2 & pq & pq & q^2 \end{bmatrix}, \quad D_{n-1} = \begin{bmatrix} 0 & 0 & 0 & 1 \\ 0 & 0 & 0 & 0 \\ 0 & 0 & 0 & 1 \\ p^2 & pq & pq & q^2 \end{bmatrix}$$

解状态转移矩阵 A，求状态转移矩阵的平稳分布 Z（见本章附录）。对于方程 $ZA = Z$，解得

$$Z = \left[\overbrace{p^2, p - p^2, p, 1}^{x=1}, \overbrace{p^2, p, p, 1}^{x=2}, \cdots, \overbrace{p^2, p, p, 1}^{x=n-2}, \overbrace{p^2, p, p - p^2, 1}^{x=n-1} \right]$$

其中，x 代表 $1, 2, \cdots, n-1$ 这些开始状态，例如，$x = 2$ 代表状态 2_{pp}，2_{pw}，2_{wp}，2_{ww}。

这个马尔可夫过程的密度由 $\| Z \|$ 决定。由于拥堵状态是 1_{pw}，所以拣选时间与行走时间比为 $1:1$，且一个拣选面只能拣选一件货物时，两个拣选者的拥堵率为

$$b_1(2) = \frac{Z_b}{\sum_j Z_j} = \frac{p - p^2}{(n-3)(p^2 + 2p + 1) + 2(p^2 + p + 1 + p - p^2)} \tag{11-13}$$

$$= \frac{p - p^2}{(n-3)p^2 + (2n-2)p + (n-1)}$$

由式（11-13）可知 $b_1(2)$ 是关于 n 的递减函数。为了求得当拥堵率最大、最小时相对应的拣选概率 p 的值，要先对 $b_1(2)$ 求一阶导数，并令导数等于 0，即

$$b_1'(2) = \frac{(5-3n)p^2 + (2-2n)p + (n-1)}{[(n-3)p^2 + (2n-2)p + (n-1)]^2} = 0 \qquad （11\text{-}14）$$

当 $n=2$ 时，可以得出当拣选概率 p 为 -2.4142 和 0.4142 时，式（11-14）成立。而 $0 \leqslant p \leqslant 1$，因此可以得知当 $p=0.4142$ 时拥堵率取得极值，对式（11-14）二次求导，当 $p=0.4142$ 时二次导数小于 0，即此时取得最大值。因此，可以得出当

$$p = \frac{n - 1 - \sqrt{4n^2 - 10n + 6}}{5 - 3n} \qquad （11\text{-}15）$$

时，拥堵率取得最大值，并且随着 n 的增大，拥堵率取得最大值时的拣选概率 p 减小。当拣选面 n 有无限多个，即 $n \to \infty$ 时，拥堵率最高时的拣选概率是 0.3333。$n=2$ 和 $n \to \infty$ 是 n 取值的两个极端情况，这界定了当产生拥堵时，最大的拣选概率 p 的临界范围。

运用 MATLAB 数据处理的方法，得出当 n 取不同的值时，拣选概率 p 与拥堵率 $b_1(2)$ 之间的关系，如图 11-14 所示，曲线分别表示在存储区域分别有 20 个、50 个、100 个、200 个拣选面的情况。图 11-14 展示了拣选区域大小变动时，拥堵率变动的情况。由拥堵率公式（11-13）可知，随着 n 的增加拥堵率减小。随着 n 的变化，当 $0.3333 \leqslant p \leqslant 0.4142$ 时拥堵率最高。由图 11-14 可知，当拣选区域固定时，随着拣选概率 p 的增加，拣选者拥堵率先增大到最大值再减小；当拣选概率 p 一定时，拣选者拥堵率随着拣选面数量 n 的增大而减小。从图 11-14 中仍可以看出，当有两个拣选者时，拣选的拥堵率很小。因此当拣选时间与行走时间为1:1，且一个拣选面只拣选一件货物时，拥堵在拣选系统中不是关键的问题。

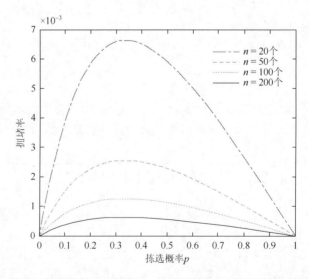

图 11-14　拣选一件货物且1:1情况下，拣选区域大小不同时拥堵率的变化情况

3. 拣选时间与行走时间比为 ∞:1 情况下的理论分析模型

本部分考虑拣选时间与行走时间比为 ∞:1 的情况，即拣选者的行走速度是无穷的。与 1:1 的情况类似，用数列 r_{xy} 表示马尔可夫过程。由于拣选者的行走速度都是无穷的，故两个拣选者正在停止的时间为 0。所以，两个拣选者在每一时刻都是以相同的时间开始和结束拣选货物，除非其中一个拣选者受到拥堵。而对于数列 r_{xy}，x 和 y 始终是拣选或是将要拣选，因此下标 x 和 y 可以去掉，用 r 表示此刻两个拣选者的距离。

使用马尔可夫链方法构建这个模型。用 X_t^1 和 X_t^2 表示在 t 时刻拣选者 1 和拣选者 2 将要移动的距离。在传统的拣选区域内这些随机变量的样本空间是无穷的，并且服从几何分布：

$$f(x) = q^{x-1}p, \quad x = 1, 2, \cdots \tag{11-16}$$

即拣选者在第 x 个位置停下来进行拣选，而前 $x-1$ 个位置不拣选。其中，x 表示拣选者下一时刻移动的距离。当 $x = 0$ 时拣选者没有移动，意味着仍在原来的位置拣选，而本节假设拣选者在一个存储位置只拣选一件货物，故 $x \neq 0$。当 $x = 1$ 时拣选者移动一个拣选面，$f(x) = q^0p = p$。在构建的马尔可夫模型中，用 $Y_t = X_t^1 - X_t^2$ 表示两个拣选者之间的距离变化，X_t^1 和 X_t^2 相互独立且同分布，y 为整数，则 Y_t 的概率密度函数为

$$
\begin{aligned}
g(y) &= P(Y_t = y) \\
&= \sum_{x=1}^{\infty} P(X_t^1 = x + y)P(X_t^2 = x) \\
&= \sum_{x=1}^{\infty} f(x+y)f(x) = \sum_{x=1}^{\infty} q^{x+y-1}pq^{x-1}p \\
&= p^2 q^y \sum_{x=1}^{\infty} (q^2)^{x-1} = p^2 q^y \frac{1}{1-q^2} \\
&= \frac{pq^{|y|}}{1+q}
\end{aligned}
\tag{11-17}
$$

当两个拣选者之间的距离差在 1 个拣选面以上时就不会产生拥堵，如果 $D_{t-1} = r$，前一时刻两个拣选者之间的距离是 r，则下一时刻距离是 1 或 $n-1$ 时是极限。由此可知，不会产生拥堵的状态转移概率为

$$P(Y_t = y) = g(y) = \frac{pq^{|y|}}{1+q}, \quad 1-r \leqslant y \leqslant n-1-r \tag{11-18}$$

例如，假设在拣选区域有 $n = 10$ 个拣选面，并且前一时刻两个拣选者之间的距离 $r = 3$，已知两个拣选者之间的距离差不小于 1 时就不会产生拥堵，故两个拣

选者之间的距离最小可以缩减 2 个拣选面，即 $-2 = 1 - r$；两个拣选者之间最大的距离是 9 个拣选面，则距离可以变化 6 个拣选面，即 $6 = n - 1 - r$。

下面研究计算产生拥堵时的概率。如图 11-7 所示，当 $1 - r \leqslant y \leqslant n - 1 - r$ 时不会产生拥堵，但是当两个拣选者之间的距离变化（缩减）多余 r 个拣选面时，即当 $Y_t \leqslant -r$ 时，拣选者 2 将会被拣选者 1 拥堵；当两个拣选者之间的距离变化扩大到多余 $n - r$ 时，拣选者 1 再次回到该通道，被拣选者 2 拥堵。

已知 $g(y)$ 服从几何分布，函数是对称的，故有

$$P(Y_t \leqslant -r) = P(Y_t \geqslant r) = \sum_{y=r}^{\infty} \frac{pq^y}{1+q} = \frac{p}{1+q} \times \frac{q^r}{1-q} = \frac{q^r}{1+q} \tag{11-19}$$

类似地，可得

$$P(Y_t \geqslant n - r) = \frac{q^{n-r}}{1+q} \tag{11-20}$$

分析上述概率分布函数可知，当两个拣选者的距离为 1 时，由于拣选者行走速度趋向无穷，所以状态为 1_{pw} 时产生拥堵，而状态为 1_{pp}、1_{wp}、1_{ww} 时不会拥堵，即状态为 1 时会出现拥堵和不堵两种情况，类似地，状态为 $n-1$ 时也会出现拥堵和不堵两种情况，而当状态为 $2, 3, \cdots, n-2$ 时不会产生拥堵，则可以计算此马尔可夫过程的状态转移矩阵：

$$A = \begin{bmatrix} \dfrac{q}{1+q} & \dfrac{p}{1+q} & \dfrac{pq}{1+q} & \dfrac{pq^2}{1+q} & \cdots & \dfrac{pq^{n-3}}{1+q} & \dfrac{pq^{n-2}}{1+q} & \dfrac{q^{n-1}}{1+q} \\[3mm] \dfrac{q}{1+q} & \dfrac{p}{1+q} & \dfrac{pq}{1+q} & \dfrac{pq^2}{1+q} & \cdots & \dfrac{pq^{n-3}}{1+q} & \dfrac{pq^{n-2}}{1+q} & \dfrac{q^{n-1}}{1+q} \\[3mm] \dfrac{q^2}{1+q} & \dfrac{pq}{1+q} & \dfrac{p}{1+q} & \ddots & \ddots & \ddots & \dfrac{pq^{n-3}}{1+q} & \dfrac{q^{n-2}}{1+q} \\[3mm] \dfrac{q^3}{1+q} & \dfrac{pq^2}{1+q} & \dfrac{pq}{1+q} & \ddots & \ddots & \ddots & \dfrac{pq^{n-4}}{1+q} & \dfrac{q^{n-3}}{1+q} \\[3mm] \vdots & \vdots & \vdots & \ddots & \ddots & \ddots & \vdots & \vdots \\[3mm] \dfrac{q^{n-2}}{1+q} & \dfrac{pq^{n-3}}{1+q} & \dfrac{pq^{n-4}}{1+q} & \ddots & \ddots & \ddots & \dfrac{pq}{1+q} & \dfrac{q^2}{1+q} \\[3mm] \dfrac{q^{n-1}}{1+q} & \dfrac{pq^{n-2}}{1+q} & \dfrac{pq^{n-3}}{1+q} & \cdots & \cdots & \dfrac{pq}{1+q} & \dfrac{p}{1+q} & \dfrac{q}{1+q} \\[3mm] \dfrac{q^{n-1}}{1+q} & \dfrac{pq^{n-2}}{1+q} & \dfrac{pq^{n-3}}{1+q} & \cdots & \cdots & \dfrac{pq}{1+q} & \dfrac{p}{1+q} & \dfrac{q}{1+q} \end{bmatrix}$$

矩阵 A 的第一列和最后一列代表拥堵的状态,解状态转移矩阵 A ,求得其平稳分布 Z 。对于方程 $ZA=Z$,解得

$$Z=[-1,p/(p-1),p/(p-1),p/(p-1),\cdots,p/(p-1),-1]$$

则拣选者在此种情况下的拥堵率为

$$b_\infty(2)=\frac{1-p}{2(1-p)+(n-1)p}=\frac{1-p}{(n-3)p+2} \tag{11-21}$$

由式(11-21)可知拥堵率是关于 n 的递减函数。为了求得当拥堵率最大、最小时相对应的拣选概率 p 的值,要先对 $b_\infty(2)$ 求一阶导数,即有

$$b'_\infty(2)=\frac{1-n}{[(n-3)p+2]^2} \tag{11-22}$$

可知 $b'_\infty(2)<0$,所以有拥堵率是关于 p 的递减函数。

运用 MATLAB 数据处理的方法,得出当 n 取不同的值时,拣选概率 p 与拥堵率 $b_\infty(2)$ 之间的关系,如图 11-15 所示,曲线分别表示在存储区域分别有 20 个、50 个、100 个、200 个拣选面的情况。图 11-15 展示了拣选区域大小变动时,拥堵率变动的情况。由拥堵率公式(11-21)可知,随着 n 的增加拥堵率减小。由图 11-15 可知,当拣选区域固定时,随着拣选概率 p 的增加,拣选者拥堵率减小;当拣选概率 p 一定时,拣选者拥堵率随着拣选面数量 n 的增大而减小。从图 11-15 中仍可以看出,当有两个拣选者,且拣选概率较小时,存在很大的拥堵率。

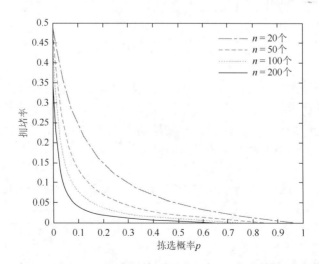

图 11-15　拣选一件货物且 ∞:1 情况下,拣选区域大小不同时拥堵率的变化情况

4. 仿真模拟与应用

上面两部分已经对在一个拣选面只拣选一件货物的前提下，拣选时间与行走时间比为1∶1和∞∶1两种情况构建了分析模型，现在要构建一个基本的传统仓库的实际仿真环境，对上述两种情况进行模拟。先构建一个有 8 条通道的传统布局的仓库，如图 11-16 所示。由于本书研究的是随机分布，所以在 0～1 之间形成如表 11-3 所示的 2 组随机数，分别作为拣选者 1 和拣选者 2 所需拣选的货物在此仓库内的存储位置。用黑三角表示拣选者 1 所需拣选的位置，黑十字星表示拣选者 2 所需拣选的位置。具体位置安排如图 11-16 所示。

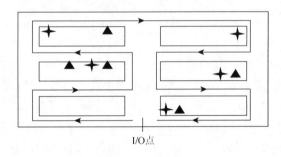

I/O点

图 11-16　仿真实际场景图

表 11-3　2 组 0～1 的 5 个随机数

拣选者	1.0000	2.0000	3.0000	4.0000	5.0000
拣选者 1	0.2675	0.2675	0.4865	0.7952	0.9680
拣选者 2	0.2514	0.3750	0.6340	0.7960	0.9937

假设此拣选区域内有 $n = 20$ 个拣选面，两个拣选者同时进行拣选。根据上面两部分的分析模型及本部分的模拟模型，分别计算当拣选时间与行走时间比为1∶1和∞∶1，p 为 0、0.2、0.7 及 1 时的拥堵率，并将分析模型与模拟模型得出的结论进行对比。结果如表 11-4 和表 11-5 所示。

表 11-4　当拣选时间与行走时间比为1∶1时分析模型与模拟模型所得结果比较

拣选概率 p	分析结果	模拟结果	模型误差
0.00	0.000 00	0.000 00	0.000
0.20	0.005 86	0.005 84	0.003
0.70	0.003 89	0.003 91	−0.005
1.00	0.000 00	0.000 00	0.000

表 11-5　当拣选时间与行走时间比为 ∞∶1 时分析模型与模拟模型所得结果比较

拣选概率 p	分析结果	模拟结果	模型误差
0.00	0.000 00	0.000 00	0.000
0.20	0.148 15	0.149 20	−0.007
0.70	0.021 58	0.021 49	0.004
1.00	0.000 00	0.000 00	0.000

由表 11-4 和表 11-5 可知，分析结果与实际场景模拟结果有一些不同。这是因为在建立分析模型时，没有考虑拣选者可能在此通道内不拣选的情况，而实际情况的模拟考虑到了这一点。总的来说分析模型与模拟模型的比较误差也是小于 1% 的，说明分析模型比较符合实际，是有效的。

在实际中，拣选拥堵的问题一直存在。例如，随着电子商务的发展，网上购物成为人们生活中购买商品的主要渠道之一，在京东商城中，电子产品是京东的自营产品，产生的是客户个性化的订单，会出现一个拣选面只拣选一件货物的情况，如一种型号的手机或计算机。当拣选者拣选时间与行走时间比为 1∶1 时，按照分析模型的结论，拥堵率很小，不会产生很大的影响，但这只是作为理论研究。在实际中，拣选时的行走时间肯定会比拣选时间快很多，会产生一定的拥堵，影响拣选作业的效率，从而影响商城的运作。当商城开始促销时，会产生大量的订单，配送中心会选择雇用更多的工人来拣选，但是拣选者的增多会产生更多的拥堵。通过研究拥堵率，可以给管理人员提供参考意见，选择更优的拣选策略、拣选者数量或是选择最优的路径策略来减少拥堵，提高配送中心的拣选效率。

5. 对不同的 $P∶W$ 值和不同的拣选者数量进行仿真模拟

在本节的前半部分，已经对拣选时间与行走时间的两个极限比值情况做了基本的理论分析，但是在实际的配送中心运作过程中，拣选时间与行走时间比是不定的，下面对拣选时间与行走时间比分别为 5∶1、10∶1、20∶1 的情况做仿真研究。图 11-17 展示了当拣选面数量 $n=20$ 个时不同的拣选时间与行走时间比下的拥堵率仿真情况。

从图 11-17 可知，拣选时间与行走时间比为 ∞∶1 情况下的拥堵率高于比值为 1∶1 的情况。显然地，当在拣选系统中比值为 ∞∶1 时，拣选者基本上花费了所有的时间来拣选，而行走基本上不花费时间，拣选者之间就会产生更多的影响，例如，下游拣选者花费很长的时间在某个拣选面拣选，则上游的拣选者就不能通过或是不能在此拣选面拣选，因此就会产生很高的拥堵率。当拣选概率 $p=0$ 时，所有的拣选者都不拣选只是在拣选区域内行走，就不会产生拥堵。

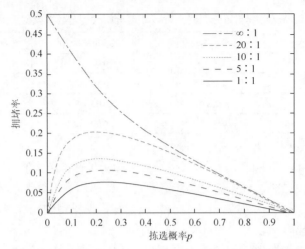

图 11-17　系统内有两个拣选者且 $n = 20$ 个，$P\!:\!W$ 值不同时拥堵率的变化情况

当参与拣选的工作人员多于 2 个时，很难构建分析模型。所以采用仿真模拟方法对多个拣选者工作时的拥堵率进行评估。图 11-18 是仿真模拟的结果，前提假设是拣选时间与行走时间比为 10∶1，拣选区域内有 $n = 100$ 个拣选面。由图 11-18 可知随着拣选者数量的增加，拣选拥堵率也增加了。

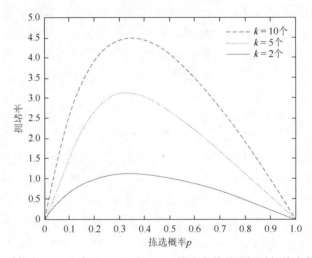

图 11-18　系统内 $n = 100$ 个且 $P\!:\!W = 10\!:\!1$，拣选者数量不同时拥堵率的变化情况

11.4.2　一个拣选面可拣选多件货物的拥堵模型

1. 前提假设：一个拣选面可拣选多件货物

本节研究在同一拣选面，拣选者可以拣选多件货物的情况。一个拣选面代表

托盘货架的一列，包含多个存储单元。在同一位置拣选多件货物的情况也是更符合实际的。假设一个拣选面有 m 个存储位置，每一个存储位置都有一个独特的存储单元，也就是说在一个拣选面的两个存储位置不会有完全相同的存储单元。如果拣选者在同一拣选面拣选多件货物，那么这些货物可能从同一个存储位置拣选出来，也可能从不同的存储位置拣选出来。按照 11.3.1 节所提，在一个存储位置拣选相同的存储单元的平均时间为 t_p。本节假设在一个拣选面，拣选者从存储位置拣选不同的存储单元。因此，如果有 I 个不同的存储单元，并且一个拣选者在一个存储单元平均拣选 a 件货物，那么这个拣选者共拣选 $a \cdot I$ 件货物，拣选时间为 $a \cdot t_p$。本节假设拣选者在一个拣选面拣选一件或多件货物的概率为 p，则行走的概率为 $q = 1 - p$。

2. 拣选时间与行走时间比为 1∶1 情况下的理论分析模型

当拣选者在一个拣选面可能拣选多件货物时，从状态 1_{pp} 开始。这意味着此刻两个拣选者距离一个拣选面，并且都在各自的位置正在进行拣选，下一时刻取得该状态的概率为 p^2。由于拣选者可以在一个拣选面拣选多件货物，那么在下一时刻，拣选者 1 可以继续在此拣选面拣选，拣选者 2 可能会将要行走到下一个拣选面，即以概率 pq 转移为状态 1_{pw}；拣选者 1 下一时刻可能将要行走，而拣选者 2 留在原拣选面继续拣选，以概率 pq 转移为状态 1_{wp}，拣选者 2 也可能想要行走到下一拣选面，此时转移为状态 1_{ww}，转移概率为 q^2。图 11-19 展示了状态转移的情况。状态转移矩阵为

$$A = \begin{bmatrix} D_0 & U_0 & 0 & \cdots & 0 \\ L & D & U & \cdots & \vdots \\ 0 & \ddots & \ddots & \ddots & 0 \\ \vdots & \ddots & L & D & U \\ 0 & \cdots & \cdots & L & D_{n-1} \end{bmatrix}$$

解得

$$D_0 = \begin{bmatrix} p^2 & pq & pq & q^2 \\ 0 & p & 0 & q \\ 0 & 0 & 0 & 0 \\ p^2 & pq & pq & q^2 \end{bmatrix}, \quad U_0 = U = \begin{bmatrix} 0 & 0 & 0 & 0 \\ 0 & 0 & 0 & 0 \\ p^2 & pq & pq & q^2 \\ 0 & 0 & 0 & 0 \end{bmatrix}$$

$$L = \begin{bmatrix} 0 & 0 & 0 & 0 \\ p^2 & pq & pq & q^2 \\ 0 & 0 & 0 & 0 \\ 0 & 0 & 0 & 0 \end{bmatrix}, \quad D = \begin{bmatrix} p^2 & pq & pq & q^2 \\ 0 & 0 & 0 & 0 \\ 0 & 0 & 0 & 0 \\ p^2 & pq & pq & q^2 \end{bmatrix}, \quad D_{n-1} = \begin{bmatrix} p^2 & pq & pq & q^2 \\ 0 & 0 & 0 & 0 \\ 0 & 0 & p & q \\ p^2 & pq & pq & q^2 \end{bmatrix}$$

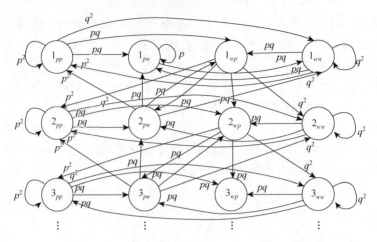

图 11-19　当拣选多件货物时的马尔可夫链状态转移情况

解状态转移矩阵 A，见本章附录。计算其马尔可夫过程的平稳分布 Z，对于方程 $ZA=Z$，解得

$$Z=\left[\overbrace{\frac{p^2}{1-p},\frac{p}{1-p},p,1}^{x=1},\overbrace{\frac{p^2}{1-p},p,p,1-p}^{x=2},\cdots,\overbrace{\frac{p^2}{1-p},p,p,1-p}^{x=n-2},\overbrace{\frac{p^2}{1-p},p,\frac{p}{1-p},1}^{x=n-1}\right]$$

其中，x 代表 $1,2,\cdots,n-1$ 这些开始状态。这个马尔可夫过程的密度由 $\|Z\|$ 决定。当拣选时间与行走时间比为 1:1，且一个拣选面可拣选多件货物时，两个拣选者的拥堵率为

$$b_1(2)=\frac{Z_b}{\sum_j Z_j}=\frac{p\big/(1-p)}{(n-3)\left(\dfrac{p^2}{1-p}+2p+1-p\right)+2\left(\dfrac{p^2}{1-p}+\dfrac{p}{1-p}+1+p\right)}\quad（11\text{-}23）$$

$$=\frac{p}{2p+n-1}$$

由式（11-23）可知 $b_1(2)$ 是关于 n 的递减函数。为了求得当拥堵率最大、最小时相对应的拣选概率 p 的值，要先对 $b_1(2)$ 求一阶导数，即

$$b_1'(2)=\frac{n-1}{(2p+n-1)^2}\quad（11\text{-}24）$$

由式（11-24）可知，$b_1'(2)>0$，则拥堵率是关于拣选概率 p 的递增函数。运用 MATLAB 数据处理的方法，得出当 n 取不同的值时，拣选概率 p 与拥堵

率 $b_1(2)$ 之间的关系，如图 11-20 所示，曲线分别表示在存储区域分别有 20 个、50 个、100 个、200 个拣选面的情况。图 11-20 展示了拣选区域大小变动时，拥堵率变动的情况。由拥堵率公式（11-23）可知，随着 p 的增加拥堵率增大。随着 n 的增大，拥堵率减小。而由图 11-20 可知，当拣选区域固定时，随着拣选概率 p 的增大，拣选者的拥堵率增大。而当拣选概率一定时，随着拣选区域的增大，拣选者的拥堵率减小。从图 11-20 中还可以直观地看出，即使拣选概率很大时，拣选者的拥堵率也不会大于 5%，所以当拣选者在一个拣选面拣选多件货物，且拣选时间与行走时间比为1:1时，拥堵率都不大，不会产生很大的拥堵。

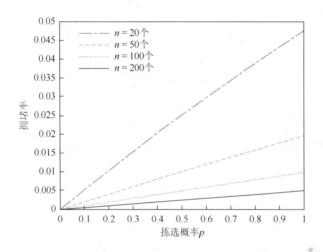

图 11-20　拣选多件货物且1:1情况下，拣选区域大小不同时拥堵率的变化情况

3. 拣选时间与行走时间比为∞∶1 情况下的理论分析模型

本部分讨论当在一个拣选面拣选多件货物时，拣选时间与行走时间比为 ∞:1 的情况。按照只拣选一件货物时 ∞:1 情况下的假设，构建马尔可夫链模型，获得拥堵率。在窄通道内，当一个拣选者进行拣选时，另一个拣选者不能够通过。用 X_t^1 和 X_t^2 表示在 t 时刻拣选者 1 和拣选者 2 将要移动的距离。令 $\beta = \{i \,|\, i = 0, n, 2n, \cdots\}$，$\gamma = \{i \,|\, i > 0, i \notin \beta\}$。当拣选者的状态为 i，即当拣选者在第 i 个拣选面，且 $i = 0, n, 2n, \cdots$ 时，表示拣选者在第 i 个拣选面拣选多件货物，故有

$$f(x) = q^x p, \quad x \in \beta \tag{11-25}$$

如果拣选者只拣选一件货物，则有

$$f(x) = (1-p)(q^{x-1}p) = q^x p, \quad x \in \gamma \tag{11-26}$$

综合以上两种情况，每个拣选者在 t 时刻距离变化的概率分布为

$$f(x) = q^x p I_{\{x \in \beta\}} + q^x p I_{\{x \in \gamma\}}, \quad x \geqslant 0 \tag{11-27}$$

在上述表达式中，当 $x \in \beta$ 时，$I_{\{x \in \beta\}} = 1$，当 $x \in \gamma$ 时，$I_{\{x \in \beta\}} = 0$；类似地，当 $x \in \beta$ 时，$I_{\{x \in \gamma\}} = 0$，当 $x \in \gamma$ 时，$I_{\{x \in \gamma\}} = 1$。

使 $Y_t = X_t^1 - X_t^2$ 表示两个拣选者之间的距离变化。用 $l_i(y)$ 表示当拣选者状态为 i（$1 \leqslant i \leqslant n-1$）时距离变化为 y 的概率。已经知道 X_t^1 和 X_t^2 是相互独立且同分布的，所以概率分布为

$$l_i(y) = P(Y_t = y) = \sum_{x=0}^{\infty} P(X_t^1 = x+y)P(X_t^2 = x) = \sum_{x=0}^{\infty} f(x+y)f(x) \tag{11-28}$$

将式（11-27）代入式（11-28），可得

$$l_i(y) = \sum_{x=0}^{\infty} (q^{x+y} p I_{\{x \in \beta\}} + q^{x+y} p I_{\{x \in \gamma\}})(q^x p I_{\{x \in \beta\}} + q^x p I_{\{x \in \gamma\}})$$

$$= \sum_{x=0}^{\infty} (q^{2x+y} p^2 I_{\{x \in \beta\}} + q^{2x+y} p^2 I_{\{x \in \gamma\}}) + \sum_{x=0}^{\infty} (q^{x+y} p I_{\{x \in \beta\}} q^x p I_{\{x \in \gamma\}} + q^{x+y} p I_{\{x \in \gamma\}} q^x p I_{\{x \in \beta\}})$$

$$= \sum_{x=0}^{\infty} (q^{2x+y} p^2 I_{\{x \in \beta\}} + q^{2x+y} p^2 I_{\{x \in \gamma\}})$$

$$= q^y p^2 \sum_{x=0}^{\infty} q^{2x} I_{\{x \in \beta\}} + q^{y+2} p^2 \sum_{x=0}^{\infty} (q^2)^{x-1} I_{\{x \in \gamma\}}$$

$$= q^y p^2 (1 + q^{2n} + q^{3n} + q^{4n} + \cdots) + q^{y+2} p^2 (1 + q^2 + q^4 + q^6 + \cdots)$$

$$= q^y p^2 \left(\frac{1}{1-q^n} \right) + q^{y+2} p^2 \left(\frac{1}{1-q^2} \right)$$

$$= \frac{p q^{|y|}}{1+q}$$

$$\tag{11-29}$$

在窄通道系统内，拣选者 1 和拣选者 2 之间的距离差不小于 1 时不会产生拥堵问题，在拣选区域含有 n 个拣选面时，状态 1 和 $n-1$ 仍然是拣选者不产生拥堵的极限位置。而在窄通道内当拣选者在一个拣选面拣选多件货物时，另一个拣选者必须等待，不能够超越此刻正在拣选的人员，此刻下游拣选者正在拣选，那么下一时刻该拣选者可能会选择行走去拣选下一件货物，也可能会选择继续在此拣选面拣选，所以当拣选者可以拣选多件货物时，两个拣选者之间的距离不能小于 1 个拣选面。r 表示两个拣选者之间的距离，y 表示下一时刻两个拣选者之间距离的变化数。由以上分析可知，当 $1 \leqslant y+r \leqslant n-1$ 时，不会产生拥堵，则推导出马尔可夫过程的状态转移矩阵：

$$A = \begin{bmatrix}
\dfrac{1}{1+q} & \dfrac{pq}{1+q} & \dfrac{pq^2}{1+q} & \cdots & \dfrac{pq^{n-2}}{1+q} & \dfrac{pq^{n-1}}{1+q} & \dfrac{q^n}{1+q} \\[2mm]
\dfrac{q}{1+q} & \dfrac{p}{1+q} & \dfrac{pq}{1+q} & \cdots & \dfrac{pq^{n-3}}{1+q} & \dfrac{pq^{n-2}}{1+q} & \dfrac{q^{n-1}}{1+q} \\[2mm]
\dfrac{q^2}{1+q} & \dfrac{pq}{1+q} & \ddots & \ddots & \ddots & \dfrac{pq^{n-3}}{1+q} & \dfrac{q^{n-2}}{1+q} \\[2mm]
\vdots & \vdots & \ddots & \ddots & & \vdots & \vdots \\[2mm]
\dfrac{q^{n-2}}{1+q} & \dfrac{pq^{n-3}}{1+q} & \ddots & \ddots & & \dfrac{pq}{1+q} & \dfrac{q^2}{1+q} \\[2mm]
\dfrac{q^{n-1}}{1+q} & \dfrac{pq^{n-2}}{1+q} & \dfrac{pq^{n-3}}{1+q} & \cdots & \dfrac{pq}{1+q} & \dfrac{p}{1+q} & \dfrac{q}{1+q} \\[2mm]
\dfrac{q^n}{1+q} & \dfrac{pq^{n-1}}{1+q} & \dfrac{pq^{n-2}}{1+q} & \cdots & \dfrac{pq^2}{1+q} & \dfrac{pq}{1+q} & \dfrac{1}{1+q}
\end{bmatrix}$$

矩阵 A 的第一列和最后一列代表拥堵的状态，解状态转移矩阵 A，求得其平稳分布 Z。对于方程 $ZA=Z$，解得

$$Z=[1,p,p,p,\cdots,p,p,p,1]$$

则拣选者在此种情况下的拥堵率为

$$b_\infty(2)=\frac{1}{2+(n-1)p} \tag{11-30}$$

由式（11-30）可知 $b_\infty(2)$ 是关于 n 的递减函数。为了求得当拥堵率最大、最小时相对应的拣选概率 p 的值，要先对 $b_\infty(2)$ 求一阶导数，即有

$$b'_\infty(2)=\frac{1-n}{[2+(n-1)p]^2} \tag{11-31}$$

可知 $b'_\infty(2)<0$，所以有拥堵率是关于 p 的递减函数。

运用 MATLAB 数据处理的方法，得出当 n 取不同的值时，拣选概率 p 与拥堵率 $b_\infty(2)$ 之间的关系，如图 11-21 所示，曲线分别表示在存储区域分别有 20 个、50 个、100 个、200 个拣选面的情况。图 11-21 展示了拣选区域大小变动时，拥堵率变动的情况。由拥堵率公式（11-30）可知，随着拣选概率的增加，拥堵率减小。而由图 11-21 可知，当拣选区域内有两个拣选者，一个拣选面可拣选多件货物，拣选时间与行走时间比为 ∞:1，拣选概率较小时，存在很大的拥堵率。另外，随着拣选面数量的增加，拣选作业中的拥堵率减小。

4. 仿真模拟与应用

拣选者在一个拣选面可拣选多件货物的前提下，上面两部分构建了拣选时间与行走时间比为 1:1 和 ∞:1 两种情况的马尔可夫链分析模型。现在仍然需要进行

实际场景的模拟。仍然构建有 8 条通道的传统布局的仓库，拣选者所需拣选的位置也与 11.4.1 节相同。假设此拣选区域内有 $n = 20$ 个拣选面，根据上面两部分的分析模型及本部分的模拟模型，分别计算当拣选时间与行走时间比为 1:1 和 ∞:1，拣选概率 p 为 0、0.2、0.7 及 1 时的拥堵率，并将分析模型与模拟模型得出的结论进行对比。结果如表 11-6 和表 11-7 所示。

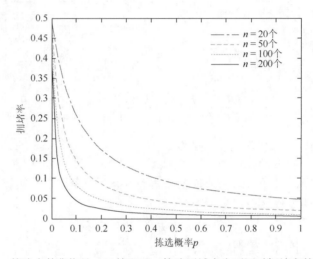

图 11-21　拣选多件货物且 ∞:1 情况下，拣选区域大小不同时拥堵率的变化情况

表 11-6　当拣选时间与行走时间比为 1:1 时分析模型与模拟模型所得结果比较

拣选概率 p	分析结果	模拟结果	模型误差
0.00	0.000 00	0.000 00	0.000
0.20	0.010 30	0.010 36	−0.006
0.70	0.034 31	0.034 42	−0.003
1.00	0.000 00	0.000 00	0.000

表 11-7　当拣选时间与行走时间比为 ∞:1 时分析模型与模拟模型所得结果比较

拣选概率 p	分析结果	模拟结果	模型误差
0.00	0.000 00	0.000 00	0.000
0.20	0.172 41	0.172 68	−0.002
0.70	0.065 36	0.064 96	0.006
1.00	0.000 00	0.000 00	0.000

通过对 p 为 0.2 和 0.7 时，分析模型与模拟模型结果的比较，发现两种模型的结果差别小于 1%，说明分析模型比较符合实际，是有效的。

在实际中，例如，天猫网站上服装类货物种类多且价格便宜，每天都会产生很多的订单。尤其当人们的需求相同时，天猫的物流配送中心就会产生拥堵。在实际的操作中，拣选时间与行走时间比不会是上述极限时间比，而且每个拣选者的比值也会有差别。管理人员可根据对拥堵率的评估值，改善目前配送中心的规划，选择更优的拣选策略、拣选者数量或是选择最优的路径策略来减少拥堵，提高配送中心的拣选效率。

5. 对不同的 $P:W$ 值和不同的拣选者数量进行仿真模拟

与拣选者在一个拣选面只拣选一件货物情况相似，结合配送中心的实际运作情况，对拣选时间与行走时间比分别为 5:1、10:1、20:1 的情况做仿真研究。图 11-22 展示了当拣选面 $n=20$ 个时不同的拣选时间与行走时间比下的拥堵率仿真情况。

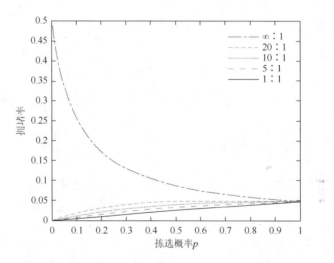

图 11-22　系统内有两个拣选者且 $n=20$ 个，$P:W$ 值不同时拥堵率的变化情况

从图 11-22 可知，拣选时间与行走时间比为 ∞:1 情况下的拥堵率高于比值为 1:1 的情况。显然地，当在拣选系统中拣选时间与行走时间比为 ∞:1 时，拣选者基本上花费了所有的时间来拣选，而行走基本上不花费时间，拣选者之间就会产生更多的影响，例如，下游拣选者花费很长的时间在某个拣选面拣选，则上游拣选者就不能通过或是不能在此拣选面拣选，因此就会产生很高的拥堵率。另外，随着拣选时间与行走时间比的增大，拣选者拥堵率也增大。

当参与拣选的工作人员多于 2 个时，很难构建分析模型。所以采用仿真模拟方法对多个拣选者工作时的拥堵率进行评估。图 11-23 是仿真模拟的结果，前提假设是拣选时间与行走时间比为 10:1，拣选区域内有 $n=100$ 个拣选面。由图 11-23 可知，拣选者的拥堵率随着拣选者数量的增大而增大。

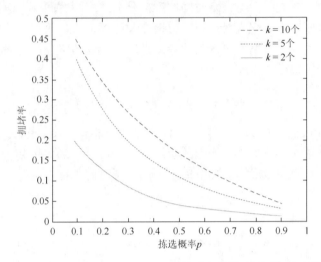

图 11-23　系统内 $n=100$ 个 且 $P:W=10:1$，拣选者数量不同时拥堵率的变化情况

11.5　分类存储窄通道两人拣选系统的拥堵率

11.5.1　模型假设和符号说明

借鉴国外学者对随机存储策略下窄通道两人拣选系统拥堵产生的影响因素的研究，拟对分类存储策略下窄通道两人拣选系统拥堵产生的影响因素进行拓展研究。分类存储策略与随机存储的最大区别在于：分类存储策略下每类货物的拣选概率不同，以及每类货物所占的存储空间不同。因此分类存储策略下影响拥堵的主要因素有每类货物的拣选概率、每类货物存储空间所占的比例、配送中心的拣选面数量、拣选者在一个拣选面拣选的货物件数、拣选者拣选一件货物的时间、拣选者从一个拣选面行走到相邻下一个拣选面的时间。为了准确描述这些因素对拥堵的影响，本节分别构建拣选者在一个拣选面只拣选一件货物、拣选多件货物情况下拣选者拣选行走速度比为 1:1 和 1:∞ 的拥堵率计算模型，并对各影响因素进行敏感性分析。

1. 模型假设

在建立拥堵模型时，假设如下。
（1）拣选系统由 n 个拣选面组成，每个拣选面是一个拣选单元。

（2）拣选者采取单向遍历路线，即拣选者只沿一个方向行进、通过通道，并且访问到每一条通道。

（3）拣选者只拣选通道一侧的拣选面上的货物。实际上，拣选面位于拣选通道的两侧，拣选者通过一条拣选通道拣选两侧的货物，本节中假设两侧拣选面的货物全部合并到一侧拣选面上。也就是说，如果通道两侧分别有 $n/2$ 个拣选面，合并成一侧有 n 个拣选面，另一侧有 0 个拣选面。

（4）在给定的一段时间内，配送中心只有两个拣选者在工作，并且两个拣选者的拣选时间和行走时间是相同的。拣选时间指拣选者在一个拣选面拣选的平均时间。

（5）本节研究的是窄通道拣选系统。在窄通道中，一个拣选者在拣选面拣选时，其他拣选者不能通过该拣选面。本节中的拣选者不仅指拣选人员，还包括拣选小车。当拣选者拣选货物时，会发生横向或纵向移动，需要一定的空间把所需货物拣取出来，所以在通道内不能通过彼此。

（6）配送中心布局见图 11-24。货物按周转率降序分成 A、B、C 三类，存储位置按到出入口（I/O 点）的距离升序分成三类，货物类对应位置类存放。在每类货物中，每种货物是随机存放的。拣选者在每类货物存储区域内一个拣选面进行拣选的概率是相同的。

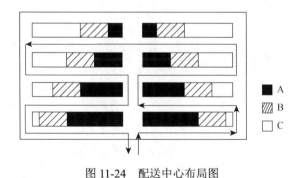

图 11-24　配送中心布局图

因为主通道左、右两侧的货架对称分布，所以先研究右侧仓库的拣选拥堵情况，整个仓库的拣选拥堵率等于右侧仓库拥堵率的 2 倍。在右侧仓库中，距离出入口（I/O 点）最近的一排货架记为第 1 排，仅次于第 1 排远的记为第 2 排，以此类推。第 1 排货架中 A、B、C 三类货物的存储空间和第 2、3、…排货架中 A、B、C 三类货物的存储空间完全不同，可以将第 2 排货架中的 A、B、C 三类货物等价于 D、E、F 类货物，同理，将第 3 排货架中的 A、B、C 三类货物等价于 G、H、I 类货物……，见图 11-25。由上面的第（2）条假设可知，拣选者走的路线为单向遍历路线，所以可以将两排货架并行连接到一起，忽略两排货架之间的行走距离，得到图 11-26 所示的布局。为方便研究，将货物种类简化为如图 11-26 所示的 A、B、C 三类货物的单排情况。

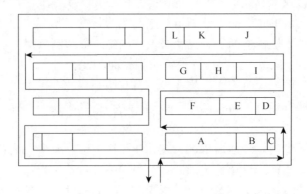

图 11-25　等价成 A、B、C、D、E、F 等类的配送中心

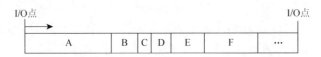

图 11-26　忽略两排货架间距离的单排示意图

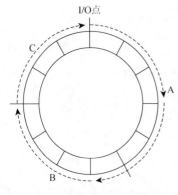

图 11-27　环形拣选通道系统

（7）在仓库内，拣选者可以到达任意位置，故将配送中心布局等价为环形拣选通道系统，如图 11-27 所示。

2. 符号说明

n：拣选者所处的拣选系统包含的拣选面数量。

a：A 类货物存储空间占拣选系统总存储空间的比例。

b：B 类货物存储空间占拣选系统总存储空间的比例。

n_A：A 类货物存储空间包含的拣选面数量。

n_B：A 类货物存储空间和 B 类货物存储空间一共包含的拣选面数量。

d_{12}^t：在 t 时刻，拣选者 1、2 之间的距离。

p_A：拣选者在一个拣选面只拣选一件货物时，在 A 类货物存储区域内的一个拣选面进行拣选的概率。

p_B：拣选者在一个拣选面只拣选一件货物时，在 B 类货物存储区域内的一个拣选面进行拣选的概率。

p_C：拣选者在一个拣选面只拣选一件货物时，在 C 类货物存储区域内的一个拣选面进行拣选的概率。

q_A：拣选者在一个拣选面只拣选一件货物时，在 A 类货物存储区域内的一个拣选面不拣选的概率。

q_B：拣选者在一个拣选面只拣选一件货物时，在 B 类货物存储区域内的一个拣选面不拣选的概率。

q_C：拣选者在一个拣选面只拣选一件货物时，在 C 类货物存储区域内的一个拣选面不拣选的概率。

u_A：拣选者在一个拣选面拣选多件货物时，在 A 类货物存储区域内的一个拣选面进行拣选的概率。

u_B：拣选者在一个拣选面拣选多件货物时，在 B 类货物存储区域内的一个拣选面进行拣选的概率。

u_C：拣选者在一个拣选面拣选多件货物时，在 C 类货物存储区域内的一个拣选面进行拣选的概率。

v_A：拣选者在一个拣选面拣选多件货物时，在 A 类货物存储区域内的一个拣选面不拣选的概率。

v_B：拣选者在一个拣选面拣选多件货物时，在 B 类货物存储区域内的一个拣选面不拣选的概率。

v_C：拣选者在一个拣选面拣选多件货物时，在 C 类货物存储区域内的一个拣选面不拣选的概率。

$$q_A = 1 - p_A$$
$$q_B = 1 - p_B$$
$$q_C = 1 - p_C$$
$$v_A = 1 - u_A$$
$$v_B = 1 - u_B$$
$$v_C = 1 - u_C$$
$$n_A = a \cdot n$$
$$n_B = (a + b) \cdot n$$

11.5.2　拣选者拣选速度与行走速度一致情况下的拥堵分析

1. 速度一致前提

假设拣选者在拣选作业过程中拣选和行走的速度相同，即在 1 个单位时间内，拣选者只能完成一个拣选面的货物拣选或者从上一个拣选面行走到下一个拣选面。拣选者在拣选区域的状态为正在拣选、正在行走、因拥堵而滞留三种。本节首先构建一个拣选面只拣选一件货物情况下的拥堵模型，然后将其拓展到一个拣选面拣选多件货物情况下的拥堵模型构建与分析。

2. 一个拣选面只拣选一件货物情况下的拥堵分析

假设拣选者在一个拣选面只拣选一件货物。即在某一时刻，一个拣选者或者以一定的拣选概率位于一个拣选面正在拣选，或者以一定的行走概率（行走概率 =1– 相应的拣选概率）向下一个拣选面行走；并且，某一时刻拣选者正在某拣选面进行拣选作业，那么下一时刻，该拣选者会以概率 1 向下一个拣选面行走。

1）构建速度一致情况下只拣选一件货物的拥堵模型

用 n_1 表示拣选者 1 在 t 时刻在拣选系统中所处的位置，n_2 表示拣选者 2 的位置，d_{12}^t 表示拣选者 1 和拣选者 2 在 t 时刻的距离，则

$$d_{12}^t = (n + n_1 + n_2) \bmod n \tag{11-32}$$

在窄通道内，两个拣选者不能同时位于一个拣选面，所以 $1 \leqslant d_{12}^t \leqslant n-1$。例如，在某个有 $n=10$ 个拣选面的拣选系统内，如果拣选者 1 在位置 2，拣选者 2 在位置 1（图 11-28（a）），则两者之间距离 $d_{12}^t = 1$；如果拣选者 1 在位置 1，拣选者 2 在位置 2（图 11-28（b）），则 $d_{12}^t = 9$。

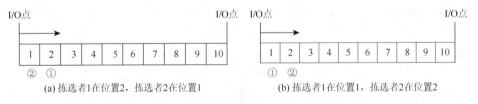

(a) 拣选者1在位置2，拣选者2在位置1　　　(b) 拣选者1在位置1，拣选者2在位置2

图 11-28　两个拣选者之间的距离说明

当前时刻的拣选者之间的距离与状态受到前一时刻的距离与状态的影响，并且只影响下一时刻拣选者的距离与状态，不受其他历史状态的影响。正因为这种无后效性，考虑建立离散时间马尔可夫模型来分析状态的转移概率矩阵。所以用 d_{mn} 的形式来表示转移概率矩阵中的单个状态，d 表示两个拣选者之间的距离，m 表示拣选者 1 正在拣选或行走的状态，n 表示拣选者 2 的状态。例如，2_{pw} 表示拣选者之间的距离为2，拣选者 1 正在拣选，拣选者 2 正在行走。那么，1_{pw} 是拥堵状态，拣选者 1 正在拣选，拣选者 2 正在行走，且距离是 1 个拣选面，在窄通道内，拣选者 2 不能通过拣选者 1 正在拣选的拣选面，故此时是拥堵状态。同理，$(n-1)_{wp}$ 也是拥堵状态。

因此，选取两个拣选者的距离和是否拥堵记为两者在某时刻的状态：

$$1_堵、1_{不堵}、2、3、4、\cdots、n-2、(n-1)_{不堵}、(n-1)_堵$$

其中，两者状态为 $1_堵$ 时，指 1_{pw} 状态。该时刻，拣选者 1 和拣选者 2 之间的距离为 1，且拣选者 1 正在拣选，拣选者 2 正在行走。

两者状态为 $1_{不堵}$ 时，包括 1_{pp}、1_{wp}、1_{ww} 三种。该时刻，拣选者 1 和拣选者 2 之间的距离为 1，拣选者 1 正在拣选，拣选者 2 正在拣选；拣选者 1 正在行走，拣选者 2 正在拣选；拣选者 1 正在行走，拣选者 2 正在行走。

两者状态为 2 时，包括 2_{pp}、2_{pw}、2_{wp}、2_{ww} 四种。该时刻，拣选者 1 和拣选者 2 之间的距离为 2，则两个拣选者之间不会发生拥堵。

两者状态为 $n-2$ 时，包括 $(n-2)_{pp}$、$(n-2)_{pw}$、$(n-2)_{wp}$、$(n-2)_{ww}$ 四种。该时刻，拣选者 1 和拣选者 2 之间的距离为 $n-2$，两个拣选者之间不会发生拥堵。

两者状态为 $(n-1)_{不堵}$ 时，包括 $(n-1)_{pp}$、$(n-1)_{pw}$、$(n-1)_{ww}$ 三种。该时刻，拣选者 1 和拣选者 2 之间的距离为 $n-1$，拣选者 1 正在拣选，拣选者 2 正在拣选；拣选者 1 正在拣选，拣选者 2 正在行走；拣选者 1 正在行走，拣选者 2 正在行走。

两者状态为 $(n-1)_堵$ 时，指 $(n-1)_{wp}$ 状态。该时刻，拣选者 1 和拣选者 2 之间的距离为 $n-1$，且拣选者 1 正在行走，拣选者 2 正在拣选。

状态 $1_堵$ 转移到其他状态的概率：状态 $1_堵$ 即 1_{pw}，在时刻 t 时的状态为 1_{pw}，则下一时刻 $t+1$ 状态一定是 1_{ww}。即状态 $1_堵$ 转移到状态 $1_{不堵}$ 的概率为 1，转移到其他状态的概率为 0。

状态 $1_{不堵}$ 转移到状态 $1_堵$ 的概率：状态 $1_{不堵}$ 包括 1_{pp}、1_{wp}、1_{ww} 三种。其中只有状态 1_{ww} 有可能在下一时刻转移到 $1_堵$，状态 $1_{不堵}$ 中为 1_{ww} 的概率为

$$\alpha = \frac{1}{3}$$

在 t 时刻，拣选者 1 和拣选者 2 之间的距离为 1，且都正在行走，则下一时刻（$t+1$ 时刻）两者之间的距离仍然为 1，把 t 时刻的两个拣选者看作一个整体。两个拣选者都位于同类货物存储位置（即拣选区域）时，两个拣选者都位于 A 类货物存储位置（图 11-29（a））的概率为

$$\beta_1 = (a \cdot n - 1)/n$$

此时状态 1_{ww} 转移到 $1_堵$ 的概率为

$$\gamma_1 = p_A \cdot q_A$$

同理，两个拣选者之间的距离为 1，且都位于 B 类货物存储位置的概率为

$$\beta_2 = (b \cdot n - 1)/n$$

状态 1_{ww} 转移到 $1_堵$ 的概率为

$$\gamma_2 = p_B \cdot q_B$$

两者都位于 C 类货物存储位置的概率为
$$\beta_3 = (n - a \cdot n - b \cdot n - 1) / n$$
状态 1_{ww} 转移到 $1_{堵}$ 的概率为
$$\gamma_3 = p_C \cdot q_C$$

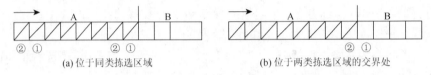

(a) 位于同类拣选区域　　　　　　　　(b) 位于两类拣选区域的交界处

图 11-29　两个拣选者之间的距离为 1 时的不同位置情况

在 t 时刻，两个拣选者之间的距离为 1，且两个拣选者分别位于相邻两类货物存储位置时，两个拣选者分别位于 A、B 类货物存储位置交界处，即拣选者 1 位于 B 类货物存储位置，拣选者 2 位于 A 类货物存储位置（图 11-29（b））的概率为
$$\beta_4 = 1 / n$$
状态 1_{ww} 转移到 $1_{堵}$ 的概率为
$$\gamma_4 = p_B \cdot q_A$$
两个拣选者之间的距离为 1，且位于 B、C 类货物存储位置交界处的概率也是
$$\beta_5 = 1 / n$$
状态 1_{ww} 转移到 $1_{堵}$ 的概率为
$$\gamma_5 = p_C \cdot q_B$$
两者位于 C、A 类货物存储位置交界处的概率也是
$$\beta_6 = 1 / n$$
状态转移的概率为
$$\gamma_6 = p_A \cdot q_C$$
综上所述，状态 $1_{不堵}$ 转移到状态 $1_{堵}$ 的概率为
$$
\begin{aligned}
x_1 &= \alpha \cdot (\beta_1 \cdot \gamma_1 + \beta_2 \cdot \gamma_2 + \beta_3 \cdot \gamma_3 + \beta_4 \cdot \gamma_4 + \beta_5 \cdot \gamma_5 + \beta_6 \cdot \gamma_6) \\
&= \frac{1}{3} \cdot \left(\frac{a \cdot n - 1}{n} \cdot p_A \cdot q_A + \frac{b \cdot n - 1}{n} \cdot p_B \cdot q_B + \frac{n - a \cdot n - b \cdot n - 1}{n} \cdot p_C \cdot q_C \right. \\
&\quad \left. + \frac{1}{n} p_B \cdot q_A + \frac{1}{n} p_C \cdot q_B + \frac{1}{n} p_A \cdot q_C \right) \\
&= \frac{1}{3 \cdot n} [(a \cdot n - 1) \cdot p_A \cdot q_A + (b \cdot n - 1) \cdot p_B \cdot q_B + (n - a \cdot n - b \cdot n - 1) \cdot p_C \cdot q_C \\
&\quad + p_B \cdot q_A + p_C \cdot q_B + p_A \cdot q_C]
\end{aligned}
$$

$$(11\text{-}33)$$

状态 $1_{不堵}$ 转移到状态 $1_{不堵}$ 的概率：状态 $1_{不堵}$ 包括 1_{pp}、1_{wp}、1_{ww}。其中状态 1_{pp} 在下一时刻以概率 1 转移为 $1_{不堵}$，转移概率为

$$\theta = \frac{1}{3} \times 1 = \frac{1}{3}$$

状态 1_{wp} 不能转移成 $1_{不堵}$，转移概率为

$$\sigma = \frac{1}{3} \times 0 = 0$$

状态 1_{ww} 有可能转移为 $1_{不堵}$。在 t 时刻，拣选者 1 和拣选者 2 之间的距离为 1 且都正在行走，则下一时刻（$t+1$ 时刻）两者之间的距离仍然为 1，把 $t+1$ 时刻的两个拣选者看作一个整体。在 $t+1$ 时刻，两个拣选者都位于同类货物存储位置时，两个拣选者都位于 A 类货物存储位置的概率为

$$\beta_7 = (a \cdot n - 1)/n$$

此时状态 1_{ww} 转移为 $1_{不堵}$ 的概率为

$$\gamma_7 = 1 - p_A \cdot q_A$$

同理，两者在 $t+1$ 时刻都位于 B 类货物存储位置的概率为

$$\beta_8 = (b \cdot n - 1)/n$$

状态 1_{ww} 转移为 $1_{不堵}$ 的概率为

$$\gamma_8 = 1 - p_B \cdot q_B$$

两者都位于 C 类货物存储位置的概率为

$$\beta_9 = (n - a \cdot n - b \cdot n - 1)/n$$

状态转移的概率为

$$\gamma_9 = 1 - p_C \cdot q_C$$

在 $t+1$ 时刻，两个拣选者之间的距离为 1，且两个拣选者分别位于相邻两类货物存储位置时，拣选者 1 位于 B 类货物存储位置，拣选者 2 位于 A 类货物存储位置的概率为

$$\beta_{10} = 1/n$$

状态 1_{ww} 转移到 $1_{不堵}$ 的概率为

$$\gamma_{10} = 1 - p_B \cdot q_A$$

同理，两者位于 B、C 类货物存储位置交界处的概率也是

$$\beta_{11} = 1/n$$

状态 1_{ww} 转移到 $1_{不堵}$ 的概率为

$$\gamma_{11} = 1 - p_C \cdot q_B$$

两者位于 C、A 类货物存储位置交界处的概率也是

$$\beta_{12} = 1/n$$

状态转移的概率为

$$\gamma_{12} = 1 - p_A \cdot q_C$$

综上所述，状态$1_{不堵}$转移到状态$1_{不堵}$的概率为

$$x_2 = \theta + \sigma + \alpha \cdot (\beta_7 \cdot \gamma_7 + \beta_8 \cdot \gamma_8 + \beta_9 \cdot \gamma_9 + \beta_{10} \cdot \gamma_{10} + \beta_{11} \cdot \gamma_{11} + \beta_{12} \cdot \gamma_{12})$$

$$= \frac{1}{3} \times 1 + \frac{1}{3} \left[\frac{a \cdot n - 1}{n} \cdot (1 - p_A \cdot q_A) + \frac{b \cdot n - 1}{n} \cdot (1 - p_B \cdot q_B) + \frac{n - a \cdot n - b \cdot n - 1}{n} \right.$$

$$\left. \cdot (1 - p_C \cdot q_C) + \frac{1}{n}(1 - p_B \cdot q_A) + \frac{1}{n}(1 - p_C \cdot q_B) + \frac{1}{n}(1 - p_A \cdot q_C) \right]$$

$$= \frac{2}{3} - \frac{1}{3n}[(a \cdot n - 1) \cdot p_A \cdot q_A + (b \cdot n - 1) \cdot p_B \cdot q_B + (n - a \cdot n - b \cdot n - 1)$$

$$\cdot p_C \cdot q_C + p_B \cdot q_A + p_C \cdot q_B + p_A \cdot q_C]$$

$$\text{（11-34）}$$

状态$1_{不堵}$转移为状态2的概率：状态$1_{不堵}$包括1_{pp}、1_{wp}、1_{ww}，其中只有1_{wp}会在下一时刻转移成拣选者1和拣选者2之间距离为2的状态，并且转移概率为1。也就是说状态$1_{不堵}$转移到状态2的概率为

$$x_3 = \frac{1}{3} \times 1 = \frac{1}{3} \tag{11-35}$$

状态2转移到其他状态的概率：在t时刻，拣选者1和拣选者2之间的距离为2，状态包括2_{pp}、2_{pw}、2_{wp}、2_{ww}四种。其中只有2_{pw}会转移成状态$1_{不堵}$，且转移概率是1。所以，状态2转移到状态$1_{不堵}$的概率为

$$y_1 = \frac{1}{4} \times 1 = \frac{1}{4} \tag{11-36}$$

状态2的四种状态中只有2_{pp}和2_{ww}仍然会在下一时刻维持两者之间距离为2的状态，且概率均是1。所以，状态2转移到状态2的概率为

$$y_2 = \frac{1}{4} \times 1 + \frac{1}{4} \times 1 = \frac{1}{2} \tag{11-37}$$

状态2中只有状态2_{wp}会转移成两者之间距离为3的状态，且转移概率是1。所以，状态2转移到状态3的概率为

$$y_3 = \frac{1}{4} \times 1 = \frac{1}{4} \tag{11-38}$$

同理可得，状态3转移到状态2的概率为$1/4$，状态3转移到状态3的概率为$1/2$，状态3转移到状态4的概率为$1/4$。以此类推可得状态4、状态5、$\cdots$、状态$n-3$之间相互转移的概率。

状态$n-2$转移到其他状态的概率：根据前面的转移规律可得状态$n-2$转移到状态$n-3$的概率为

$$s_1 = \frac{1}{4} \tag{11-39}$$

状态 $n-2$ 转移到状态 $n-2$ 的概率为

$$s_2 = \frac{1}{2} \tag{11-40}$$

状态 $n-2$ 包含的 $(n-2)_{pp}$、$(n-2)_{pw}$、$(n-2)_{wp}$、$(n-2)_{ww}$ 四种状态中只有 $(n-2)_{wp}$ 会转移到状态 $(n-1)_{\text{不堵}}$ 且概率是 1，所以状态 $n-2$ 转移到状态 $(n-1)_{\text{不堵}}$ 的概率是

$$s_3 = \frac{1}{4} \times 1 = \frac{1}{4} \tag{11-41}$$

状态 $n-2$ 的四种状态均不能转移到状态 $(n-1)_{\text{堵}}$，所以状态 $n-2$ 转移到状态 $(n-1)_{\text{堵}}$ 的概率是

$$s_4 = 0 \tag{11-42}$$

状态 $(n-1)_{\text{不堵}}$ 转移到其他状态的概率：状态 $(n-1)_{\text{不堵}}$ 包括 $(n-1)_{pp}$、$(n-1)_{pw}$、$(n-1)_{ww}$ 三种。其中只有 $(n-1)_{pw}$ 以概率 1 转移到状态 $n-2$。所以，状态 $(n-1)_{\text{不堵}}$ 转移到状态 $n-2$ 的概率为

$$t_1 = \frac{1}{3} \times 1 = \frac{1}{3} \tag{11-43}$$

状态 $(n-1)_{\text{不堵}}$ 转移到状态 $(n-1)_{\text{不堵}}$ 的概率：转移规律与状态 $1_{\text{不堵}}$ 转移到状态 $1_{\text{不堵}}$ 相同，按照两个拣选者都位于同一类货物存储位置（图 11-30（a））和位于相邻两类货物存储位置交界处（图 11-30（b））分类讨论，得到状态 $(n-1)_{\text{不堵}}$ 转移到状态 $(n-1)_{\text{不堵}}$ 的概率为

$$t_2 = \frac{2}{3} - \frac{1}{3 \cdot n}[(a \cdot n - 1) \cdot p_A \cdot q_A + (b \cdot n - 1) \cdot p_B \cdot q_B + (n - a \cdot n - b \cdot n - 1) \\ \cdot p_C \cdot q_C + p_B \cdot q_A + p_C \cdot q_B + p_A \cdot q_C] \tag{11-44}$$

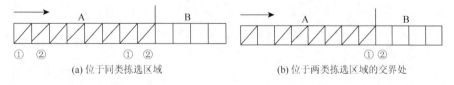

(a) 位于同类拣选区域　　　　　　　　　　(b) 位于两类拣选区域的交界处

图 11-30　两个拣选者之间的距离为 $n-1$ 时的不同位置情况

状态 $(n-1)_{\text{不堵}}$ 转移到状态 $(n-1)_{\text{堵}}$ 的概率：转移规律与状态 $1_{\text{不堵}}$ 转移到状态 $1_{\text{堵}}$ 相同，可得 $(n-1)_{\text{不堵}}$ 转移到状态 $(n-1)_{\text{堵}}$ 的概率为

$$t_3 = \frac{1}{3 \cdot n}[(a \cdot n - 1) \cdot p_A \cdot q_A + (b \cdot n - 1) \cdot p_B \cdot q_B + (n - a \cdot n - b \cdot n - 1) \\ \cdot p_C \cdot q_C + p_B \cdot q_A + p_C \cdot q_B + p_A \cdot q_C] \tag{11-45}$$

状态 $(n-1)_堵$ 转移到其他状态的概率：状态 $(n-1)_堵$ 即状态 $(n-1)_{wp}$，一定会在下一时刻转移成状态 $(n-1)_{ww}$。所以状态 $(n-1)_堵$ 转移到状态 $(n-1)_{不堵}$ 的概率是 1，转移到其他状态的概率是 0。

综合式（11-33）～式（11-45），可以得到拣选者拣选速度与行走速度一致，且拣选者在一个拣选面只拣选一件货物情况下的状态转移矩阵：

$$A = \begin{bmatrix} 0 & 1 & 0 & 0 & 0 & \cdots & 0 & 0 & 0 & 0 \\ x_1 & x_2 & x_3 & 0 & 0 & \cdots & 0 & 0 & 0 & 0 \\ 0 & y_1 & y_2 & y_3 & 0 & \cdots & 0 & 0 & 0 & 0 \\ 0 & 0 & y_1 & y_2 & y_3 & \cdots & 0 & 0 & 0 & 0 \\ 0 & 0 & 0 & y_1 & y_2 & \cdots & 0 & 0 & 0 & 0 \\ \vdots & \vdots & \vdots & \vdots & \vdots & \ddots & \vdots & \vdots & \vdots & \vdots \\ 0 & 0 & 0 & 0 & 0 & \cdots & s_2 & s_3 & 0 & 0 \\ 0 & 0 & 0 & 0 & 0 & \cdots & s_1 & s_2 & s_3 & 0 \\ 0 & 0 & 0 & 0 & 0 & \cdots & 0 & t_1 & t_2 & t_3 \\ 0 & 0 & 0 & 0 & 0 & \cdots & 0 & 0 & 1 & 0 \end{bmatrix}_{(n+1)\times(n+1)} \tag{11-46}$$

记

$$x = \frac{1}{3 \cdot n}[(a \cdot n - 1) \cdot p_A \cdot q_A + (b \cdot n - 1) \cdot p_B \cdot q_B + (n - a \cdot n - b \cdot n - 1) \cdot p_C \cdot q_C$$
$$+ p_B \cdot q_A + p_C \cdot q_B + p_A \cdot q_C]$$

状态转移矩阵为

$$A = \begin{bmatrix} 0 & 1 & 0 & 0 & 0 & \cdots & 0 & 0 & 0 & 0 \\ x & \frac{2}{3}-x & 1/3 & 0 & 0 & \cdots & 0 & 0 & 0 & 0 \\ 0 & 1/4 & 1/2 & 1/4 & 0 & \cdots & 0 & 0 & 0 & 0 \\ 0 & 0 & 1/4 & 1/2 & 1/4 & \cdots & 0 & 0 & 0 & 0 \\ 0 & 0 & 0 & 1/4 & 1/2 & \cdots & 0 & 0 & 0 & 0 \\ \vdots & \vdots & \vdots & \vdots & \vdots & \ddots & \vdots & \vdots & \vdots & \vdots \\ 0 & 0 & 0 & 0 & 0 & \cdots & 1/2 & 1/4 & 0 & 0 \\ 0 & 0 & 0 & 0 & 0 & \cdots & 1/4 & 1/2 & 1/4 & 0 \\ 0 & 0 & 0 & 0 & 0 & \cdots & 0 & 1/3 & \frac{2}{3}-x & x \\ 0 & 0 & 0 & 0 & 0 & \cdots & 0 & 0 & 1 & 0 \end{bmatrix}_{(n+1)\times(n+1)} \tag{11-47}$$

状态为 $[1_堵 \ 1_{不堵} \ 2 \ 3 \ 4 \ \cdots \ n-2 \ (n-1)_堵 \ (n-1)_{不堵}]$。

求解状态转移矩阵 A 的稳态，即求解稳态方程 $DA = D$ 中的向量 D，D 表示状态转移矩阵的平稳状态。用 MATLAB 求解得出向量 D，为使书写美观，记

$$y = n \cdot p_C - p_A \cdot p_B - p_A \cdot p_C - p_B \cdot p_C - n \cdot p_C^2 + p_A^2$$
$$+ p_B^2 + p_C^2 + a \cdot n \cdot p_A - a \cdot n \cdot p_C + b \cdot n \cdot p_B - b \cdot n \cdot p_C$$
$$- a \cdot n \cdot p_A^2 + a \cdot n \cdot p_C^2 - b \cdot n \cdot p_B^2 + b \cdot n \cdot p_C^2$$

则向量 D 为

$$[1 \quad (3 \cdot n)/y \quad (4 \cdot n)/y \quad (4 \cdot n)/y \quad (4 \cdot n)/y \quad \cdots (4 \cdot n)/y \quad (3 \cdot n)/y \quad 1]$$

平稳密度由 D 的一阶范数 $\|D\|$ 决定，那么两个拣选者的拥堵率即平稳状态中 $1_{堵}$ 和 $(n-1)_{堵}$ 对应位置的向量占平稳密度的 $1/2$，记为 $c_1(2)$，括号中的数字表示两个拣选者。那么，拣选者拣选速度和行走速度一致情况下，拣选者在一个拣选面只拣选一件货物时的拣选拥堵率为

$$c_1(2) = \frac{2/2}{1 + \dfrac{3 \cdot n}{y} + \dfrac{4 \cdot n}{y} \cdot (n-3) + \dfrac{3 \cdot n}{y} + 1} = \frac{1}{2 + \dfrac{4 \cdot n^2 - 6 \cdot n}{y}}$$

$$= 1/[2 + (4 \cdot n^2 - 6 \cdot n)/(n \cdot p_C - p_A \cdot p_B - p_A \cdot p_C - p_B \cdot p_C - n \cdot p_C^2$$
$$+ p_A^2 + p_B^2 + p_C^2 + a \cdot n \cdot p_A - a \cdot n \cdot p_C + b \cdot n \cdot p_B - b \cdot n \cdot p_C - a \cdot n \cdot p_A^2$$
$$+ a \cdot n \cdot p_C^2 - b \cdot n \cdot p_B^2 + b \cdot n \cdot p_C^2)]$$

$$(11-48)$$

2）速度一致情况下只拣选一件货物的拥堵敏感性分析

根据前一部分求解的拥堵率结果可知，分类存储窄通道拣选系统的拥堵率与拣选系统的拣选面数量、各类别货物的拣选概率以及各类别货物存储空间所占的比例有关。如果同类物品具有相同的拣选概率，那么在一段时间内由物品实际需求的经验分布可得该拣选概率，近似取其为常数（Hausman et al.，1976）。各类物品的拣选概率和存储空间分配比例，根据其周转率的大小存在多种情况。本书选取五种情况进行讨论（朱杰等，2012），具体参数见表 11-8。

表 11-8　拣选系统分类布局参数表

分类存储策略	1			2			3			4			5		
类型	A	B	C	A	B	C	A	B	C	A	B	C	A	B	C
拣选概率/%	33.33	33.33	33.33	45	30	25	60	25	15	75	20	5	85	10	5
存储空间分配比例/%	33.33	33.33	33.33	30	30	40	25	30	45	20	30	50	15	30	55

运用 MATLAB 数据处理的方法，得出五种分类存储策略下拥堵率 $c_1(2)$ 与拣选面数量 n 的关系，如图 11-31 所示。并且计算了拣选面数量分别是 40 个、80 个、120 个、160 个、200 个情况下的拥堵率，得到表 11-9。由图 11-31 和表 11-9 可知，当配送中心采用的分类存储策略的不同类别货物拣选概率、空间分配固

定时，随着拣选面数量 n 的增加，拣选者拥堵率 $c_1(2)$ 减小；当拣选面数量固定时，配送中心采用的五种分类存储策略中，在第 1 种分类存储策略下的拣选拥堵最严重，在接近第 5 种分类存储策略即 A、B、C 三类货物的拣选概率分别为 0.85、0.1、0.05，存储空间分配比例分别为 0.15、0.3、0.55 时的拥堵率最小。所以拣选面数量一定情况下，分类存储策略越接近第 5 种分类存储策略越好。第 1 种分类存储策略相当于随机存储策略仓储布局，第 5 种分类存储策略的分类存储应用明显，拥堵率最小，说明在拣选速度与行走速度一致且拣选者在一个拣选面只拣选一件货物情况下，采用分类存储策略的拣选系统的拥堵率小于采用随机存储策略的拣选系统的拥堵率。

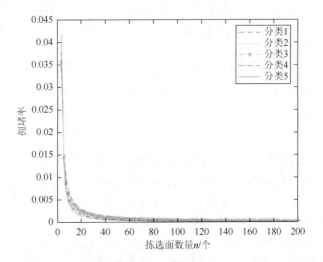

图 11-31 拣选一件货物且拣选行走速度比为1∶1情况下，拣选区域大小不
同时拥堵率的变化情况

表 11-9 拣选一件货物且拣选行走速度比为1∶1情况下，拣选区域大小不同时拥堵率的大小

拣选面数量/个	40	80	120	160	200
拥堵率（第 1 种分类存储策略）	0.0014	7.07×10^{-4}	4.68×10^{-4}	3.50×10^{-4}	2.80×10^{-4}
拥堵率（第 2 种分类存储策略）	0.0014	6.76×10^{-4}	4.48×10^{-4}	3.35×10^{-4}	2.67×10^{-4}
拥堵率（第 3 种分类存储策略）	0.0012	5.59×10^{-4}	3.69×10^{-4}	2.75×10^{-4}	2.20×10^{-4}
拥堵率（第 4 种分类存储策略）	7.74×10^{-4}	3.64×10^{-4}	2.38×10^{-4}	1.76×10^{-4}	1.40×10^{-4}
拥堵率（第 5 种分类存储策略）	5.66×10^{-4}	2.54×10^{-4}	1.63×10^{-4}	1.20×10^{-4}	9.48×10^{-5}

3）仿真速度一致情况下只拣选一件货物的拥堵

为了验证分类存储窄通道拥堵率模型的效果，需要进行模型近似计算与仿真

结果比较。本部分仿真模拟了共拥有 200 个拣选面的拣选区域里，前一部分中的
五种分类存储策略下的拥堵率。首先根据分类的空间分布状况构建拣选者活动的
拣选通道，然后拣选者根据所处分类区域的拣选概率判断是否行走或进行拣选作
业，分别用等于 0、等于 1、等于 2 表示该拣选面无拣选者、有拣选者和拣选者正
在进行拣选作业。拣选者前一时刻在拣选（程序即为等于 2）时，下一时刻一定
在行走（程序即为该位置数值变为 0，前面位置数值变为 1），且一次只前进一个
拣选面。当前面位置有拣选者或拣选者正在拣选，而后面位置的拣选者要行走至
前一拣选面时发生拥堵，拥堵率等于拥堵状态除以所有状态的商。分析模型与仿
真模拟得到的结果的相对误差如图 11-32 所示。

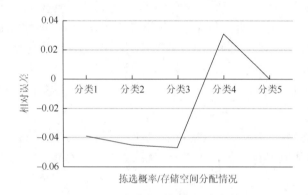

图 11-32　速度一致且只拣选一件货物情况下分析模型结果与仿真模拟结果比较的相对误差

从图 11-32 可见，分析模型结果与仿真模拟结果比较理想，最大误差不超过
5%。这说明本部分建立的模型在一定置信度下，可用于对现实中相应类型的物流
配送中心的拣选拥堵情况进行估计。

本部分构建了分类存储策略下一个拣选面只拣选一件货物且拣选速度与行走
速度一致情况下的拥堵理论分析模型，分析拥有不同拣选面数量的配送中心在五
种不同分类存储策略下的拥堵率可以得出：拣选面数量越多，拥堵越少；分类存
储的空间分配和拣选概率越平均，拥堵越严重。总体来说，在拣选速度与行走速
度一致且拣选者在一个拣选面只拣选一件货物情况下，采用分类存储策略的拥堵
情况优于采用随机存储策略。随后进行了仿真模拟，仿真模拟结果与分析模型结
果的误差较小，说明该理论分析模型可用于对现实中相应类型的物流配送中心的
拣选拥堵情况进行估计。

3. 一个拣选面拣选多件货物情况下的拥堵分析

本部分将讨论拣选者在一个拣选面可以拣选多件货物的情况下，拣选者的拥

堵率变化。一个拣选面代表托盘货架的一列，包含多个存储单元，在同一拣选面拣选多件货物的情况也是更符合实际的。某一时刻拣选者正在某拣选面进行拣选作业，那么下一时刻，该拣选者则会以一定的概率仍在该拣选面拣选，或者以一定的概率向下一个拣选面行走。

1）构建速度一致情况下拣选多件货物的拥堵模型

一个拣选面拣选多件货物情况下，窄通道仓库中，拣选者之间拥堵的状态仍然为 1_{pw} 和 $(n-1)_{wp}$，即两者之间的距离为 1，拣选者 1 在拣选，拣选者 2 在行走的状态，以及两者之间的距离为 $n-1$，拣选者 1 在行走，拣选者 2 在拣选的状态。

两个拣选者的状态从 $1_堵$ 转移为其他状态的概率如下。

状态 $1_堵$ 转移为状态 $1_堵$ 的概率：前一时刻，拣选者 1 与拣选者 2 之间的距离为 1，且拣选者 1 在某拣选面正在拣选，拣选者 2 正在行走，两者状态为 1_{pw} 即 $1_堵$，下一时刻，由于一个拣选面可以拣选多件货物，拣选者 1 仍然要在该拣选面拣选的概率使得拣选者 2 依然被堵在原地不能行走，转移概率取决于拣选者 1 所处的拣选面所在类别的拣选概率。所以状态 $1_堵$ 转移为状态 $1_堵$ 的概率为

$$i_1 = a/n \cdot u_A + b/n \cdot u_B + (1-a-b)/n \cdot u_C \tag{11-49}$$

状态 $1_堵$ 转移为状态 $1_{不堵}$ 的概率：前一时刻，拣选者 1 与拣选者 2 之间的距离为 1，且拣选者 1 在某拣选面正在拣选，拣选者 2 正在行走，两者状态为 1_{pw} 即 $1_堵$，下一时刻，拣选者 1 向下一个拣选面行走，两个拣选者之间的距离仍然为 1，不拥堵。所以状态由 $1_堵$ 转移成 $1_{不堵}$，转移概率为

$$i_2 = a/n \cdot v_A + b/n \cdot v_B + (1-a-b)/n \cdot v_C \tag{11-50}$$

状态 $1_堵$ 转移成状态 2、状态 3 等其他状态的概率为 0。因为拣选者 1 和拣选者 2 之间的距离为 1，且拣选者 1 正在拣选，拣选者 2 正在行走时，下一时刻，两者之间的距离仍然为 1，不发生变化。

两个拣选者的状态从 $1_{不堵}$ 转移为其他状态的概率如下。

状态 $1_{不堵}$ 转移成状态 $1_堵$ 的概率：状态 $1_{不堵}$ 包括 1_{pp}、1_{ww}、1_{wp} 三种状态，其中只有状态 1_{pp} 和 1_{ww} 有可能在下一时刻转移成状态 $1_堵$ 即 1_{pw}。状态 $1_{不堵}$ 中取状态 1_{pp} 的概率为

$$\alpha = \frac{1}{3}$$

按照 t 时刻两个拣选者所处的货物存储类别讨论。两个拣选者都位于 A 类拣选区域的概率为

$$\beta_{13} = \frac{a}{n} \cdot \frac{a}{n}$$

此时状态 $1_{不堵}$ 转移到 $1_堵$ 的概率为

$$\gamma_{13} = u_A \cdot v_A$$

两个拣选者都位于 B 类拣选区域的概率为

$$\beta_{14} = \frac{b}{n} \cdot \frac{b}{n}$$

此时状态$1_{不堵}$转移到$1_{堵}$的概率为

$$\gamma_{14} = u_B \cdot v_B$$

两个拣选者都位于 C 类拣选区域的概率为

$$\beta_{15} = \frac{1-a-b}{n} \cdot \frac{1-a-b}{n}$$

此时状态$1_{不堵}$转移到$1_{堵}$的概率为

$$\gamma_{15} = u_C \cdot v_C$$

两个拣选者分别位于 A、B 类拣选区域的概率为

$$\beta_{16} = \frac{a}{n} \cdot \frac{b}{n}$$

此时状态$1_{不堵}$转移到$1_{堵}$的概率为

$$\gamma_{16} = u_B \cdot v_A$$

两个拣选者分别位于 B、C 类拣选区域的概率为

$$\beta_{17} = \frac{b}{n} \cdot \frac{1-a-b}{n}$$

此时状态$1_{不堵}$转移到$1_{堵}$的概率为

$$\gamma_{17} = u_C \cdot v_B$$

两个拣选者分别位于 C、A 类拣选区域的概率为

$$\beta_{18} = \frac{1-a-b}{n} \cdot \frac{a}{n}$$

此时状态$1_{不堵}$转移到$1_{堵}$的概率为

$$\gamma_{18} = u_A \cdot v_C$$

所以，状态1_{pp}转移成状态1_{pw}即$1_{堵}$的概率为

$$m_1 = \alpha \cdot (\beta_{13} \cdot \gamma_{13} + \beta_{14} \cdot \gamma_{14} + \beta_{15} \cdot \gamma_{15} + \beta_{16} \cdot \gamma_{16} + \beta_{17} \cdot \gamma_{17} + \beta_{18} \cdot \gamma_{18})$$

$$= \frac{1}{3} \left(\frac{a}{n} \cdot \frac{a}{n} \cdot u_A \cdot v_A + \frac{b}{n} \cdot \frac{b}{n} \cdot u_B \cdot v_B + \frac{1-a-b}{n} \cdot \frac{1-a-b}{n} \cdot u_C \cdot v_C \right.$$

$$\left. + \frac{a}{n} \cdot \frac{b}{n} \cdot u_B \cdot v_A + \frac{b}{n} \cdot \frac{1-a-b}{n} \cdot u_C \cdot v_B + \frac{1-a-b}{n} \cdot \frac{a}{n} \cdot u_A \cdot v_C \right)$$

状态 1_{ww} 转移成 1_{pw} 的概率按照两个拣选者下一时刻位于同类拣选区域和两类拣选区域交界处分类讨论，可以得出状态 1_{ww} 转移成状态 1_{pw} 的概率为

$$m_2 = m_1 = \frac{1}{3}\left(\frac{a}{n}\cdot\frac{a}{n}\cdot u_A \cdot v_A + \frac{b}{n}\cdot\frac{b}{n}\cdot u_B \cdot v_B + \frac{1-a-b}{n}\cdot\frac{1-a-b}{n}\cdot u_C \cdot v_C\right.$$
$$\left.+\frac{a}{n}\cdot\frac{b}{n}\cdot u_B \cdot v_A + \frac{b}{n}\cdot\frac{1-a-b}{n}\cdot u_C \cdot v_B + \frac{1-a-b}{n}\cdot\frac{a}{n}\cdot u_A \cdot v_C\right)$$

因此，状态 $1_{不堵}$ 转移成状态 $1_{堵}$ 的概率为

$$j_1 = \frac{2}{3}\left(\frac{a}{n}\cdot\frac{a}{n}\cdot u_A \cdot v_A + \frac{b}{n}\cdot\frac{b}{n}\cdot u_B \cdot v_B + \frac{1-a-b}{n}\cdot\frac{1-a-b}{n}\cdot u_C \cdot v_C\right.$$
$$\left.+\frac{a}{n}\cdot\frac{b}{n}\cdot u_B \cdot v_A + \frac{b}{n}\cdot\frac{1-a-b}{n}\cdot u_C \cdot v_B + \frac{1-a-b}{n}\cdot\frac{a}{n}\cdot u_A \cdot v_C\right) \tag{11-51}$$

状态 $1_{不堵}$ 转移为状态 $1_{不堵}$ 的概率：前一时刻，两者状态为 $1_{不堵}$ 时，状态 1_{pp} 和 1_{ww} 有可能在下一时刻仍然为状态 $1_{不堵}$。前一时刻状态为 1_{pp} 的概率为

$$\alpha = \frac{1}{3}$$

两个拣选者都位于 A 类拣选区域的概率为

$$\beta_{19} = \frac{a^2}{n^2}$$

此时两个拣选者的状态从 1_{pp} 转移成 1_{pp} 的概率为

$$\gamma_{19} = u_A^2$$

从 1_{pp} 转移成 1_{wp} 的概率为

$$\gamma_{20} = u_A \cdot v_A$$

从 1_{pp} 转移成 1_{ww} 的概率为

$$\gamma_{21} = v_A^2$$

所以，前一时刻拣选者都位于 A 类拣选区域时从状态 1_{pp} 转移成状态 $1_{不堵}$ 的概率为

$$g = \frac{1}{3}\cdot\frac{a^2}{n^2}\cdot(u_A^2 + u_A \cdot v_A + v_A^2) = \frac{1}{3}-\frac{a^2}{3n^2}u_A \cdot v_A$$

同理可得前一时刻两个拣选者都位于 B 类、C 类拣选区域的转移概率以及位于两类拣选区域交界处的转移概率。相加得到状态 1_{pp} 转移成状态 $1_{不堵}$ 的概率为

$$
\begin{aligned}
m_3 &= \frac{1}{3} \cdot \frac{a^2}{n^2}(u_A^2 + u_A \cdot v_A + v_A^2) + \frac{1}{3} \cdot \frac{b^2}{n^2} \cdot (u_B^2 + u_B \cdot v_B + v_B^2) + \frac{1}{3} \cdot \frac{(1-a-b)^2}{n^2} \cdot (u_c^2 + u_c \cdot v_c + v_c^2) \\
&\quad + \frac{1}{3} \cdot \frac{a \cdot b}{n^2} \cdot (u_A \cdot v_B + u_A \cdot u_B + v_A \cdot v_B) + \frac{1}{3} \cdot \frac{b \cdot (1-a-b)}{n^2} \cdot (u_B \cdot v_C + u_B \cdot u_C + v_B \cdot v_C) \\
&\quad + \frac{1}{3} \cdot \frac{(1-a-b) \cdot a}{n^2} \cdot (u_C \cdot v_A + u_C \cdot u_A + v_C \cdot v_A) \\
&= \frac{1}{3} - \frac{1}{3} \cdot \left(\frac{a}{n} \cdot \frac{a}{n} \cdot u_A \cdot v_A + \frac{b}{n} \cdot \frac{b}{n} \cdot u_B \cdot v_B + \frac{1-a-b}{n} \cdot \frac{1-a-b}{n} \cdot u_C \cdot v_C \right. \\
&\quad \left. + \frac{a}{n} \cdot \frac{b}{n} \cdot u_B \cdot v_A + \frac{b}{n} \cdot \frac{1-a-b}{n} \cdot u_C \cdot v_B + \frac{1-a-b}{n} \cdot \frac{a}{n} \cdot u_A \cdot v_C \right)
\end{aligned}
$$

同理可以计算出状态 1_{ww} 转移成状态 $1_{不堵}$ 的概率与状态 1_{pp} 转移成状态 $1_{不堵}$ 的概率相等，所以状态 $1_{不堵}$ 转移成状态 $1_{不堵}$ 的概率为

$$
\begin{aligned}
j_2 &= 2 \cdot m_3 \\
&= \frac{2}{3} - \frac{2}{3} \cdot \left(\frac{a}{n} \cdot \frac{a}{n} \cdot u_A \cdot v_A + \frac{b}{n} \cdot \frac{b}{n} \cdot u_B \cdot v_B + \frac{1-a-b}{n} \cdot \frac{1-a-b}{n} \cdot u_C \cdot v_C \right. \qquad (11\text{-}52) \\
&\quad \left. + \frac{a}{n} \cdot \frac{b}{n} \cdot u_B \cdot v_A + \frac{b}{n} \cdot \frac{1-a-b}{n} \cdot u_C \cdot v_B + \frac{1-a-b}{n} \cdot \frac{a}{n} \cdot u_A \cdot v_C \right)
\end{aligned}
$$

状态 $1_{不堵}$ 转移为状态 2 的概率：前一时刻，两个拣选者之间状态为 $1_{不堵}$ 的 1_{pp}、1_{ww}、1_{wp} 三种状态中，只有状态 1_{wp} 会以概率 1 转移成拣选者 1 与拣选者 2 之间距离为 2 的状态，所以状态 $1_{不堵}$ 转移成状态 2 的概率为

$$
j_3 = \frac{1}{3} \qquad (11\text{-}53)
$$

状态 2 转移为其他状态的概率：前一时刻，拣选者 1 和拣选者 2 之间距离为 2 的状态包括 2_{pp}、2_{pw}、2_{wp}、2_{ww}。其中，状态 2_{pp} 和 2_{ww} 在下一时刻仍然为两个拣选者之间距离为 2 的状态，则状态 2 转移为状态 2 的概率为

$$
h_1 = \frac{1}{2} \qquad (11\text{-}54)
$$

状态 2_{wp} 在下一时刻一定转移为两个拣选者之间距离为 3 的状态，所以状态 2 转移为状态 3 的概率为

$$
h_2 = \frac{1}{4} \qquad (11\text{-}55)
$$

状态 2 转移为状态 $1_{堵}$ 即状态 1_{pw} 的概率按照下一时刻两个拣选者所处拣选区域所在类别分类讨论可以得出，即

$$h_3 = \frac{1}{4} \cdot \left(\frac{a}{n} \cdot \frac{a}{n} \cdot u_A \cdot v_A + \frac{b}{n} \cdot \frac{b}{n} \cdot u_B \cdot v_B + \frac{1-a-b}{n} \cdot \frac{1-a-b}{n} \cdot u_C \cdot v_C \right. $$
$$\left. + \frac{a}{n} \cdot \frac{b}{n} \cdot u_B \cdot v_A + \frac{b}{n} \cdot \frac{1-a-b}{n} \cdot u_C \cdot v_B + \frac{1-a-b}{n} \cdot \frac{a}{n} \cdot u_A \cdot v_C \right) \tag{11-56}$$

同理得到状态 2 转移为状态 $1_{不堵}$ 的概率为

$$h_4 = \frac{1}{4} - \frac{1}{4} \cdot \left(\frac{a}{n} \cdot \frac{a}{n} \cdot u_A \cdot v_A + \frac{b}{n} \cdot \frac{b}{n} \cdot u_B \cdot v_B + \frac{1-a-b}{n} \cdot \frac{1-a-b}{n} \cdot u_C \cdot v_C \right. $$
$$\left. + \frac{a}{n} \cdot \frac{b}{n} \cdot u_B \cdot v_A + \frac{b}{n} \cdot \frac{1-a-b}{n} \cdot u_C \cdot v_B + \frac{1-a-b}{n} \cdot \frac{a}{n} \cdot u_A \cdot v_C \right) \tag{11-57}$$

两个拣选者的状态从 3 转移为其他状态的概率如下。

前一时刻，拣选者 1 和拣选者 2 之间的距离为 3 的状态包括 3_{pp}、3_{pw}、3_{wp}、3_{ww}。其中，状态 3_{pp} 和 3_{ww} 在下一时刻仍然为两个拣选者之间距离为 3 的状态，状态 3_{wp} 在下一时刻一定转移为两个拣选者之间距离为 4 的状态，状态 3_{pw} 在下一时刻一定转移为两个拣选者之间距离为 2 的状态。

所以状态 3 转移为状态 2 的概率为

$$k_1 = \frac{1}{4} \tag{11-58}$$

状态 3 转移为状态 3 的概率为

$$k_2 = \frac{1}{2} \tag{11-59}$$

状态 3 转移为状态 4 的概率为

$$k_3 = \frac{1}{4} \tag{11-60}$$

两个拣选者的状态从 $n-2$ 转移为其他状态的概率如下。

前一时刻，拣选者 1 和拣选者 2 之间的距离 $n-2$ 的下一时刻的转移规律与两者前一时刻距离为 2 的转移规律类似。因此，状态 $n-2$ 转移成状态 $n-3$ 的概率为

$$f_1 = \frac{1}{4} \tag{11-61}$$

状态 $n-2$ 转移成状态 $n-2$ 的概率为

$$f_2 = \frac{1}{2} \tag{11-62}$$

状态 $n-2$ 转移成状态 $(n-1)_{不堵}$ 的概率为

$$f_3 = \frac{1}{4} - \frac{1}{4} \cdot \left(\frac{a}{n} \cdot \frac{a}{n} \cdot u_A \cdot v_A + \frac{b}{n} \cdot \frac{b}{n} \cdot u_B \cdot v_B + \frac{1-a-b}{n} \cdot \frac{1-a-b}{n} \cdot u_C \cdot v_C \right.$$
$$\left. + \frac{a}{n} \cdot \frac{b}{n} \cdot u_B \cdot v_A + \frac{b}{n} \cdot \frac{1-a-b}{n} \cdot u_C \cdot v_B + \frac{1-a-b}{n} \cdot \frac{a}{n} \cdot u_A \cdot v_C \right) \quad (11\text{-}63)$$

状态 $n-2$ 转移成状态 $(n-1)_{堵}$ 的概率为

$$f_4 = \frac{1}{4} \cdot \left(\frac{a}{n} \cdot \frac{a}{n} \cdot u_A \cdot v_A + \frac{b}{n} \cdot \frac{b}{n} \cdot u_B \cdot v_B + \frac{1-a-b}{n} \cdot \frac{1-a-b}{n} \cdot u_C \cdot v_C \right.$$
$$\left. + \frac{a}{n} \cdot \frac{b}{n} \cdot u_B \cdot v_A + \frac{b}{n} \cdot \frac{1-a-b}{n} \cdot u_C \cdot v_B + \frac{1-a-b}{n} \cdot \frac{a}{n} \cdot u_A \cdot v_C \right) \quad (11\text{-}64)$$

前一时刻两个拣选者之间的状态为 $(n-1)_{不堵}$，在下一时刻的转移规律与前一时刻两者状态为 $1_{不堵}$ 的转移规律相同；前一时刻两个拣选者之间的状态为 $(n-1)_{堵}$，在下一时刻的转移规律与前一时刻两者状态为 $1_{堵}$ 的转移规律相同。

综合式（11-49）～式（11-64），拣选者在一个拣选面可以拣选多件货物，且拣选者拣选一件货物的速度与拣选者从一个拣选面行走到下一个拣选面的速度一致的情况下，状态转移矩阵为

$$A = \begin{bmatrix} i_1 & i_2 & 0 & 0 & 0 & \cdots & 0 & 0 & 0 & 0 \\ j_1 & j_2 & j_3 & 0 & 0 & \cdots & 0 & 0 & 0 & 0 \\ h_1 & h_2 & h_3 & h_4 & 0 & \cdots & 0 & 0 & 0 & 0 \\ 0 & 0 & k_1 & k_2 & k_3 & \cdots & 0 & 0 & 0 & 0 \\ 0 & 0 & 0 & k_1 & k_2 & \cdots & 0 & 0 & 0 & 0 \\ \vdots & \vdots & \vdots & \vdots & \vdots & \ddots & \vdots & \vdots & \vdots & \vdots \\ 0 & 0 & 0 & 0 & 0 & \cdots & k_2 & k_3 & 0 & 0 \\ 0 & 0 & 0 & 0 & 0 & \cdots & f_1 & f_2 & f_3 & f_4 \\ 0 & 0 & 0 & 0 & 0 & \cdots & 0 & j_3 & j_2 & j_1 \\ 0 & 0 & 0 & 0 & 0 & \cdots & 0 & 0 & i_2 & i_1 \end{bmatrix}_{(n+1) \times (n+1)}$$

记

$$y = a/n \cdot u_A + b/n \cdot u_B + (1-a-b)/n \cdot u_C$$

$$z = \frac{a}{n} \cdot \frac{a}{n} \cdot u_A \cdot v_A + \frac{b}{n} \cdot \frac{b}{n} \cdot u_B \cdot v_B + \frac{1-a-b}{n} \cdot \frac{1-a-b}{n} \cdot u_C \cdot v_C$$
$$+ \frac{a}{n} \cdot \frac{b}{n} \cdot u_B \cdot v_A + \frac{b}{n} \cdot \frac{1-a-b}{n} \cdot u_C \cdot v_B + \frac{1-a-b}{n} \cdot \frac{a}{n} \cdot u_A \cdot v_C$$

则状态转移矩阵为

$$A = \begin{bmatrix} y & 1-y & 0 & 0 & 0 & \cdots & 0 & 0 & 0 & 0 \\ \frac{2}{3} \cdot z & \frac{2}{3} - \frac{2}{3} \cdot z & 1/3 & 0 & 0 & \cdots & 0 & 0 & 0 & 0 \\ \frac{1}{2} & \frac{1}{4} & \frac{1}{4} \cdot z & \frac{1}{4} - \frac{1}{4} \cdot z & 0 & \cdots & 0 & 0 & 0 & 0 \\ 0 & 0 & 1/4 & 1/2 & 1/4 & \cdots & 0 & 0 & 0 & 0 \\ 0 & 0 & 0 & 1/4 & 1/2 & \cdots & 0 & 0 & 0 & 0 \\ \vdots & \vdots & \vdots & \vdots & \vdots & \ddots & \vdots & \vdots & \vdots & \vdots \\ 0 & 0 & 0 & 0 & 0 & \cdots & 1/2 & 1/4 & 0 & 0 \\ 0 & 0 & 0 & 0 & 0 & \cdots & 1/4 & 1/2 & \frac{1}{4} - \frac{1}{4} \cdot z & \frac{1}{4} \cdot z \\ 0 & 0 & 0 & 0 & 0 & \cdots & 0 & 1/3 & \frac{2}{3} - \frac{2}{3} \cdot z & \frac{2}{3} \cdot z \\ 0 & 0 & 0 & 0 & 0 & \cdots & 0 & 0 & 1-y & y \end{bmatrix}_{(n+1) \times (n+1)}$$

$$（11\text{-}65）$$

状态为 $[1_{堵}\ 1_{不堵}\ 2\ 3\ 4\ \cdots\ n-2\ (n-1)_{堵}\ (n-1)_{不堵}]$。

求解状态转移矩阵 A 的稳态，即求解稳态方程 $DA = D$ 中的向量 D，D 表示状态转移矩阵的平稳状态。用 MATLAB 求解得出向量 D，为使书写美观，记

$$\varphi = (n - u_C - a \cdot u_A + a \cdot u_C - b \cdot u_B + b \cdot u_C) / (-a^2 \cdot u_A^2 + a^2 \cdot u_A \cdot u_C$$
$$- a^2 \cdot u_C^2 + a^2 \cdot u_C - a \cdot b \cdot u_A \cdot u_B + a \cdot b \cdot u_A \cdot u_C - a \cdot b \cdot u_A + a \cdot b \cdot u_B \cdot u_C$$
$$+ a \cdot b \cdot u_B - 2 \cdot a \cdot b \cdot u_C^2 + a \cdot b \cdot u_C - a \cdot u_A \cdot u_C + a \cdot u_A + 2 \cdot a \cdot u_C^2 - 2 \cdot a \cdot u_C$$
$$- b^2 \cdot u_B^2 + b^2 \cdot u_B \cdot u_C + b^2 \cdot u_B - b^2 \cdot u_C^2 - b \cdot u_B \cdot u_C + 2 \cdot b \cdot u_C^2 - b \cdot u_C - u_C^2 + u_C)$$

则向量 D 为

$$[1\quad \varphi \quad (4/3) \cdot \varphi \quad (4/3) \cdot \varphi \quad (4/3) \cdot \varphi \quad \cdots (4/3) \cdot \varphi \quad \varphi \quad 1]$$

平稳密度由 D 的一阶范数 $\|D\|$ 决定，那么两个拣选者的拥堵率即平稳状态中 $1_{堵}$ 和 $(n-1)_{堵}$ 对应位置的向量占平稳密度的 $1/2$，记为 $c_1(2)$，括号中的数字表示两个拣选者。那么

$$c_1(2) = \frac{2/2}{1 + y + (n-3) \cdot \dfrac{4y}{3} + y + 1} = \frac{1}{2 + \left(\dfrac{4}{3} \cdot n - 2 \right) \cdot y} \qquad （11\text{-}66）$$

2）速度一致情况下拣选多件货物的拥堵敏感性分析

根据前一部分得到的拥堵率结果可以看出，分类存储配送中心的拥堵率与配

送中心的拣选面数量、不同类别货物的拣选概率和不同类别货物存储空间所占的比例有很大关系。对表 11-8 中的五种分类存储策略下不同拣选面数量对拥堵率的影响作图，如图 11-33 所示，并对拣选面数量分别是 40 个、80 个、120 个、160 个、200 个情况下的拥堵率进行计算，得到表 11-10。

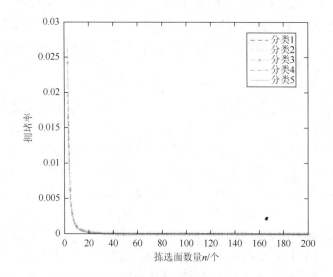

图 11-33　拣选多件货物且拣选行走速度比为1:1情况下，拣选区域大小
不同时拥堵率的变化情况

表 11-10　拣选多件货物且拣选行走速度比为1:1情况下，拣选区域大小不同时拥堵率的大小

拣选面数量/个	40	80	120	160	200
拥堵率（第 1 种分类存储策略）	7.27×10^{-5}	1.78×10^{-5}	7.84×10^{-6}	4.39×10^{-6}	2.80×10^{-6}
拥堵率（第 2 种分类存储策略）	7.24×10^{-5}	1.77×10^{-5}	7.80×10^{-6}	4.37×10^{-6}	2.79×10^{-6}
拥堵率（第 3 种分类存储策略）	6.76×10^{-5}	1.65×10^{-5}	7.28×10^{-6}	4.08×10^{-6}	2.61×10^{-6}
拥堵率（第 4 种分类存储策略）	5.59×10^{-5}	1.37×10^{-5}	6.03×10^{-6}	3.38×10^{-6}	2.16×10^{-6}
拥堵率（第 5 种分类存储策略）	4.90×10^{-5}	1.20×10^{-5}	5.29×10^{-6}	2.96×10^{-6}	1.89×10^{-6}

从图 11-33 和表 11-10 中可以看出，一个拣选面拣选多件货物且拣选速度与行走速度一致的情况下，拣选面数量对拣选系统的拥堵率影响较大，配送中心分类布局和不同类别货物拣选概率固定的情况下，拣选面数量 n 越多，拣选拥堵率越小，说明配送中心应极大地利用空间，使拣选面数量尽可能多，以减少拣选者之间的拣选拥堵率，提高拣选效率。拣选面数量一定的情况下，配送中心在第 1 种分类存储策略中的拥堵率最严重，即在 A、B、C 三类货物的拣选概率分别为

0.3333、0.3333、0.3333，存储空间分配比例分别为 0.3333、0.3333、0.3333 时拥堵率最大；在第 5 种分类存储策略中的拥堵率最小，即在 A、B、C 三类货物的拣选概率分别为 0.85、0.1、0.05，存储空间分配比例分别为 0.15、0.3、0.55 时拥堵率最小。所以，配送中心拣选面数量一定的情况下，分类存储策略应尽可能接近第 5 种情况，尽可能避免第 1 种情况。第 1 种分类存储策略中，三类货物的拣选概率和存储空间分配比例较为平均，类似于随机存储策略，拥堵率较大。所以，在一个拣选面拣选多件货物且拣选速度与行走速度一致时，分类存储策略下的拥堵率小于随机存储策略下的拥堵率。

　　3）仿真速度一致情况下拣选多件货物的拥堵

　　本部分对一个拣选面可以拣选多件货物，拣选速度和行走速度一致情况下，拥有 100 个拣选面的配送中心在上述五种分类存储策略下的拥堵问题进行仿真模拟。首先构建拣选通道，因为是窄通道，一个拣选面只能容纳一个拣选者进行作业，所以用单行矩阵表示拣选者所处的拣选通道。其次用矩阵元素等于 1 表示该位置有拣选者，等于 0 表示该位置没有拣选者。如果一个拣选者在某拣选面需要拣选 $m(m>1)$ 件货物，则该拣选面的数值在循环 m 次以后才从 1 变为 0。因为拣选速度和行走速度一致，所以每循环一次，拣选者或者仍在原拣选面进行拣选作业，或者从一个拣选面行走至下一个拣选面，这取决于拣选者所处类别的拣选概率。当前面位置有拣选者而后面位置的拣选者要行走至前一拣选面时发生拥堵，拥堵率等于拥堵状态除以所有状态的商。分析模型与仿真模拟得到的结果的相对误差如图 11-34 所示。从图 11-34 中可以看出，模型的相对误差不超过 5%。这说明本部分建立的模型在一定置信度下，可用于对现实中相应类型的物流配送中心的拣选拥堵情况进行估计。

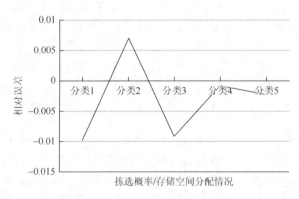

图 11-34　速度一致且拣选多件货物情况下分析模型与仿真模拟结果比较的相对误差

　　本部分运用马尔可夫的无后效性特点构建了分类存储策略下一个拣选面拣

选多件货物且拣选速度与行走速度一致情况下的拥堵理论分析模型，分析拥有不同拣选面数量的配送中心在五种不同分类存储策略下的拥堵率可以得出：拣选面数量越多，拥堵越少；拣选面数量对配送中心拥堵的影响较大。分类存储的空间分配和拣选概率越平均，拥堵越严重，建议配送中心尽可能采用接近 A、B、C 三类货物拣选概率分别为 0.85、0.1、0.05，存储空间分配比例分别为 0.15、0.3、0.55 的分类存储策略。最后进行了仿真模拟，仿真模拟结果与分析模型结果误差较小，说明该理论分析模型可用于对现实中相应类型的物流配送中心的拣选拥堵情况进行估计。

本节通过运用离散马尔可夫链方法对分类存储条件下拣选速度与行走速度一致时，一个拣选面只拣选一件货物以及拣选多件货物情况下的拥堵率进行了理论分析，首先构建模型并运用敏感性分析得到以下结论。

（1）拣选速度与行走速度一致的情况下，一个拣选面只拣选一件货物或多件货物时，配送中心拥有的拣选面数量对拥堵的影响均较大，说明拣选者拣选速度与行走速度一致的情况下，拣选面数量对配送中心的拣选拥堵影响较大。

（2）拣选速度与行走速度一致的情况下，一个拣选面只拣选一件货物时，配送中心采用的分类存储策略中不同类别货物的拣选概率、存储空间分配比例差异越明显，拥堵率越小；拣选速度与行走速度一致的情况下，一个拣选面拣选多件货物时，配送中心采用的分类存储策略中不同类别货物的拣选概率、存储空间分配比例差异越明显，拥堵率越小。说明拣选者拣选速度与行走速度一致的情况下，配送中心采用的分类存储策略中不同类别货物的拣选概率、存储空间分配比例差异越明显，拥堵率越小。因此建议配送中心根据货物被拣选的概率合理分类，并且合理分配不同类别货物所占的存储空间分配比例。

（3）拣选速度与行走速度一致的情况下，配送中心拣选面数量固定，分类存储策略固定，拣选者在一个拣选面拣选多件货物时的拥堵率小于拣选者在一个拣选面只拣选一件货物时的拥堵率。拣选者在一个拣选面只拣选一件货物时，需要拣选的拣选面数量增加，发生的拥堵情况增加。但是，一个拣选面只拣选一件货物与拣选多件货物时的拥堵率相差不大，说明拣选速度与行走速度一致的情况下，一个拣选面的拣选货物数量对配送中心的拥堵率影响较小。

为了验证分析模型的有效性，本节进行了仿真模拟，仿真模拟结果与分析模型结果的相对误差较小，说明本节建立的模型在一定置信度下，可用于对现实中相应类型的物流配送中心的拣选拥堵情况进行估计。

11.5.3　拣选者拣选速度与行走速度相差悬殊情况下的拥堵分析

1. 速度相差悬殊前提

假设拣选者在拣选作业过程中行走速度无穷大，即拣选者从前一个要拣选的拣选面直接行走到下一个要拣选的拣选面，中间行走时间忽略不计。本节仍然先研究一个拣选面只拣选一件货物情况下的拥堵率，再研究一个拣选面拣选多件货物情况下的拥堵率，并对两种情况产生的拣选拥堵进行分析。

2. 一个拣选面只拣选一件货物情况下的拥堵分析

拣选者在一个拣选面只拣选一件货物，相当于，某一时刻拣选者正在某拣选面进行拣选作业，那么下一时刻，该拣选者则会以概率 1 向下一个要拣选的拣选面行走。

1）构建速度相差悬殊情况下只拣选一件货物的拥堵模型

分类存储拣选系统中，两个拣选者的活动区域可以分为在同一类区域内拣选或行走、跨区域拣选或行走。

（1）两个拣选者在同一类区域内拣选或行走。两个拣选者在 A 类区域内拣选或行走，包含两个拣选者只在 A 类区域内拣选或行走，两个拣选者从都位于 B 类区域或都位于 C 类区域或分别位于 A 类区域和 B 类区域或分别位于 A 类区域和 C 类区域或分别位于 B 类区域和 C 类区域行走到 A 类区域。拣选者从其他区域行走到 A 类区域，行走速度无穷大，行走时间可以忽略不计，只考虑拣选者在 A 类区域内的拣选或行走情况。

用 X_t^1 和 X_t^2 表示拣选者 1 和拣选者 2 单位时间内将要行走的距离，则拣选者单位时间内行走 x 个拣选面距离到达下一个要拣选的拣选面的概率为

$$f(x) = q_A^{x-1} \cdot p_A \tag{11-67}$$

即拣选者在第 X 个位置停下来进行拣选，而前 $X-1$ 个位置不拣选。用 $Y_t = X_t^1 - X_t^2$ 表示两个拣选者之间的距离变化，X_t^1 和 X_t^2 相互独立且同分布，y 为整数，则 Y_t 的概率密度函数为

$$g(y) = P(Y_t = y) = \sum_{x=1}^{\infty} P(X_t^1 = x+y) \cdot P(X_t^2 = x) = \sum_{x=1}^{\infty} f(x+y) \cdot f(x)$$
$$= \sum_{x=1}^{\infty} q_A^{x+y-1} \cdot p_A \cdot q_A^{x-1} \cdot p_A = \frac{p_A q_A^{|y|}}{1+q_A} \tag{11-68}$$

两个拣选者之间的距离缩减变化超过两个拣选者前一时刻距离，或者两者距离增加变化大于 n 减去两者前一时刻距离时发生拥堵，即如果 $D_{t-1} = z$，则 $y \leqslant -z$ 或 $y \geqslant n_A - z$ 时发生拥堵，概率为

$$g(y) = P(Y_t \leqslant -z) = P(Y_t \geqslant z) = \sum_{y=z}^{\infty} \frac{p_A q_A^y}{1+q_A} = \frac{q_A^z}{1+q_A}, \quad y \leqslant -z \tag{11-69}$$

$$g(y) = P(Y_t \geqslant n_A - z) = \sum_{y=n_A-z}^{\infty} \frac{p_A q_A^y}{1+q_A} = \frac{q_A^{n_A-z}}{1+q_A}, \quad y \geqslant n_A - z \tag{11-70}$$

两个拣选者之间的距离大于 1 个拣选面且小于 $n-1$ 个拣选面时不会发生拥堵，不会发生拥堵的转移概率为

$$g(y) = \frac{p_A q_A^{|y|}}{1 + q_A}, \quad z < y < n_A - z \tag{11-71}$$

因为行走速度无穷大，所以不存在某单位时间内拣选者在某一拣选面行走的状态，只有两个拣选者相隔一定距离在不同拣选面进行拣选作业的状态和窄通道内两个拣选者之间的距离为 1 个或 $n-1$ 个拣选面且后一拣选者要行走而被在进行拣选作业的前面拣选者堵住的拥堵状态，用两个拣选者之间的距离表示两者的状态，有

$$1_堵、1_{不堵}、2、3、\cdots、n_A - 2、(n_A - 1)_{不堵}、(n_A - 1)_堵$$

综合上述分析，得出两个拣选者在 A 类区域内拣选或行走时的状态转移矩阵：

$$A = \begin{bmatrix} \dfrac{q_A}{1+q_A} & \dfrac{p_A}{1+q_A} & \dfrac{p_A \cdot q_A}{1+q_A} & \dfrac{p_A \cdot q_A^2}{1+q_A} & \cdots & \dfrac{p_A \cdot q_A^{n_A-3}}{1+q_A} & \dfrac{p_A \cdot q_A^{n_A-2}}{1+q_A} & \dfrac{p_A \cdot q_A^{n_A-1}}{1+q_A} \\[2mm] \dfrac{q_A}{1+q_A} & \dfrac{p_A}{1+q_A} & \dfrac{p_A \cdot q_A}{1+q_A} & \dfrac{p_A \cdot q_A^2}{1+q_A} & \cdots & \dfrac{p_A \cdot q_A^{n_A-3}}{1+q_A} & \dfrac{p_A \cdot q_A^{n_A-2}}{1+q_A} & \dfrac{p_A \cdot q_A^{n_A-1}}{1+q_A} \\[2mm] \dfrac{q_A^2}{1+q_A} & \dfrac{p_A \cdot q_A}{1+q_A} & \dfrac{p_A}{1+q_A} & \dfrac{p_A \cdot q_A}{1+q_A} & \cdots & \dfrac{p_A \cdot q_A^{n_A-4}}{1+q_A} & \dfrac{p_A \cdot q_A^{n_A-3}}{1+q_A} & \dfrac{p_A \cdot q_A^{n_A-2}}{1+q_A} \\[2mm] \dfrac{q_A^3}{1+q_A} & \dfrac{p_A \cdot q_A^2}{1+q_A} & \dfrac{p_A \cdot q_A}{1+q_A} & \dfrac{p_A}{1+q_A} & \cdots & \dfrac{p_A \cdot q_A^{n_A-5}}{1+q_A} & \dfrac{p_A \cdot q_A^{n_A-4}}{1+q_A} & \dfrac{p_A \cdot q_A^{n_A-3}}{1+q_A} \\[2mm] \vdots & \vdots & \vdots & \vdots & \ddots & \vdots & \vdots & \vdots \\[2mm] \dfrac{q_A^{n_A-2}}{1+q_A} & \dfrac{p_A \cdot q_A^{n_A-3}}{1+q_A} & \dfrac{p_A \cdot q_A^{n_A-4}}{1+q_A} & \dfrac{p_A \cdot q_A^{n_A-5}}{1+q_A} & \cdots & \dfrac{p_A}{1+q_A} & \dfrac{p_A \cdot q_A}{1+q_A} & \dfrac{p_A \cdot q_A^2}{1+q_A} \\[2mm] \dfrac{q_A^{n_A-1}}{1+q_A} & \dfrac{p_A \cdot q_A^{n_A-2}}{1+q_A} & \dfrac{p_A \cdot q_A^{n_A-3}}{1+q_A} & \dfrac{p_A \cdot q_A^{n_A-4}}{1+q_A} & \cdots & \dfrac{p_A}{1+q_A} & \dfrac{p_A}{1+q_A} & \dfrac{q_A}{1+q_A} \\[2mm] \dfrac{q_A^{n_A-1}}{1+q_A} & \dfrac{p_A \cdot q_A^{n_A-2}}{1+q_A} & \dfrac{p_A \cdot q_A^{n_A-3}}{1+q_A} & \dfrac{p_A \cdot q_A^{n_A-4}}{1+q_A} & \cdots & \dfrac{p_A}{1+q_A} & \dfrac{p_A}{1+q_A} & \dfrac{q_A}{1+q_A} \end{bmatrix}_{(n_A+1)\times(n_A+1)}$$

$$\tag{11-72}$$

解方程 $ZA = Z$，得平稳分布：

$$Z = \begin{bmatrix} -1 & \dfrac{p_A}{p_A - 1} & \dfrac{p_A}{p_A - 1} & \dfrac{p_A}{p_A - 1} & \cdots & \dfrac{p_A}{p_A - 1} & \dfrac{p_A}{p_A - 1} & -1 \end{bmatrix}$$

则拣选者在此种情况下的拥堵率为

$$r = \frac{1 - p_A}{(n_A - 3) \cdot p_A + 2} \tag{11-73}$$

两个拣选者在 A 类区域内拣选或行走的概率为

$$s = \frac{n_A}{n} \cdot \frac{n_A}{n} \tag{11-74}$$

两个拣选者在 A 类区域内拣选或行走情况下的拥堵率为

$$c_1 = s \cdot r = \frac{n_A}{n} \cdot \frac{n_A}{n} \cdot \frac{1 - p_A}{(n_A - 3) \cdot p_A + 2} \tag{11-75}$$

同理可得，两个拣选者在 B 类区域内拣选或行走情况下的拥堵率为

$$c_2 = \frac{n_B - n_A}{n} \cdot \frac{n_B - n_A}{n} \cdot \frac{1 - p_B}{(n_B - n_A - 3) \cdot p_B + 2} \tag{11-76}$$

两个拣选者在 C 类区域内拣选或行走情况下的拥堵率为

$$c_3 = \frac{n - n_B}{n} \cdot \frac{n - n_B}{n} \cdot \frac{1 - p_C}{(n - n_B - 3) \cdot p_C + 2} \tag{11-77}$$

（2）两个拣选者跨区域拣选或行走。两个拣选者从任意位置行走到两者分别位于 A 类区域和 B 类区域时，当且仅当前面的拣选者在 B 类拣选区域最前面一个拣选面进行拣选作业,后面的拣选者在 A 类拣选区域最后一个拣选面仍要行走时，才会发生拥堵。拥堵率为

$$c_4 = \frac{p_B \cdot q_A}{(n_B - n_A) \cdot n_A} \tag{11-78}$$

两个拣选者从任意位置行走到两者分别位于 B 类区域和 C 类区域时，拥堵率为

$$c_5 = \frac{p_C \cdot q_B}{(n - n_B) \cdot (n_B - n_A)} \tag{11-79}$$

两个拣选者从任意位置行走到两者分别位于 C 类区域和 A 类区域时，拥堵率为

$$c_6 = \frac{p_A \cdot q_C}{n_A \cdot (n - n_B)} \tag{11-80}$$

两个拣选者行走到分别位于两类不相邻的拣选区域时，不会发生拥堵，拥堵率为 0。

综合上述分析可得，拣选者拣选速度和行走速度相差悬殊，一个拣选面只拣选一件货物情况下的拥堵率为

$$\begin{aligned}
c &= c_1 + c_2 + c_3 + c_4 + c_5 + c_6 \\
&= \frac{n_A}{n} \cdot \frac{n_A}{n} \cdot \frac{1 - p_A}{(n_A - 3) \cdot p_A + 2} + \frac{n_B - n_A}{n} \cdot \frac{n_B - n_A}{n} \cdot \frac{1 - p_B}{(n_B - n_A - 3) \cdot p_B + 2} \\
&\quad + \frac{n - n_B}{n} \cdot \frac{n - n_B}{n} \cdot \frac{1 - p_C}{(n - n_B - 3) \cdot p_C + 2} + \frac{p_B \cdot q_A}{(n_B - n_A) \cdot n_A} + \frac{p_C \cdot q_B}{(n - n_B) \cdot (n_B - n_A)} \\
&\quad + \frac{p_A \cdot q_C}{n_A \cdot (n - n_B)}
\end{aligned} \tag{11-81}$$

2）速度相差悬殊情况下只拣选一件货物的拥堵敏感性分析

根据前一部分求解的拥堵率结果可知，采取分类存储策略的配送中心的拥堵

率与配送中心的拣选面数量、各类别货物的拣选概率以及各类别货物存储空间所占的比例有关。对表 11-8 中的五种分类存储策略下不同拣选面数量对拥堵率的影响作图，得到图 11-35。

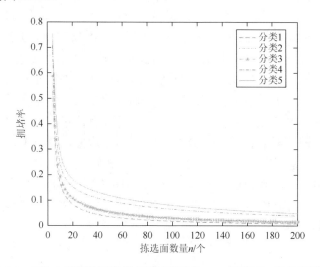

图 11-35　拣选一件货物且拣选行走速度比为1:∞ 情况下，拣选区域大小
不同时拥堵率的变化情况

从图 11-35 中可以看出，拣选者行走速度无穷大且拣选者在一个拣选面只拣选一件货物情况下的拣选拥堵率较大，减少该情况下的拥堵对提高拣选效率作用较大。当拣选面数量一定时，配送中心在第 5 种分类存储策略下，即 A、B、C 三类货物的拣选概率分别为 0.85、0.1、0.05，存储空间分配比例分别为 0.15、0.3、0.55 时拥堵率最大；在第 1 种分类存储策略下，即 A、B、C 三类货物的拣选概率分别为 0.3333、0.3333、0.3333，存储空间分配比例分别为 0.3333、0.3333、0.3333 时拥堵率最小。第 5 种分类存储策略下，在 A 类货物存储区域，货物拣选概率大，拣选者进行拣选作业的概率大，阻塞其他拣选者行走，行走速度无穷大的优势难以发挥，拥堵率大；而在第 1 种分类存储策略下，货物分配比较平均，拣选者行走速度无穷大的优势容易发挥，拥堵率小。所以配送中心在拣选面数量确定的情况下，尽可能采用接近第 1 种分类存储策略，减少拣选拥堵率，节约拣选总时间，提高拣选效率，节约拣选成本。第 1 种分类存储策略接近于随机存储策略，拥堵率最小。所以在一个拣选面只拣选一件货物且拣选速度与行走速度相差悬殊时，随机存储策略下的拥堵率小于分类存储策略下的拥堵率。分类存储策略固定时，拣选面数量越多，拣选拥堵率越小，并且拣选面数量对拣选拥堵率影响较大。因此，配送中心在确定分类存储策略的情况下，建议尽可能增加拣选面数量，减少拣选拥堵率，增加拣选效率。

3）仿真速度相差悬殊情况下只拣选一件货物的拥堵

本部分对拣选速度和行走速度相差悬殊，一个拣选面只拣选一件货物情况下，拥有 100 个拣选面的配送中心在上述五种分类存储策略下的拥堵问题进行仿真模拟。首先构建拣选通道，因为是窄通道，一个拣选面只能容纳一个拣选者进行作业，所以用单行矩阵表示拣选者所处的拣选通道。其次用矩阵元素等于 1 表示该位置有拣选者，等于 0 表示该位置没有拣选者。拣选者行走速度无穷大，单位时间内从某拣选面直接行走到下一个要拣选的拣选面，在前一拣选者正进行拣选作业的时间段内，如果后面的拣选面有订单到达，后一拣选者直接行走到相应位置进行拣选；如果该时间段内后面的拣选面没有订单到达，则后一拣选者直接行走到前一拣选者进行拣选作业的拣选面相邻后方的拣选面，发生拥堵。拥堵率等于拥堵状态除以所有状态的商。将分析模型与仿真模拟得到的结果进行对比，如图 11-36 所示。从图 11-36 中可以看出，模型的相对误差不超过 5%。说明本部分建立的模型在一定置信度下，可用于对现实中相应类型的物流配送中心的拣选拥堵情况进行估计。

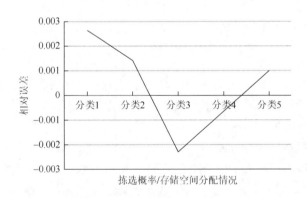

图 11-36　速度相差悬殊且拣选一件货物情况下分析模型与仿真模拟结果的相对误差

本部分运用马尔可夫的无后效性特点构建了分类存储策略下一个拣选面只拣选一件货物且拣选速度与行走速度相差悬殊情况下的拣选拥堵理论分析模型，分析配送中心在采用分类存储策略时不同分配方式、配送中心拥有的不同拣选面数量对拣选拥堵率的影响，得出结论：拣选面数量越多，拥堵越少；拣选面数量对配送中心拥堵的影响较大。分类存储策略的空间分配和拣选概率越偏态，拥堵率越大。随后进行了仿真模拟，仿真模拟结果与分析模型结果的相对误差较小，说明该理论分析模型可用于对现实中相应类型的物流配送中心的拣选拥堵情况进行估计。

3. 一个拣选面拣选多件货物情况下的拥堵分析

拣选者在一个拣选面拣选多件货物，指某一时刻，拣选者正在某拣选面进行拣选作业，下一时刻，该拣选者可能仍然在该拣选面拣选，也有可能向下一个要拣选的拣选面行走。

1）构建速度相差悬殊情况下拣选多件货物的拥堵模型

本部分讨论分类存储策略下，拣选者拣选速度与行走速度相差悬殊（行走速度无穷大），拣选者在一个拣选面拣选多件货物情况下的拣选拥堵问题。分类存储拣选系统中，两个拣选者的活动区域可以分为在同一类区域内拣选或行走、跨区域拣选或行走。

（1）两个拣选者在同一类区域内拣选或行走。两个拣选者在 A 类区域内拣选或行走，包含两个拣选者只在 A 类区域内拣选或行走，以及从其他类区域行走到 A 类区域。拣选者从其他类区域行走到 A 类区域，行走速度无穷大，行走时间可以忽略不计，只考虑拣选者在 A 类区域内的拣选或行走情况。

用 X_t^1 和 X_t^2 表示拣选者 1 和拣选者 2 单位时间内将要行走的距离，用 β 表示拣选者在第 i 个拣选面拣选多件货物情况的 i 的集合，γ 表示拣选者在第 i 个拣选面只拣选一件货物情况的 i 的集合。

当拣选者在第 i 个拣选面拣选多件货物时，有

$$f(x) = v_A^x \cdot u_A, \quad x \in \beta \tag{11-82}$$

当拣选者在第 i 个拣选面只拣选一件货物时，有

$$f(x) = (1 - u_A)(v_A^{x-1} \cdot u_A) = v_A^x \cdot u_A, \quad x \in \gamma \tag{11-83}$$

综合上述两种情况，拣选者在 t 时刻的距离变化概率为

$$f(x) = v_A^x \cdot u_A \cdot I_{\{x \in \beta\}} + v_A^x \cdot u_A \cdot I_{\{x \in \gamma\}} \tag{11-84}$$

当 $x \in \beta$ 时，$I_{\{x \in \beta\}} = 1$，$I_{\{x \in \gamma\}} = 0$；当 $x \in \gamma$ 时，$I_{\{x \in \beta\}} = 0$，$I_{\{x \in \gamma\}} = 1$。

用 $I_i(y)$ 表示拣选者状态为 i 时距离变化为 y 的概率，则

$$I_i(y) = P(Y_t = y) = \sum_{x=0}^{\infty} P(X_t^1 = x + y) \cdot P(X_t^2 = x)$$

$$= \sum_{x=1}^{\infty} f(x + y) \cdot f(x) = \sum_{x=1}^{\infty} (v_A^{x+y} \cdot u_A \cdot I_{\{x \in \beta\}} + v_A^{x+y} \cdot u_A \cdot I_{\{x \in \gamma\}}) \tag{11-85}$$

$$\cdot (v_A^x \cdot u_A \cdot I_{\{x \in \beta\}} + v_A^x \cdot u_A \cdot I_{\{x \in \gamma\}}) = \frac{v_A}{1 + v_A}$$

用两个拣选者之间的距离表示两者的状态，有

$$1_{堵}、1_{不堵}、2、3、\cdots、n_A - 2、(n_A - 1)_{不堵}、(n_A - 1)_{堵}$$

综合上述分析，得出两个拣选者在 A 类区域内拣选或行走时的状态转移矩阵：

$$A = \begin{bmatrix} \dfrac{1}{1+v_A} & \dfrac{u_A \cdot v_A}{1+v_A} & \dfrac{u_A \cdot v_A^2}{1+v_A} & \cdots & \dfrac{u_A \cdot v_A^{n_A-2}}{1+v_A} & \dfrac{u_A \cdot v_A^{n_A-1}}{1+v_A} & \dfrac{v_A^{n_A}}{1+v_A} \\[2mm] \dfrac{v_A}{1+v_A} & \dfrac{u_A}{1+v_A} & \dfrac{u_A \cdot v_A^2}{1+v_A} & \cdots & \dfrac{u_A \cdot v_A^{n_A-3}}{1+v_A} & \dfrac{u_A \cdot v_A^{n_A-2}}{1+v_A} & \dfrac{v_A^{n_A-1}}{1+v_A} \\[2mm] \dfrac{v_A^2}{1+v_A} & \dfrac{u_A \cdot v_A}{1+v_A} & \dfrac{u_A}{1+v_A} & \cdots & \dfrac{u_A \cdot v_A^{n_A-4}}{1+v_A} & \dfrac{u_A \cdot v_A^{n_A-3}}{1+v_A} & \dfrac{v_A^{n_A-2}}{1+v_A} \\[2mm] \vdots & \vdots & \vdots & \ddots & \vdots & \vdots & \vdots \\[2mm] \dfrac{v_A^{n_A-2}}{1+v_A} & \dfrac{u_A \cdot v_A^{n_A-3}}{1+v_A} & \dfrac{u_A \cdot v_A^{n_A-4}}{1+v_A} & \cdots & \dfrac{u_A}{1+v_A} & \dfrac{u_A \cdot v_A}{1+v_A} & \dfrac{v_A^2}{1+v_A} \\[2mm] \dfrac{v_A^{n_A-1}}{1+v_A} & \dfrac{u_A \cdot v_A^{n_A-2}}{1+v_A} & \dfrac{u_A \cdot v_A^{n_A-3}}{1+v_A} & \cdots & \dfrac{u_A \cdot v_A}{1+v_A} & \dfrac{u_A}{1+v_A} & \dfrac{v_A}{1+v_A} \\[2mm] \dfrac{v_A^{n_A}}{1+v_A} & \dfrac{u_A \cdot v_A^{n_A-1}}{1+v_A} & \dfrac{u_A \cdot v_A^{n_A-2}}{1+v_A} & \cdots & \dfrac{u_A \cdot v_A^2}{1+v_A} & \dfrac{u_A \cdot v_A}{1+v_A} & \dfrac{1}{1+v_A} \end{bmatrix}_{(n_A+1)\times(n_A+1)}$$

$$（11\text{-}86）$$

解方程 $ZA = Z$ ，得平稳分布：

$$Z = [1 \quad u_A \quad u_A \quad \cdots \quad u_A \quad u_A \quad 1]$$

则拣选者在此种情况下的拥堵率为

$$r = \frac{1}{(n_A-1)\cdot u_A + 2} \tag{11-87}$$

两个拣选者在 A 类区域内拣选或行走的概率为

$$s = \frac{n_A}{n} \cdot \frac{n_A}{n} \tag{11-88}$$

两个拣选者在 A 类区域内拣选或行走情况下的拥堵率为

$$c_1 = s \cdot r = \frac{n_A}{n} \cdot \frac{n_A}{n} \cdot \frac{1}{(n_A-1)\cdot u_A + 2} \tag{11-89}$$

同理可得，两个拣选者在 B 类区域内拣选或行走情况下的拥堵率为

$$c_2 = \frac{n_B - n_A}{n} \cdot \frac{n_B - n_A}{n} \cdot \frac{1}{(n_B - n_A - 1)\cdot u_B + 2} \tag{11-90}$$

两个拣选者在 C 类区域内拣选或行走情况下的拥堵率为

$$c_3 = \frac{n - n_B}{n} \cdot \frac{n - n_B}{n} \cdot \frac{1}{(n - n_B - 1)\cdot u_C + 2} \tag{11-91}$$

（2）两个拣选者跨区域拣选或行走。两个拣选者从任意位置行走到两者分别位于 A 类区域和 B 类区域时，当且仅当前面的拣选者在 B 类拣选区域最前面一个

拣选面进行拣选作业,后面的拣选者在 A 类拣选区域最后一个拣选面仍要行走时,才会发生拥堵。拥堵率为

$$c_4 = \frac{u_B \cdot v_A}{(n_B - n_A) \cdot n_A} \tag{11-92}$$

两个拣选者从任意位置行走到两者分别位于 B 类区域和 C 类区域时,拥堵率为

$$c_5 = \frac{u_C \cdot v_B}{(n - n_B) \cdot (n_B - n_A)} \tag{11-93}$$

两个拣选者从任意位置行走到两者分别位于 C 类区域和 A 类区域时,拥堵率为

$$c_6 = \frac{u_A \cdot v_C}{n_A \cdot (n - n_B)} \tag{11-94}$$

两个拣选者行走到分别位于两类不相邻的拣选区域时,不会发生拥堵,拥堵率为 0 。

综合上述分析可得,拣选者拣选速度和行走速度相差悬殊,一个拣选面拣选多件货物情况下的拥堵率为

$$c = c_1 + c_2 + c_3 + c_4 + c_5 + c_6$$

$$= \frac{n_A}{n} \cdot \frac{n_A}{n} \cdot \frac{1}{(n_A - 1) \cdot u_A + 2} + \frac{n_B - n_A}{n} \cdot \frac{n_B - n_A}{n} \cdot \frac{1}{(n_B - n_A - 1) \cdot u_B + 2}$$

$$+ \frac{n - n_B}{n} \cdot \frac{n - n_B}{n} \cdot \frac{1}{(n - n_B - 1) \cdot u_C + 2} + \frac{u_B \cdot v_A}{(n_B - n_A) \cdot n_A} + \frac{u_C \cdot v_B}{(n - n_B) \cdot (n_B - n_A)}$$

$$+ \frac{u_A \cdot v_C}{n_A \cdot (n - n_B)}$$

$$\tag{11-95}$$

2）速度相差悬殊情况下拣选多件货物的拥堵敏感性分析

根据前一部分求解的拥堵率结果可知,采取分类存储策略的配送中心的拥堵率与配送中心的拣选面数量、各类别货物的拣选概率以及各类别货物存储空间所占的比例有关。对表 11-8 中的五种分类存储策略下不同拣选面数量对拥堵率的影响作图,得到图 11-37。

从图 11-37 中可以看出,拣选者行走速度无穷大且拣选者在一个拣选面拣选多件货物情况下的拣选拥堵率较大,减少该情况下的拥堵对提高拣选效率作用较大。当拣选面数量一定时,配送中心在第 5 种分类存储策略下,即 A、B、C 三类货物的拣选概率分别为 0.85、0.1、0.05,存储空间分配比例分别为 0.15、0.3、0.55 时拥堵率最大;在第 1 种分类存储策略下,即 A、B、C 三类货物的拣选概率分别

为 0.3333、0.3333、0.3333，存储空间分配比例分别为 0.3333、0.3333、0.3333 时拥堵率最小。第 5 种分类存储策略下，在 A 类货物存储区域，货物拣选概率大，拣选者进行拣选作业的概率大，阻塞其他拣选者行走，行走速度无穷大的优势难以发挥，拥堵率大；而在第 1 种分类存储策略下，货物分配比较平均，拣选者行走速度无穷大的优势容易发挥，拥堵率小。所以配送中心在拣选面数量确定的情况下，尽可能采用接近第 1 种分类存储策略，减少拣选拥堵率，节约拣选总时间，提高拣选效率，节约拣选成本。第 1 种分类存储策略接近于随机存储策略，拥堵率最小。所以在一个拣选面拣选多件货物且拣选速度与行走速度相差悬殊时，随机存储策略下的拥堵率小于分类存储策略下的拥堵率。分类存储策略固定时，拣选面数量越多，拣选拥堵率越小，并且拣选面数量对拣选拥堵率的影响较大。因此，配送中心在确定分类存储策略的情况下，建议尽可能增加拣选面数量，减少拣选拥堵率，增加拣选效率。

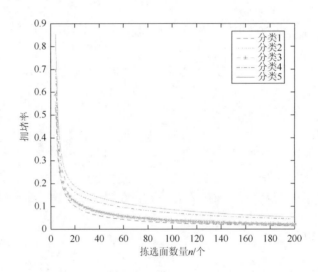

图 11-37　拣选多件货物且拣选行走速度比为 1:∞ 情况下，拣选区域大小
不同时拥堵率的变化情况

3）仿真速度相差悬殊情况下拣选多件货物的拥堵

本部分对拣选速度和行走速度相差悬殊，一个拣选面拣选多件货物情况下，拥有 100 个拣选面的配送中心在上述五种分类存储策略下的拥堵问题进行仿真模拟。首先构建拣选通道，因为是窄通道，一个拣选面只能容纳一个拣选者进行作业，所以用单行矩阵表示拣选者所处的拣选通道。其次用矩阵元素等于 1 表示该位置有拣选者，等于 0 表示该位置没有拣选者。拣选者在一个拣选面拣选多件货物，则该拣选面数值在循环多次以后才从有拣选者变为无拣选者。拣选者行走速

度无穷大，单位时间内从某拣选面直接行走到下一个要拣选的拣选面，在前一拣选者正进行拣选作业的时间段内，如果后面的拣选面有订单到达，后一拣选者直接行走到相应位置进行拣选；如果该时间段内后面的拣选面没有订单到达，则后一拣选者直接行走到前一拣选者进行拣选作业的拣选面相邻后方的拣选面，发生拥堵。拥堵率等于拥堵状态除以所有状态的商。将分析模型与仿真模拟得到的结果进行对比，如图 11-38 所示。从图 11-38 中可以看出，模型的相对误差不超过5%。说明本部分建立的模型在一定置信度下，可用于对现实中相应类型的物流配送中心的拣选拥堵情况进行估计。

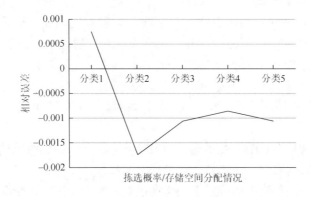

图 11-38　速度相差悬殊且拣选多件货物情况下分析模型与仿真模拟结果的相对误差

　　本部分运用离散马尔可夫方法构建了拣选者拣选速度与行走速度相差悬殊、拣选者在一个拣选面拣选多件货物情况下的拣选拥堵模型，分析配送中心拣选面数量、不同分类存储策略对拣选拥堵率的影响，得出结论：拣选者拣选速度与行走速度相差悬殊、拣选者在一个拣选面拣选多件货物情况下，拣选面数量固定时，不同类别货物的拣选概率、空间分配差异越明显，拥堵率越大；不同类别货物的拣选概率、空间分配固定，拣选面数量越多，拥堵率越小，且拣选面数量对拣选拥堵率影响明显。

　　本部分运用马尔可夫的无后效性特点分别构建了拣选者拣选速度与行走速度相差悬殊情况下，拣选者在一个拣选面只拣选一件货物和拣选多件货物情况下的拣选拥堵模型，并通过 MATLAB 数据处理的方法得到两种情况下的拣选拥堵率公式，进而分析拣选者拣选速度与行走速度相差悬殊情况下，配送中心的拣选面数量、不同分类存储策略、一个拣选面只拣选一件或多件货物对拣选拥堵率的影响，得出以下结论。

　　（1）拣选者拣选速度与行走速度相差悬殊情况下，拣选者在一个拣选面只拣选一件货物时，配送中心的拣选拥堵率随着拣选面数量的增加而减小，且拣选面数量对拣选拥堵率影响较大；拣选者在一个拣选面拣选多件货物时，配送中心的拣选拥堵率随着拣选面数量的增加而减小，且拣选面数量对拣选拥堵率影响较大。说明拣选者拣选速度与行走速度相差悬殊情况下，配送中心的拣选拥堵率随着拣选面数量的增加而减小，且拣选面数量对拣选拥堵率影响较大。因此建议拣选者拣选速度与行走速度相差悬殊情况下，配送中心应尽可能多地设置拣选面，减小拣选拥堵率，提高拣选效率。

（2）拣选者拣选速度与行走速度相差悬殊情况下，拣选者在一个拣选面只拣选一件货物时，配送中心采用不同的分类存储策略时，不同类别的货物拣选概率、空间分配差异越明显，拣选拥堵率越大；拣选者在一个拣选面拣选多件货物时，不同类别的货物拣选概率、空间分配差异越明显，拣选拥堵率越大。说明拣选者拣选速度与行走速度相差悬殊情况下，配送中心的拣选面数量固定时，分类存储策略中不同类别货物拣选概率、空间分配差异越明显，拣选拥堵率越大。因此建议拣选者拣选速度与行走速度相差悬殊、配送中心拣选面数量确定的情况下，应采用不同类别货物拣选概率、空间分配差异不明显的分类存储策略。

（3）拣选者拣选速度与行走速度相差悬殊情况下，拣选面数量固定，且采用的分类存储策略固定时，拣选者在一个拣选面只拣选一件货物时的拥堵率小于一个拣选面拣选多件货物时的拥堵率。拣选者行走速度无穷大，拣选者在一个拣选面只拣选一件货物，在一个拣选面进行拣选作业的时间短，发生的拥堵情况少。但是拣选者在一个拣选面只拣选一件货物和拣选多件货物情况下的拣选拥堵率差异不大，说明拣选者拣选速度与行走速度相差悬殊情况下，一个拣选面拣选货物的数量对配送中心的拣选拥堵率影响较小。

为了验证本节构建的分析模型的有效性，进行了仿真模拟，仿真模拟结果与分析模型结果的相对误差较小。说明本节建立的模型在一定置信度下，可用于对现实中相应类型的物流配送中心的拣选拥堵情况进行估计。

11.6　随机存储窄通道多人拣选系统的拥堵率

11.6.1　多人拣选拥堵模型的建立

本节针对窄通道拣选拥堵问题，提出一个窄通道多人拣选拥堵模型，通过介绍拣选流量、拣选密度与行走速度三者的关系，对交通研究领域的交通流模型进行窄通道拣选系统的微观改进，建立窄通道内基于拣选密度影响的多人拣选系统拥堵模型。

为了更清晰地描述问题，本节将当前拣选者所处位置之前的拣选者称为前一拣选者，在状态演化时，本模型充分考虑到前一拣选者的行走速度。

1. 拥堵模型假设和符号说明

1）拥堵模型假设
对多人拣选系统拥堵模型做出如下假设。

（1）本节中提到的拣选者既可以是拣选人员，也可以是拣选小车，拣选者的行走速度指的是拣选人员的步行速度或拣选小车的行驶速度。

（2）拣选区域包括 n 个拣选面。拣选面可以是货架的一列或者一层，在实际应用中，每个拣选面可以包含多个拣选位置，本节假设拣选者停下来进行拣选作业的地方为拣选面，且假设两侧的货物被集中到一侧进行存储。

（3）本节采用了传统布局下的 S 型拣选路径、随机存储策略，拣选者在按照拣选单进行拣选的时候单向行走，不能折返，且通道的宽度仅允许一人通过，随机进行拣选，其他拣选者不能越过前面的拣选者进行拣选作业。

（4）拣选者在通道内以速度 v 行走，参考实际操作情况，为拣选者规定了最大行走速度，拣选者在通道内的行走速度在 0 和最大速度之间。

（5）拣选者在通道内的状态包括加速（非拥堵行走）、减速（发生拥堵）和随机慢化（进行拣选）三种状态。

（6）假设拣选者在随机存储的环形拣选通道内进行拣选作业时，以拣选概率 p 进行拣选，一次拣选一件货物。

（7）在分批拣选系统中，假设有 k 个拣选者，拣选者的拥堵率为 $b(k)$，而且有 $0 \leqslant b(k) \leqslant 1$。

2）符号说明
D：两个相邻的拣选者在拣选通道内的距离差。
t：当前时刻，取时间步长为 1，下一时刻的时间变量为 $t+1$。
v：拣选者在拣选通道内的行走速度。
$v_{\max}$：拣选者在拣选通道内所能行走的最大速度。
k：拣选系统中某一时刻拣选通道内的拣选者数量。
ρ：拣选系统在拣选面内的拣选密度。
T：拣选系统进行拣选作业的总时间。
c：拣选流量，即单位时间内通过某一拣选面的拣选者数量。
I：拣选者在一次作业过程中需要拣选的货物总数。
p：拣选者在系统内进行货物拣选的概率。
d：拣选者在拣选通道内所处的位置。
u：前一拣选者在拣选通道内的行走速度。

2. 衡量拣选拥堵的重要参数

1）拣选流量与行走速度

本节将窄通道拣选系统中在单位时间内通过某一拣选面的拣选者数量定义为拣选流量。拣选流量体现了一个拣选系统中，单位时间内拣选者进行拣选作业的最大吞吐量。假设单位时间内拣选系统中只存在一个拣选者进行拣选作业，虽然不会产生拥堵，但是拣选效率低；当拣选系统中存在多个拣选者时，可以在单位时间内同时拣选多件货物，但是容易发生拣选者之间的拥堵；当拣选系统内的拣选者足够多的时候，拣选密度上升，拥堵率也随着攀升，造成拣选效率的下滑。因此，拣选流量对于拣选拥堵问题是一个十分重要的参数。

拣选者的行走速度是衡量拣选流量的重要指标，也间接衡量了拣选拥堵率。假设拣选者在拣选作业过程中进行拣选和行走作业，采用拣选者的平均行走速度衡量整个拣选系统内的拥堵情况是非常直观的。平均行走速度因为统计的标准不同，又可以分为以下两种。

（1）时间平均行走速度。时间平均行走速度分析在某一段时间内，在各个拣选面所发生的行走速度，例如，t 时刻，在拣选通道局部范围内，若多个拣选者的行走速度为 0，则证明发生了拥堵。时间行走速度可以表示为

$$\bar{v}_t = \frac{1}{\frac{1}{n}\sum_{i=1}^{n}\frac{1}{v_i}} \tag{11-96}$$

（2）空间平均行走速度。在窄通道传统布局、S 型拣选路径和随机存储策略下，应用周期性边界，可以将拣选者的行走路线抽象为一个圆形路径。因此，可以对拣选通道内拣选者的空间平均行走速度进行分析，其空间平均行走速度可以表示为

$$\bar{v}_d = \frac{1}{n}\sum_{i=1}^{n}v_i \tag{11-97}$$

然而受到拣选概率的影响，拣选者的行走速度虽然能在一定程度上体现拣选者的状态，但是并不能完全体现系统的拥堵情况，当拣选概率为 1 时，拣选者需要在每一个拣选面停留和拣选，此时拥堵率反而会降低。

2）拣选者数量和拣选密度

拣选密度是体现拣选通道拣选者容量的指标，而拣选密度通常是由拣选者数量和拣选通道长度所共同决定的。当拣选通道长度固定时，拣选密度则体现了拣选通道内可以容纳的拣选者数量。拣选密度和拣选者拥堵率受到拣选概率的影响；当市场决定的拣选密度一定时，增加拣选区域面积会在一定程度上降低拥堵率，提高拣选效率。因此，拣选密度对仓储布局、存储策略和拣选路径策略都有一定的参考价值。

1936 年，Greenshield 提出了速度与密度的线性模型（Greenshield 模型），最初被应用于道路交通的速度与密度关系中。可以根据 Greenshield 模型的速度与密度的线性关系，利用拣选者在通道内连续作业的性质，采取拣选者行走速度、拣选密度对拥堵问题进行描述。Greenshield 模型中，用 v_f 为表示非拥堵时的自由行走速度，ρ 表示拣选密度，则速度线性模型为

$$\bar{v} = v_f \left(1 - \frac{\rho}{\rho_j} \right) \tag{11-98}$$

可以分析得出，当拣选密度为零时，平均行走速度和自由行走速度相等，即拣选者可以在通道内无阻碍行走；当拣选密度很大时，拣选者的行走速度接近于零，表示拣选者在通道内形成了拥堵。因此，当采用拣选流量作为衡量拥堵的指标的时候，会发生两种极端情况：当拣选系统发生拥堵时，拣选者停止进行拣选，行走速度为 0，此时，拣选流量也为 0，可以用来描述拣选拥堵情况的发生；当拣选者没有进入拣选区的时候，拣选通道内的拣选流量也为 0，此时的速度为自由行走速度，但是此时的速度与密度的研究没有实践意义。

因此，需要对拣选系统的状态进行划分，才能更加准确地描述拥堵问题。

3. 拣选密度、拣选流量与拥堵的关系

在本节中，对 Greenshield 模型进行应用，用 v 表示拣选者的行走速度，用 c 表示拣选流量，用 ρ 表示拣选密度，易知拣选者的行走速度和拣选密度可以反映拣选区域内拣选者的作业效率情况，而拣选流量可以反映出拣选通道内的负荷量，即反映拣选拥堵率。三者之间的关系可以表示为

$$c = v\rho \tag{11-99}$$

结合式（11-98）及式（11-99），可以得到

$$c = v \left(1 - \frac{\rho^2}{\rho_j} \right) \tag{11-100}$$

$$c = \rho \left(1 - \frac{v^2}{v_f} \right) \tag{11-101}$$

可以得到曲线图 11-39。

c_{max} 对应了拣选通道内的最大拣选流量，最大拣选流量保证了拣选者在仓储拣选系统中得到服务的能力，在不考虑人工成本的前提下，最大拣选流量是仓库吞吐效率的临界点。在最大拣选流量点处的拣选密度是拣选流量的分水岭，当拣选密度小于临界密度的时候，一定处于非拥堵状态；当拣选密度大于临界密度的时候，系统可能处于确定拥堵状态或处于拣选等待即将堵不堵的状态，统称为拥堵状态。

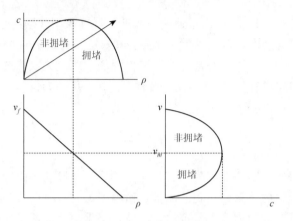

图 11-39　拣选流量、行走速度与拣选密度的关系

对于拣选流量、拣选密度和行走速度三者的关系，有以下几点说明。

（1）考虑极端情况，即当拣选通道内不存在其他拣选者时，此时的拣选者可以在通道内自由行走，不会发生拥堵，当前的速度为自由行走速度；当拣选者数量增多且发生拥堵时，由于前一拣选者在拣选，后面的拣选者减速等待，此时发生了通道内拥堵，处于拥堵状态的两个（甚至多个）拣选者均处于静止状态，速度为零。

（2）考虑中间情况，当拣选者的行走速度加快，拣选密度变化的时候，拣选流量随之改变。当拣选货物增加时，拣选者的工作量也随之增加，为了保持高效，更多的拣选者应该被配备在拣选通道内，与此同时，拣选流量随之增加，拣选者的行走速度减慢。当拣选密度增加到一定数值的时候，系统拥堵率会随之升高，拣选者的行走速度也将趋缓，甚至降低为 0，此时将发生拣选者拥堵。

（3）考虑效用最大情况，当拣选区域内进行拣选作业的拣选者增加到一定值时，整个系统的拣选密度达到峰值，通道内达到饱和状态，当拣选者之间发生作用时，拣选系统可能会随时发生严重的拥堵，导致拣选通道瘫痪。

由于实际操作中的复杂性，拣选密度和拥堵率之间的关系并不是简单的线性关系，而是复杂的、难以量化的，拣选者在拣选通道可能在进行拣选作业，也可能在等待拣选，还有可能发生拥堵。当拣选者等待拣选时，因为前一拣选者在当前拣选面滞留，拣选者有可能发生拥堵，也有可能减速通过，这取决于前一拣选者在当前拣选面的工作量。因此，本节对 Nagel-Schreckenberg 一维单车道元胞自动机模型即 NS 模型中的元胞状态进行补充，此时，拣选通道内包括了不堵和拥堵两个状态。

4. 窄通道多人拣选系统拥堵模型

本部分建立窄通道多人拣选系统的拥堵模型，考虑拣选者在通道内的状态为不堵和拥堵两种情况，即拣选者能够自发地判断前一拣选者所处的状态（行走还是拣选，或是等待拣选），针对两种情况，提出不同的速度更新规则，在此模型中，拣选者在进行拣选定位的时候，若没有其他拣选者作业，则可以加速行走；当发生拥堵或者即将发生拥堵时，拣选者选择减速行走，以减少拥堵的发生。

1）系统更新规则说明

由于在实际作业中，拣选区域存在等待拣选状态，而此状态中，不仅需要考虑当前拣选者的状态，还要考虑到前一拣选者的状态，通过考虑前一拣选者的行走速度，对当前拣选者在下一时刻的状态进行判断。本节提出的模型将拣选通道内拣选者的行走状态分为不堵和拥堵两种，由 Greenshield 模型可知，用 $\rho_{(t)}$ 表示 t 时刻的拣选密度，用 ρ_m 表示拣选流量最大时所对应的临界值。在本节的研究中，当拣选流量和拣选拥堵之间不是正比例相关时，将即将拥堵状态和确定拥堵状态都看作拥堵，分析系统内发生不堵和拥堵两种状态。

根据拣选密度的变化，在拣选系统内，规定拣选者按照不同的速度规则进行行走活动。拣选密度可以用通道内的拣选者数量与拣选面的比来表示。以拣选密度为基础，对拣选者的行走速度有如下规则。

（1）当窄通道内的拣选者处于不堵状态时，拣选者为了实现效率的提升，将进行加速度行走，此时针对拣选者在非拥堵区域渴望以最大速度行走的心理，采用小车加速规则。

（2）当拣选系统处于即将拥堵状态或者确定拥堵状态时，根据上面的分析，此时的拣选者行走速度都将降低。在前一拣选者的作用下，拣选者倾向于减速前进，避免发生拣选小车的碰撞问题，以缓解拣选拥堵的产生，此时的拣选者行走速度符合 NS 模型的速度更新规则。拣选者的拣选概率，即 NS 模型中的随机慢化概率较大，拣选者的行走过程也更加保守和缓慢。

如图 11-40 所示，仓储拣选系统在 $t+1$ 时刻的状态相对于 t 时刻的状态发生了改变，其状态应根据拣选密度、行走速度等规则进行更新，首先根据窄通道内拣选者的行走速度 v_t 和所处位置 d_t 进行判断，得出在窄通道内的拣选流量和拣选密度信息，进而判断通道内的拥堵状态；若拣选通道处于拥堵或等待拣选状态，则拣选者减速前进；若拣选通道处于不堵状态，则拣选者在通道内自由作业，即加速前进。拣选系统将根据拣选通道内的拥堵情况按照不同的规则进行状态的更新。

本模型中，所有速度规则的制定均考虑到了在仓储拣选系统中，拣选者的个人能力、拣选任务、通道环境等外界因素；在满足个人期望提升拣选效率心理的前提下，在不同的状态下选择不同的行走速度，另外，还考虑到了拣选者的拣选概率。当拣选者进行订单的随机拣选时，符合 NS 模型中的随机慢化概率规则，即本模型中的随机拣选规则。综合上述，本模型较符合实际拣选作业中拣选者的活动规则。

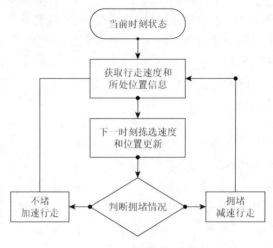

图 11-40　系统更新流程

2）拣选概率说明

本部分基于 NS 模型，对窄通道多人拣选系统拣选者之间的拥堵问题进行描述，然而由于 NS 模型中，忽略了前车即前一拣选者的速度，且没有考虑到系统内将堵不堵的状态，因此，需要对 NS 模型进行改进和扩展，以体现出窄通道多人拣选系统复杂的状态转移情况。

本部分的模型将考虑拣选者进入拣选区内，在一定拣选概率下的拥堵问题。拣选者在任意时刻都有可能进行货物的拣选，而每一个拣选面被拣选的概率是随机的，拣选者以拣选概率 p 进行减速，当两个拣选者的距离小于当前拣选者的行走速度时，当前拣选者需要进行减速，进入等待状态。当拣选概率升高时，意味着在拣选通道内，拣选面被拣选的概率增加。考虑极端情况：①当拣选概率为 0 时，拣选者直接在通道内行走，并不进行拣选作业；②当拣选概率为 1 时，拣选者需要在每一个拣选面停留拣选。当拣选概率为 0～1 时，拣选者以不同的概率进行拣选，拣选作业的密度随之改变，拥堵率也随之改变。

3）拣选者状态更新规则

根据本节前半部分的论述，本模型对 NS 模型的改进在于充分考虑到前一拣选者的行走状态（包括行走速度和相对位置），典型 NS 模型中将前一拣选者看成静止的情况，低估了相邻拣选者之间的距离及行走速度。因此，本模型将前一拣选者的行走速度计算进来，这样就使拣选者下一时刻可能的行走速度范围扩大，下一时刻的行走速度更符合实际。此时的规则如下。

（1）加速。

任意选取系统内的某一个拣选者进行加速规则分析，由改进 NS 模型可以得到，下一时刻该拣选者的行走速度可能由最大行走速度、两个拣选者之间的距离以及前一拣选者在下一时刻估计的行走速度所决定。为了区分相邻拣选者的状态，在这里将前一拣选者的行走速度用 u 来表示，有

$$v_{t+1} = \min(D_t + u_{t+1}, v_{max}), \quad D_t > v_t \tag{11-102}$$

其中，u_{t+1} 表示前一拣选者在 $t+1$ 时刻的估计速度；D_t 表示在 t 时刻两个相邻的拣选者在拣选通道内的距离差。u_{t+1} 定义为

$$u_{t+1} = \min(v_{max}, u_t, \max(0, D_t - 1)) \tag{11-103}$$

图 11-41 为改进 NS 模型对比于 NS 模型的拣选者状态变化，其中方框代表了拣选通道，每一个方框正上方的数字代表拣选者所处的位置，方框内有拣选人员或者拣选小车进行行走、拣选作业，拣选者右上角的数字代表拣选者的行走速度。

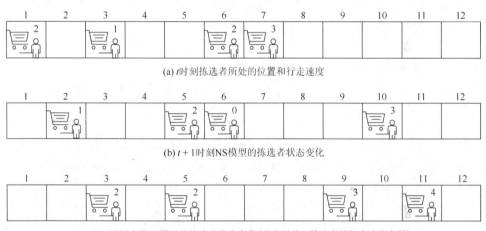

(a) t 时刻拣选者所处的位置和行走速度

(b) $t+1$ 时刻 NS 模型的拣选者状态变化

(c) $t+1$ 时刻改进 NS 模型的拣选者状态变化（考虑了前一拣选者的行走速度变量）

图 11-41　NS 模型与改进 NS 模型下拣选者的状态转移

从图 11-41 中可以看出，改进的 NS 模型在加速规则中加入了前一拣选者的行走速度变量，可以使当前拣选者的行走速度更加贴合实际。

（2）随机慢化。

当拣选者的行走速度大于 0 时，拣选者以拣选概率 p 进行拣选，在进行随机减速和拣选的过程中，拣选者的速度并不是在瞬间变为 0，而是随机进行减速。

$$v_{t+1} = \max(v_{t+1} - 1, 0) \tag{11-104}$$

（3）减速。

当拣选者的行走速度大于 0 且处于即将拥堵状态时，相邻拣选者之间的距离小于当前拣选者的行走速度。若此时拣选者持续以当前速度继续行走，则将在下

一时刻发生拥堵现象，因此，对减速行为做保守估计，不考虑前一拣选者的速度变化，将前一拣选者的速度看作 0，则有

$$v_{t+1} = \min(v_t, d_t), \quad D_t < v_t \qquad (11\text{-}105)$$

（4）位置更新。

拣选者在下一时刻进行速度更新后，按照 v_{t+1} 的速度向前行走，此时拣选者将处于新的位置 d_{t+1}：

$$d_{t+1} = d_t + v_{t+1} \qquad (11\text{-}106)$$

在拣选者自由行走的过程中，不考虑减速规则，此时拣选者可以在通道内自由行走，当拣选者要进行拣选作业时，以概率 p 进行随机慢化；当拣选者发现即将发生拥堵时，采取保守的减速规则，在通道内进行减速行走，以防止和前一拣选者发生拥堵或者和前一个拣选小车发生碰撞，此时不考虑前一拣选者的行走速度。下一时刻，在单位步长的时间内更新位置。

11.6.2 基于元胞自动机的拥堵模型仿真

1. 基本仿真参数定义

首先，在窄通道多人拣选系统中，考虑带有 n 个拣选面的存储区域，在既定时间内，一个拣选者可以在通道内自由行走，每一个拣选面的当前状态或是有拣选者，或为空，考虑运用元胞自动机进行仿真系统建模，将每一个拣选面看成一个元胞；其次，由于拣选系统采用传统布局、S 型拣选路径，采用周期性边界可以模拟拣选路径，窄通道即为一条元胞链；最后，拣选者在通道内进行拣选、行走活动，其行走速度、状态和位置的改变可以看成元胞按照规则进行单位步长时间内的演变。

因此，对基本的仿真参数进行定义，包括元胞参数和拣选参数。受到拣选者自身能力的限制、拣选密度的局限以及拣选者期望以最快时间完成行走活动的心理，本部分对元胞参数进行了如下定义。

1）元胞参数

（1）元胞长度。在对基于元胞自动机的窄通道多人拣选拥堵模型进行建模时，考虑到单通道中有 n 个元胞，假设每一个元胞的长度 l 为 1。将拣选者抽象为直径为 1 的圆，则元胞长度 1 即当发生拥堵时两个处在拥堵状态的拣选者的圆心距离为 1。

（2）行走速度及其取值范围。在窄通道多人拣选拥堵模型中，应用 NS 模型，设定了最大行走速度。由于拣选人员按照拣选路径进行行走或者人员驾驶拣选

小车进行行驶，故在通道内，受到人的体能限制或者拣选小车车速的限制，行走速度有一个上限，即最大行走速度 v_{max}。当拣选者停止行走进行随机拣选时，其速度降低为 0，因此，拣选者的行走速度的取值范围为 $[0, v_{max}]$。本书将拣选人员行走或驾驶拣选小车行驶两种模型的速度统称为行走速度，设定每个拣选者的最大行走速度 v_{max} 为 5 个拣选面/秒。在元胞自动机模型中，拣选者的行走速度、位移距离、步长时间等参数都是离散的，因此，每一个拣选面在随机时间内，都可以无拣选者通过或有拣选者通过，有拣选者的状态又将分为行走速度为 0（静止）、1 个拣选面/秒、2 个拣选面/秒、3 个拣选面/秒、4 个拣选面/秒、5 个拣选面/秒（最大行走速度）。

（3）行走速度的随机分布。假设在一个稳定运作的拣选区域内进行仿真，因此，需要对拣选者的行走速度进行赋值，确定时刻 t 的行走速度。理论证实拣选系统中的拣选者在拣选区域行走的状态一般服从正态分布，因此，本节对拣选者行走速度的随机分布的产生过程如下。

首先，对拣选者的行走速度的随机分布采取正态分布模型：

$$F(x) = p(X \leqslant x) = \int_{-\infty}^{\lambda} \frac{1}{\sigma\sqrt{2\pi}} \exp\left(-\frac{1}{2}\left(\frac{t-\mu}{\sigma}\right)^2\right) dt \qquad (11\text{-}107)$$

其次，当 $X \sim N(0,1)$ 时，$Y = \sigma X + \mu \sim N(\mu, \sigma^2)$，产生 [0, 1] 之间符合标准正态分布的随机数 m，这样可以将式（11-107）中无法进行显式逆变的积分进行函数变换，由此得到服从标准正态分布的随机变量 z_1、z_2，即

$$z_1 = \sqrt{-2\ln m_2} \sin(2\pi m_1) \qquad (11\text{-}108)$$

$$z_2 = \sqrt{-2\ln m_2} \cos(2\pi m_1) \qquad (11\text{-}109)$$

其中，m_1、m_2 为运用 Box-Muller 方法产生的 [0, 1] 之间符合标准正态分布的随机数。

最后，将均匀分布的随机数转换为正态分布随机变量，有

$$v_1 = \mu + \sigma z_1 \qquad (11\text{-}110)$$

$$v_2 = \mu + \sigma z_2 \qquad (11\text{-}111)$$

至此，拣选者行走速度的随机分布产生过程结束，产生了行走速度的随机分布。

2）拣选参数

（1）时间步长。假设拣选者在拣选面的作业时间为 t 时刻，则下一时刻拣选者的作业状态发生改变时，为 $t+1$ 时刻。也就是说，时间步长为 1，每隔 1 秒系统的状态将进行一次更新，拣选者所处的位置、行走速度和系统的拥堵状态将随之改变。

（2）边界条件。本书中所采取的边界条件为周期性边界条件。拣选者在进行

拣选作业时，采取了 S 型拣选路径。在传统布局下，拣选者在仓库内的拣选、行走方向为单向行走，不可折返，拣选者从入口进入拣选区域，遍历地进行货物的拣选，拣选完成后，从出口立刻进入入口进行下一循环的拣选，由此，可以将拣选路径看作环形拣选。因此，采取周期性边界作为模型的边界条件。

在本部分中对元胞参数和拣选参数进行了定义，对元胞（即拣选面）长度、行走速度的取值范围、时间步长等进行了说明，通过建立基于元胞自动机的仿真系统，为本章后半部分的模型仿真打下基础。

2. 拥堵模型的仿真框架

在本部分中，应用本节前半部分的假设和说明，对模型进行赋值模拟。

（1）拣选通道由 500 个元胞组成，采取周期性边界条件，则可以看作环形单通道拣选，则一共有 500 个拣选面，且拣选区域的出口和入口相连接，拣选者在通道内循环往复地行走和拣选。

（2）设置窄通道只允许一人通过，拣选通道内有 k 个拣选者进行拣选作业。

（3）选择一个时间区域 T，在 T 时间内，初始时刻的拣选者所处的位置 d 和行走速度 v 均为随机分布。

（4）对拣选者在通道内的状态变化根据模型规则演化，本模型中，设置时间区域为 16 000 个时间单位，为了得到更加真实的数据结果，在系统运行 10 000 个时间单位后，再进行数据的统计，尽可能实现拣选系统的平稳、有效运行。

（5）建立二维矩阵，记录经过统计位置 d^* 的拣选者数量及行走速度，在这里，设置 $d^* = 50$。

3. 模型仿真过程

按照 11.6.2 节"基本仿真参数定义"部分所设置的基本仿真参数，用 MATLAB 建立了一个模拟窄通道多人拣选系统的模型。

在开始阶段，模拟通道内随机分布有一定数量的拣选者进行拣选作业，设置拣选者的初始行走速度和在拣选通道内的位置。接下来，检验时间步长是否达到了设定的时间步长数，如果是，则仿真结束，如果不是，则对拣选者的位置和速度状态按照规则进行更新。针对 t 时刻的窄通道多人拣选系统的系统状态，绘制时空演化图，接下来，进入 $t+1$ 时刻，重复上述过程，直到达到了设定的时间步长数，仿真结束。

图 11-42 为模拟窄通道多人拣选系统的运行界面，黑色区域为窄通道，一次只能通过一个拣选者进行作业，白色的区域代表该元胞位置上有拣选者，为了便于观察仿真系统的运行情况，这里选取初始状态为：五人随机分布在具有 10 个拣选面的拣选通道内并准备开始进行拣选活动。

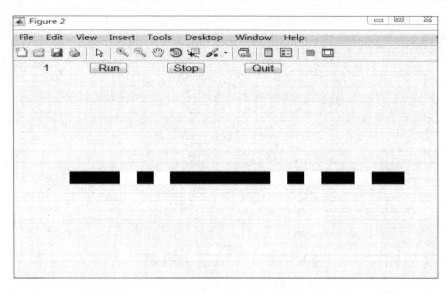

图 11-42　运用 MATLAB 进行拣选者行走状态仿真

4. 仿真结果分析

本部分的仿真结果分为三个部分。

（1）本部分对改进 NS 模型和 NS 模型进行了对比，分别生成了 NS 模型和改进 NS 模型的时空分布图，其中，图像的横轴为拣选者在拣选通道内的所处位置，纵轴为所运行的时间，每个时间步长为 1 秒。通过对比在不同拣选密度下的两个模型的时空分布图，对比出当采取不同的速度更新规则时，拣选拥堵模型的拥堵变化情况，以及改进 NS 模型对拥堵问题的改进情况。

（2）针对改进 NS 模型，分析拣选者在拣选通道内的拥堵扩散情况，研究拥堵问题的产生和缓解。

（3）对拥堵率进行量化分析，并分析影响拥堵率的因素和改善空间。

1）改进 NS 模型和 NS 模型下的拥堵情况对比

对 NS 模型和改进 NS 模型下的拥堵情况进行分析，分别做出两个模型的拥堵图。为了更好地对拣选者发生拥堵的情况进行观察，首先选取拣选者数量为 10 个的情况，再选取拣选者数量为 30 个的情况，较为符合真实操作中拣选系统内的拣选密度情况；此外，再对拥堵状态下，拣选者数量为 400 个的情况进行分析，对比当拣选概率不变时，拣选密度对拣选拥堵的影响。

仿真结果分析如下。

（1）10 人拣选系统，拣选概率为 0.1。拥堵情况如图 11-43 所示。

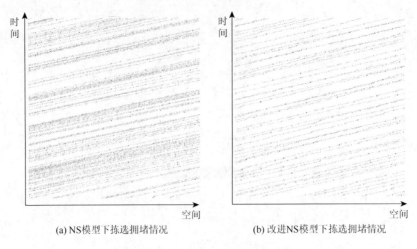

(a) NS模型下拣选拥堵情况　　　　　　　　(b) 改进NS模型下拣选拥堵情况

图 11-43　10 人拣选系统拥堵情况

（2）30 人拣选系统，拣选概率为 0.1。拥堵情况如图 11-44 所示。

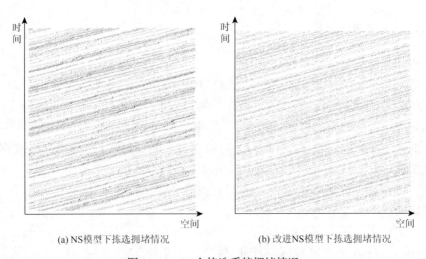

(a) NS模型下拣选拥堵情况　　　　　　　　(b) 改进NS模型下拣选拥堵情况

图 11-44　30 人拣选系统拥堵情况

（3）400 人拣选系统，拣选概率为 0.1。拥堵情况如图 11-45 所示。

首先，分析拣选者自由行走的情况。在拣选密度非常低的情况下，得到图 11-43，其中，纵坐标为时间轴，横坐标为拣选者在拣选通道内的所处位置，此时改进 NS 模型的拥堵率为 0.0204，拥堵率极低；NS 模型的拥堵率为 0.0452。拣选者在通道内行走，由于拣选密度较小，在拣选概率为 0.1 的情况下，拣选者的减速概率较低，此时，拣选者在大部分时间内都将以最大行走速度行走。而在改进 NS 模型中，当拣选者之间的距离大于当前拣选者的行走速度时，拣选者考虑到前一拣选者的行走速度而进行加速行走的行为，如此，拣选者的平均行走速度提高，拣选流量增高，拣选拥堵情况得到缓解。

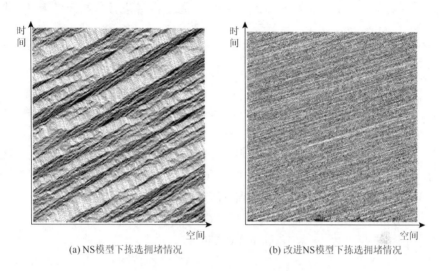

(a) NS模型下拣选拥堵情况　　　　　　　　(b) 改进NS模型下拣选拥堵情况

图 11-45　400 人拣选系统拥堵情况

其次，将拣选密度提高，研究 30 人拣选系统的拥堵情况。由图 11-44 可以得到，此时改进 NS 模型的拥堵率为 0.0254，拥堵率略高一些，但是仍然可以将其看作不堵的拣选系统，而由时空图可以看出，NS 模型的拥堵情况略严重一些，改进 NS 模型的稳定性更强。

最后，分析系统十分密集的情况。在拣选密度非常高的情况下，拣选概率很低，拣选者都希望以最大行走速度行走，此时将发生拥堵现象。由图 11-45 可以看出，采用改进 NS 模型，在开始发生拥堵后，拥堵慢慢扩散，并快速得到缓解，而 NS 模型显示出非常经典的"时走时停"情况，和交通流仿真相似，拥堵现象的扩散和缓解比较缓慢。

整体而言，改进 NS 模型下拣选者的拥堵情况较 NS 模型下拣选者的拥堵情况而言，程度更轻，拣选者状态更稳定，拥堵率略低。

因此，可以得到结论：在相同拣选概率下，当拣选者的数量增加时，多人拣选系统的负荷增多，拣选者在通道内作业的拥堵概率随着拣选者数量的增加而增加；在相同拣选密度和拣选概率条件下，改进 NS 模型在不堵的情况下对拥堵情况的改善更好，在拣选密度较高的情况下，改进 NS 模型和 NS 模型相比更加稳定。

2）拥堵扩散和缓解现象分析

对改进 NS 模型继续研究拥堵扩散和缓解现象。改变前提条件，在拣选概率

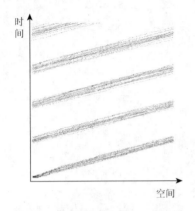

图 11-46　拣选密度为 0.02 时，
拣选拥堵情况的扩散与缓解

为 0.1，拣选密度为 0.02 时，拣选者在初始时刻不再是随机分布在拣选通道内，模拟拣选者在起始时刻同时进入拣选区域进行拣选，如图 11-46 所示。可以发现，最开始拣选者由于同时出发，在初始位置发生了拥堵，并发生了拥堵扩散现象。随着时间的推移，拣选拥堵现象得到了缓解，并趋于稳定，由于行走速度不同，拣选者之间的拣选面个数逐渐增大，拣选者在拣选通道内的分布也更加均匀。

因此，考虑到前一拣选者的行走速度并引入拣选等待规则后，前一拣选者在拣选时，当前拣选者进行等待拣选活动或缓慢地向前行走能有效地缓解拥堵，提升整个系统的平均行走速度，使系统状态趋于稳定。

3）拥堵率与拣选概率、拣选密度的敏感性分析

分别对 30 个拣选者、50 个拣选者和 200 个拣选者的窄通道拣选系统进行赋值仿真，分析拣选概率不同时系统的拥堵情况。若相邻两个拣选者之间的距离 $D=1$，且前一拣选者速度为 0，则下一时刻发生拥堵。因此，仿真对拥堵率的计算为在单位时间内拥堵的拣选者数量占全部拣选者数量的比例的平均值。

尽管拣选密度不同，但得到的拥堵变化趋势相似，如图 11-47 所示。可以分析得到拥堵率和拣选概率的关系为：①当拣选概率较小时，拥堵率较低，此时出现了个别的拥堵现象，拥堵率上升较快；②当拣选概率为 0.6～0.8 时，拥堵率达到峰值，此时系统内出现局部拥堵现象，导致拥堵率升高；③当拣选概率持续增大时，拥堵率反而下降，当拣选概率接近 1 即系统内所有拣选者都需要进行拣选作业时，拥堵率为 0。

接着，对拣选密度与拥堵率的敏感性进行分析。根据图 11-47～图 11-49，可以看出，当拣选者数量增加时，在系统内随机分布了 30 个拣选者并以随机初始速度进行行走时，拥堵情况十分乐观，系统最大拥堵率在拣选概率为 0.7440 处，拣选拥堵率为 1.54%；当系统内有 50 个拣选者拣选时，拥堵率变化不大，当拣选概率为 0.65 时，拥堵率为 1.82%，此时系统拣选密度增高，拣选流量增大，拥堵率也随之增大；当系统内有 200 个拣选者时，拥堵率最高达 4%。

当拣选密度一定时，若拣选概率增加，拣选者在拣选区域的拣选流量将降低，证明了拣选概率的增加会加大拥堵率；此后，随着拣选概率的增加，拣选者的行走动力不足，在拣选通道内进行拣选作业，拥堵率反而降低。

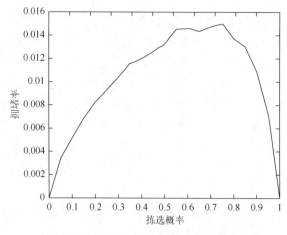

图 11-47 拣选者为 30 个时的拥堵率变化

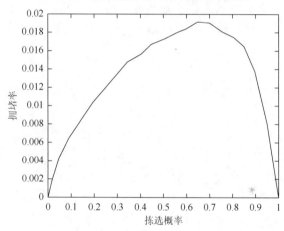

图 11-48 拣选者为 50 个时的拥堵率变化

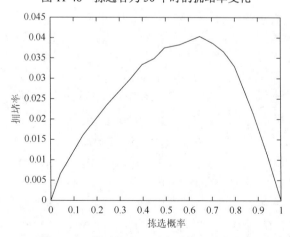

图 11-49 拣选者为 200 个时的拥堵率变化

首先，针对本节提出的改进 NS 模型，使用 MATLAB 进行仿真分析，并对比 NS 模型的结果，证实了改进 NS 模型的有效性；其次，拣选者行走速度的减缓可以有效缓解拥堵情况，观测到拥堵的扩散和缓解现象，当考虑到前一拣选者的行走速度时，拣选者的平均速度更高能够提升作业效率；最后，对拣选密度、拣选概率和拥堵率关系进行了分析，得出三者之间的关系，兼具考虑到了降低拥堵率和提升拣选效率的目的，可以为管理者进行拣选系统优化决策提供参考。

本 章 附 录

本附录简单地描写了 11.4 节四种模型中，得出拣选拥堵率 $b_1(2)$、平稳分布 Z 及画出直观图形所需的 MATLAB 命令。

拣选者在一个拣选面只拣选一件货物、拣选时间与行走时间比为1:1时，求状态转移矩阵 A 的平稳分布 Z，命令如下：

```
syms p
A=[0 0 0 1   0 0 0 0   0 0 0 0   0 0 0 0   0 0 0 0
0 0 0 0       0 0 0 0   0 0 0 0   0 0 0 0   0 0 0 0
0 0 0 0       0 p 0 1-p 0 0 0 0   0 0 0 0   0 0 0 0
p^2 p*(1-p) p*(1-p) (1-p)^2 0 0 0 0 0 0 0 0 0 0 0 0 0 0 0 0
0 0 0 0 0 0 0 1 0 0 0 0   0 0 0 0   0 0 0 0
0 0 p 1-p 0 0 0 0   0 0 0 0   0 0 0 0   0 0 0 0
0 0 0 0 0 0 0 0   0 p 0 1-p 0 0 0 0   0 0 0 0
0 0 0 0 p^2 p*(1-p) p*(1-p) (1-p)^2 0 0 0 0 0 0 0 0 0 0 0 0
0 0 0 0 0 0 0 0   0 0 0 1 0 0 0 0   0 0 0 0
0 0 0 0 0 0 p 1-p 0 0 0 0   0 0 0 0   0 0 0 0
0 0 0 0 0 0 0 0   0 0 0 0   0 p 0 1-p 0 0 0 0
0 0 0 0 0 0 0 0 p^2 p*(1-p) p*(1-p) (1-p)^2 0 0 0 0 0 0 0 0
0 0 0 0 0 0 0 0   0 0 0 0   0 0 0 1 0 0 0 0
0 0 0 0 0 0 0 0 0 0 p 1-p 0 0 0 0   0 0 0 0
0 0 0 0 0 0 0 0   0 0 0 0   0 0 0 0   0 p 0 1-p
0 0 0 0 0 0 0 0   0 0 0 0 p^2 p*(1-p) p*(1-p) (1-p)^2 0 0 0 0
0 0 0 0 0 0 0 0   0 0 0 0   0 0 0 0   0 0 0 1
0 0 0 0 0 0 0 0   0 0 p 1-p 0 0 0 0   0 0 0 0
0 0 0 0 0 0 0 0   0 0 0 0   0 0 0 0   0 0 0 1
0 0 0 0 0 0 0 0 0 0 0 0 0 0 0 0 p^2 p*(1-p) p*(1-p) (1-p)^2];
```

```
E=eye(20)
B=A-E
B1=transpose(B)
rank(B1)
C=null(B1)
D=transpose(C)
```

得出结论:

$$
Z = \left[\overbrace{p^2, p-p^2, p, 1}^{x=1}, \overbrace{p^2, p, p, 1}^{x=2}, \cdots, \overbrace{p^2, p, p, 1}^{x=n-2}, \overbrace{p^2, p, p-p^2, 1}^{x=n-1} \right]
$$

从而计算出拥堵率:

$$
b_1(2) = \frac{Z_b}{\sum_j Z_j} = \frac{p - p^2}{(n-3)p^2 + (2n-2)p + (n-1)}
$$

第 12 章　结论与展望

　　仓库作为物流活动中十分重要的基础设施，其内部发生的作业活动备受关注。仓储管理早已是物流的核心功能之一，也经常是物流环节中空间占用最大的区域。因此仓储管理作业的合理化和高效性成为物流管理的重要组成部分，更是企业实现降低物流成本、保持竞争优势目标的关键所在。

　　对于仓储拣选系统来说，快速高效地完成订单，以及满足客户的个性化需求是系统追求的目标。由于拣选是仓储系统的最主要环节，故对其优化研究是拣选作业系统设计与控制的核心问题，其他作业环节无不通过其发挥作用，因此需要对拣选作业流程进行详细剖析进而才能找到优化之处。

12.1　仓储布局对整个仓库内的物流活动的重要作用

　　仓库的布局设计是进一步优化任务的关键组成部分，对订单拣选和拣选行走距离有着重要的影响。仓库的布局设计对总的拣选行走距离有超过 60% 的影响。仓储是物流环节的重要一步，是提高整个物流效率、降低物流成本、提升客户满意度的关键环节。

　　仓库的布局设计影响着整个仓储系统的作业效率，对货架布局拣选灵活性设计的影响因素很多。本书主要研究直线通道和曲线通道下 V 型布局和鱼骨布局的改进设计，通过对仓库的仓储布局进行改进型的设计，可以看出鱼骨布局的设计比 V 型布局的设计面积利用率更高，并且可以得出曲线通道的鱼骨布局和 V 型布局的存储面积利用率和传统直线通道布局下存储面积利用率相差小的结论，并从理论上证明了新布局的实践应用可行性。

12.2　传统算法在处理拣选路径优化问题时存在的缺陷

　　传统算法，即精确算法存在如下缺陷。

　　第一，可能会出现不合理的或者不合适的路径。

　　第二，传统算法的适用范围是标准的存储区，取决于存储区的形状、存储区出入库的位置和存储区的分区数。

　　第三，传统算法没有考虑通道内的拣选拥堵问题。

第四，传统算法无法计算在拣选时造成的多余时间损耗。

由于以上四种原因，基于简单路径规则的一些启发式算法在实践中更有效，常见的几种关于路径策略的启发式路径方法包括 S 型路线、返回型路线、中点返回型路线、最大间隔型路线、混合型路线等，它们在不同的前提条件下有不同的最优效果，这个前提条件包括货位的指派方式、存储区的形状以及每条拣选通道上拣选货物的密度。

对于拣选路径的研究，从研究时间上来看，近几年国内学者对于拣选路径的关注度得到提高，研究方向也更加广泛。从研究内容上来看，国内学者更多地从仓储布局和拣选路径的协同考虑来研究。从研究方法上来看，遗传算法、粒子算法、蚁群算法等智能算法被大量应用于实际，给拣选路径的研究带来新的思路。总的来讲，随着研究的不断深入，仓储布局、存储策略与拣选路径的综合考虑已经成为研究的一个新方向。

12.3　仓储中心的作业方式研究

拣选作业是仓储中心作业系统的主要环节，分为自动拣选和人工拣选。其中人工拣选是最常用的一种，因其耗费巨大的人力和时间，被认为是劳动密集型和成本耗费型作业。在一个仓库中，货架的布局设计是影响拣选作业效率的一个重要因素，而拣选的路径策略也同样影响着拣选作业效率，选择一个最优的路径策略可以提高拣选作业效率。

在传统仓库人工拣选作业模式下，影响作业效率的因素主要有存储策略、仓储布局、拣选策略等。经过对国内外学者研究成果的梳理，发现不同的专家学者对于仓储拣选的研究分别会采用不同的存储策略、仓储布局以及拣选策略，研究成果比较丰富。大多数学者研究的仓储布局是传统布局、中间加通道的布局；而后随着研究的深入，国内外学者又相继提出了鱼骨布局、V 型布局、雪佛龙布局、蝴蝶布局等新型布局。存储策略主要有定位存储、随机存储、基于货物周转率的分类随机存储、共同存储等。拣选策略有返回型、S 型、中点型、遍历型、最大间隔型、混合型等。

12.4　采用多种智能算法对拣选路径进行研究

第 8 章在查阅了大量文献的基础上，对以往专家学者在遗传算法、蚁群算法、布谷鸟算法上的研究进行了梳理，对上述三种算法进行了鱼骨布局仓库中拣选路径的优化设计，并用 MATLAB 实现了三种算法的运算。为了比较遗传算法、蚁群算法和布谷鸟算法的优劣性，随机抽取了包含 10 个、20 个、30 个、40 个待拣选点的订单进行运算，通过对运算结果的分析，得出在鱼骨布局拣选路径优化中布谷鸟算法的性能最好，其次是蚁群算法，最后是遗传算法。

就目前的研究状况来看，学者对于传统布局仓库的研究较为普遍，在现实中的应用也比较广。但是在如今订单量急剧增多的情况下，越来越需要提高拣选效率，寻找缩短拣选行走距离的方法显得尤为重要。随着越来越多的智能算法被提出，对于智能算法的选择问题也越来越突出，智能算法性能的好坏也直接影响到了拣选效率。

第 8 章的主要目的是通过对比遗传算法、蚁群算法和布谷鸟算法在进行鱼骨布局拣选路径优化中的效果，以缩短实际中的拣选行走距离和拣选时间，通过分析各算法的优劣情况，以便能在实际运用中选择合适的求解方法。但是由于本书研究的局限性，还有很多工作需要进一步研究。

（1）在后续的研究中可研究不同参数的变化对拣选路径的影响，以便设计出在任意参数情况下的拣选行走距离优化模型，并比较在哪种情况下拣选行走距离更优。

（2）第 8 章的货物存储方式为定位存储，预先知道货物在哪个货架上，然后安排去拣货。在后续的研究中可考虑随机存储、分类存储等的拣选路径优化问题。

（3）第 8 章设定订单可通过一次拣选完成，没有考虑在订单量很大，需要几次拣选才能完成的情况。因此，在后续的研究中可研究订单量较大的情况下，分批拣选的路径优化问题。

（4）对于智能算法的设计和比较，本书均采用基本的智能算法，并未对算法进行改进和参数的优化。在后续的研究中，为了更准确地计算最优解，还需要对基本智能算法进行改进，以实现拣选路径的最优化。

12.5　订单分批策略研究

随着电子商务市场的快速发展和经济一体化的出现，在以多品种、小批量订单为主或者个性化产品订单很多的配送中心中，人工拣选仍然是主要的工作方式。研究人工拣选作业过程的优化和控制，不仅对配送中心的仓储管理意义重大，而且可以有效增加客户满意度、降低配送中心的配送成本、提高整个供应链的服务水平。

在拣选作业过程的优化和控制的相关研究中，主要集中在存储策略、拣选策略和路径策略三个方面。研究表明，分批策略对拣选成本的减少影响最大，订单分批可以有效地缩短拣选路程和减少对于人力、物力的消耗。因此，第 9 章和第 10 章主要研究配送中心订单分批处理随机服务系统模型与优化。

　　在综合考虑订单到达的随机性与订单所含物品种类和数量的随机性基础上，对于具有在线接受订单系统的配送中心来说，订单到达的随机性决定了订单到达队列是一个随机过程；每个订单所含物品种类和数量的随机性，使得拣选时间是随机的，即服务是随机的。因此，第 9 章和第 10 章将订单的分批拣选看作以订单随机到达为输入过程、人工分批拣选作业为服务机构的随机服务系统。

　　应用随机过程理论，进一步研究了双通道、ABC 分类存储、S 型拣选路径下随机订单的周转时间（包括等待批形成时间、等待服务时间和服务时间）对订单分批处理随机服务系统的影响，建立了关于批订单数量的订单分批处理随机服务系统模型，最优批量就是批订单的平均周转时间最小时的批量。对仿真结果和模型近似计算结果进行对比分析，得到最优批量仿真结果和其下界很相近的结论，进而利用遗传算法对订单分批随机服务系统模型进行求解，找到批量的下界，再通过贪婪算法找到最优批量，实现了订单分批处理随机服务系统的优化研究。

12.6　仓储拣选系统拥堵率研究

　　在研究拣选系统的拥堵率问题时，通过对影响拥堵的货位布局、拣选策略、存储策略及拣选路径因素进行分析研究，确定了第 11 章在采用传统布局、S 型拣选路径策略以及分批拣选策略的拣选系统下进行研究。构建了马尔可夫模型，并进行了分析，最后运用仿真模拟方法评估不同情况下的拥堵率情况。

　　拣选拥堵会产生很多方面的影响，第 11 章对两个拣选者产生的拥堵率进行了评估，一些具体的方面仍需要进一步深入研究，应从以下几个方面入手。

　　（1）下一步还可以通过对拣选系统内的拥堵率评估，获得拣选作业的最大吞吐量，或是产生拥堵时的拣选系统作业效率。

　　（2）应在实际应用场景中，根据仓库布局大小和订单数量动态调整拣选者的数量。

　　（3）可以拓展延伸到研究分区存储或返回型路径策略的拣选拥堵问题。

参 考 文 献

敖日格乐. 2015. 基于 RFID 的配送中心拣货路径优化算法的研究[D]. 沈阳：沈阳工业大学.

蔡佳. 2011. 医药自动化立体仓库货位优化研究[D]. 长沙：湖南大学：22-25.

陈荣，李超群. 2010. ABC 分析法在钢铁企业备件库存管理中的应用[J]. 安徽工业大学学报（社会科学版），27：41-43.

陈荣，李超群. 2011. 基于 ABC 法和自适应混合遗传算法的仓储区域布局优化策略[J]. 安徽工业大学学报（自然科学版），2：183-187，196.

陈少华，周丽，程晓. 2015. 拣选作业拥堵率影响因素研究综述[J]. 物流技术，34（9）：22-25.

陈云飞，刘玉树，范洁. 2005. 广义分配问题的一种小生境遗传蚁群优化算法[J]. 北京理工大学学报，25（6）：490-494.

党伟超，曾建潮，白尚旺. 2003. 自动化立体仓库货位分配概念数据模型的研究[J]. 太原科技大学学报，24（4）：308-311.

董溪哲. 2006. 仓储货位优化模型及算法研究[D]. 哈尔滨：哈尔滨工业大学.

范帅军. 2016. 布谷鸟搜索算法的应用研究与改进[D]. 成都：西南交通大学.

方彦军，谢宜净. 2013. 基于 MMAS 算法的计量检定中心仓储堆垛机拣选路径优化[J]. 武汉大学学报（工学版），46（5）：645-648.

冯华威，李云军. 2007. AHP 在配送中心分拣策略中的应用[J]. 商品储运与养护，（6）：88-89.

胡从旭. 2010. ABC 分类法在库存管理中的实施及改进[J]. 物流工程与管理，32（9）：62-65.

黄继达. 2014. 布谷鸟算法的改进及其应用研究[D]. 武汉：华中科技大学.

黄建明，赵文静，王星星. 2010. 基于十字链表的 Apriori 改进算法[J]. 软件技术与数据库，35（2）：37-38.

计三有，静余. 2007. EIQ 分析法在图书物流中心规划中的应用[J]. 东南大学学报（自然科学版），37（Sup II）：333-336.

江克勤，施培蓓. 2010. 优化初始中心的模糊 C-均值（FCM）算法[J]. 合肥工业大学学报，3（5）：36-39.

江玮璠. 2009. 基于模糊聚类分析的多准则 ABC 库存管理[J]. 物流技术，28（1）：97-98.

姜法笋，姚平喜. 2009. 库位配置问题的研究与仿真[J]. 机械管理开发，24（3）：41-42.

蒋美仙，冯定忠，赵晏林，等. 2013. 基于改进 Fishbone 的物流仓库布局优化[J]. 系统工程理论与实践，33（11）：2920-2929.

金燕霞. 2014. 考虑需求相关性的 B2C 电子商务企业货位分配研究[D]. 北京：北京交通大学：17-18.

靳萌，穆希辉，杜峰坡，等. 2013. 基于动态规划与免疫遗传算法的多穿越巷道拣选路径规划研究[J]. 计算机测量与控制，21（11）：3120-3123.

李静. 2009. 卷烟配送中心自动分拣系统配置与优化研究[D]. 济南：山东大学.

李开荣, 陈宏建, 陈鲛. 2004. 一种动态自适应蚁群算法[J]. 计算机工程与应用, 29（2）：152-155.

李娜. 2015. 多目标布谷鸟搜索算法及其应用研究[D]. 西安：西安工程大学.

李娜娜, 王莉, 戴建民. 2008. 卷烟配送中心自动分拣系统的规划设计[J]. 物流科技, （4）：133-135.

李诗珍. 2007. 配送中心订单分批拣选问题的数学模型及算法[J]. 铁道运输与经济, （11）：65-67.

李诗珍. 2008a. 配送中心 ABC 分类存储模式与拣选路径策略选择[J]. 起重运输机械, （6）：4-7.

李诗珍. 2008b. 配送中心拣货作业优化设计与控制研究[D]. 成都：西南交通大学.

李诗珍. 2009. 配送中心订单分批拣货模型及包络算法[J]. 起重运输机械, （11）：19-22.

李诗珍. 2011. 拣货方式、存储策略与路径策略协同研究[J]. 工业工程, 4（2）：31-43.

李诗珍, 杜文宏. 2008. 基于聚类分析的订单分批拣选类型及启发式算法[J]. 统计与决策, （12）：53-56.

李诗珍, 王转, 张克诚. 2002. 配货中心拣选作业中的订单分批策略研究[J]. 物流技术, （4）：31-33.

李哲. 2011. 物流中心拣选单处理及拣选路径优化研究[D]. 大连：大连海事大学.

刘臣奇, 李梅娟, 陈雪波. 2009. 基于蚁群算法的拣选作业优化问题[J]. 系统工程理论与实践, 29（3）：179-185.

刘德宝. 2006. 复合式卷烟分拣系统研究与设计[D]. 济南：山东大学.

刘德宝, 吴耀华, 郭耀阳, 等. 2006. 基于串并行混合拣选策略的自动拣选系统品项分配优化[J]. 机械设计与制造, （9）：160-161.

刘淇. 2009. 自动化立体仓库货物存取管理和货位分配的优化研究[D]. 沈阳：沈阳航空工业学院：34-35.

刘万军, 黄杨波, 丁鹏. 2010. 基于单亲遗传算法的拣选作业优化研究[J]. 计算机应用, 11：2891-2893.

刘延龙. 2016. 布谷鸟算法的应用研究及算法性能度量[D]. 哈尔滨：东北林业大学.

刘艳秋, 张义华, 焦妮. 2014. 基于 Fishbone 的仓储货位分配优化[J]. 物流科技, 37（12）：66-70.

刘志帅, 仝凌云, 魏利鹏, 等. 2013. 基于贪婪算法的货位优化模型[J]. 物流科技, 9：99-101.

柳赛男, 柯映林, 李江雄, 等. 2006. 基于调度策略的自动化仓库系统优化问题研究[J]. 计算机集成制造系统, 12（9）：1438-1443.

卢烨彬, 刘少轩. 2016. 随机存储机制下基于引力模型的订单波次划分方法的研究[J]. 管理现代化, 36（4）：101-105.

卢子甲, 韩义民, 张少卿. 2013. 基于遗传算法的配送中心订单拣选路径优化案例研究[J]. 物流技术, 32（17）：228-230.

马超. 2015. 配送中心订单分批策略优化问题研究[D]. 兰州：兰州交通大学.

马汉武, 孟国曦. 2013. 基于多目标 Pareto 混合优化遗传算法的配送中心货位优化研究[J]. 物流技术, 32（12）：304-307.

马士华, 文坚. 2004. 基于时间延迟的订单分批策略研究[J]. 工业工程与管理, （6）：1-4.

马婷, 郭彦峰. 2008. 基于最小时间算法的货位优化研究[J]. 包装工程, 29（2）：85-87.

倪虹, 李发强. 2011. 遗传算法在固定货架堆垛机拣选路径优化中的应用[J]. 物流技术, 10：72-75.

宁春林, 田国会, 尹建芹, 等. 2003. Max-Min 蚁群算法在固定货架拣选路径优化中的应用[J]. 山东大学学报（工学版），33（6）：676.

秦进，史峰，任鹏. 2004. 限制条件下的配送中心内部规划[J]. 系统工程，11（22）：29-32.

商允伟，裘聿皇，刘长有. 2004. 自动化仓库货位分配优化问题研究[J]. 计算机工程与应用，40（26）：16-17.

邵刘霞，郭键，曹雪丽. 2012. 基于遗传算法的人工订单拣选路径优化研究[J]. 物流技术，（21）：263-267.

宋代立，张洁. 2013. 蚁群算法求解混合流水车间分批调度问题[J]. 计算机集成制造系统，7：1640-1647.

孙洪华，董慧慧. 2014. 配送中心订单分批与拣选路径研究[J]. 物流技术，（13）：179-183.

孙磊，吴耀华，张冠女. 2007. 动态 EIQ-ABC 分析在配送中心规划中的应用[J]. 山东大学学报（工学版），（3）：81-113.

田国会，张攀，尹建芹，等. 2004. 基于混合遗传算法的固定货架拣选优化问题研究[J]. 机械工程学报，2：141-144.

宛剑业，刘卫博，张飞超. 2016. 基于微遗传算法的仓储布局优化方法研究[J]. 物流工程与管理，38（1）：39-40.

万杰，张少卿，李立. 2009. 基于遗传算法的配送中心订单拣选优化问题研究[J]. 河北工业大学学报，10（5）：10-14.

王彬彬. 2015. 电商环境下仓储中心的储位分配策略研究[D]. 济南：山东大学.

王海珍，彭梅香. 2011. 基于 SA 的 PSO 自动化仓库拣选作业路径优化方法[J]. 制造业自动化，33（9）：90-92.

王锡莉. 2009. ABC 分类法在企业库存管理中的应用研究[J]. 现在商贸工业，5：40-42.

王娴，杜亚江，栾睿. 2012. 基于人工鱼群算法的拣选作业优化问题[J]. 兰州交通大学学报，（1）：123-126.

王雄志. 2007. 配送中心配货作业计划方法研究[D]. 广州：暨南大学.

王雄志，王国庆. 2009. 订单时间具有约束的分批配货作业优化[J]. 武汉大学学报（工学版），6（3）：400-408.

王旭坪，张珺. 2017. 电子商务人工并行分区拣选系统服务效率优化研究[J]. 管理工程学报，31（2）：209-215.

王亚平. 2016. H 机械公司物流仓储中心货位优化研究[D]. 长春：长春工业大学：23-24.

王艳艳，吴耀华，孙国华，等. 2010. 配送中心分拣订单合批策略的研究[J]. 山东大学学报（工学版），40（2）：43-46.

王永波，温佩芝，李丽芳，等. 2013. 大型仓储拣货路径优化算法研究[J]. 计算机仿真，30（5）：337-340.

王占磊. 2013. 配送中心订单分批及拣选路径优化问题研究[D]. 长春：吉林大学.

吴璟，苏强. 2011. 基于路径、周转率、拣选成本系数的线性规划在货位优化中的应用[J]. 中国高新技术企业，13：46-48.

吴庆洪，张纪会，徐心和. 1999. 具有变异特征的蚁群算法[J]. 计算机研究与发展，36（10）：1240-1245.

吴颖颖，吴耀华，王艳艳. 2011. 随机订单拣选系统建模及仿真分析[J]. 系统仿真学报，23（1）：162-166.

伍经纬，蔡临宁. 2007. 订单分批算法的适用性研究[J]. 工业工程与管理，（4）：104-107.

肖际伟，吴耀华，娄山佐，等. 2010. 复合式卷烟分拣系统分拣机组合优化[J]. 系统工程理论与实践，30（2）：251-256.

肖建，郑力. 2008. 检修备品库的货位优化模型[J]. 清华大学学报（自然科学版），48（11）：1883-1886.

轩友世. 2014. 物流配送中心内部运作效率与客户服务研究[D]. 杭州：浙江工商大学.

阳志琼. 2009. ABC 分类法在"拆零商品"库存管理中的应用[J]. 物流技术，2：85-86.

杨玲，关志伟. 2011. 自动化立体仓库拣选路径优化问题研究[J]. 机械设计与制造工程，40（7）：47-50.

杨明. 2008. 企业仓库拣货路径优化及系统设计研究[D]. 上海：上海交通大学.

杨全国，秦剑，张桂涛. 2009. 基于改进的蚁群算法的物流拣选路径优化[J]. 青岛大学学报，3：78-81.

杨文强，郭昊，李勇峰. 2016. 布谷鸟算法求解组装车间仓储调度优化问题[J]. 电子测量与仪器学报，30（10）：1506-1511.

于洪鹏. 2010. 基于遗传算法的订单分批问题应用研究[D]. 济南：山东大学.

战斗. 2005. 浅析企业物流管理中的 ABC 库存分析法[J]. 大众科技，（4）：119-120.

张飞超. 2015. 基于微遗传算法的仓储布局优化方法研究[D]. 锦州：辽宁工业大学.

张昊，王飞. 2016. 基于贪心遗传混合算法的仓库货物集成分配研究[J]. 电子设计工程，17：7-10.

张杰. 2015. 基于布谷鸟算法的优化问题求解[D]. 长春：东北师范大学.

张小勇. 2006. 卷烟物流配送中心的规划与设计[J]. 物流技术与应用，（5）：82-85.

张子成，韩伟. 2017. 求解 TSP 问题的自适应离散型布谷鸟算法[J]. 计算机工程与应用，53（10）：48-54，100.

赵喜仓，崔冬梅，窦志红. 2007. 聚类分析在客户细分中的研究与应用[J]. 理论探讨，57（8）：69-71.

周丽，郭键，朱杰. 2014. 配送中心存储区域的鱼骨布局设计与分析[J]. 管理世界，（5）：184-185.

周丽，朱杰，郭键. 2011. 分类存储返回型与 S 型拣选路径随机模型的比较研究[J]. 系统科学与数学，（8）：921-931.

周晓静. 2016. 基于参数自适应蚁群算法对多目标问题的优化[J]. 电脑知识与技术，13：203-205.

朱杰，郭键，周丽. 2011. 随机存储下返回型与 S 型拣选路径随机模型的比较研究[J]. 系统仿真学报，（2）：223-227.

朱杰，周丽，郭键. 2012. 分类存储人工拣选随机服务系统效率研究[J]. 管理科学学报，15（2）：59-71.

邹晖华，胡吉全，杨艳芳. 2008. 自动化立体仓库货位分配策略优化研究[J]. 湖北工业大学学报，23（3）：43-45.

Ackerman K B. 1990. Practical Handbook of Warehousing[M]. Berlin：Springer Science & Business Media.

Adil G K，Muppani V R，Bandyopadhyay A. 2010. A review of methodologies for class-based storage location assignment in a warehouse[J]. International Journal of Advanced Operations Management，2（3-4）：274-291.

Bartholdi J J，Hackman S T. 2008. Warehouse&distribution Science[M]. Atlanta：The Supply Chain and Logistics Institute, School of Industrial and Systems Engineering, Georgia Institute of Technology.

Battini D, Calzavara M, Persona A, et al. 2015. Order picking system design: The storage assignment and travel distance estimation (SA&TDE) joint method[J]. International Journal of Production Research, 53 (4): 1077-1093.

Bhargava V, Fateen S E K, Bonilla-Petriciolet A. 2013. Cuckoo search: A new nature-inspired optimization method for phase equilibrium calculations[J]. Fluid Phase Equilibria, 337: 191-200.

Brian L H E, Frank W C, Raymond R H. 2013. An agent-based modeling approach to analyze the impact of warehouse congestion on cost and performance[J]. The International Journal of Advanced Manufacturing Technology, 67 (1): 563-574.

Campos C G, Dugardin F, Yalaoui F, et al. 2016. Open shop scheduling problem with a multi-skills resource constraint: A genetic algorithm and an ant colony optimisation approach[J]. International Journal of Production Research, 54 (16): 4854-4881.

Cardona L F, Rivera L, Martínez H J. 2012. Analytical study of the fishbone warehouse layout[J]. International Journal of Logistics Research and Applications, 15 (6): 365-388.

Celik E, Kara Y, Atasagun Y. 2014. A new approach for rebalancing of U-lines with stochastic task times using ant colony optimisation algorithm[J]. International Journal of Production Research, 52 (24): 7262-7275.

Çelk M, Süral H. 2014. Order picking under random and turnover-based storage policies in fishbone aisle warehouses [J]. IIE Transactions, 46 (3): 283-300.

Chandrasekaran K, Simon S P. 2012. Multi-objective scheduling problem: Hybrid approach using fuzzy assisted cuckoo search algorithm[J]. Swarm & Evolutionary Computation, 5 (1): 1-16.

Chew E, Tang L C. 1999. Travel time analysis for general item location assignment in a rectangular warehouse[J]. European Journal of Operational Research, 112 (3): 582-597.

Chifu V R, Pop C B, Salomie I, et al. 2011. Optimizing the semantic web service composition process using cuckoo search[M]//Intelligent Distributed Computing. Berlin: Springer: 93-102.

Choe K, Sharp G. 1991. Small parts order picking: Design and operation[EB/OL]. https://www2. isye.gatech.edu/~mgoetsch/cali/Logistics%20Tutorial/order/article.htm [2009-02-17].

Christophe T, Olli B, Wout D, et al. 2010. Using a TSP heuristic for routing order pickers in warehouses[J]. European Journal of Operational Research, 200 (3): 755-763.

Clarke G, Wright W J. 1964. Scheduling of vehicles from a central depot to a number of delivery points [J]. Operations Research, 12 (4): 568-581.

Cormier G, Gunn E A. 1992. A review of warehouse models[J]. European Journal of Operational Research, 58 (1): 3-13.

Dallari F, Marchef G, Melacini M. 2009. Design of order picking system[J]. International Journal of Advanced Manufacturing Technology, 42 (1-2): 1-12.

de Koster R, Le-Duc T, Roodbergen K J. 2006. Design and control of warehouse order picking: A literature review[J]. European Journal of Operational Research, 182 (2): 481-501.

de Koster R, van der Poort E S, Wolters M. 1999. Efficient order batching methods in warehouses[J]. International Journal of Production Research, 37 (7): 1479-1504.

Deb K, Agrawal S, Pratap A, et al. 2000. A fast elitist non-dominated sorting genetic algorithm for multi-objective optimization: NSGA-II[J]. Lecture Notes in Computer Science, 1917: 849-858.

Deng S, Li Y H, Guo H, et al. 2016. Solving a closed-loop location-inventory-routing problem with mixed quality defects returns in e-commerce by hybrid ant colony optimization algorithm[J]. Discrete Dynamics in Nature & Society, 2016: 1-12.

Elbert R, Franzke T, Christoph H G. 2015. Agent-based analysis of picker blocking in manual order picking systems: Effects of routing combinations on throughput time[C]. Proceedings of the 2015 Winter Simulation Conference, Huntington Beach.

Eleonora B, Margherita C, Giuseppe V, et al. 2012. Optimisation of storage allocation in order picking operations through a genetic algorithm[J]. International Journal of Logs Research and Applications: A Leading Journal of Supply Chain Management, 15 (2): 127-146.

Elsayed E A, Lee M K. 1996. Order processing in automated storage/retrieval systems with due dates[J]. International Journal of Production Research, 28 (7): 567-577.

Elsayed E A, Lee M K, Kim S, et al. 1993. Sequencing and batching procedures for minimizing earliness and tardiness penalty of order retrievals[J]. International Journal of Production Research, 31 (3): 727-738.

Elsayed E A, Unal O I. 1989. Order batching algorithms and travel-time estimation for automated storage/retrieval systems[J]. International Journal of Production Research, 27 (7): 1097-1114.

Furmans K, Huber C, Wisse J. 2009. Queueing models for manual order picking systems with blocking[J]. Logistics Journal, 1 (1): 1-16.

Gademann A J R M, van Den Berg J P, van Der Hoff H H. 2001. An order batching algorithm for wave picking in a parallel-aisle warehouse[J]. IIE Transactions, 33: 385-398.

Gademann N, van de Velde S. 2005. Order batching to minimize total travel time in a parallel-aisle warehouse[J]. IIE Transactions, 37 (1): 63-75.

Gibson D R, Sharp G P. 1992. Order batching procedures[J]. European Journal of Operational Research, 58 (1): 57-67.

Gong Y M, de Koster R. 2008. A polling-based dynamic order picking system for online retailers[J]. IIE Transactions, 40 (11): 1070-1082.

Gong Y M, de Koster R. 2009. Approximate optimal order batch sizes in a parallel-aisle warehouse [M]//Innovations in Distribution Logistics. Berlin: Springer: 175-194.

Graves S C, Hausman W H, Schwarz L B. 1977. Storage retrieval interleaving in automatic warehousing systems[J]. Management Science, 23 (9): 935-945.

Gue K R, Ivanovic G, Meller R D. 2012. A unit-load warehouse with multiple pickup and deposit points and non-traditional aisles[J]. Transportation Research Part E: Logistics and Transportation Review, (48): 795-806.

Hall R W. 1993. Distance approximations for routing manual pickers in a warehouse[J]. IIE Transactions, 25 (4): 76-87.

Hausman W H, Schwarz L B, Graves S C. 1976. Optimal storage assignment in automatic warehousing systems[J]. Management Science, 22 (6): 629-638.

Helsgaun K. 2000. An effective implementation of the Lin-Kernighan traveling salesman heuristic[J].

European Journal of Operational Research，126：106-130.

Heragu S S，Du L，Mantel R J，et al. 2005. Mathematical model for warehouse design and product allocation[J]. International Journal of Production Research，43（2）：327-338.

Ho Y C. 2005. A design methodology for converting a regular warehouse into a zone-picking warehouse[J]. Journal of the Chinese Institute of Industrial Engineers，22（4）：332-345

Ho Y C，Tseng Y Y. 2006. A study on order-batching methods of order-picking in a distribution centre with two cross-aisles[J]. International Journal of Production Research，44（17）：3391-3417.

Hong S. 2014. Two-worker blocking congestion model with walk speed m in a no-passing circular passage system[J]. European Journal of Operational Research，235（3）：687-696.

Hong S. 2015. Order batch formations for less picker blocking in a narrow-aisle picking system[J]. Industrial Engineering & Management Systems，14（3）：289-298.

Hong S，Johnson A L，Peters B A. 2010. Analysis of picker blocking in narrow-aisle batch picking[C]. Proceedings of 2010 International Material Handling Research Colloquium（IMHRC），Charlotte.

Hong S，Johnson A L，Peters B A. 2012a. Batch picking in narrow-aisle order picking systems with consideration for picker blocking[J]. European Journal of Operational Research，221（1）：557-570.

Hong S，Johnson A L，Peters B A. 2012b. Large-scale order batching in parallel-aisle picking systems[J]. IIE Transactions，44（2）：88-106.

Hong S，Johnson A L，Peters B A. 2012c. A note on picker blocking models in a parallel-aisle order picking system[J]. IIE Transactions，45（12）：1345-1355.

Hong S，Johnson A L，Peters B A. 2015. Quantifying picker blocking in a bucket brigade order picking system[J]. International Journal of Production Economics，170：862-873.

Hong S，Johnson A L，Peters B A. 2016. Order batching in a bucket brigade order picking system considering picker blocking[J]. Flexible Services and Manufacturing Journal，28（3）：425-441.

Hsieh L F，Huang Y C. 2011. New batch construction heuristics to optimize the performance of order picking systems[J]. International Journal of Production Economics，131（2）：618-630.

Hsu C M，Chen K Y，Chen M C. 2005. Batching orders in warehouses by minimizing travel distance with genetic algorithms [J]. Computers in Industry，56：169-178.

Hwang H，Baek W J，Lee M K. 1988. Clustering algorithms for order picking in an automated storage and retrieval system[J]. International Journal of Production Research，26（2）：189-201.

Hwang H，Oh Y H，Lee Y K. 2004. An evaluation of routing policies for order-picking operations in low-level picker-to-part system [J]. International Journal of Advanced Operations Management，42（18）：3873-3889.

Kattan I A，Adi A B. 2008. Multi-criteria decision making on total inventory cost and technical readiness[J]. International Journal on Interactive Design and Manufacturing（IJIDeM），2（3）：137-150.

Le-Duc T. 2005. Design and control of efficient order picking processes[D]. Rotterdam：Erasmus University Rotterdam：95-115.

Le-Duc T，de Koster R. 2005. Travel distance estimation and storage zone optimization in a 2-block class-based storage strategy warehouse[J]. International Journal of Production Research，43（17）：

3561-3581.

Le-Duc T, de Koster R. 2007. Travel time estimation and order batching in a 2-block warehouse[J]. European Journal of Operational Research, 176 (1): 374-388.

Liggett R S. 2000. Automated facilities layout: Past, present and future[J]. Automation in Construction, 9 (2): 197-215.

Liu C M. 1999. Clustering techniques for stock location and order-picking in a distribution center[J]. Pergamon, 26 (10): 989-1002.

Malmborg C J. 1996. An integrated storage system evaluation model[J]. Applied Mathematical Modeling, 20 (5): 359-370.

Manzini R, Gamberi M, Persona A, et al. 2007. Design of a class based storage picker to product order picking system[J]. The International Journal of Advanced Manufacturing Technology, 32 (7-8): 811-821.

Mitchell M. 1998. An Introduction to Genetic Algorithms[M]. Cambridge: MIT Press.

Moravej Z, Akhlaghi A. 2013. A novel approach based on cuckoo search for DG allocation in distribution network[J]. International Journal of Electrical Power & Energy Systems, 44 (1): 672-679.

Önüt S, Tuzkaya U R, Doğaç B. 2008. A particle swarm optimization algorithm for the multiple-level warehouse layout design problem[J]. Computers & Industrial Engineering, 54 (4): 783-799.

Oztürkoglu Ö, Gue K, Meller R. 2012. Optimal unit-load warehouse designs for single-command operations[J]. IIE Transactions, 44 (6): 459-475.

Pan J C H, Shih P H. 2007. A storage strategy for paperless order picking systems by multi-picker[J]. Journal of Statistics & Management Systems, 10 (3): 411-425.

Pan J C H, Shih P H. 2008. Evaluation of the throughput of a multiple-picker order picking system with congestion consideration[J]. Computers & Industrial Engineering, 55 (2): 379-389.

Pan J C H, Shih P H. 2012a. Throughput analysis for order picking system with multiple pickers and aisle congestion considerations[J]. Computers & Operations Research, 39 (7): 1661-1672.

Pan J C H, Shih P H. 2012b. Storage assignment problem with travel distance and blocking considerations for a picker-to-part order picking system[J]. Computers & Industrial Engineering, 62 (2): 527-535.

Parikh P J. 2006. Designing order picking systems for distribution centers[D]. Blacksburg: Virginia Polytechnic Institute and State University.

Parikh P J, Meller R D. 2009. Estimating picker blocking in wide-aisle order picking systems[J]. IIE Transactions, 41 (3): 232-246.

Parikh P J, Meller R D. 2010. A note on worker blocking in narrow-aisle order picking systems when pick time is non-deterministic[J]. IIE Transactions, 42 (6): 392-404.

Patel R, Raghuwanshi M M, Malik L G. 2011. An improved ranking scheme for selection of parents in multi-objective genetic algorithm[C]. International Conference on Communication Systems & Network Technologies, Katra: 734-739.

Petersen C G. 1997. An evaluation of order picking routing policies[J]. International Journal of Operations & Production Management, 17 (11): 1098-1111.

Petersen C G, Aase G, Heiser D R. 2004. Improving order-picking performance through the implementation of class-based storage[J]. International Journal of Physical and Logistics Management, 34 (7): 534-544.

Roodbergen K J, de Koster R. 2001a. Routing order pickers in a warehouse with a middle aisle[J]. European Journal of Operational Research, 133 (1): 32-43.

Roodbergen K J, de Koster R. 2001b. Routing methods for warehouses with multiple cross aisles[J]. International Journal of Production Research, 39 (9): 1865-1883.

Roodbergen K J, Vis I F A. 2006. A model for warehouse layout[J]. IIE Transactions, 38 (10): 799-811.

Rosenwein M B. 1994. An application of cluster analysis to the problem of locating items within a warehouse [J]. IIE Transactions, 26 (1): 101-103.

Seval E, Nursel O. 2012. Storage location assignment and order picking optimization in the automotive industry[J]. The International Journal of Advanced Manufacturing Technology, 60(5): 787-797.

Silva D F, Riaño G. 2009. Continuous-time models for estimating picker blocking in order-picking-systems[C]. IIE Annual Conference, Cancun: 597.

Speed E R. 2010. Evolving a Mario agent using cuckoo search and softmax heuristics[C]. Games Innovations Conference (ICE-GIC), Hong Kong: 1-7.

Tein L H, Ramli R. 2010. Recent advancements of nurse scheduling models and a potential path[C]. Proceedings of 6th IMT-GT Conference on Mathematics, Statistics and Its Applications (ICMSA 2010), Kuala Lumpur: 395-409.

Theys C, Bräysy O, Dullaert W, et al. 2010. Using a TSP heuristic for routing order pickers in warehouses [J]. European Journal of Operational Research, 200 (3): 755-763.

Tijms H C. 1994. Stochastic Models: An Algorithmic Approach[M]. New York: John Wiley & Sons.

Tsai C Y, Liou J J H, Huang T M. 2008. Using a multiple-GA method to solve the batch picking problem: Considering travel distance and order due time[J]. International Journal of Production Research, 46 (22): 6533-6555.

van den Berg J P. 2002. Analytic expressions for the optimal dwell point in an automated storage/retrieval system[J]. International Journal of Production Economics, 76 (1): 13-25.

van den Berg J P, Zijm W H M. 1999. Models for warehouse management: Classification and examples[J]. International Journal of Production Economics, 59 (1-3): 519-528.

van Nieuwenhuyse I, de Koster R, Colpaert J. 2007. Order batching in multiserver pick-and-sort warehouses[R]. Leuven: FETEW Research Report KBI_0731: 29-39.

Vazquez R A. 2011. Training spiking neural models using cuckoo search algorithm[C]. 2011 IEEE Congress on Evolutionary Computation, New Orleans: 679-686.

Vrysagotis V, Kontis P A. 2011. Warehouse layout problems: Types of problems and solution algorithms[J]. Journal of Computations & Modelling, 1 (1): 131-152.

Wang M J, Hu M H, Ku M Y. 2005. A solution to the unequal area facilities layout problem by genetic algorithm[J]. Computers in Industry, 56 (2): 207-220.

Weidinger F. 2018. Picker routing in rectangular mixed shelves warehouses[J]. Computers &

Operations Research, 95: 139-150.

Werth F, Ullrich O, Speckenmeyer E. 2011. Reducing blocking effects in multi-block layouts[C]. 21. Symposium Simulationstechnik: ASIM 2011-Grundlagen, Methoden und Anwendungen in Modellbildung und Simulation, Wintherthur.

Won J, Olafsson S. 2005. Joint order batching and order picking in warehouse operations[J]. International Journal of Production Research, 43 (7): 1427-1442.

Yang X S, Deb S. 2009. Cuckoo search via Lévy flights[C]. Proceedings of world congress on nature and biologically inspired computing, Coimbatore: 210-214.

Yang X S, Deb S. 2010. Engineering optimization by cuckoo search[J]. International Journal of Mathematical Modelling & Numerical Optimisation, 1 (4): 330-343.

Yang X S, Deb S. 2011. Multi objective cuckoo search for design optimization[J]. Computers & Operations Research, 40 (6): 1616-1624.

Yu M F, de Koster R B M. 2009. The impact of order batching and picking area zoning on order picking system performance[J]. European Journal of Operational Research, 198 (2): 480-490.

Yu Y, de Koster R B M, Guo X L. 2015. Class-based storage with a finite number of items: Using more classes is not always better[J]. Production and Operations Management, 24 (8): 1235-1247.

Zhang G Q, Lai K K. 2006. Combining path relinking and genetic algorithms for the multiple-level warehouse layout problem[J]. European Journal of Operational Research, 169 (2): 413-425.

Zhou L, Liu H J, Zhao X Q. 2015. The research on congestion rate of single item selection system in narrow aisles under equivalent picking and walking speed[J]. International Journal of Applied Mathematics and Computing Science, 4 (2): 116-121.

Zhou L, Liu H J, Zhao X Q, et al. 2019a. Study on the estimation of blocking rate in wide-aisle picking system[J]. Soft Computing, 23 (13): 4891-4902.

Zhou L, Li Z C, Shi N, et al. 2019b. Performance analysis of three intelligent algorithms on route selection of fishbone layout[J]. Sustainability, 11 (4): 1148.